Margaret Forster
Familiengeheimnisse

Margaret Forster
Familiengeheimnisse

Aus dem Englischen
von Dietlind Kaiser

Arche

1. Auflage August 1997
2. Auflage Januar 1998

Die englische Originalausgabe erschien 1995
u. d. T. *Hidden Lives. A Family Memoir*
bei Viking/Penguin Books Ltd, London

Vor- und Nachsatz: Cumbria County Library, Carlisle
Satz: KCS GmbH, Buchholz/Hamburg
Druck und Bindung: Friedrich Pustet, Regensburg
Printed in Germany
ISBN 3-7160-2231-4

Prolog

Zweiter Weihnachtstag, 1869. Hoher Schnee liegt auf der Erde, auf dem Dach der Kathedrale, auf den breiten Wällen der Burg. Seit Tagen hatte ein bitterkalter Ostwind von den Pennines über die Ebene Eden hinweggefegt und das heftig gestiegene Wasser des Flusses Caldew aufgewühlt, die undurchsichtige Oberfläche zu noch dunkleren Wellen aufgerauht. In dieser vom Schnee gedämpften Nacht herrschte in der Innenstadt von Carlisle Totenstille bis auf das Läuten der Kirchenglocken, alle vier Stunden, ein eigenartig düsterer Klang, der weit über die Grenzen der Stadt hinaushallte bis zu den umliegenden Dörfern von Cumberland. Die Dämmerung an jenem Morgen war grell; das Blutrot des plötzlich hell werdenden Himmels bildete einen starken Kontrast zu dem leuchtenden Weiß des Neuschnees und zu dem harten Schwarz der Fabriken und Werkstätten im Bezirk Caldewgate. Die ganze breite, breite Church Street war eine einzige Fläche aus ununterbrochenem, gefrorenem Weiß, und die Nebenstraßen, die von ihr abbogen, waren schneeverweht. Wo an geschützten Stellen Pflastersteine hervorlugten, glitzerten sie eiskalt.

In einem Haus in einer der Nebenstraßen, in der John Street, brachte eine junge Frau, neunzehn Jahre alt, ihr erstes Kind zur Welt. Die Frau hieß Annie Jordan. Sie nannte ihr Kind Margaret Ann. Drei Monate später ließ sie ihre Tochter in der Kirche St. Mary taufen. Nicht ganz zwei Jahre danach starb Annie Jordan, einundzwanzig Jahre alt, und ließ Margaret Ann als Waise zurück.

Mai, 1936. Ein Samstagmorgen in Raffles, der großen neuen städtischen Siedlung im Westen von Carlisle, in der die Armen von Caldewgate ein neues Zuhause gefunden hatten. In den Gärten stutzten Männer eifrig ihre Hecken, die gerade erst zu wachsen anfingen, mähten gewissenhaft den Rasen, der endlich glatt und grün war und das schwache Wachstum der ersten Jahre vergessen machte. Orton Road 44 war ein Eckhaus gegenüber der Bushaltestelle, aber die Frau kam nicht mit dem Bus. Sie kam in einem Auto. In der Siedlung von Raffles waren Autos selten. Als der schwarze Wagen vor Nummer 44 hielt, nahmen die, die zuschauten, wenn auch müßig zuschauten – und das waren viele –, an, ein Arzt werde aussteigen. Aber es war kein Arzt gerufen worden. Statt dessen stieg eine ältere Frau aus, von kleiner Statur und in Schwarz gekleidet, mit Schleier, und ging den kurzen Weg bis zu der grünen Haustür.

Sie klopfte und wartete. Eine anmutige junge Frau öffnete die Tür, überrascht, daß dort überhaupt jemand stand. Die Besucherin erkundigte sich höflich, ob sie recht gehe in der Annahme, daß Margaret Ann Hind hier wohne. Die junge Frau bestätigte das und sagte, Mrs. Hind sei ihre Mutter. Die Besucherin fragte, ob sie in diesem Fall ein paar Worte mit Mrs. Hind wechseln könne? Die junge Frau, Lilian, zögerte. Es war unhöflich, jemanden an der Tür warten zu lassen, aber ihr Gefühl sagte ihr, es sei besser, ihre Mutter vorzuwarnen.

Sie wollte diese Besucherin nicht gleich in das Wohnzimmer führen, wo Mrs. Hind saß, ihren vierjährigen Enkel Gordon auf den Knien. Deshalb sagte sie mit einem entschuldigenden Lächeln, während sie sich wünschte, es gäbe eine Diele oder eine gute Stube, wo diese Frau warten könnte, sie hole ihre Mutter.

Als Margaret Ann Hind hörte, jemand warte an der Tür auf sie, hob sie Gordon vom Knie und stand auf. Sie war mit ihren über sechzig Jahren etwas füllig geworden, aber sie hielt sich gerade wie Königin Viktoria, was ihr gut stand. Sie setzte eine einladende Miene auf, aber als sie den winzigen Flur betrat und ihre Besucherin sah, war alles wie weggewischt. Sie schien zu erstarren. Sie streckte eine Hand aus, um sich zu stützen. Lilian sah, daß ihre Mutter, aus welchem Grund auch immer, wie unter einem Schock stand, dabei galt es, seelische Erschütterungen nach Möglichkeit zu vermeiden. Margaret Ann litt seit zehn Jahren an Angina pectoris, und der Arzt hatte darauf gedrungen, sie vor jeglicher Aufregung zu schützen. Aber als Lilian, die im Hintergrund wartete, ihre Mutter fragte, ob ihr auch nichts fehle, schien Margaret Ann sich zusammenzureißen, ihre Gefühle, welche es auch immer sein mochten, in den Griff zu bekommen. Sie redete die Fremde nicht mit Namen an, sondern sagte lediglich zu Lilian, sie nehme ihre Besucherin mit nach oben, und ging voraus. Die Treppe führte direkt vom Flur aus nach oben. Man gelangte zu zwei Schlafzimmern, eins für Lilian und ihren Mann Arthur und ihren Sohn Gordon und das andere für Margaret Ann. Margaret Ann war dabei, ihr Haus zu verkaufen, hatte aber ihre Möbel noch dort stehen, weil sie sich noch nicht entschieden hatte, wo sie wohnen wollte. Lilian, stets eingeschüchtert von ihrer

Mutter, protestierte nicht, obwohl ihr der Gedanke peinlich war, daß im Schlafzimmer ihrer Mutter kein Stuhl stand, auf den sich ein Besucher setzen konnte. Das war nicht der richtige Ort für einen Gast.

Lilian ging zurück in das kleine Wohnzimmer, wo sich Gordon immer noch das Bilderbuch anschaute, das seine Großmutter ihm gezeigt hatte. Arthur war im Garten, bereitete den Boden für die Setzlinge vor. Später wollte er mit Gordon dessen andere Großmutter und den Großvater besuchen. Lilian begann, Gordon zurechtzumachen. Sie ahnte Schlimmes, aber andererseits war das bei ihr oft so. Obwohl es Mai war, brannte in dem mit Graphit geschwärzten Herd ein Feuer, und sie hängte Gordons Jacke zum Wärmen daran auf. Dann zog sie ihm die Jacke an und setzte ihn auf ihr Knie, griff wieder nach dem Bilderbuch und wartete darauf, daß Arthur hereinkam und sagte, er sei fertig. Sie hörte von oben keinen Laut, nicht einmal das leise Murmeln von Stimmen. Sie fragte sich, ob die beiden Frauen nebeneinander auf dem Doppelbett säßen. Flüsterten sie? Oben mußte es kalt sein. Es war ein kalter Morgen, obwohl Frühling war. Gordon wurde ungeduldig. Schließlich ging sie hinaus und schaute nach, wie lange Arthur noch brauchen würde. Er war gerade mit Graben fertig geworden. Während er sich am Spülbecken in der Küche die Hände wusch, erzählte sie ihm von der Besucherin ihrer Mutter und daß sie sich Sorgen mache, weil ihre Mutter so erschrocken gewirkt habe.

Arthur schob seinen Aufbruch hinaus, bis Mrs. Hinds Gast das Haus verließ. Er stand ein Stück weit vom Fenster entfernt und beobachtete die Frau. Sie machte auf ihn einen durchaus respektablen, ganz und gar nicht bedrohlichen Eindruck. Wozu also die Aufregung? Er bewunderte das Auto. Er war Mechaniker und kannte sich mit Autos aus. Er konnte nicht erkennen, wer fuhr, sah nur, daß die Frau sich auf den Rücksitz setzte und, ohne zu winken oder einen Blick zurückzuwerfen, davongefahren wurde. Arthur machte sich mit Gordon auf den Weg, um seine Eltern zu besuchen, nicht im geringsten beunruhigt, vielmehr ungeduldig, weil Lilian beunruhigt war. Es war eine schlechte Angewohnheit von ihr, daß sie sich ständig Sorgen machte.

Als er fort war, ging Lilian nach oben, fragte sich, was geschehen sein mochte. Sie klopfte an die geschlossene Tür ihrer Mutter und sagte: »Mutter? Ist alles in Ordnung?« Stille. Das machte ihr angst, und als sie noch einmal anklopfte, öffnete sie die Tür einen Spalt und warf einen Blick hinein. Ihre Mutter lag mit geschlossenen Augen auf dem Bett und umklammerte ein Taschentuch. Das ständige Kneten des Taschentuchs war das einzige Anzeichen dafür, daß sie nicht schlief. »Darf ich dir eine Tasse Tee bringen?« fragte Lilian, und dann: »Solltest du jetzt nicht eine Tablette nehmen?« Ihre Mutter wandte das Gesicht ab, wobei Lilian sah, daß sie geweint hatte, und sagte: »Laß mich. Ich ruhe mich aus. Ich komme bald nach unten.«

Es wurden acht Stunden daraus. Als Margaret Ann nach unten kam, erwähnte sie kein einziges Mal ihre Besucherin oder das, was gesagt worden war. Nichts. Keinerlei Erklärung. Und erstaunlicherweise stellte Lilian nie auch nur eine einzige Frage. Sie fürchtete sich zu sehr vor dem offensichtlichen Kummer ihrer Mutter, als daß sie den Mut gehabt hätte, daran zu rühren. Sie sah, wie blaß ihre Mutter war, wie müde und traurig, wie niedergeschlagen sie wirkte, und das Nachbohren wäre nur schmerzlich gewesen. Margaret Ann trank etwas Tee, aß etwas Toast, dann ging sie wieder zu Bett. Etwa drei Monate später starb sie, ganz plötzlich, und während dieser Zeit hatte sie etwas Unglückliches an sich, was nicht mehr zu weichen schien.

Im selben Jahr, 1936, 22. Juli. Ein heißer Tag, äußerst ungeeignet für eine Beerdigung. Es wirkte so unpassend, an einem Grab zu stehen, wenn der Himmel ferienblau war und die Sonne so festlich schien. Es wäre ein besseres Gefühl für die Trauernden gewesen, wenn es geregnet hätte und das Wetter für die Jahreszeit so untypisch trist geblieben wäre, wie es vor drei Tagen gewesen war, an dem Tag, an dem Margaret Ann starb.

Sie war schnell gestorben, dramatisch, während Gordon auf ihrem Knie saß und Erbsen pulte und sie die Schoten für ihn öffnete und er die Hälfte der Erbsen in den Mund stecken durfte. Arthur war bei der Arbeit, Lilian in der Küche und wusch Geschirr ab. Plötzlich schrie Gordon. Er wußte nicht, was geschehen war, spürte nur, wie der Rand des Metallsiebs, in das die Erbsen kommen sollten, sich schmerzhaft in seinen dicken kleinen Bauch grub, vom Gewicht seiner Großmutter nach vorn geschoben, die lautlos über ihm zusammenbrach. Gordon wehrte sich und schrie, und der Wellensittich schlug vor Panik im Käfig wild mit den Flügeln. Lilian hörte den Vogel und kam aus der Küche, die Hände noch naß. Sie sah, daß Gordons Gesicht rot angelaufen war, daß er zappelte und der Körper ihrer Mutter über ihm hing. Die Hände, die sie von ihrem Sohn löste, waren warm und weich, aber sie wußte sofort, daß ihre Mutter tot war. Sie wußte nicht, was sie tun sollte. Gordon weinte, der Vogel kreischte. Sie hatten kein Telefon; es gab keine Möglichkeit, Hilfe zu holen, ohne das Haus zu verlassen.

Sie lief, den jammernden Gordon immer noch umklammert, zur Telefonzelle vor dem Pub Horse and Farrier am Ende der Straße. Sie rief den Arzt an, aber der machte Hausbesuche, und sie konnte bloß eine Nachricht hinterlassen. Es war grauenhaft, wieder ins Haus zu gehen – zu sehen, wie die Tote so unnatürlich, so verrenkt auf dem Stuhl hing. Sie wünschte sich, ihre Schwestern, Jean und Nan, wären bei ihr oder Arthur käme zum Mittagessen nach Hause, aber es war erst halb zwölf, noch eine Stunde, bis er mit dem Rad aus der Metallkistenfabrik zurückkam. Doch der Arzt kam schneller als erwartet, noch vor Arthur. Margaret Ann war an einem Herzinfarkt gestorben. Es überraschte Dr. Honeyman, daß es keine eindeutigen Warnsignale gegeben hatte, keine Klagen über Atembeschwerden oder akute Schmerzen. Aber alle waren sich später einig, daß das ihrer Natur entsprach. Margaret Hind, geborene Jordan, war tapfer, sie war stoisch, sie hatte ein schweres Leben gehabt und war an Leiden jeder Art gewöhnt.

Das sagten sie alle zueinander an jenem sonnigen Tag, dem Tag der Beerdigung. Sie saßen zusammen, die drei Töchter – Lilian, Jean und Nan – und die beiden Schwiegersöhne – Arthur und Dave – und Nans Freund Jack und sprachen darüber, was für eine wunderbare Frau Margaret Ann gewesen war und was für ein schweres Leben sie gehabt hatte. Niemand von ihnen wußte genau, wie schwer, obwohl sie von der Härte überzeugt waren, weil Margaret Ann nie über ihre Vergangenheit gesprochen hatte. Niemand wußte, wo sie geboren oder aufgewachsen war. In der Gegend von Newcastle, wurde angenommen. Sie hatte Fragen nicht gemocht, und ihr

Charakter und ihre Abneigung dagegen, sich ausfragen zu lassen, waren so stark gewesen, daß niemand, so neugierig er auch war, je etwas aus ihr herausbekommen hatte. Ihr wurde zugestanden, daß sie keine Vergangenheit hatte, bis zum Alter von dreiundzwanzig, als sie, wie sie gern zugab, Dienstmädchen bei der Familie Stephenson wurde.

Ein Leben, das vermutlich schwer gewesen, aber jetzt zu Ende war. Ihre drei Töchter hatten Ströme von Tränen vergossen, sogar Nan, die Jüngste, die Wilde, die Trotzige, diejenige, um die sich ihre Mutter am meisten Sorgen gemacht hatte. Schuldgefühle und Trauer hingen in der Luft, die üblichen Schuldgefühle erwachsener Kinder, die befürchten, dem toten Elternteil gegenüber ihre Liebe und Dankbarkeit nicht genügend ausgedrückt zu haben. Und in diesem Fall ein zusätzliches Schuldgefühl, das Schuldgefühl zu wissen, daß keine von ihnen ihre Mutter endgültig bei sich zu Hause aufgenommen hatte. Jean hatte es versucht. In der Zeit, als das Haus zum Verkauf stand, war ihre Mutter nach Motherwell gekommen, sie wollte an sich bleiben, war aber unglücklich gewesen und nach Carlisle zurückgekehrt. Jean machte sich Vorwürfe, sie habe sich nicht genug Mühe gegeben, ihre Mutter in ihre Familie einzubeziehen, aber es war schwierig gewesen, ihr in einer Einzimmerwohnung mit Küche, in der sie mit ihrem Mann und zwei Söhnen lebte, die Ruhe und Privatsphäre und dazu noch die Wärme zu geben, die sie brauchte. Nan hatte ihrer Mutter (die nicht wußte, daß sie in Glasgow mit Jack in Sünde lebte) nicht einmal ein Zuhause bieten können. Und Lilian, zu der ihre Mutter nach dem fehlgeschlagenen Versuch in Schottland gezogen war, machte sich Vorwürfe, daß sie ihre

Mutter nicht gedrängt hatte, ständig bei ihr zu wohnen und nicht nur vorübergehend, wie sie gesagt hatte.

Es war also eine unglückliche Versammlung, wie es dem Anlaß entsprach. Drei Töchter, vierunddreißig, einunddreißig und neunundzwanzig, und ihre drei Männer, alle zusammengepfercht in der guten Stube im Haus ihrer Mutter in der Bowman Street, das am nächsten Tag völlig leer geräumt werden sollte. Andere waren dagewesen, Cousins, Cousinen, Freunde, aber sie waren alle gegangen. Es waren Verwandte der Hinds gewesen, nicht der Jordans, überhaupt niemand von der Seite ihrer Mutter, kein einziger Jordan. Ihre Mutter hatte Freunde gehabt, aber keine Familie, etwas, das ihnen allen bestens bekannt war.

Es war warm in der guten Stube, drückend, wie es an einem heißen Tag war. In den letzten vier Monaten hatte niemand im Haus ihrer Mutter gewohnt. Der erste Verkauf war gescheitert, der zweite schleppte sich endlos hin, und in der Zwischenzeit hatte ihre Mutter das Haus leerstehen lassen, und es war nicht regelmäßig gelüftet worden. Die Jalousien waren geschlossen, die schweren Veloursvorhänge waren zugezogen, und das Haus schmorte in der Nachmittagshitze. Seufzer wurden laut, als sie in der brütenden Hitze dasaßen, und allmählich wurden Hüte abgenommen, Handschuhe ausgezogen, Jacken und Blusen aufgeknöpft – taktvollerweise höchstens zwei Knöpfe, aber es war eine Erleichterung. Die Männer waren unruhig. Jack stand vor dem leeren Kamin, die Beine gespreizt, die Hände auf dem Rücken, in einem schwarzen, makellosen Anzug. Hin und wieder stellte er sich auf die Fußballen, hatte nur Augen für Nan, für die bezaubernde, temperamentvolle Nan, sehnte sich danach, mit ihr wegzufahren. Er verabscheute solche Rituale, und es fiel ihm schwer, sie zu respektieren. Dave hatte sich in seiner ganzen Länge von einsachtzig in einem Sessel ausgestreckt, einigermaßen adrett in seinem besten Anzug, aber mit zerzaustem Haar, die Augen geschlossen vor Müdigkeit (und vom Whisky), und dachte an die wenigen Stunden, die ihm bis zu seiner nächsten Schicht blieben. Und Arthur pfiff lautlos vor sich hin und saß mit gesenktem Kopf auf einem Stuhl mit gerader Lehne. Ihm graute vor Lilians andauernder Trauer, und er fragte sich, warum sie sich immer doppelt so sehr aufregen mußte wie alle anderen.

Jack sah auf seine goldene Uhr und sagte zu Nan, es sei Zeit, aufzubrechen. Wegzufahren in ihrem Auto. Niemand sonst in der Familie hatte ein Auto, nur Jack, der flotte Jack mit seiner Internatserziehung, seiner südenglischen Art. Nan stand auf und strich sich den schön geschnittenen Rock glatt, griff nach ihrer Krokodilledertasche, und in diesem Augenblick klopfte es an der Tür. Ein schüchternes Klopfen, drei sanfte Schläge mit dem Messingtürklopfer, der die Form eines Löwenkopfes hatte. Noch mehr Blumen, zu spät geliefert? Nan sagte, sie gehe hin, sie wolle ohnehin fort. Sie hörten, wie Nan zur Tür ging, sie öffnete und dann, undeutlich, eine zweite Stimme, deren Worte zu gedämpft waren, als daß sie im Vorderzimmer zu hören gewesen wären. Nan kam zurück. Sie sah erstaunt aus. »Es ist eine Frau«, sagte sie. »Sie sagt, sie ist gekommen, weil sie wissen will, ob sie etwas bekommt.« »Ob sie etwas bekommt?« wiederholte Jean. »Was meint sie damit, wer ist sie, kennst du sie?« Aber es war Lilian, die als nächste an die Tür ging, die stets höfliche, ernste, älteste Tochter.

Vor der Tür stand tatsächlich eine Frau. Eine Frau,

und hinter ihr ein Mann. Lilian musterte erst das Gesicht des Mannes und dann das der Frau. Sie hatte das Gefühl, sie habe ihn oder jemanden, der ihm ähnelte, schon einmal gesehen. Ein stämmiger Kerl mit einem Riesenschnurrbart. Vielleicht hatte sie ihn auf dem Markt gesehen, vielleicht war er Metzger. Aber die Frau hatte sie noch nie gesehen. Sie war um die Vierzig, ziemlich groß, hatte eine gute Haltung und ein eckiges, nicht unattraktives Gesicht mit großen braunen Augen, gleichermaßen wütend wie verängstigt. »Kann ich etwas für Sie tun?« sagte Lilian in ihrem kultiviertesten Ton. »Ich bin gekommen, um zu erfahren, ob sie mir etwas hinterlassen hat«, sagte die Frau, und dann, als sie Lilians Bestürzung bemerkte, »in ihrem Testament.« »Sie meinen«, sagte Lilian, »im Testament meiner Mutter?« »Ja«, sagte die Frau energisch. »Ich bin gekommen, um zu erfahren, ob sie mir etwas hinterlassen hat. Ich will wissen, ob das Testament schon eröffnet worden ist.« »Das Testament meiner Mutter?« wiederholte Lilian, noch immer völlig verblüfft über die Frage. Sie wußte, daß Nan und Jean jetzt in dem engen Flur hinter ihr standen. »Warum hätte meine Mutter Ihnen etwas hinterlassen sollen? Wer sind Sie?« »Ich bin auch ihre Tochter«, sagte die Frau.

Lilian, Jean und Nan standen regungslos da und starrten dieses wahnsinnige Geschöpf an. Geduldig wiederholte die Frau auf der Schwelle noch einmal, sie sei gekommen, um zu erfahren, ob ihr etwas hinterlassen worden sei. »Wir haben eben unsere Mutter beerdigt«, sagte Jean zornig. »Wir wissen nichts von einem Testament.« »Ich glaube, Sie sollten mehr Respekt zeigen«, stimmte Nan ein. »Gehen sie. Sie haben keine Manieren, wenn Sie zu einem solchen Zeitpunkt kommen.

Mach die Tür zu, Lily.« Aber Lilian hatte keine Gelegenheit, das zu tun, denn die Frau brach in Tränen aus, drehte sich um und rannte die Straße hinunter. Der Mann zögerte, dann sagte er, bevor er ihr folgte: »Es stimmt wirklich. Sie ist ihre Tochter, und falls sie ihr etwas hinterlassen hat, sollten Sie dafür sorgen, daß sie es kriegt, sonst hetze ich Ihnen das Gericht auf den Hals.«

Schock war keine ausreichende Beschreibung für das Gefühl der Empörung in der guten Stube. Es war ein Trick. Was konnte es sonst sein als ein widerlicher Versuch, Geld zu erpressen? Die Gesichter von Jean und Nan waren vor Wut rot angelaufen, Lilians Gesicht war vor Sorge ganz blaß. Die Männer wünschten sich, sie wären an die Tür gegangen und hätten den Eindringling abgefertigt. Dave nannte es eine verdammte Unverschämtheit, Jack meinte, derartiges Pack müsse bei der Polizei angezeigt werden, und Arthur sagte, niemand hätte überhaupt mit der Frau sprechen sollen. Dann, als Jack und Nan sich erneut auf ihre Abfahrt vorbereiteten, sagte Jack beiläufig, ganz lässig: »Gibt es übrigens ein Testament?« Alle sahen ihn an. Der Gedanke war ihnen noch nie durch den Kopf gegangen. Als er und Nan fort waren, sprachen die anderen über diese Möglichkeit. »Als Vater starb, war kein Testament da«, sagte Lilian besorgt, »und Mutter hat gesagt, was das für ein Chaos war, ohne Testament. Es würde mich nicht überraschen, wenn sie ein Testament gemacht hätte. Sie hatte das Geld aus dem Hausverkauf zu hinterlassen und noch ein bißchen mehr.« »Falls es ein Testament gibt«, sagte Dave, »liegt es bei einem Anwalt.« »Oder irgendwo hier zwischen ihren Sachen«, sagte Arthur. »Vielleicht noch immer im Haus.«

Es war im Haus, im Schlafzimmer, in der kleinen rechten Schublade der Kommode. Der Letzte Wille, das Testament von Margaret Ann Hind, verwitwet, wohnhaft Peter Street 14, abgefaßt am 7. Dezember 1915, drei Monate nach dem Tod ihres Mannes. Lilian fand es, und als sie die Worte auf dem Umschlag gelesen hatte – Mein Letzter Wille –, brachte sie es zunächst nicht fertig, ihn zu öffnen. Sie reichte ihn Jean, und beide setzten sich auf das Bett. »Großer Gott«, sagte Jean, »bloß mal angenommen …« »Nein«, sagte Lilian, plötzlich resolut, »Mutter doch nicht, niemals. Gib mir den Umschlag zurück.« Und sie nahm ihn, öffnete ihn und zog das Dokument darin heraus und überflog es schnell. »Ich wußte doch, daß es gelogen war«, sagte sie triumphierend und reichte das Testament ihrer Schwester. Es war unmißverständlich. Es vermachte alles Geld und alle Habe zu gleichen Teilen »meinen drei Töchtern, Lilian, Jane und Annie«. Keinerlei Erwähnung einer vierten Tochter. Kein Grund zur Panik. Kein Grund, den verehrten Menschen und die Lebensweise ihrer so guten, so klugen, so gütigen, so sanften und so großzügigen, so ehrlichen, fast heiligen Margaret Ann, ihrer geliebten Mutter, in einem anderen Licht zu sehen.

Herbst 1946. Ein staubiger Kirchensaal in Raffles, in dem sich vierundzwanzig Pfadfinderinnen um die Pfadfinderführerin versammelt haben. Sie haben bei einem Wettbewerb Bohnensäckchen geworfen und aufgefangen, und jetzt sitzt das ganze Rudel im Schneidersitz auf dem Boden, aufmerksam und ein bißchen außer Atem von der ganzen Mittwochabend-Aufregung. Die Pfadfinderführerin hat etwas Besonders zu sagen. Sie spricht über Geschichte. Zuerst spricht sie über die Geschichte der Pfadfinderinnen und den Anfang der Bewegung, dann darüber, daß jede Pfadfinderin eine eigene, ganz besondere Geschichte habe. Sie will, daß alle nach Hause gehen und nächste Woche mit der eigenen Familiengeschichte wiederkommen. Sie sollen ihre Mütter und Väter und Großväter und Großmütter und Tanten und Onkel und alle Angehörigen ausfragen, sie darum bitten, aufzuschreiben, wann sie geboren sind, wann sie geheiratet und wie viele Kinder sie bekommen haben, und mit diesen ganzen Informationen können sie dann ihre eigenen Familienstammbäume anfertigen. Es werde Spaß machen und lehrreich sein.

Eine Pfadfinderin, Margaret, kann es kaum erwarten, nach Hause zu kommen. Sie ist ein so eifriges Kind, eifrig in der Schule, eifrig bei den Pfadfinderinnen. Sie geht schnurstracks nach Hause und beginnt, nach Namen und Daten zu fragen, mit gezücktem Stift und bereitgelegtem Blatt Papier. Ihre Mutter Lilian sieht Lerneifer bei ihren Kindern gern und ist anfangs mit Freuden bereit, Auskunft zu geben. Sie nennt Margaret ihr eigenes Geburtsdatum und die Geburtsdaten ihrer Schwestern, die Einzelheiten über ihre Ehen, und sie zeigt ihrer Tochter, wie sie das alles eintragen muß. Sie nennt ihr die Daten ihres Mannes Arthur und die seiner Eltern und seines Bruders und der Frau seines Bruders, und jetzt füllt sich der Stammbaum, ist so vollständig, wie es mit Lilians Hilfe möglich ist. Aber der scharfsichtigen Margaret reicht es nicht. »Die Daten deiner Mutter«, sagt das Kind, »die habe ich, aber nicht die ihrer Mutter. Wer war sie?« »Wir haben genug getan«, sagt Lilian, »Zeit zum Schlafengehen.«

In der nächsten Woche bringt Margaret ihren Familienstammbaum zu den Pfadfinderinnen mit. Sie hat auf ihrem Blatt Papier mehr Namen und Daten als alle anderen, und alles sehr sauber ausgefüllt. An jenem Abend ist der Bruder der Pfadfinderführerin dabei und stark beeindruckt. Er studiert an der Universität Geschichte, und die Pfadfinderführerin hat ihn mitgebracht, damit er den Pfadfinderinnen erklärt, warum Geschichte wichtig ist und warum sie alle ein Teil davon sind. Nur Margaret hört aufmerksam zu, und der Bruder der Pfadfinderführerin ist hochzufrieden. Er sieht sich den Familienstammbaum dieses eifrigen Kindes genau an. Sie zeigt auf die Lücke, wo sie die Namen der Urgroßeltern mütterlicherseits nicht eintragen konnte. Sie sagt, ihre Mutter wisse nicht, wer sie gewesen seien. Der Bruder der Pfadfinderführerin sagt, wenn sie möchte, komme er mit ihr nach Hause und helfe ihrer Mutter dabei, es herauszufinden, und sage ihr, wie sie diese Vorfahren aufspüren könne. Margaret ist hingerissen. Sie tänzelt ins Haus, während der linkische Bruder der Pfadfinderführerin ihr ziemlich verlegen folgt. Lilian ist wie üblich höflich. Sie hört sich an, was der Bruder der Pfadfinderführerin zu Pfarrarchiven und so weiter zu sagen hat, aber dann wird sie distanziert, plötzlich reserviert und abweisend. Sie bedankt sich bei dem jungen Mann, sagt aber, im Grunde wolle sie lieber keine Nachforschungen nach der Vergangenheit ihrer Mutter anstellen. Ein Protestgeheul von Margaret, aber der Bruder der Pfadfinderführerin läuft rot an und geht.

Damit Schluß. Fürs erste.

Vier Bruchstücke, voller Fakten, aber auch voll Hörensagen, genau der Stoff, aus dem Familiengeschichte gemacht wird. Immer wieder werden uns von unseren

Eltern und Großeltern Geschichten erzählt, und manchmal, wenn diese Geschichten ernst genommen und nachgeprüft werden, stellen sie sich als genau das heraus – als Geschichten, nicht stichhaltig und oft im direkten Widerspruch zu den echten Beweisen in den Akten. Aber manchmal versteckt sich hinter den Geschichten die Geschichte mehr als nur eines gewöhnlichen Menschen. Manchmal ist ihre Geschichte die Geschichte von Tausenden.

Die Geschichte meiner Großmutter kommt mir in dieser Hinsicht repräsentativ vor. Als meine Mutter 1981 starb, fühlte ich mich befreit von dem Tabu, mit dem sie jeden Versuch unterbunden hatte, die Vergangenheit von Margaret Ann zu entschlüsseln. Ich konnte kaum glauben, daß sie nie darauf bestanden hatte, die Identität der Besucherin ihrer Mutter zu erfahren. Als der erste Schmerz vorüber war, hätte sie doch bestimmt danach fragen können? Aber nein. Meine Mutter hatte zuviel Angst vor der Wahrheit. Die Geburtsurkunde meiner Großmutter, die leicht zu beschaffen war, erzählte eine vertraute, traurige kleine Geschichte: Sie war die uneheliche Tochter eines Dienstmädchens. Wie kläglich, dachte ich, war doch die ganze Geheimnistuerei nur einzig und allein dazu da, diese banale Tatsache zu verbergen. Wie gewöhnlich, wie enttäuschend.

Aber dann dachte ich über die verschiedenen Geschichten nach, die weitergereicht worden waren. Wer war die Frau im Auto, die Frau in Schwarz, die meine Großmutter nicht lange vor ihrem Tod besucht hatte? Was für eine Nachricht hatte sie überbracht? Und wer war die andere Frau, die, die am Tag der Beerdigung meiner Großmutter aufgetaucht war und behauptet hatte, auch eine Tochter zu sein? Warum wollte meine

Großmutter den Eindruck erwecken, sie stamme aus der Gegend von Newcastle, wenn sie in Carlisle geboren war? Kein Wunder, daß dem Bruder der Pfadfinderführerin die Tür gewiesen worden war … Wie viele Rätsel waren zu lösen, wie viele Geheimnisse aufzuklären. Wie wenig wußte ich tatsächlich über meine Großmutter mütterlicherseits und wie heftig wollte ich es plötzlich wissen, denn ich war davon überzeugt, daß ihre Geschichte wichtig war, um nicht nur meine eigene Generation besser zu verstehen, sondern die Geschichte einer ganzen Generation von Frauen aus der Unterschicht (und vielleicht auch von vielen Frauen der Mittelschicht, die zwar die Mittel und die Ausbildung hatten, um selbständig zu sein, aber die glaubten, ihre eheliche Pflicht bestehe darin, der Familie den Vorrang zu geben).

Margaret Ann
1869–1936

I

Ich hatte den Namen meiner Urgroßmutter mütterlicherseits nicht gekannt; aber als ich ihn erst einmal herausgefunden hatte, glaubte ich, mehr könne ich möglicherweise nie erfahren. Annie Jordan, die Neunzehnjährige, die am zweiten Weihnachtstag 1869 ihre uneheliche Tochter zur Welt gebracht hatte, war und blieb fast völlig unbekannt. Die Geburtsurkunde ihrer Tochter, ein paar Volkszählungsdaten und ihr Totenschein liegen vor, und das ist alles. Meine Großmutter hatte Glück, daß sie überhaupt am Leben blieb. Die Lokalzeitungen von Carlisle waren damals voll von mitfühlenden Artikeln über unverheiratete Dienstmädchen, die zuerst versuchten, ihre Schwangerschaft zu verheimlichen, und die Kinder dann, wenn sie ohne Hilfe zur Welt gekommen waren, töteten.

Im selben Monat, in dem Annie Jordan ihr Kind bekam, gab es in Carlisle eine gerichtliche Untersuchung wegen eines Kindes, das »im Fluß Eden unter Zweigen, zwischen dem Flußufer und alten Reusen« gefunden worden war. »Das Kind war mit einer Grassode beschwert … In der Nähe der Fundstelle wurde eine Frau gesehen, die sich gegen ein Geländer lehnte, offensichtlich verzweifelt und weinend.« Die Frau wurde festgenommen, und als herauskam, daß sie die Mutter des toten Kindes war, kam sie ein halbes Jahr ins

Gefängnis. Es wäre durchaus möglich gewesen, daß Annie Jordan zu dieser Lösung getrieben worden wäre oder daß sie ihr Kind an ihrer Arbeitsstelle zur Welt brachte, wie es Sarah Potts ein paar Wochen später tat. Ihre Arbeitgeberin »hatte am Samstag morgen einen Anlaß, in Sarahs Zimmer zu gehen, und entdeckte Anzeichen, die sie vermuten ließen, ein Kind sei entbunden worden. Bei der Durchsuchung des Zimmers fand sie das Kind im Nachttopf.« Währenddessen scheuerte Sarah die Küchenfliesen, darauf bedacht, so zu tun, als sei nichts gewesen.

Die junge Annie aber bekam ihr Kind und behielt es und ließ es taufen und schaffte es, weiterzuarbeiten, bis sie 1871 krank wurde und innerhalb von fünf Tagen an »epileptischen Konvulsionen, Delirium tremens« starb. Sie starb am 18. Dezember, acht Tage bevor ihre Tochter Margaret Ann zwei Jahre alt wurde. Ihr Totenschein weist sie als Witwe von Joseph Jordan aus, einem Metzger, während auf der Geburtsurkunde ihrer Tochter weder ein Ehemann noch der Vater ihres Kindes genannt wird. Es gibt keinerlei Hinweis auf eine Ehe zwischen Annie und Joseph, obwohl sie seinen Namen annahm (ihr eigener Name war Roscow). Joseph Jordan, als dessen Witwe sie sich ausgab, war im Jahr zuvor im Alter von dreiundzwanzig Jahren gestorben, kurz nach Margaret Anns Geburt. Aber obwohl es keinen einzigen Beweis für eine Heirat gibt, wurde Annie im selben Grab wie Joseph beigesetzt, so daß ihre beiden Familien ihre Verbindung anerkannt haben müssen.

Es ist sinnlos zu hoffen, mehr über die arme, unbekannte Annie herauszufinden, wie sie aussah, was für eine Person sie war, aber es ist weder sinnlos noch hoffnungslos, sich die Art von Leben zusammenzureimen, das sie führte. 1869, in dem Jahr, in dem Annie ihr einziges Kind zur Welt brachte, war Carlisle noch eine kleine, überschaubare Stadt, leicht vorzustellen und zu rekonstruieren. Sie war seit der Römerzeit eine Grenzsiedlung gewesen, die mit der Regierung von Heinrich I. allmählich zu einer wichtigen Stadt im Norden wurde. Eine Burg wurde gebaut, eine Münzanstalt eingerichtet, ein Kloster und eine Kathedrale wurden gestiftet und das Stadtrecht verliehen. Aber die wichtigste Funktion der Stadt blieb die militärische – Carlisle war ständig voller Soldaten, um die Schotten in Schach zu halten. Die Bedürfnisse der Garnison brachten den Handel in Schwung, und gegen Ende des dreizehnten Jahrhunderts war Carlisle das Zentrum des Textilgewerbes in Cumberland, so daß es später, viel später während der industriellen Revolution geradezu prädestiniert war, die viertwichtigste Stadt für die Produktion von Textilien in ganz England zu werden. Die mittelalterliche Stadt innerhalb der Mauern blieb so gut wie unverändert, aber außerhalb war der Wandel dramatisch. Annie Jordans kurzes Leben umspannte die mittlere Phase dieses Wandels.

Stand jemand ganz zu Anfang des neunzehnten Jahrhunderts auf der Stadtmauer und schaute nach Westen, sah er nichts als eine öde Leere, ohne irgendein Wahrzeichen und ohne Häuser. Verließ er die ummauerte Stadt in dieser Richtung, führte eine Brücke über den Fluß Caldew, dahinter lagen Wiesen, und ein Wildbach, Dow Beck, lief neben der breiten Straße aus Kopfsteinpflaster, der Church Street, entlang, die schließlich das Meer erreichte. Eduard I. wurde zu seinem einsamen Tod im Sumpf von Burgh diese Straße entlanggetragen, und Robert Bruce hat hier bei seinem geplanten

Angriff auf die Burg sein Lager aufgeschlagen. Die Innenstadt hörte an der Caldew Bridge auf, und was jenseits lag, war unbedeutend im Vergleich zu dem Leben in den eleganten Häusern in der Nähe der Kathedrale. Das Außenviertel wurde Caldewgate genannt, eine Armengegend. Dorthin strömten die Iren und Schotten, die Arbeit suchten und diese im weiteren Verlauf des Jahrhunderts in den Fabriken fanden, die plötzlich aus dem Boden schossen. Man stellte fest, daß das Wasser des Caldew besonders gut für die Textilherstellung genutzt werden konnte, und um 1850, als Annie Jordan geboren wurde, war Caldewgate ein Industrievorort geworden. Wer jetzt auf der Stadtmauer stand und nach Westen schaute, sah riesige Schornsteine und Fabriken und eine große Anzahl zusammengepferchter Häuser.

Es gab vier Baumwolldruckbetriebe in Caldewgate, eine Seifenkocherei, Gerbereien und Brauereien und Fabriken, in denen Mützen und Peitschen und Angelzubehör hergestellt wurden. Die Familie Dixon hatte am Ufer des Caldew eine riesige Fabrik gebaut (mit einem Schornstein, von dem es hieß, es sei der höchste in England), und die Familie Carr, die eine Keks-Fabrik hatte, baute eine weitere auf der anderen Seite von Caldewgate. Aber vor allem hatten die Eisenbahnlinien durch Caldewgate dazu beigetragen, daß nun statt der Wiesen- und Sumpflandschaft auf jedem Quadratmeter Fabriken und Häuser standen. Die Eisenbahnlinie Carlisle–Newcastle wurde 1838 eröffnet. Die Gleise verliefen unterhalb der Stadtmauern am Caldew entlang, und danach schien Jahr für Jahr eine weitere Eisenbahngesellschaft in Carlisle einzudringen, und Caldewgate wurde durch immer weitere Gleise verunstaltet.

Der Lärm und Dreck der Züge, zusätzlich zu dem Lärm und Dreck der Fabriken, machten das Viertel häßlich und ungesund.

Mitten darin lebte Annie Jordan. Ihre Mutter Mary betrieb eine der vielen Gastwirtschaften in Caldewgate. Der Wohlfahrtsausschuß von Carlisle, 1862 gegründet, machte sich Sorgen um die nur allzu offensichtliche Armut im Viertel. Suppenküchen waren erforderlich, die mit monotoner Regelmäßigkeit eingerichtet wurden, um den ungewöhnlich starken Zustrom von Wanderarbeitern zu bewältigen. Als Wirtin profitierte Annies Mutter von diesen Arbeitern – sie tranken sich um den Verstand. Bier war billig und Gin ebenfalls. In jeder Straße von Caldewgate gab es mindestens einen Pub – der von Mary war das Royal Oak in der Church Street –, und alle Brauereien der Stadt standen in diesem einen Viertel. Die Familie von Annies »Ehemann«, die Jordans, waren ebenfalls Gastwirte. Thomas Jordan, Josephs Vater, betrieb das Queen's Head, ebenfalls in der Church Street, aber er übte noch ein zweites Gewerbe aus: Er war Metzger. In Caldewgate gab es fast so viele Metzger wie Gastwirte. Die Hälfte der Schlachttiere kam über die Grenze aus Schottland und wurde bei Überfällen im Morgengrauen eingefangen. Auf einem flachen Landstrich, einer Art Insel zwischen den Ufern des Flusses Eden, Sands genannt, wurden die Rinder und Schafe versteigert. Ehe diese geschlachtet wurden, ließen die Metzger ihre Tiere auf den übriggebliebenen Wiesen von Caldewgate weiden. Fleisch war ein gutes Geschäft. Carlisle war voller Fleischmärkte; ganze Straßen waren den verschiedenen Tieren vorbehalten. Es gab andere Märkte – schließlich war Carlisle von jeher eine Marktstadt –, aber nichts ließ sich mit dem Verkauf von Fleisch vergleichen. Die Metzger hatten abschließbare Stände, sogenannte Buden, in einem Viertel, das Rickergate hieß, wo die Schlachthöfe und Schweineställe mitten zwischen den Wohnhäusern standen, was dieses Viertel noch ärmer und ungesünder machte als Caldewgate.

Annie bekam ihr Kind weder im Pub ihrer Mutter noch in dem Pub, wo sie als Dienstmädchen arbeitete, sondern im Haus eines Familienangehörigen ihres Mannes. Gleich danach zog sie in die West Walls – von einem Beobachter beschrieben als »verfallen, abbröckelnd und stinkend vor Dreck«. Drei Monate nach der Geburt ihrer Tochter, nachdem sie das Mädchen hatte taufen lassen, wohnte sie in Nummer 19, aber bei der Volkszählung von 1871 lebte sie wieder außerhalb der Stadtmauern in Caldewgate bei ihrer Mutter und ihren beiden Schwestern. Als sie am Ende jenes Jahres starb, war sie nicht weiter als ein paar hundert Meter von ihrem Geburtsort entfernt gewesen. Dasselbe gilt immer noch für einen großen Teil der Bevölkerung von Carlisle.

Annie hinterließ nichts als ihr Kind Margaret Ann, zwei Jahre alt. Von 1871 bis 1893 ist dieses Kind, meine Großmutter, aus allen Aufzeichnungen verschwunden. Aber im Gegensatz zu ihrer Mutter kann sie eindeutig identifiziert und beschrieben werden, obwohl es Lücken gibt, Lücken, die sie mit viel Mühe offenließ. Während ihres Lebens gelang es ihr, alles zu verheimlichen, was sie verheimlichen wollte. Nach ihrem Tod sind nicht alle ihre Geheimnisse geheim geblieben.

Man kann nicht viel tun, wenn man herauszufinden versucht, was am Ende des neunzehnten Jahrhunderts aus einem unbedeutenden zweijährigen Kind geworden ist. Die Aufzeichnungen sind spärlich. Schulregister sind kaum erhalten geblieben, wenn sie überhaupt geführt worden sind, und Klassenbücher verzeichnen zwar die Namen einzelner Schüler, aber fast nie ganze Klassen. Bei dieser Art von Recherche sind der beste Anhaltspunkt Volkszählungsunterlagen, vor allem, wenn der genaue Wohnort bekannt ist. Aber Margaret Ann Jordan, obwohl in Caldewgate geboren und in St. Mary getauft, taucht in der Volkszählung von 1871, als sie sechzehn Monate alt war (die Volkszählung fand im April statt), nicht auf. Bei dieser Volkszählung in Caldewgate gibt es vier Margarets unter zwei Jahren und eine Margaret Ann. Diese ist als Tochter von Walter und Elizabeth Graham eingetragen, die in der Bridge Street 16 wohnten, dem Nebenhaus von Nummer 18, wo Annie, die Mutter meiner Margaret Ann, starb. Lebte ihr Kind schon damals nebenan bei den Grahams und wurde dann in die Familie aufgenommen, als Annie ein paar Monate später starb? Durchaus möglich, sogar wahrscheinlich, aber ohne jeden Beweis.

Die Situation bei der Volkszählung von 1881 ist die gleiche: keine elfjährige Margaret Ann Jordan in Caldewgate oder sonstwo in Carlisle. Bei der Volkszählung von 1891 taucht noch immer keine Jordan, sondern eine Margaret Ann Graham auf, als ein im Haus wohnendes Dienstmädchen der Familie Stephenson in der Paternoster Row 4, einer vornehmen Straße direkt neben der Kathedrale. Das ist die Familie, von der meine Großmutter behauptete, sie habe seit 1893 bis zu ihrer Heirat 1899 für sie gearbeitet. Genauer gesagt ist dieses

Haus der Ort, an dem sie den Anfang ihrer eigenen Geschichte zuließ. Wie seltsam, daß sie die Stelle folglich von einer jungen Frau genau in ihrem Alter und mit ihren Vornamen übernommen haben muß. Seltsam, aber ebenfalls als Zufall akzeptabel. Und hinzu kommt noch als einziges, was meine Großmutter ihren Töchtern an Information nannte: daß sie aus der Gegend von Newcastle stamme.

Eine ihrer Schwestern, Nan, war noch am Leben und geistig rege, als meine Mutter starb und ich mit meinen Recherchen begann. Ich zeigte ihr Margaret Anns Geburtsurkunde, und sie war schockiert. Was sie schockierte, war weniger der Beweis für Margaret Anns uneheliche Geburt – obwohl sie das auch entsetzte –, als vielmehr der Nachweis, daß sie in Caldewgate geboren war. Nan und ihre Schwestern hatten tatsächlich geglaubt, daß ihre Mutter aus der Gegend von Newcastle stamme. Aber vielleicht stimmte das. Vielleicht war die kleine Margaret Ann zu Verwandten in der Gegend von Newcastle gebracht und von ihnen aufgezogen worden, war erst im Alter von zweiundzwanzig nach Carlisle zurückgekehrt.

Newcastle war schon damals größer als Carlisle, aber nicht so groß, als daß die Volkszählungsergebnisse für eine Recherche zu umfangreich wären. In der Gegend von Newcastle gab es jede Menge Jordans, viele von ihnen Gastwirte, genau wie in Carlisle. Aber keine Margaret Ann Jordan in allen Volkszählungsergebnissen aus den Jahren 1871, 1881 und 1891. Wurde sie bei jeder Volkszählung verheimlicht? Oder einfach dabei vergessen? Möglich bei einem Kind unter zwei Jahren, aber so gut wie unmöglich bei einem elfjährigen Mädchen oder einer Frau von einundzwanzig. War sie während der Volkszählungen auf Reisen? Höchst unwahrscheinlich. Wie auch immer, ob sie unter einem anderen Namen lebte oder wie durch ein Wunder nie aufgespürt wurde und weder in Carlisle noch Newcastle war (obwohl sie sagte, als sie mit sechzig nach Schottland fuhr, sie sei noch nie weiter als bis nach Newcastle gekommen), blieb meine Großmutter schlicht und einfach zwanzig Jahre lang verschwunden.

Mütter verbringen die Hälfte ihrer Zeit damit, die eigene Kindheit als Vergleich zu schildern, wenn sie ihre Kinder großziehen, aber offenbar kam meiner Großmutter nie ein einziger Erinnerungsfetzen über die Lippen. Nichts. Nur Leere. Sie war eine Mutter ohne Kindheit oder mit einer so unglücklichen Kindheit, daß sie sie ausradierte, nur den Eindruck hinterließ, was immer sie auch durchlitten habe, sei so grauenhaft gewesen, daß sie sich nicht daran erinnern wolle. Ihre Töchter hatten Angst vor dem, was sie verdrängte, ohne zu wissen, was es war. Noch nach ihrem Tod machte sie der Gedanke nervös und unruhig, was herauskommen könnte, wenn die Vergangenheit ihrer Mutter ausgegraben würde.

Aber bei mir ist das nicht so. Ich will es wissen. Ich bin sogar zu der Überzeugung gekommen, daß ich es wissen muß.

Vorläufig muß die Geschichte 1893 anfangen, in dem Jahr, von dem Margaret Ann zugab, sie habe damals bei der Familie Stephenson in der Paternoster Row gelebt. Während sie dort wohnte, war sie nur wenige Meter von dem Haus entfernt, in dem ihre Mutter in West Walls gewohnt hatte, nachdem Margaret Ann getauft worden war, und nur fünf Minuten zu Fuß von dem Ort jenseits der Brücke in Caldewgate, wo sie geboren worden war, aber der Kontrast war so gewaltig, daß sie in einer anderen Stadt hätte leben können.

In späteren Jahren sprach sie offen über diese Zeit, und die Schwestern meiner Mutter, vor allem Nan, reichten die Geschichten genauso an mich weiter. Das Leben in der Paternoster Row wurde buchstäblich von der Kathedrale beherrscht. Margaret Ann sagte, sie habe sie geliebt, habe es genossen, aus Nummer 4 herauszukommen und die Pracht direkt vor sich zu haben. Wenn sie die Row entlang zur Abbey Street ging, schritt sie durch das Abbey-Tor, das in die Domfreiheit führte. Das Tor war riesig und massiv, schwer und eisenbeschlagen, zu beiden Seiten hing eine kurze Leiter für den Pförtner zum Anzünden der Gaslaternen. Der Durchgang war erlaubt, und sie machte sich dieses Recht oft zunutze, aus Freude daran, so nahe an der Kathedrale entlangzugehen. Er führte am Männerkloster mit den efeuüberwucherten alten Mauern vorbei, und sie blieb stehen und hörte den Chorknaben beim Proben zu, was sie jeden Morgen taten. Wenn sie sich dem Eingang der Kathedrale näherte, blieb sie wieder stehen, falls gerade Gottesdienst war, damit sie den Gesang und das Orgelspiel hören konnte, eine prächtige Orgel, die vor kurzem renoviert und mit neuen Bälgen ausgestattet worden war, angetrieben von einem Gasmotor. Es machte sie glücklich, so nahe an der Kathedrale zu wohnen; ihre Heiligkeit und Schönheit berührten sie.

Das Haus der Stephensons machte sie fast genauso zufrieden. Sie wohnte gern dort. Nummer 4 kam ihr so vor, wie ein Haus sein sollte – nicht zu groß, nicht zu einschüchternd, ein Familienhaus der besten Sorte, elegant, aber zurückhaltend. Es hatte nur zwei Stockwerke, gebaut aus rotem Backstein mit hellen Sandsteinintarsien um den Eingang herum und mit einem guten Schieferdach. Am meisten bewunderte sie den Eingang mit der getäfelten Tür und dem hübschen Oberlicht und den Steinsäulen zu beiden Seiten. Sie fand, daß das eine Erkerfenster (im Schlafzimmer von Mr. und Mrs. Stephenson) das Haus interessanter erscheinen lasse als die anderen Häuser mit ihren glatten Fassaden in der Row. Mr. Stephenson hatte ihr erzählt, als das Haus 1855 gebaut worden sei, also erst vor vierzig Jahren, hätten die Arbeiter dort, wo später der Keller sein sollte, eine Römerstraße entdeckt. Margaret Ann dachte gern daran. Sie empfand, wie wichtig Geschichte war (auch wenn sie ihre eigene leugnete). Sie sagte oft, daß sie es als aufregend empfunden habe, über einer Römerstraße zu wohnen, auf diese Weise mit der Antike verbunden zu sein.

Die Paternoster Row 4 war eine vornehme Adresse, das Haus einer wohlhabenden Familie. Mr. Henry Stephenson war Glashändler, Leiter einer Glasmanufaktur mit Glasmalern und Dekorateuren. Seine Geschäftsräume waren durch einen Torbogen mit dem anderen Haus verbunden. Dahinter stand das Lagerhaus, das zum Teil den Blick auf Tullie House versperrte, ein elegantes Gebäude aus dem siebzehnten Jahrhundert, das heute das Museum und die Bibliothek von Carlisle beherbergt. Mr. Stephensons Frau Hannah war zehn Jahre jünger als er, und sie hatten vier Söhne, William, Ernest, Alfred und George, und eine Tochter, Annie. Um sie alle kümmerte sich Margaret Ann, das im Haus wohnende Dienstmädchen.

Es war ein Glück, daß Margaret Ann das Haus und seine Lage liebte, denn die Arbeit war hart. Als sie 1893 dort zu arbeiten begann (falls sie tatsächlich in diesem Jahr anfing), sorgten vier Söhne, im Alter von achtzehn, zwölf, neun und sieben, und eine fünfzehnjährige Tochter dafür, daß die Arbeit nicht aufhörte. Es gab viele Laken, die gewaschen und gebügelt, viele Teller, Messer und Gabeln, die abgewaschen werden mußten, viele Mahlzeiten, für die sie einkaufen und die sie vorbereiten mußte. Aber Margaret Ann war ausgesprochen tüchtig. Sie hatte gehört, wie Mrs. Stephenson damit angab, sie sei eine Perle, ein Schatz. Aber sie hatte Hilfe. Es wurde nicht von ihr erwartet, daß sie alles selber machte. Die Stephensons hatten außer ihr eine Köchin angestellt, die bis auf die Sonntage täglich ins Haus kam, und zwei junge Mädchen, die unter Margaret Anns Aufsicht die einfachen Arbeiten verrichteten (obwohl sie manchmal meinte, sie machten mehr Ärger, als daß sie etwas taugten).

Ihr Lohn, ihr Jahreslohn, betrug achtzehn Pfund zusätzlich Kost und Logis. Sie hielt das für einen guten Lohn. Sie hatte auf der Rückseite des Hauses ein eigenes Zimmer, über der Spülküche, mit Blick auf den Hof zwischen dem Haus und dem Lagerhaus. Es war klein, aber auf dem Linoleum lag ein Teppich, ein Luxus für ein Dienstmädchen; es hatte ein bequemes Bett, einen Schrank und einen Waschtisch; das alles paßte hinein. In einem winzigen schmiedeeisernen Kamin konnten bei sehr kaltem Wetter (was häufig vorkam) ein paar Kohlen brennen. Mrs. Stephenson lobte Margaret Ann, wie gut es ihr gelungen sei, ihr Zimmer zu verschönern – »Du hast Stil«, sagte sie zu ihr und fragte sich laut, woher das komme. Es gab wenig Platz für »Stil«, aber innerhalb der strengen Grenzen, die ihr die Zimmergröße auferlegte, und bei den vielen Möbeln hatte Margaret Ann ihn unter Beweis gestellt. Die Tapete war cremefarben und stark geprägt, und Mrs. Stephenson hatte Margaret eine blaurosa gemusterte Steppdecke und rosaweiße geblümte Vorhänge angeboten, zur Aufheiterung. Die Aufheiterung war abgelehnt worden. Margaret Ann sagte, sie habe einen eigenen gehäkelten Bettüberwurf, ganz in Weiß. Und sie suchte sich in Mrs. Stephensons Wäscheschrank zwei eierschalenfarbene Baumwollvorhänge, die als Übergangslösung für Annies Zimmer gedient hatten, bis die roten Samtvorhänge fertig waren. Der Teppich war dunkelbraun; so war es ein Zimmer in Weiß, Creme und Braun geworden, ohne Aufheiterung, bis auf ein paar künstliche Blumen, zartlila Flieder, in dem weißen Krug auf dem schmalen Kaminsims. Das Zimmer war schlicht, zurückhaltend, genau wie das Dienstmädchen selbst.

Mrs. Stephensons einzige Kritik an Margaret Ann, jedenfalls die einzige, die sie je äußerte, bestand darin, daß sie nicht sehr entgegenkommend sei. Ihr sei klar, sagte sie, daß die meisten Leute das für einen Vorzug bei einem im Haus wohnenden Dienstmädchen halten würden, aber sie meine, Margaret Ann übertreibe es mit ihrer stillen Art. Sie sei nicht mürrisch, sie dürfe nicht denken, daß sie für mürrisch gehalten werde, weit davon entfernt, sie habe ein bezauberndes Lächeln und zeige es oft, aber sie beginne selten ein Gespräch und versuche auch nicht, ein von anderen angefangenes Gespräch in die Länge zu ziehen ... Nach Mrs. Stephenson waren Margaret Anns Worte meistens bedächtig und knapp, und, offen gesagt, das verletze ihre Dienstherrin ziemlich; jedenfalls behauptete sie das. Sie hätte sich gewünscht, daß ihre ergebene Dienerin mehr auf sie anspreche, das sei alles. Als Mr. Stephenson das einmal hörte, hatte er gelacht und gesagt, Margaret Ann sei zu intelligent, um sich auf Klatsch einzulassen (als Margaret Ann das hörte, verließ sie, peinlich berührt, sofort das Zimmer). Danach hatte sie immer das Gefühl, Mrs. Stephenson mustere sie auf sichtbare Anzeichen dieser Intelligenz und entdecke keine und ärgere sich über ihren Mann, weil er unterstellte, die Intelligenz sei vorhanden.

Annie Stephenson aber war der Meinung ihres Vaters. Sie vergötterte Margaret Ann, die nicht sehr viel älter war als sie. Sie hielt sie nicht nur für intelligent, sondern auch für schön, was Margaret Ann sehr verlegen machte – sie wünschte, Annie solle nicht solch einen Unsinn reden, schon gar nicht in Gegenwart ihrer Brüder, die unhöflich waren und schallend lachten, obwohl sie Margaret Ann ebenfalls mochten und es sie merken ließen. Sie wußte, daß sie nicht schön war. Ihr Haar war von einem gewöhnlichen Braun, und sie trug es altmodisch frisiert. Ihr Gesicht war viel zu eckig und ihr Kinn zu ausgeprägt, um als schön zu gelten, und ihre Figur – daran wollte sie lieber gar nicht denken. Sie hatte breite Hüften, war nicht groß und schlank wie Annie. Sie wußte, daß Annie nur nett sein wollte, damit sie sich weniger Gedanken darüber machte, daß sie nicht verheiratet war oder nicht einmal einen Verehrer hatte.

Annie, allein mit den eigenen Heiratschancen beschäftigt, begriff einfach nicht, warum Margaret Ann nicht verheiratet war. Manchmal fragte sie so taktvoll wie möglich, ob sie Anträge abgelehnt habe. Margaret Ann sagte nein. Sie sagte, sie habe immer zuviel zu tun gehabt, als daß sie an Verehrer hätte denken können, und gnädigerweise ließ Annie es dabei bewenden. Und es stimmte, sie arbeitete so schwer, daß sie sich in ihrer freien Zeit nur in ihrem Zimmer ausruhen oder in die Kirche gehen wollte. Sie stand um sechs Uhr morgens auf und kam nie vor Mitternacht ins Bett. Die schwerste Arbeit war morgens. Sie trug ein dunkelblaues Kleid mit einem grauen Kittel darüber, weil viel an dieser morgendlichen Arbeit wenn nicht schmutzig, so doch unappetitlich war. Das Kleid reichte ihr bis zu den Knöcheln, und darunter trug sie dicke schwarze Strümpfe und Holzpantinen, freilich keine schweren Holzschuhe mit Beschlägen. Sie fand Holzpantinen bequemer als Schuhe. Sie waren besser für ihre Füße, die vom vielen Stehen oft geschwollen waren. Als erstes machte sie jeden Morgen Feuer im Küchenherd, dankbar dafür, daß eines der Mädchen ihn jede Woche mit Graphit schwärzte, eine wahre Dreckarbeit, die sie verabscheute. Dann kochte sie Wasser in dem Kessel, dem großen Eisenkessel, der an einem Haken über dem Feuer hing, und bereitete den Teig für das Frühstücksbrot vor. Dabei atmete sie Nebelschwaden aus, und die Kälte kroch ihr, bis das Feuer richtig in Gang gekommen war, von den Steinfliesen unter den Rock. Selbst dann verbreitete das Feuer, so sehr es auch lodern mochte, nur in einem Umkreis von einem halben Meter Wärme. Die Bewegung, die ständige Bewegung, hielt Margaret Ann warm. Sie war den ganzen Morgen auf den Beinen, kochte Porridge, kochte Tee, lief zwischen Küche und Eßzimmer hin und her, deckte den Tisch und räumte ihn ab und trug schwere Tabletts. Das Frühstück für eine siebenköpfige Familie nahm vom ersten Hinuntergehen in die kalte Küche bis zum Leeren und Abwaschen des letzten Geschirrs zwei Stunden in Anspruch. Nur Mrs. Stephenson kam nicht zum Frühstück. Sie ließ es sich ans Bett servieren. Margaret Ann war immer dankbar, wenn Annie ihrer Mutter das Tablett brachte und wenn William, der sehr nett war, sich freiwillig anbot, die Eimer mit heißem Wasser hinaufzutragen, die zum Baden nötig waren. Sie schätzte sich wirklich glücklich, daß sie bei einer so rücksichtsvollen Familie diente.

Im Laufe des Morgens schätzte sie sich weniger glücklich. Es gab soviel zu tun, die Zeit war ihr Feind. »Was macht der Feind?« fragte sie die Mädchen, wenn sich die Mittagessenszeit abzeichnete. Die Hauptmahlzeit wurde mitten am Tag eingenommen, um halb zwölf. Alle kamen zum Essen nach Hause. Die Tagesköchin kaufte dafür ein und bereitete sie zu, aber sie brauchte die beiden jungen Mädchen, die ihr die Laufereien abnahmen, so übernahm Margaret Ann alles andere. Sie machte die Betten, eine mühselige Arbeit bei so vielen Bett- und Stepp- und Daunendecken, die ausgeschüttelt und ausgebreitet werden mußten, und staubte alle Möbel ab, staubte jede Menge unordentlicher Oberflächen und endloser Spiegel ab, und dann sortierte sie die Wäsche, die weggegeben wurde. Montags nahm sie die Teppiche von den Böden auf und brachte sie auf den Hof und klopfte sie aus; dienstags putzte sie das Silber; mittwochs bügelte sie, und das Handgelenk tat ihr weh vom Gewicht des schweren Bügeleisens; donnerstags polierte sie jedes Stück in dem von Möbeln überfüllten Haus; freitags scheuerte sie die Küche, bevor die Köchin kam – sie haßte die Freitage; samstags putzte sie die Fenster, wobei ihr allerdings eins der Mädchen half. Jeder Morgen war ein endloser Morgen – kein Wunder bei all den notwendigen regelmäßigen Arbeiten und den zusätzlichen Aufgaben an jedem einzelnen Tag, und er endete im Galopp mit dem Servieren des Mittagessens.

Es schien immer so, als würde die Hälfte dieser Hausarbeit im Halbdunkel erledigt, obwohl Paternoster Row 4 kein besonders finsteres Haus war. Durch die mit schweren Netzgardinen verhängten Fenster kam nicht viel natürliches Licht herein, und die Gaslampen wurden erst am späten Nachmittag angezündet. Diese Lampen waren das reine Teufelswerk, ständig mußten sie im Auge behalten werden. Es dauerte Stunden, bis sie richtig brannten; sie waren fast so schwer zu bedienen wie Öllampen. Es wurde darüber geredet, daß bald elektrischer Strom installiert werde, aber es gab in Carlisle noch kein Elektrizitätswerk (das wurde erst 1899 gebaut). Margaret Ann interessierte sich mehr für die Überlegung, daß Mrs. Stephenson einen Gasherd kaufen wollte. Was für ein Segen wäre das, wieviel Dreckarbeit würde ihr das ersparen. Es kam ihr so vor, als wären die beiden schlimmsten Heimsuchungen ihres Arbeitstages, den Kohlenstaub wegzuputzen und das Ungeziefer zu bekämpfen. Der Kohlenstaub breitete sich überall aus, und hinzu kamen noch der gefürchtete Ruß aus den Schornsteinen und die schmutzige Asche, die aus den Kaminen entfernt werden mußte. Für das Ungeziefer war ständige Wachsamkeit erforderlich. Die Matratzen, die Kissen, die Teppiche, die Vorhänge – alles mußte inspiziert und behandelt werden, um das Ungeziefer fernzuhalten. Am Ende eines jeden Morgen war Margaret Ann erschöpft vom Kampf gegen Schmutz in jeder Form.

Die Nachmittage waren ruhiger. Nachmittags backte die Köchin, und manchmal half sie ihr, vor allem beim Teegebäck und Blätterteig. Die Köchin hatte bei beidem zwei linke Hände, und Margaret Ann fiel es leicht. Sie backten für den Tee, für den Nachmittags- wie für den Abendbrottee, Kuchen und Mürbeteiggebäck und verschiedene Sorten Brot und Teegebäcke, und plötzlich erschien die Küche wie ein freundlicher, warmer Ort. Oder die Köchin backte allein, während Margaret Ann flickte. Es gab immer viel zu flicken, stapelweise Socken zu stopfen, Knöpfe anzunähen und sogar Kragen zu wenden (weil Mrs. Stephenson nichts davon hielt, ein gutes Hemd nur deshalb wegzuwerfen, weil der Kragen an der Innenseite abgescheuert war). Sie hätte am Flicken mehr Freude gehabt – wenigstens konnte sie dabei sitzen –, wenn die Köchin nicht soviel geredet hätte. Sie plapperte zusammenhanglos vor sich hin, und manchmal drückte sie sich unflätig aus, was Margaret Ann verabscheute. Sie war immer versucht, die Küche zu verlassen und sich mit der Flickarbeit in ihr Zimmer zurückzuziehen, aber das hätte so beleidigend gewirkt, daß sie die Flüche der Köchin ertrug und versuchte, ihre Mißbilligung durch totales Schweigen zu zeigen. An anderen Nachmittagen räumte sie die Speisekammer auf, machte Ordnung in Schubladen und nähte Kleider für Mrs. Stephenson. Mrs. Stephenson hatte bald herausgefunden, daß ihr Dienstmädchen nicht nur so gut stopfen konnte, daß die gestopften Löcher wie unsichtbar waren, sondern auch wunderschön nähen konnte. Sie verstand sich sogar darauf, Schnittmuster anzufertigen und Stoff zuzuschneiden. Wenn Mrs. Stephenson Margaret Ann bei der übrigen Arbeit hätte entbehren können, dann hätte diese jeden Tag – den ganzen Tag lang – für sie geschneidert.

Tee gab es um vier, nur für Mrs. Stephenson und Annie, ohne Gäste. Der Abendbrottee war für die Männer, um sechs, nach der Arbeit und der Schule. Die Männer vertilgten wahre Essensberge, Riesenportionen Cumberlandwurst und Eier und Fleischpastete und kalten Braten, danach Teegebäck und Kuchen, und das alles eimerweise mit Tee hinuntergespült. Es dauerte lange, diesen Festschmaus vorzubereiten und lange, die Reste abzuräumen und die Küche aufzuräumen. Inzwischen waren die Köchin und die Mädchen gegangen, und Margaret Ann war dafür zuständig. Es war nach acht, bis sie fertig war und sich mit den endlosen Flickarbeiten in ihr Zimmer zurückziehen konnte. Das war die beste Zeit des Tages. Manchmal ging sie nicht in ihr Zimmer; manchmal blieb sie in der Küche. Dort stand ein alter, aber sehr bequemer Sessel, und sie saß dort, legte die Beine hoch und genoß den Frieden. Manchmal kam Annie und sprach mit ihr, meistens weil sie sich über banale Dinge beschweren wollte, darüber, daß sie Klavier spielen lernen sollte, in ihrem Alter, und wie langweilig es in Carlisle war, und über ihr stumpfsinniges Leben. Margaret Ann hörte zu, gab aber keine Kommentare, erteilte keine Ratschläge. Gegen Mitternacht ging sie zu Bett und sprach ihre Gebete und schlief meistens tief. Meistens, aber nicht immer. Ihr graute vor Alpträumen und davor, daß sie im Schlaf schrie. Außer Annie hörte sie nie jemand, aber wenn Annie an Margaret Anns Tür kam, um sich zu erkundigen, was mit ihr sei, war Margaret Ann wach und hatte sich im Griff.

Nichts, sagte sie immer, nichts sei mit ihr. Sie müsse sich wohl den Magen verdorben haben. Niemals in all den späteren Jahren, wenn sie ihren Töchtern davon erzählte, nannte sie einen Anhaltspunkt dafür, was das für Alpträume gewesen waren und warum sie geschrien hatte. Und der übliche Grund, den sie immer nannte, hielt ihre Töchter davon ab, nachzufragen – »schon die Erinnerung daran hat sie aufgeregt«.

II

Damals war das Leben meiner Großmutter eingeschränkt und berechenbar, ein Leben, wie es unzählige Hausangestellte in Carlisle im letzten Jahrzehnt des neunzehnten Jahrhunderts, Tausende im ganzen Land führten. Mühsal war für Margaret Ann Jordan relativ. Ihr Leben war nicht härter als das jeder anderen Frau in dieser Stellung; genau das war der entscheidende Punkt. An die körperliche Härte, die reine Energie und Kraft, die nötig waren, jeden Tag zu überstehen, war sie gewöhnt. Es war selbstverständlich, auf Knien zu schrubben, beim Abwaschen und Spülen von Geschirr bis zu den Ellbogen in heißem oder eiskaltem Wasser zu stecken, vor Erschöpfung zu wanken, wenn sie stundenlang treppauf, treppab gelaufen war. Dafür wurde sie bezahlt. Wenn sie später im Leben daran zurückdachte – was sie oft tat, wie sich ihre Töchter erinnerten –, geschah das ohne jede Spur von Bitterkeit. Ihre Erwartungen waren gering. Sie rechnete damit, so weiterzumachen, bis sie umfiel. Oder heiratete.

Die Heirat war immer eine Alternative. Eine Heirat bedeutete möglicherweise, aber nicht unbedingt oder nicht einmal wahrscheinlich ein Entkommen aus der Knechtschaft. Falls sie heiratete, mußte sie weiterhin kochen und putzen und waschen und flicken, das wußte sie, und ohne Hilfe eines Dienstmädchens, wie sie es für die Stephensons war, wenn sie keinen reichen Mann heiratete. Die Chance, daß es dazu kam, war gleich Null. Wer aus der Dienstbotenklasse in Carlisle heiratete schon einen reichen Mann? Reiche, begehrenswerte Männer waren rar und unerreichbar, und Mädchen aus guten Familien wie Annie Stephenson hielten ständig Ausschau nach ihnen. Aber andererseits gab es zwischen reich und reich Unterschiede. Es gab viele Händler, die nach den Maßstäben von Carlisle recht gut verdienten, Händler, die es sich leisten konnten, ordentliche Häuser zu mieten oder sogar zu kaufen und ein einigermaßen angenehmes Leben zu führen. Auf dem Markt wimmelte es von ihnen. Und es gab viel Geld, vor allem unter den Metzgern, weil Carlisle ein Ort war, an dem viel Fleisch gegessen wurde.

An Samstagnachmittagen ging Margaret Ann wie gewöhnlich auf den Markt, um den Sonntagsbraten zu kaufen. Sie ging bis zum Ende der Paternoster Row, überquerte die Castle Street, wo sich vor dem Gitter um die Kathedrale herum Kartoffelstände aneinanderreihten, und nahm die Abkürzung durch die Fisher Street zur neuen, prächtigen Markthalle. Sie ging durch die Glastür und die kleine gepflasterte Senke hinunter, wo die Buden jetzt standen. Einige Metzger hatten mehr als eine Bude. Sie hatten drei bis vier nebeneinander, wahre Imperien. Das Fleisch hing an Haken von der Decke herab, Lamm und Schwein und Rind am Stück, und auf den gefliesten Tresen darunter lagen die zurechtgeschnittenen Portionen: das leuchtendrote Steak zum Braten, die dunklen Leberscheiben, die großen Schnecken aus blasser, kittfarbener Cumberlandwurst, die scharlachroten Hackfleischhügel, die steif aufgereihten Koteletts. Fleisch war sehr wichtig, die Grundversorgung für jede Hausfrau; ohne Fleisch ging es nicht. Jede Mahlzeit, die als echte Mahlzeit gelten sollte, mußte Fleisch enthalten. Der Sonntagsbraten war natürlich der wichtigste Einkauf in der Woche. Das war eine ernste Angelegenheit. Der Braten mußte als Sonntagsessen für die Familie reichen und genügend hergeben für kalten Braten am Montag, Reste für Frikadellen oder einen Auflauf am Dienstag und auch noch einen Fleischknochen enthalten zum Brühekochen. Die Verantwortung für diesen Einkauf lastete jede Woche schwer auf Margaret Ann. Im Grunde verabscheute sie den Anblick von Fleisch. Ihr wurde davon übel, das viele blutige Rot, diese Erinnerung an das Schlachten ... Sie mußte sich richtig beherrschen. Am schwersten fiel es ihr, Rindfleisch zu kaufen, aber das aßen die Stephensons am liebsten. Sie mochten Lende oder ein Rippenstück vom Rind. Das Fett am Fleisch mußte gelblich sein, durfte nicht weiß und speckig aussehen und nicht verdächtig leuchtend rot, sondern eher eine stumpfbraune Farbe haben. Sie wußte, daß Fleisch, wollte man es richtig begutachten, nicht nur angeschaut, sondern auch angefaßt werden mußte – sie sah andere Käuferinnen, wie sie ihre Handschuhe auszogen und an dem Fleisch herumfingerten, aber das brachte sie nicht über sich, sie war zu empfindlich, zu heikel. Sie mußte sich auf die Ehrlichkeit des Metzgers verlassen, auf Thomas Hind.

Thomas Hind war der Besitzer der Buden Nummer 4 und 12, aber an welchem Stand er selbst bediente, wußte sie nicht, als sie zum erstenmal, nachdem sie bei den Stephensons zu arbeiten angefangen hatte, bei ihm Stammkundin wurde. Daß sie meistens am Stand Nummer 4 Fleisch kaufte, lag daran, daß seine Buden so sauber waren. Aus den geschlachteten Tieren tropfte kein Blut, das Fleisch auf den Tresen lag nicht in blutigen Pfützen, der Abfallkübel für Fett – das vor dem Verkauf abgeschnitten wurde – war nicht in widerlicher Manier in Sichtweite. Der Boden von Thomas Hinds Buden sah immer aus, als sei er frisch mit Sägemehl bestreut worden, die Schürzen der Verkäufer waren makellos sauber, und alle trugen immer Kopfbedeckungen. Aber seine Preise waren nicht die niedrigsten. Margaret Ann hatte das Mrs. Stephenson berichtet, die bereitwillig gestattete, höhere Preise zu bezahlen, und mit einem gewissen Stolz versicherte, sie sei sich mit ihrem Dienstmädchen darüber einig, daß das Billigste nicht immer das Beste sei, wahrlich nicht. Bei Thomas Hind bildete sich immer eine Schlange, aber Margaret stand geduldig an. Sie versuchte nie, sich vorzudrängeln, sondern wartete ruhig, bis sie an der Reihe war. Sie beteiligte sich nicht an dem Herumgealber, das anderen Kundinnen Spaß zu machen schien. Sie trug ihren Wunsch vor, und das war alles bis auf ein Bitte und Danke.

Genau diese Eigenschaften erregten das Interesse von Thomas Hind. Sie fiel ihm wegen ihrer merkwürdigen Ruhe auf. Er machte sich auch nichts aus Albereien, obwohl er durchaus albern sein konnte. Auf Würde reagierte er mit Würde und hoffte, er werde es dadurch zu etwas bringen. 1893, als Margaret Ann zum erstenmal bei ihm Fleisch kaufte, war er fünfunddreißig Jahre alt und unverheiratet. Sein Vater war Metzger gewesen und sein Großvater auch, und als einziger Sohn hatte er immer damit gerechnet, das Familiengeschäft zu übernehmen. Sein Vater war gestorben, als

Thomas noch ein Kind war, und seine Mutter Jane war selber Metzgerin geworden, damit das Geschäft am Leben blieb und Thomas es erben konnte. Er schuldete ihr viel und stand dazu, indem er jetzt nicht nur sie, sondern auch zwei seiner Schwestern unterstützte (die dritte hatte geheiratet). Inzwischen war er so wohlhabend, daß er hätte heiraten können, aber bis jetzt hatte er noch nicht viel darüber nachgedacht. Er war berüchtigt dafür, daß er schwer zufriedenzustellen war, und seine Schwestern hänselten ihn wegen seiner hohen Maßstäbe und gaben schon die Hoffnung auf, daß ihm je eine Frau zusagen werde. Vier Jahre lang beobachtete er Margaret Ann recht zufrieden, und dann, als 1897 seine Mutter starb, beschloß er, es sei an der Zeit, Margaret Ann ernsthaft den Hof zu machen. Tom handelte niemals überstürzt.

Er wußte, daß Margaret Ann Dienstmädchen bei den Stephensons in der Paternoster Row war und regelmäßig die Kirche St. Mary besuchte, zu der auch seine Schwestern gehörten, aber zu seiner Überraschung stellte er fest, daß er darüber hinaus nur sehr wenig über sie herausfinden konnte. Niemand schien diese ruhige Frau zu kennen. Es gab Jordans in Caldewgate, aber er fragte herum, und niemand von ihnen kannte sie. Sie gehörte zu keiner dieser Familien, nicht einmal als entfernte Verwandte, was ihn verblüffte, weil Carlisle ein Ort war, wo jeder jeden kannte oder wenigstens jemanden, der den anderen kannte. Deshalb war es eine langsame Sache, diese Brautwerbung, drei Jahre voller Lendenrollbraten mit Knochen, Lammschulter, Schweinshaxe, drei Jahre voller Cumberlandwurst pfundweise, bestem Hinterschinken, Knochenschinken. Eine Menge Fleisch, eine Menge Höflichkeiten, während Tom die Mütze zog und Margaret Ann den Kopf neigte. Er ging nie in die Paternoster Row, gab sich nie als Herrenbesuch aus. An einem Samstag, gegen Ende des Nachmittags, als er selbst bediente und keine Verkäufer mehr da waren, die mithören und dreckig hätten grinsen, keine Kundin, die hätte mithören und spekulieren können, bis auf Margaret Ann, fragte er sie, ob sie Lust habe, mit ihm und seinen Schwestern auf eine Prise Seeluft von Burgh zu fahren. Er hatte große Angst, sie werde ablehnen, sogar gekränkt sein, aber nein, sie lächelte und sagte, sie kenne seine Schwestern aus der Kirche, und sie komme gern mit, falls sie freibekomme (selbstverständlich wußte sie, daß das möglich war, daß ihr Mrs. Stephenson mit Freuden die Erlaubnis geben würde).

Die vier fuhren in einem Einspänner mit Pony, ziemlich zusammengepfercht, weil sowohl Maggie Hind als auch Sarah Jane Hind üppige Frauen waren und Tom selbst über einsachtzig und kräftig gebaut war. Es war ein Glück, daß Margaret Ann so klein und leicht war. Sie war so selten irgendwohin gefahren, daß es ziemlich aufregend für sie war, durch Caldewgate zu holpern und auf der Moorhouse Road hinaus aufs Land in Richtung Küste. Die Schwestern Hind waren vergnügt und außerdem erpicht darauf, auf alles zu zeigen – Schafe, Bäume, Cottages, alles wurde mit aufgeregten Ausrufen bedacht, und ihrem Gast fiel es ziemlich schwer, in der Begeisterung mitzuhalten, wie sie es zu wünschen schienen. Sie waren außerdem auf Essen erpicht. Jede hatte eine Tüte mit Süßigkeiten auf dem Schoß, in die sie häufig hineingriffen. Es dauerte lange, zum Sumpf von Burgh zu kommen, ungefähr elf Kilometer entfernt, ein Ort, an dem Margaret Ann noch nie gewesen war, den jedoch die Hinds kannten, weil ihre Großmutter aus Burgh stammte. Es überraschte Margaret Ann, daß es so schwierig war, einen Blick auf das Meer zu werfen, da es durch breite Sumpfstreifen von der Straße getrennt war, und sie empfand einen Anflug von Enttäuschung, den sie schnell unterdrückte. Sie fuhren weiter nach Port Carlisle – nur ein paar Häuser, ein Laden, zwei Pubs an der Straße den Sumpf entlang –, und hier machten sie halt.

Die Damen Hind waren taktvoll. Sie behaupteten, es fehle ihnen an der Energie, herumzugehen, und ermutigten Margaret Ann, einen Spaziergang mit ihrem Bruder zu machen, falls sie Lust dazu habe. Die beiden schlenderten los, nicht weit, aber so weit, daß sie außer Hörweite waren. Sie standen da und bewunderten den vagen Umriß der schottischen Küste und unterhielten sich höflich. Tom fragte Margaret Ann, ob sie gern für die Stephensons arbeite, und sie sagte ja. Dann fragte er sie, ob sie oft mit ihrer Familie zusammen sei, und sie wurde sofort abweisend, als sie sagte, sie habe keinerlei Angehörige, die sie kenne, und das war ihm eine Warnung. Es schien für sie ein schmerzliches Thema zu sein; deshalb versuchte er, über seine Familie zu witzeln, sagte, wie anstrengend sie sei, daß er nichts dagegen hätte, eine Weile von ihr getrennt zu sein, ohne ihr etwas Böses zu wünschen. Keine Reaktion. Hastig fing er damit an, über das Kegeln zu reden. Er spiele für den Turf Club und sei so etwas wie ein Meister, ohne angeben zu wollen. Ob sie Lust habe, einmal abends zum Zuschauen zu kommen? Sie sagte ja.

Das war auf alle Fälle besser, als sich beim Fleischkaufen zu treffen. Den ganzen Sommer 1898 über schaute Margaret Ann Tom Hind regelmäßig beim

Kegeln zu. Sie interessierte sich überhaupt nicht für das Spiel, sah keinen Sinn darin, aber ihr gefielen die glatten, üppig grünen Kegelbahnen und die weißen Jacken der Spieler und auch die Kegel selbst, die auf eine befriedigende Weise schwer und solide waren und dramatisch klickten, wenn sie gegeneinanderstießen. Sie genoß es, an der frischen Luft zu sein, saß auf einem bequemen Stuhl, den Tom für sie aus dem Clubhaus geholt hatte. Er brachte ihr Tee und war in jeder Hinsicht aufmerksam. Sie erzählte Annie Stephenson nur von seiner Aufmerksamkeit, weil Annie sah, wie sie nach Hause gebracht wurde und vor Neugier halb von Sinnen war. »Meinen Sie, daß er Ihnen einen Heiratsantrag macht?« fragte Annie atemlos. »Und wenn er es tut, sagen Sie dann ja?« Margaret Ann schwieg. Sie gab nichts preis. »Versprechen Sie mir«, bettelte Annie, »daß ich Ihre Brautjungfer sein darf, wenn Sie heiraten?« Sie hatte Angst davor, daß Margaret Ann sie verließ, und sagte ihr das auch, obwohl sie ihr wünschte, daß sie sich glücklich verheirate. Mr. Stephenson war gerade gestorben, und Annie graute davor, ihrer Mutter in ihrem Schmerz und ihren Depressionen allein beistehen zu müssen – Margaret Ann konnte das soviel besser. So kam es zu einem zweifachen Versprechen: Annie dürfe kommen, falls Margaret Ann heirate (wenn auch nicht als Brautjungfer, sie könne sich nicht vorstellen, daß sie Brautjungfern haben werde), und Margaret werde die trauernde Witwe erst verlassen, wenn sie ausgeglichener und ruhiger geworden sei.

Schließlich, am Donnerstag, dem 14. September 1899, heiratete Margaret Ann Jordan Thomas Hind nach den Riten und Zeremonien der Staatskirche, in St. Mary. Thomas gab als Alter vierzig Jahre an, obwohl er erst im Dezember vierzig wurde, Margaret Ann das ihre mit achtundzwanzig an, obwohl sie neunundzwanzig war. Unter der Rubrik Name des Vaters, Vorname und Beruf zog Margaret Ann einen Strich. Die Hochzeit wurde in der dafür bestimmten Spalte im *Carlisle Journal* bekanntgegeben, eine ganz normale Anzeige bis auf eine Merkwürdigkeit: Margaret Ann bezeichnete sich als »Enkelin des verstorbenen Thomas Jordan«. Es war äußerst ungewöhnlich, sich als Enkelin auszuweisen statt als Tochter, und in ihrem Fall ziemlich unsinnig, denn wenn ihr Vater unbekannt war – deshalb die Leerstelle zuerst auf ihrer Geburtsurkunde und jetzt auf ihrer Heiratsurkunde –, woher wußte sie dann, daß Thomas Jordan ihr Großvater gewesen war? Und warum wollte sie die Aufmerksamkeit darauf lenken? Dieser Großvater war gestorben, als sie fünfzehn war. Hatte sie in diesen fünfzehn Jahren bei ihm gelebt? Weder nach den Ergebnissen der Volkszählungen noch nach ihrer späteren Behauptung, sie stamme aus der Gegend von Newcastle. Es war eine seltsame und vielleicht bedeutsame kleine Erklärung, der verzweifelt wirkende Wunsch, Anspruch auf eine Familie zu erheben, jedenfalls zum Zeitpunkt ihrer Hochzeit.

September 1899 bis September 1915, fast auf den Tag genau sechzehn Jahre. Die besten Jahre in Margaret Anns Leben. Sie war Herrin über ein eigenes Haus, obwohl es gemietet, nicht gekauft war: Corporation Road 29. Kein elegantes Haus wie das in der Paternoster Row, aber ihr erstes richtiges Zuhause. Es war sehr klein, mit einem Wohnzimmer und einer Küche und einer Spülküche im Erdgeschoß, mit zwei Schlafzimmern im ersten Stock (wenn auch ohne Bad oder

Innentoilette), aber es war ein sauberes, gutgebautes Arbeiterhaus mit einem Garten dahinter und einer gepflasterten Straße direkt davor. Es war ein Reihenhaus, in der Nähe der Sands, wo die Viehauktionen stattfanden, und sehr nahe am Markt, äußerst praktisch für Toms Arbeit. Der Fluß Eden war nur ein paar Meter entfernt ebenso wie der Park, in dem später, so Gott wollte, Kinder spielen konnten. Im Vergleich zur Paternoster Row 4 war es einfach, dieses Haus in Ordnung zu halten. Es gab nur wenige Treppen, keine Flure, keine edlen Möbel zum Polieren und nur Tom und sie selbst, für die sie kochen und waschen mußte.

Aber zum Ausgleich für diese viel weniger aufreibende Arbeit als Hausfrau half sie im Metzgergeschäft. Margaret Ann wollte nie, daß Tom erfuhr, wie sehr sie diese Hilfe verabscheute. Es wäre undankbar gewesen, wenn er mitbekommen hätte, wie sehr sie sich vor Fleisch und allem, was mit dem Schlachten zu tun hatte, ekelte, da ihr Wohlstand von diesem Gewerbe abhing. Sie zwang sich, so zu tun, als helfe sie mit Eifer, und Tom freute sich darüber. Am Ende eines jeden Tages scheuerte sie die Marktbuden, erinnerte sich dabei, daß sie vor allem wegen der Sauberkeit seiner Stände bei Tom Fleisch gekauft hatte. Jetzt lernte sie den Preis für diese reinlichen Verhältnisse kennen. Eimerweise Wasser waren dafür notwendig, schwere Metalleimer, die vom Gemeindebrunnen zu den Ständen getragen wurden, auf den Boden, die Regale, die Tresen und gegen die Wände geschüttet werden mußten, und dann kam das Schrubben, während das Wasser noch lief, rot, dann hellrosa, mit großen, harten Borstenschrubbern, die Kraft und Einfallsreichtum beim Heben und Bedienen erforderten. Das Wasser lief in ein Abflußloch vor dem

Stand, und aus dem Abfluß mußten Knochenstücke und Knorpel entfernt werden, die ihn verstopfen konnten. Es war eine widerliche Arbeit, den Abfluß zu säubern, sich zu vergewissern, daß das Wasser ablaufen konnte. Es dauerte eine Stunde, in der alle gemeinsam arbeiteten, die Angestellten begeistert oder zumindest angespornt von Mrs. Hinds Beispiel.

Dennoch war es ein geringer Preis für ein eigenes Zuhause und einen Ehemann. Tom verdiente gut. Er übernahm als Partner eines anderen Metzgers einen dritten Stand, und gemeinsam waren sie die wichtigsten Händler auf dem Fleischmarkt. Tom sparte, um ein eigenes Haus zu kaufen, aber es blieb genug Geld übrig, damit seine Frau sich Kleider leisten konnte, indem sie sich selbst welche mit der Maschine nähte, die ihr die Stephensons zur Hochzeit geschenkt hatten. Sie schneiderte immer noch Kleider für Annie und Mrs. Stephenson, aber jetzt wurde sie dafür bezahlt, und sie brachte das Geld auf Toms Bank, stolz darauf, daß sie das konnte. Tom witzelte, bei diesem Tempo würden ihre Söhne außer einem Metzgereigeschäft auch ein Vermögen erben.

Aber es gab keine Söhne. Am 14. September 1901, ihrem zweiten Hochzeitstag, brachte Margaret Ann eine Tochter zur Welt, Lilian. Tom sagte, er habe nichts gegen ein Mädchen als erstem Kind, es könne dabei helfen, sich um die Jungen zu kümmern, die folgen würden. Er liebte seine Lily – Margaret Ann nannte sie immer Lilian, aber Tom und alle anderen nannten sie Lily –, ein hübsches, ruhiges Baby, mit den blaugrauen Augen ihrer Mutter und dem hellen Haar und der hellen Haut ihres Vaters (obwohl das Haar bald dunkel wurde wie das von Margaret Ann). Dafür, daß er zum erstenmal Vater wurde, war er alt, dennoch genoß er die Rolle und hoffte nur, er müsse nicht zu lange warten, bis sein Sohn kam und er ihn zum Metzger ausbilden konnte, denn dafür war er bestimmt. Am 28. Juni 1904 kam ein weiteres Mädchen zur Welt und wurde Jane getauft. Dieses Mal war Tom nicht so begeistert, und Margaret Ann fühlte sich als Versagerin. Jane war nicht so fügsam wie Lily. Sie war von Anfang an aufsässig, als wolle sie gegen die Enttäuschung protestieren, als wisse sie, daß sie eine war. Jedoch keine so große Enttäuschung wie Annie, das dritte und letzte Kind, die letzte Hoffnung, weil Margaret Ann fast vierzig war. Annie wurde am 23. Mai 1908 geboren, und ein resignierter Tom sagte, das sei es gewesen.

Drei Töchter in erstaunlichen Abständen (Tom war überall als rücksichtsvoller Mann bekannt). Sie waren alle intelligent, obwohl Lily die intelligenteste war, alle kerngesund, alle hübsch, wenn auch Jane als Kind nicht so augenfällig hübsch war wie die beiden anderen. Annie war die hübscheste, mit riesigen blauen Augen (die jedoch, wie sich herausstellte, kurzsichtig waren) und schönem blonden, seidigen Haar, aber sie bereitete am meisten Ärger, mehr Ärger als die ohnehin schon schwierige Jane. Lily war die brave, die zuverlässige, und ihre Mutter dankte jeden Tag dem Himmel dafür. Wenn Lily eine Aufgabe erhielt, wurde sie, ohne zu klagen, perfekt erledigt. Sie war gern gefällig. Für ein Kind hatte sie ein hochentwickeltes Pflichtgefühl, zu hoch entwickelt, wie ihr Vater oft dachte und es auch aussprach. »Geh spielen, Lily«, drängte er sie, aber Lily schien keine Vorstellung davon zu haben, was spielen war. Sie hatte keine Spielkameraden. Tom machte sich darüber Sorgen und sagte, er müsse eigens einen Spielkameraden für sie anfertigen lassen. Jane und Annie spielten den ganzen Tag lang auf der Straße, spielten wie Kobolde mit Reifen, Bällen und Hüpfseilen, rannten immer kreischend und lachend mit anderen Kindern herum, während Lily vom Fenster aus zuschaute. Sie war immer damit beschäftigt, ihrer Mutter möglichst sinnvoll zu helfen. Als sie in die Schule kam, wurde sie der Liebling des Lehrers, gut in jedem Fach, die Beste bei jeder Arbeit. »Wir haben einen Professor in der Familie«, sagte Tom und: »Ich weiß nicht, was wir mit unserer Lily anfangen sollen. Sie ist zu klug für ein Mädchen.«

Lowther Street Infants, wo Lily 1905 eingeschult wurde, war keine gute Schule. Sie war eine der Grundschulen, die nach dem Erziehungsgesetz von 1870 eröffnet worden waren, als die Lokalbehörden angewiesen wurden, die Schulbildung der Stadtkinder und die Kosten dafür zu übernehmen. Die Architektur dieser Schulen in Carlisle tendierte zur Neugotik – die Klassenzimmer waren riesig, mit hohen Decken und untereinander verbunden, aufgeteilt durch bewegliche Wände. Es gab mehrere Stockwerke, und die Schüler saßen an langen Pulten mit schrägen Deckeln. Die Inspektoren Seiner Majestät waren der Lowther Street School (Jungen und Mädchen gemischt) gegenüber in dem Zeitraum, in dem Lily dort war, besonders kritisch eingestellt, obwohl sie einräumten, daß »die Kinder aus sehr armen und vernachlässigten Häusern kommen«, und deshalb zugaben, das Unterrichten sei schwierig. Lily kam nicht aus einem vernachlässigten oder besonders armen Haus, aber es stimmte, daß die Corporation Road, an sich eine angesehene Straße, an Rickergate grenzte, Carlisles schlimmste Slumgegend.

Der Inspektionsbericht von 1909 war vernichtend. Es hieß darin, daß die gesamte Schule kein besonders hohes Niveau habe, und der Unterricht wurde als viel zu streng und schlecht vorbereitet kritisiert. Ein Mr. Bolt hatte einen Stock zerbrochen und außerdem gegen die Vorschriften verstoßen, indem er zwei Mädchen mit unnötiger Heftigkeit geschlagen hatte, worüber er sein Bedauern ausdrückte (obwohl nicht klar war, was er bedauerte, das Zerbrechen des Stocks oder das Schlagen der Mädchen). Gewalt war die einzige Form der Disziplin, und die Inspektoren klingen bei ihrer Verurteilung dieser Schreckensherrschaft äußerst aufgeklärt. Sie wiesen in ihrem detaillierten Bericht darauf hin, Gewalt nütze nichts, denn trotz ihrer Anwendung herrsche in »keiner Klasse die wünschenswerte Ordnung«. Insgesamt waren sie verzweifelt über die Lowther Street School, weil es dort »an der klugen und mitfühlenden Behandlung« fehle, »durch die Kinder ihre natürlichen geistigen und körperlichen Aktivitäten entwickeln«. Allerdings.

Nach diesem Urteil rollten ein paar Köpfe – beispielsweise der von Mr. Bolt –, und 1912 standen die Dinge etwas besser für die elfjährige Lily und ihre Altersgenossen. Aber die Inspektoren machten sich für die Jungen und gegen die Mädchen stark, schlugen den Lehrern Geschlechtertrennung vor, »damit die Mädchen die Jungen nicht behindern, die im ganzen mehr Interesse und Lernstärke zeigen«. Ihr Rat wurde nicht befolgt, und im Jahr darauf erwies sich diese Entscheidung als gerechtfertigt: Von vierzehn Schülern wurden in einem Auswahlverfahren (einer Prüfung, durch die festgestellt werden sollte, welche sechzehn Schüler aus Carlisle kostenlose Schulplätze an der neuen Higher

Grade School erhalten sollten) nur zwei ausgesucht, und beide waren Mädchen. Lily war eine von beiden. Tom platzte vor Stolz – »Unsere Lily hat alle Jungen geschlagen« – und hielt viel von der Higher Grade. Es war eine Schule, eigens dafür gedacht, klugen Kindern der Unterschicht, die mit dreizehn die Grundschule verließen und nicht die Mittel hatten, das Jungengymnasium oder die High School für Mädchen zu besuchen, eine längere und bessere Ausbildung zu bieten. In beiden Schulen gab es Aufnahmeprüfungen und Schulgebühren (fünfzehn Pfund im Jahr an der High School im Gegensatz zu einem Pfund für zahlende Schüler an der Higher Grade). Die neue Schule war 1899 eröffnet und sofort ein Erfolg geworden. Als Lily dort ihren kostenlosen Schulplatz bekam, war die Schule aus einem Kirchengemeindesaal in den ersten Stock der Lowther Street Board School verlegt worden, nachdem der Plan, eine ganz neue Schule zu bauen, gescheitert war. Die Bedingungen waren alles andere als ideal – Ventilation und Akustik waren miserabel –, aber das schien keine Rolle zu spielen. Die Inspektoren Seiner Majestät waren hingerissen von dem »industriellen Geist, der die Schule durchdringt ... die Schüler profitieren in einem außergewöhnlichen Maß davon«.

Lily liebte die Higher Grade. Dort waren weder Stockschläge noch irgendeine Art von Brutalität nötig. Trotz der hoffnungslos ungeeigneten Klassenzimmer (oft teilten sich drei Klassen einen Raum) war Disziplin kein Problem. Der Friede und die Ruhe nach dem Lärm und Gerangel in der Grundschule waren ein Segen, und Lily machte rapide Fortschritte. Ihre Zeugnisse zeigen, daß sie in allen Fächern gut war, ständig die Beste in Geschichte, Englisch und Geographie, mit guten Noten und in jedem Schulhalbjahr der besten Note in Arithmetik. Am Ende ihres ersten Jahres war sie das einzige Mädchen in der ersten Klasse, das einen Preis bekam. Sie war viel zu klug und fleißig für die Higher Grade, doch scheint niemand je vorgeschlagen zu haben, sie solle sich um ein Stipendium an der weit überlegenen High School bewerben, die seit 1909 unter der Aufsicht der Schulbehörde von Cumberland stand und seit 1914 teilweise auch unter der Aufsicht der Schulbehörde von Carlisle. Die High School war unbestritten die beste Mädchenschule in der ganzen Gegend, und eine bestimmte Anzahl von Plätzen war Stipendiatinnen vorbehalten. Lily bewarb sich nie, vielleicht weil die High School gehobener war – kein Ort für ein Mädchen aus der Unterschicht, wie klug auch immer. Es war besser, die Higher Grade zu besuchen und Steno zu lernen, als die High School zu besuchen und Latein zu lernen. Dann hatte man eine Zukunft, war das Ziel hoch genug gesteckt.

Die Schulbildung, die Lily in der Higher Grade erhielt, war in den meisten Punkten ausreichend und in manchen vorzüglich, aber Lily hätte es besser gehabt, wenn sie an dieser Schule ein Junge gewesen wäre. Der Rektor hielt es eindeutig für Unsinn, daß Intellekt nichts mit dem Geschlecht zu tun haben sollte, wie es die Feministinnen des neunzehnten Jahrhunderts behaupteten. Für Jungen gab es in seiner Schule einen anderen, schwereren Lehrplan. Jungen lernten Bruchrechnen und Gleichungen, während die Mädchen sich mit Malnehmen und Teilen begnügen mußten; Jungen lernten Physik, Mädchen Physiologie; Jungen hatten Chemieunterricht, Mädchen Botanikstunden. Aber wenigstens erhielten Jungen wie Mädchen Handelsschulunterricht. Dieser Schulzweig war sehr beliebt, weil, wie bekannt war, Kenntnisse in allem, was den Handel betraf, gute Voraussetzungen für die Arbeit in den Büros waren, und alle wollten solche Stellen, sogar die hochintelligente Lily, die nicht daran dachte, Büroarbeit sei zu niedrig für ihre akademische Begabung. Wenn sie gefragt wurde, was sie nach der Schule machen wolle, sagte sie, sie wolle im Büro arbeiten, falls sie könne. Sie hatte keinen höheren Ehrgeiz. Niemand sprach je über die Universität oder das College, ein entlegener Gedanke für ein Mädchen aus der Unterschicht, und sie selbst dachte auch nie daran. Sie hoffte, eine gute Stelle zu bekommen, dann vielleicht zu heiraten und Kinder zu haben. So gehörte sich das für Mädchen.

Doch obwohl sie in der Schule glücklich und erfolgreich war, hatte Lily etwas Ängstliches an sich, was ihr Vater nicht verstehen konnte. Sie machte sich ständig Sorgen. Es kam Tom unnormal für ein junges Mädchen vor, soviel zu grübeln, wenn es keinen Grund dafür gab. Wirklich, überhaupt keinen. Sie hatte liebevolle Eltern und zwei Schwestern, und die Zeiten waren gut, und doch war die Ängstlichkeit in Lilys Augen immer gegenwärtig. Selbst sonntags, wenn Tom mit seinen Mädchen im Einspänner mit Pony nach Wetheral fuhr, einem Dorf am Fluß Eden, acht Kilometer entfernt, und dann eine Bootsfahrt mit ihnen machte – selbst dann wirkte Lily ängstlich. Wenn er zu ihr sagte, sie wolle munterer werden, vielleicht passiere ja gar nichts, faßte sie das als Kritik auf, und ihre Augen füllten sich mit Tränen. Folglich mußte Tom seine Lieblingstochter in Ruhe lassen. Sie saß gern auf dem Vordersitz des Einspänners neben ihm, hielt seinen Daumen, und dann lächelte sie, und er meinte, er übertreibe es mit ihrer Ernsthaftigkeit. Sie war einfach nicht so laut und albern wie Jane und Annie, das war alles.

Margaret Ann kam bei diesen Sonntagsausflügen nach Wetheral nie mit. Sie behauptete, vom Fluß bekomme sie Kopfschmerzen, was seltsam war, denn es war ein sehr friedlicher Fluß, breit und hübsch, mit wunderschönen Bäumen bis zum Ufer hinunter, und dort herrschte völlige Stille bis auf das Springen der Lachse. Aber sie begleitete Tom und die Mädchen auf den selteneren Fahrten nach Silloth und genoß es. Silloth ist eine Kleinstadt am Solway Firth, dreißig Kilometer von Carlisle entfernt, und war damals ein sehr beliebter Urlaubsort, besonders bei Arbeiterfamilien – nach Silloth zu fahren war aufregend. Es war eine vergleichsweise neue Stadt und hatte alle Vorzüge einer geplanten Ansiedlung, quadratisch angelegt mit geraden Straßen im rechten Winkel. Die Straßen waren breit und gut gepflastert und mit Bäumen bepflanzt. Zwischen den Straßen und dem Meer lag der Green, eine vierzehn Hektar große Rasenfläche, gesäumt von Kieferngebüsch. Es gab eine Hafenmauer, ideal zum Promenieren, und alle möglichen Zerstreuungsmöglichkeiten – Esel zum Reiten, einen Golfplatz mit achtzehn Löchern, einen Pavillon, in dem regelmäßig Vorstellungen stattfanden, und die Stadtkapelle von Silloth.

Tom mietete jeden Juli ein Haus, und wie halb Carlisle fuhr die ganze Familie in Urlaub. Normalerweise lag die Bevölkerung von Silloth unter zweitausend, aber im Juli wuchs sie auf über sechstausend an. Margaret Ann und die Mädchen waren liebend gern dort – es war ihre schönste Zeit. Alle waren auf ihre Weise glücklich und wünschten sich, sie könnten ewig bleiben. Tom angelte Dorsche und Flundern, und Margaret Ann saß häkelnd auf einer Bank vor dem Haus, und Jane und Annie und sogar Lily ritten auf den Eseln, paddelten und schauten verzückt den Pierrots zu. Es war keinen Augenblick langweilig, selbst wenn es regnete, aber in ihrer Erinnerung regnete es kein einziges Mal.

Es war ein gutes Leben, und dann ging es zu Ende.

III

In diesen ganzen sechzehn Jahren, den besten ihres Lebens, hütete meine Großmutter ein Geheimnis. Nicht nur das Geheimnis ihrer ersten dreiundzwanzig Jahre, die in mysteriöses Dunkel gehüllt sind, sondern ein ganz konkretes. An einem bestimmten Punkt ihres guten Lebens, bevor es durch den Tod ihres Mannes endete, muß sie gezwungen gewesen sein, sich ihm anzuvertrauen. Vielleicht hat sie das getan, als er ihr den Heiratsantrag machte, vielleicht kannte er es aber auch längst, weil er daran beteiligt war und es auch sein Geheimnis war. Es war nicht möglich, das herauszufinden.

Als ich über die Frau nachdachte, die behauptete, die vierte, nicht anerkannte Tochter meiner Großmutter zu sein, beschloß ich, alle Geburts-, Heirats- und Sterberegister der fünf Pfarrgemeinden, die es damals in Carlisle gab, durchzusehen. Jordan, der Nachname meiner Großmutter, machte die Aufgabe nicht allzu schwer. Er war so selten, daß er nicht wie Graham oder Armstrong ständig auftauchte. Ich wußte, daß sie 1869 geboren war, und suchte deshalb danach, ob eine Margaret Ann Jordan 1893 ein Kind geboren hatte, in dem Jahr, in dem sie, wie sie behauptete, die Arbeit bei den Stephensons angetreten hat, das Jahr, das sie als Beginn ihres Erwachsenenlebens betrachtete. Ich fand es sofort: Margaret Ann Jordan, Dienstmädchen, dreiundzwanzig Jahre alt, hatte am 12. April 1893 in Wetheral, dem Dorf, in das Tom mit seinen Töchtern fuhr, in das Margaret Ann jedoch nie wollte, ein Mädchen geboren, Alice genannt. Der Name des Vaters war nicht angegeben. Mehrere Wochen später ließ sie das Kind taufen, allerdings nicht in ihrer Kirche St. Mary, sondern in der Kirche Holy Trinity in Caldewgate. Als Adresse gab sie ein Haus in der St. Cuthbert's Lane an, wo zwei Jahre zuvor, zum Zeitpunkt der Volkszählung, Elizabeth Jordan, eine ältere Frau, allein gelebt hatte.

Mit Hilfe der Geburtsurkunde hoffte ich, Alice um die Jahrhundertwende in Carlisle zu finden, indem ich in Schulunterlagen nach ihrer Adresse suchte. Aber in diesen Schulaufzeichnungen zwischen 1898, als Alice fünf wurde, und 1906, als sie dreizehn und wahrscheinlich von der Schule abgegangen war, taucht keine Alice Jordan auf. (Diese Unterlagen sind keine Register, aber manchmal enthalten sie die Namen der Schulanfänger.) Anschließend sah ich die Heiratsregister durch. Wenn Alice 1893 geboren worden war, mußte sie, wenn überhaupt, zwischen 1909 und etwa 1929 geheiratet haben. Wieder war es einfach. Am 1. Januar 1915 heiratete Alice Jordan, Vater unbekannt, William Muir, einen Schweinemetzger aus der Brook Street 48. Bei der Hochzeit gab es drei Trauzeugen. Einer von ihnen war Thomas Hind. Was hatte mein Großvater als Trauzeuge auf der Hochzeit der nicht anerkannten, unehelichen Tochter seiner Frau verloren? Dann fiel mir Alices Adresse auf: Peter Street 14, das Haus, in das meine Großeltern und ihre Töchter kurz vorher gezogen waren. Benutzte Alice diese Adresse nur aus irgendeinem Grund, hatte aber nie dort gewohnt? Wie hätte sie auch in einem kleinen Haus mit ihren Halbschwestern im Alter von dreizehn, zehn und sechs wohnen können, ohne daß sie davon wußten? Unmöglich. Es wurde immer merkwürdiger.

Mir ist der Gedanke gekommen, wie es sicher jedem ergangen wäre, daß Thomas Hind Trauzeuge bei Alices Hochzeit war, weil er ihr Vater war. Die Geschichte von der jahrelangen Brautwerbung, die seine Töchter so gern hörten und die an mich weitergereicht wurde, ist vielleicht nicht ganz unwahr, aber sie hätte anders und früher anfangen können. Angenommen, Tom kannte Margaret Ann vor 1893 und konnte sie, als sie schwanger wurde, aus irgendeinem Grund nicht heiraten? Seine Mutter Jane, die Metzgerin, war auf ihn angewiesen, und vielleicht hatte er Angst, sie zu verlassen und zu heiraten. Oder vielleicht hatte er, obwohl er Junggeselle war, noch eine andere Beziehung?

Doch nein, ich glaube nicht, daß Thomas Hind der Vater von Alice war, aber vielleicht liegt das daran, daß ich es nicht glauben will. Tom ist mir immer als gütiger und sanfter Mann geschildert worden, der alle Kinder liebte. Wenn er daran beteiligt gewesen wäre, daß Alice weggegeben wurde, hätte das alles nur noch schlimmer gemacht. Es muß einen anderen Grund gegeben haben, weshalb er – und nicht Alices Mutter – bei der Hochzeit dabei war. Ich glaube auch nicht, daß Alice tatsächlich an der angegebenen Adresse, dem neuen Zuhause meiner Großeltern in der Peter Street, gewohnt hat. Doch wo ist Alice zwischen 1893 und 1915 gewesen? Margaret Ann, die ihr Leben lang unter dem Stigma ihrer Unehelichkeit gelitten hat, hat Alice doch bestimmt nicht weggegeben? Selbst wenn es Gründe gegeben hätte, weshalb sie 1893 ihr Kind nicht behalten konnte, handfeste ökonomische Gründe, warum nahm sie sie nicht in ihre Familie auf, als sie 1899 heiratete? Alice war damals erst sechs, in einem Alter, in dem sie einen Wechsel hätte verkraften können. War Alice in eine Familie gegeben worden, die sich nicht von ihr trennen wollte? War 1893 ausgehandelt worden, Alice dürfe nie erfahren, wer ihre wahre Mutter sei, wenn eine andere Frau sie zu sich nahm? Hat Alice gegen diese Vereinbarung verstoßen und Margaret Ann ausfindig gemacht?

Wo, o wo, ist Alice gewesen?

Es war ein gutes Leben, und dann ging es 1915 zu Ende, aber nicht wegen des Krieges. Tom war zu alt für den Krieg. Das war Margaret Anns erster Gedanke, als der Krieg erklärt wurde und so viele Männer sich sofort in den Dienst für König und Vaterland stellten. Tom war vierundfünfzig und wurde noch nicht gebraucht. Zum erstenmal war Margaret Ann froh, daß sie ihm keine Söhne geboren hatte.

Carlisle war vom Krieg nicht besonders betroffen. In der Nähe der Burg wurden ein paar Holzbaracken aufgebaut, obwohl niemand genau wußte, wozu, aber es gab keine Verdunkelung, und als die Rationierung eingeführt wurde, war sie harmlos. Daß Krieg herrschte, fiel in Carlisle nur auf, weil weniger Männer auf den Straßen waren. Auch auf dem Markt. 1915 war dem Fleischmarkt der Verlust der Lastenträger anzumerken, und die älteren Männer wie Tom mußten die schwere Arbeit selber tun, obwohl sie geglaubt hatten, sie liege hinter ihnen. Tom war groß und kräftig, aber nicht mehr so gut in Form wie früher. Schlachttiere zu schleppen hatte ihm früher nichts ausgemacht. Jetzt strengte es ihn an. Aber es gab keine jungen Männer mehr, die sich, ohne lange nachzudenken, ein ganzes Schwein über die Schulter werfen konnten. Margaret Ann hat später immer geglaubt, daß diese körperliche Schwerarbeit ihn so geschwächt hat, daß er, als er sich erkältete, keine Widerstandskraft mehr hatte.

Er kam am Abend des 3. September 1915 nach Hause und sah furchtbar aus – grau im Gesicht, keuchender Atem, naßkalter Schweiß. Seine Frau wußte sofort, daß das keine normale Erkältung war. Es war ein schöner Spätsommerabend, aber Tom klagte, ihm sei kalt, deshalb machte sie Feuer und schickte Lily in die Küche, damit sie den Kessel aufsetzte und heißes Wasser mit Zitrone, während sie einen Schal holte, einen großen, schweren Wollschal, den sie um seine stämmigen Schultern legte. Er ächzte und krächzte, Whisky sei die beste Medizin, aber sie überredete ihn, das heiße Zitronenwasser zu trinken und zwei Aspirin zu nehmen. Er saß eine Stunde lang da. Das Keuchen wurde schlimmer, er hatte die Augen geschlossen, aber er schlief nicht. Er wollte nichts essen, nicht einmal Suppe. Gegen neun sagte er, im Bett sei er besser aufgehoben, aber es fiel ihm schwer, aufzustehen, sagte, daß ihm schwindlig sei und daß er nicht klar sehen könne, und es fiel ihm noch schwerer, die schmale Treppe hinaufzusteigen. Lily mußte ihn mit aller Kraft von hinten schieben, während seine Frau ihn von vorn zog, damit er hinaufkam. Er brach in Kleidern auf dem Bett zusammen und wollte nicht ausgezogen werden, also lockerten sie nur seinen Kragen, zogen ihm die Schuhe aus und verschoben alles andere auf später.

Margaret Ann wußte nicht, ob er in jener Nacht geschlafen hatte. Sie schlief jedenfalls nicht, ebensowenig wie Lily. Beide hörten das grauenhafte Atmen, schrecklich laut und mühsam, und beide sehnten den Morgen herbei, damit ein Arzt geholt werden konnte. Am Morgen wirkte Tom, als sei er im Delirium. Lily ging mit einem Brief zu Dr. Edwards, und er kam sofort mit ihr zurück. Er untersuchte Tom und sagte, es handle sich um eine Lungenentzündung. Schon das Wort versetzte Margaret Ann in Angst und Schrecken, aber Dr. Edwards versicherte ihr, ihr Mann sei so stark wie ein Ochse, und seine Konstitution werde ihn retten, zusammen mit der Sorgfalt, mit der sie ihn, wie er wisse, pflegen werden. Als er fort war, fragte Lily ihre Mutter, was ihrem Vater fehle, und als Margaret Ann das verängstigte Gesicht des Kindes sah, erwähnte sie nichts von einer Lungenentzündung, sagte nur, Tom sei erkältet, aber er sei stark wie ein Ochse, und es werde ihm bald bessergehen. Lily war wie immer sehr lieb. Jane und Annie wurden in die Schule geschickt, aber Lily blieb zu Hause und saß den ganzen Tag neben ihrem Vater, wischte ihm die Stirn ab, versuchte, ihm die Flüssigkeitsmengen einzuflößen, zu denen Dr. Edwards geraten hatte. Um zehn schickte ihre Mutter sie ins Bett. Ihre Freundin Annie Broadhead war gekommen, um die Nacht mit ihr zu verbringen. »Du warst ein kleiner Engel, Lily«, sagte ihre Mutter.

In jener Nacht schlief Lily tief und hatte einen wunderschönen Traum von Silloth, wie sie alle am Meer saßen und ihr Vater in Hemdsärmeln ihnen aus dem Boot zulachte, in dem er angelte. Sie wachte mit einem glücklichen Gefühl auf, aber dann spürte sie die tiefe Stille um sich herum. Der keuchende Atem ihres Vaters war nicht mehr zu hören. Hieß das, daß es ihm besserging? Aber dann stand ihre Mutter auf der Schwelle, und ihr Gesicht sagte alles. Sie hielt sich den Finger an die Lippen und zeigte dorthin, wo Jane und Annie schliefen. Lily schlich aus dem Zimmer und folgte ihrer Mutter. Ihr Vater lag, bis zum Kinn zugedeckt, unter einem Laken. Seine Augen waren geschlossen, aber es lagen Pennies darauf. Sie starrte die Pennies an, diese stumpfen Kupferkreise dort, wo seine blauen Augen hätten sein sollen, und hörte ihre Mutter sagen: »Er ist zu Jesus gegangen, Lily. Weine nicht.« Lily weinte nicht. Sie war zu entsetzt zum Weinen. Sie wich ohne ein Wort rückwärts aus dem Zimmer, rannte die Treppe hinunter und schloß sich im Schrank darunter ein. Dort ging sie zwischen Schaufeln und Handfegern in die Hocke. Sie begrub das Gesicht in der Schürze, die hinter der Tür hing, und erst dann fing sie an zu weinen. Es war finster im Schrank, nicht ein Lichtschimmer drang durch die dichtgeschlossene Tür. Sie hockte mit dem Rücken gegen die Wand, zog die Knie hoch und paßte trotzdem nur mit Mühe hinein. Sie hatte noch ihr weißes Baumwollnachthemd an, das sie sich über die Knie zog, bis es sie eng umspannte und ihre verkrampften Beine bedeckte. Ihr Herz hämmerte, und auch in ihrem Kopf war ein Hämmern. Sie hörte den klagenden Ruf ihrer Mutter – »Lily!« –, aber sie konnte nicht antworten, konnte ihr Versteck nicht verlassen. Sie hörte den Türklopfer. Er war schon gedämpft, mit einem Lappen umwickelt, dennoch hörte sie das leise Pochen, und die Füße ihrer Mutter, die langsam über ihrem Kopf die Treppe herunterkamen, und das Öffnen und Schließen der Tür und das An- und Abschwellen flüsternder Stimmen. Menschen gingen hin und her, vorbei an dem Schrank, ohne zu erraten, daß sie darin war. Ihre Augen gewöhnten sich an die tiefe Finsternis. Sie konnte den in die Ecke eingekeilten Koffer erkennen, der für Silloth benutzt wurde. Bei dem Gedanken an Silloth und ihren glücklichen Traum weinte sie noch heftiger, und jetzt bekam sie einen Schluckauf. Nie wieder würden sie nach Silloth fahren können. Wie würden sie ohne ihren Vater zurechtkommen? Was würden sie machen? Angst mischte sich in ihre Trauer, und sie wiegte sich in dem engen Raum hin und her.

Jane und Annie wußten, wo sie war. Wie wütend es sie machte, sie rufen zu hören: »Lily ist in dem Schrank unter der Treppe, bestimmt, bestimmt!« Dann wurde an die Schranktür geklopft, sie wurde aufgefordert, herauszukommen, aber sie stemmte die Füße gegen die Tür, die sich nicht bewegen ließ. Sie konnte ihre Schwestern hören, ganz aufgeregt, kreischend, als sei sie ein Tier in der Falle. Ihr Kopf tat weh, ihr war übel, und ihre Kehle brannte, aber sie wollte für immer in diesem Loch bleiben, darin sterben und begraben werden, wie ihr Vater bald begraben werden würde. Aber beim Gedanken an die Beerdigung hätte sie sich am liebsten übergeben, und sie mußte die Galle, die hochkam, herunterschlucken und versuchen, als sie sich vorstellte, wie die Würmer an seinem toten Körper nagten, ihren Wunsch, nur noch zu schreien, zu unterdrücken. Sie trommelte mit den Fersen gegen die Holzdielen und zitterte, aber ihr war heiß, nicht kalt, fiebrig heiß, und ihr Nachthemd triefte von Schweiß. Draußen, vor ihrer Zufluchtsstätte, schien sich nichts mehr zu tun. Es war wieder ruhig. Jane und Annie waren verschwunden. Sie hörte ihre Mutter leise sagen: »Lily? Komm raus, ich brauche dich. Jetzt bin nur noch ich da.« Schuldgefühle machten ihrem Schluchzen ein Ende. Der gesunde Menschenverstand sagte ihr, daß sie nicht ewig in diesem Schrank bleiben könne – sie war Lily, die Vernünftige. Sie legte den Kopf auf die Knie und weinte noch ein wenig, und dann war sie vernünftig. Sie machte die Tür auf und kroch heraus wie ein Hund, mit verfilztem, feuchtem Haar, das Gesicht fleckig und entstellt. »O Lily!« sagte ihre Mutter. »O Lily, Lily, schau dich nur an!«

Aber auch als sie den Schrank verlassen hatte und versuchte, vernünftig zu sein, sprach sie mit niemandem. Sie tat, was ihr aufgetragen wurde, aber mit gesenktem Blick und schweigend. Jane und Annie widerten sie an. Sie weinten hin und wieder, aber sie merkte, daß sie nicht wirklich traurig waren. Sie wurden schnell munter, als ihnen für ihre Trauerkleider Maß genommen wurde. Ihre Mutter ließ sie fotografieren, als sie die Kleider anhatten, aber Lily weigerte sich zu posieren. Sie konnte es nicht. Sollten Jane und Annie sich doch herausputzen. Sie war froh, daß sie ein eigenes schwarzes Kleid hatte, obwohl sie sich wünschte, daß es noch häßlicher wäre und ihr noch schlechter stehe als ohnehin schon. Sie hatte ein besseres Gefühl, wenn sie so trist gekleidet war, und sie sehnte sich nicht nach dem Spitzenkragen, den Jane erbettelte und den sie bekam, nicht nach der Schärpe, die Annie zugestanden wurde – schlichtes, rauhes, schmuckloses Schwarz entsprach ihren Gefühlen. Wie auch die Beerdigung, jeder scheußliche Moment auf der Fahrt zum Friedhof und auf dem langen Weg den Mittelgang entlang bis zu der Grabstelle neben der riesigen Rotbuche, wo ihr Vater beerdigt werden sollte. Jetzt weinten Jane und Annie wirklich, wimmerten jämmerlich und versteckten die Gesichter im Rock ihrer Mutter, aber Lily stand gerade und regungslos da, beobachtete jeden Zentimeter beim Herablassen des Sarges, hörte, wie die Erde auf dem lackierten Holz aufschlug, winzige Steine, die mit einem fast musikalischen Geräusch gegen die Messingbeschläge prallten.

Das war nicht der schwerste Teil. Die Beerdigung kam ihr angemessen, wenn auch grauenhaft vor. Viel schrecklicher war die Zeit nach der Beerdigung, die ersten Wochen nach dem Tod ihres Vaters, als die Geldsorgen ihrer Mutter auch zu ihren Sorgen wurden. Es gab kein Testament. Mutter erklärte ihr, was ein Testament war und warum es wichtig war, eines zu haben. Und Tom hatte kein Testament hinterlassen, kein Testament und keinen unmittelbaren Zugang zu dem Geld, von dem Margaret Ann wußte, daß es auf der Bank war; er hatte erst kürzlich gesagt, jetzt reiche es endlich, ein Haus für sie zu kaufen. Im Haus waren nur fünf Pfund Bargeld. Ein Mann besuchte Margaret Ann und sagte, es gebe kein Problem, weil sie Thomas Hinds rechtmäßige Ehefrau sei und ihr ohne Schwierigkeiten ein Erbschein ausgestellt werde. Aber es werde Zeit kosten, und da Krieg sei, könne es dreimal so lange dauern wie die normale Mindestzeit von sechs Wochen. Er sagte, ein Darlehen lasse sich leicht beschaffen, aber Margaret Ann sagte gleich, sie wolle kein Darlehen, sie komme zurecht. Sie handelte sofort. Zuerst zog sie mit ihrer Familie aus der Peter Street aus, wo die Miete neun Shilling die Woche betrug, zog in ein Haus in der Kendal Street in Caldewgate, das nur vier Shilling kostete. Dann nahm sie zwei Untermieterinnen ins Haus und gab ihnen das eine Schlafzimmer, während sie und ihre Töchter im zweiten schliefen. Als letztes besorgte sie sich Arbeit.

Sie hatte gehofft, Arbeit als Näherin zu finden, bei

Bullough's, aber als sie sich bewarb, bekam sie zu hören, sie sei zu alt (mit vierundvierzig) für die fünfundzwanzig Mädchen (Durchschnittsalter zwanzig), die in der Änderungsabteilung des Ladens arbeiteten. Die einzige Arbeit, die sie bekommen konnte, außer Putzen von Häusern und Büros, war die als Kellnerin bei Robinson's in Carlisles erstem Einkaufstempel, einem riesigen Kaufhaus, in dem es von Kleidern bis zu Eisenwaren alles gab und das in der English Street einen ganzen Häuserblock einnahm. Im zweiten Stock von Robinson's gab es ein Café in jakobinischem Stil, und dort arbeitete sie, trug beladene Tabletts hin und her, war acht Stunden am Stück auf den Füßen, und die Beine taten ihr mehr weh als damals, als sie bei den Stephensons arbeitete. Zu Hause verließ sie sich auf Lily, die Jane und Annie ihr Essen machte und nach der Schule die ganze Hausarbeit erledigte. Lily wollte von der Schule abgehen und Geld verdienen, damit ihre Mutter nicht zu arbeiten brauchte, aber Margaret Ann war unerbittlich. Sie erinnerte Lily daran, wie stolz ihr Vater auf sie gewesen war, daß er geplant hatte, sie solle auf der Higher Grade bleiben, bis sie sechzehn war und dort alles gelernt hatte, was es zu lernen gab. Dann konnte sie abgehen und eine gute Stelle bekommen, eine viel bessere als jetzt mit vierzehn. »Nimm Vernunft an, Lily«, sagte ihre Mutter, und die vernünftige Lily tat es.

Schließlich hatte ihre Mutter oft von ihrer Zeit als Dienstmädchen erzählt, wie hoffnungslos es für ein Mädchen ohne Geld und ohne Ausbildung war, eine andere Arbeit zu finden, außer der als Mädchen-für-alles. Ihre Mutter hatte immer wieder gesagt, sie wolle nicht, daß ihre Töchter ihre Jugend damit verbrachten, auf den Knien die Böden anderer Leute zu scheuern, und sie wolle auch nicht, daß sie später nur noch zu dem taugten, was sie jetzt war, zur Kellnerin. Sie sollten in der Schule bleiben und etwas leisten und etwas aus ihrem Leben machen. Lily hielt sich daran. Sie war fleißiger denn je. Aber das Leben hatte sich noch mehr verändert, als sie befürchtet hatte, und diese Veränderung lag nicht nur am Geldmangel. Der Tod ihres Vaters, des Brotverdieners, desjenigen, der sie alle mit seiner Arbeit relativ wohlhabend gemacht hatte (für die Zeit, für Carlisle, für ihren Stand), warf sie in eine unsichere Welt, in der auf nichts Verlaß war, und die Vorstellung von tiefer Armut tauchte vor ihnen auf. Margaret Ann war keine Witwe, die daran zerbrach – sie kam bestens zurecht, indem sie unmenschlich sparsam wirtschaftete (was sich als unnötig erwies), um den äußeren Schein zu wahren. Aber es gab keine Freude mehr im Haus. Lily hatte sich nie klargemacht, wie sehr es an ihrem Vater gelegen hatte, daß ihr Familienleben mit Freude erfüllt war. Er war der Fröhliche, ausgelassen, voller Zuversicht, ein geborener Optimist, der nicht dazu neigte, sich Sorgen zu machen. Ihre Mutter war ruhig, keine heitere Frau, suchte ständig furchtsam das Gute in ihrem Leben und konnte sich nicht vorstellen, daß es dauern könne. Als Tom tot war, legte sich die Schwermut ihrer Mutter wie eine Dunstglocke über die Mädchen.

Jane und Annie ärgerten sich darüber und kämpften dagegen an. Sie versuchten, die drückende Atmosphäre aufzuheitern, indem sie ihre lauten Freunde mit nach Hause brachten, und konnten es nicht ausstehen, daß ihrer Mutter und Lily Ruhe lieber war. Als das nichts nützte, spielten sie immer häufiger draußen, überall, wo sie der Trostlosigkeit ihres Zuhauses ausweichen konnten. Nur Lily war immer zu Hause, wenn ihre Mutter kam, erschöpft vom Kellnern. »Ich weiß nicht, was ich ohne dich tun würde, Lily«, sagte sie jeden Tag. Sie war völlig auf sie angewiesen und sagte oft, sie sei verloren, wenn Lily heirate. Lily sagte, sie werde nie heiraten, sie werde bleiben und sich um ihre Mutter kümmern. Jane und Annie lachten, wenn sie das sagte, so ernst, so tugendhaft. Sie wollten auf keinen Fall zu Hause bei ihrer Mutter bleiben. Annie plante schon mit sieben, durch die Welt zu reisen und schöne Kleider und Schmuck zu haben. Wie? Indem sie einen reichen, sehr reichen Mann heiratete. Wie denn sonst? Jane wollte sich nur amüsieren. Wie amüsieren? Genau wußte sie das nicht, obwohl sie, erst elf Jahre alt, schon liebend gern tanzte. Sie hätte am liebsten die ganze Zeit getanzt, sich vergnügt, immer etwas Neues erlebt. Keine der beiden Schwestern hatte Lust, wie Lily die Higher Grade School zu besuchen. Sie hatten vor, von der Schule abzugehen, sobald sie dreizehn waren, und sich Arbeit zu suchen und Geld zu verdienen, um es für sich auszugeben, egal, ob Lily sagte, ihre Mutter brauche es.

Nach den ersten sechs Monaten hatte Margaret Ann keine solche Angst mehr, völlig zu verarmen. Sie hatte übertrieben reagiert. Tom war zwar ohne Testament gestorben, aber wie ihr versprochen worden war, erbte sie ohne Schwierigkeiten sein Geld. Er hatte 771 Pfund, 2 Shillinge und 11 Pence hinterlassen, in ihren Augen eine stattliche Summe – kein Wunder, daß er gesagt hatte, sie könnten jetzt ein Haus kaufen und trotzdem noch angenehm leben. Aber sie kaufte kein Haus, das wäre Leichtsinn gewesen, weil jeder Schwachkopf begreifen konnte, daß Toms Ersparnisse im Lauf der kommenden Jahre, bis alle Mädchen arbeiteten, bald aufgebraucht sein würden. Als er starb, brachte er im Jahr zweihundert Pfund nach Hause. Wenn sie weiterhin soviel ausgaben (was sie nicht vorhatte), würden seine Ersparnisse nur vier Jahre lang reichen. Ihr Lohn als Kellnerin war karg – ein Pfund und achtzehn Shillinge in der Woche. Sie plante, mit Toms Geld über sechs Jahre hinzukommen, bis Lily zwanzig war, Jane siebzehn und Annie dreizehn und alle arbeiteten. Also kein Hauskauf. Das einzige Zugeständnis war, daß sie wieder in ihr altes Haus in der Peter Street zogen, sobald es frei wurde, wobei sie jedoch eine ihrer Untermieterinnen mitnahm.

Trotz ihrer Erleichterung, daß sie Toms Geld bekommen hatte, fragte sie sich, was aus seinem Anteil an dem Marktstand geworden sein mochte. Sein Partner mußte sie doch bestimmt auszahlen? Aber er bot es ihr nicht an, und sie überlegte, ob sie vielleicht einen Anwalt konsultieren sollte, aber sie hatte Angst vor zu hohen Kosten. Statt dessen ging sie in ihrer Witwenkleidung zu Toms Partner und mußte sich mehrmals die Demütigung gefallen lassen, daß ihr gesagt wurde, er sei nicht zu Hause. Sie überredete Lily, ihm nach ihrem Diktat zu schreiben (sie behauptete, Lilys Handschrift sei besser als ihre, was, aus ihren Unterschriften auf diversen Dokumenten zu schließen, durchaus stimmte und Zweifel aufkommen ließ, wie gut sie überhaupt schreiben konnte). Es kam keine Antwort. Sie dachte daran, den Mann, Mr. Pattinson, auf dem Markt zur Rede zu stellen, konnte aber den Gedanken an eine Szene nicht ertragen. Statt dessen versuchte sie, mehr Geld zu verdienen, indem sie jeden Abend, wenn sie sich von ihrer Arbeit als Kellnerin erholt hatte, schneiderte. Sie hatte ihr ganzes Eheleben lang für die Stephensons, für Freunde und für Toms Familie geschneidert und das Geld, das sie dabei verdient hatte, für einen guten Lohn gehalten, bis sie nun darauf angewiesen war und feststellte, daß er so gut wie belanglos war.

Der Krieg hatte 1916 schon so viele Frauen zu Witwen gemacht, daß Margaret Ann sich durchaus bewußt war, wie gut es ihr im Vergleich zu anderen noch immer ging. Die guten Jahre mochten vorbei sein, aber ihre Lage war alles andere als hoffnungslos. Sie hatte ein Dach über dem Kopf, Geld auf der Bank, Arbeit, keine Schulden und drei gesunde Töchter. Es war ihr nicht wichtig, daß sie kein eigenes Leben hatte – ihre Freude war ihre Familie, und alles, was sie tat, zielte darauf ab, ihre Töchter zu unterstützen und ihnen das beste Leben zu ermöglichen, das sie ihnen bieten konnte. Ihre Familie kam nicht nur an erster Stelle, sondern auch an zweiter und dritter bis zur letzten. Sie hatte sich immer nach einer Familie gesehnt, und jetzt hatte sie eine, wenn auch das Familienoberhaupt tot war. Sie machte Eindruck auf die Leute, wenn sie sagte, ihre Dankbarkeit für das, was sie habe, sei größer als ihr Groll auf das, was ihr genommen worden sei.

Aber wie paßte die arme Alice in dieses Bild?

1921 hatten sich Margaret Anns Lebensumstände dramatisch verändert, und sehr zum Besseren. Alle drei Mädchen arbeiteten. Mr. Pattinson hatte ihr widerwillig zwar nicht die Hälfte des Anteils am Marktstand gegeben, aber immerhin die runde Summe von vierhundert Pfund (aus Scham vor der öffentlichen Meinung der Metzger auf dem Markt). Das befriedigte sie, und sie konnte ihre Arbeit als Kellnerin aufgeben. Sie hörte

1919 auf zu arbeiten, als Lilys Stelle gesichert war und diese ihr ganzes Geld ihrer Mutter gab.

Lily liebte ihre Arbeit. Sie wurde 1917, sobald sie die Higher Grade verlassen hatte (mit einem Packen eindrucksvoller Zeugnisse und Preise), Büroangestellte im Gesundheitsamt. Der Konkurrenzkampf um diese Stelle war hart gewesen. Erst fand eine zweistündige schriftliche Prüfung im Rathaus, der Town Hall, statt, mit vierzig weiteren Bewerbern, Männern und Frauen, dann ein Einstellungsgespräch mit Dr. Beard, dem Leiter des Gesundheitsamts, zusammen mit fünf anderen, die in der schriftlichen Prüfung am besten abgeschnitten hatten. Das Gespräch gab den Ausschlag. Dr. Beard war sofort angetan von der attraktiven, ruhigen Miss Lilian Hind – mit den besten Noten in Arithmetik, mit fehlerlosem Maschineschreiben, der fast perfekten Stenographie in einem eindrucksvollen Tempo. Er hatte einen Blick für hübsche Mädchen, dieser Dr. Beard, obwohl er verheiratet war, aber er hätte keine Bürokraft wegen ihres Aussehens eingestellt. Er war ein anspruchsvoller Arbeitgeber mit einem anspruchsvollen Amt und brauchte eine Bürokraft – Sekretärinnen gab es damals im Gesundheitsamt von Carlisle noch nicht –, die ihre Arbeit bewältigen konnte. Seiner Einschätzung nach konnte diese junge Frau das. Sie schien vom Wesen her bestens dafür geeignet und außerdem hochqualifiziert zu sein.

Er behielt mit seinem Urteil recht. Lily wurde eine von vier Bürokräften im Amt, zwei Männer, die schon länger dort waren, und eine weitere Frau, Mary Purdham, die gleichzeitig anfing. Mary war vom Aussehen und von der Persönlichkeit her das genaue Gegenteil von Lily, vom Können her ihr jedoch fast ebenbürtig (ausgenommen in Steno). Sie war untersetzt, während Lily gertenschlank war, und hatte immer eine finstere Miene in dem eckigen, von Fransen umrahmten Gesicht, während Lily immer freundlich und friedlich aussah. Mary war mürrisch, und manche Leuten hatten Angst vor ihr. Niemand hatte Angst vor Lily, die sofort beliebt war, sogar bei Mr. Barrow, dem Bürovorsteher. Auf Mr. Barrow machte Lilys Können in Stenographie Eindruck – er war ein Stenofanatiker und konnte kaum glauben, auf welches Tempo (120 Wörter in der Minute) es dieses schmächtige Mädchen gebracht hatte. Er konnte verstehen, warum Dr. Beard Lily fast von Anfang an zu seiner rechten Hand machte, obwohl sie noch unerfahren war.

Es machte Lily große Freude, zur Arbeit zu gehen, und es war für Margaret Ann die höchste Befriedigung. Abgesehen vom Prestige der Stelle – die Leute staunten, wenn sie hörten, wo Lily arbeitete und für wen –, war der Arbeitsplatz in der Fisher Street im Zentrum von Carlisle sehr angenehm. Der Raum, in dem Lily und die drei anderen Büroangestellten und die drei Gesundheitsinspektoren saßen, war groß und luftig und lag im Erdgeschoß mit Fenstern zur Straße hinaus. Unter den Fenstern entlang lief ein langer Schreibtisch, ein altmodisches Möbel mit schrägem Deckel, und die Büroangestellten saßen nebeneinander auf bequemen Stühlen, nicht auf Hockern. Mr. Barrow saß für sich hinter ihnen, und wiederum hinter ihm stand ein Tisch mit zwei bedeutend aussehenden Schreibmaschinen, eine für Lily, eine für Mary. Die Atmosphäre war entspannt, trotz Mr. Barrows wachsamer Miene, und freundlich – nicht einmal Marys mürrische Art verdarb das angenehme Gefühl von Kameradschaft. Im Raum herrschte den ganzen Tag lang Betrieb, aber es war nie laut, obwohl ein ständiger Besucherstrom am Rand entlangführte und allerlei Gutscheine vorgezeigt wurden, die zum Empfang von irgend etwas berechtigten. Manchmal waren es Gutscheine für kostenlose Milchmarken, manchmal für Geld. Am häufigsten waren Gutscheine für das Töten von Ratten. Zu Carlisles Programm zur Vorbeugung von Seuchen gehörte es, daß ein Rattenschwanz zwei Pence wert war. Die Schwänze mußten dem städtischen Kammerjäger bei der Mülldeponie gezeigt werden, als Beweis, daß eine Ratte getötet worden war, und er unterschrieb einen Gutschein, der einem Mitarbeiter des Gesundheitsamts vorgelegt werden mußte. Aber Lily hatte mit diesem Publikumsverkehr nicht viel zu tun. Sie war fast immer zum Diktat im Büro von Dr. Beard, schrieb dann seine Briefe auf ihrer Schreibmaschine und legte sie ihm zur Unterschrift vor.

Es waren immer sehr viele Briefe. Dr. Beard ließ sie schwer arbeiten, aber das machte ihr nichts aus. Sie fing Punkt neun an, trug sich in das Anwesenheitsbuch ein. Punkt neun zog der Bürovorsteher eine Linie über die Seite, und es war eine Schande, wenn man darunter unterschreiben mußte. Offiziell durfte sie um sechs nach Hause gehen, außer samstags, wenn das Büro um eins schloß, aber sie und die anderen arbeiteten oft länger, und es gab so gut wie keinen Widerspruch dagegen, außer von Mary, die vom Wesen her dazu neigte, allem und jedem zu widersprechen. Es gab eine großzügige Mittagspause von einer Stunde und zwanzig Minuten, reichlich Zeit, zum Essen nach Hause zu gehen. Alles, was Lily bei ihrer Arbeit tat, interessierte sie, aber darüber hinaus fiel ihr Eintritt in das Gesundheitsamt mit einer bedeutsamen Phase seiner Existenz zusammen.

Anfang der zwanziger Jahre expandierte es schnell, wegen der vielen zusätzlichen Dienste, die Lokalbehörden jetzt nach dem neuen Parlamentsgesetz leisten mußten. Es war in einer Welle der Begeisterung, um die Gesundheit der Nation zu verbessern, nach dem Ersten Weltkrieg verabschiedet worden. Eine neue Entbindungsklinik wurde eröffnet, eine Kinderbehandlungspraxis und außerdem eine Praxis für vorgeburtliche Untersuchungen. Es gab neue Maßnahmen zur Bekämpfung von Scharlachfieber (in der Stadt wurden immer noch durchschnittlich 150 Fälle im Jahr verzeichnet), Diphtherie (etwa die gleiche Zahl) und Tuberkulose (sogar noch mehr, eine wahre Epidemie). Das alles stellte Dr. Beard vor komplizierte Verwaltungsaufgaben und erforderte viel praktische Organisation. Er lag ständig im Kampf mit dem Gesundheitsausschuß des Stadtrats, Architekten, Bauunternehmern und anderen Ärzten, die ihn nicht immer unterstützten. Kein Wunder, daß Lily so viele Briefe schreiben mußte.

Dr. Beard hatte früher als Anwalt praktiziert und hatte auch auf dem Papier die Eloquenz eines Anwalts. Lily staunte darüber, wie heftig und stichhaltig er alle abfertigte, die sich ihm widersetzten, und sie meinte, die Briefe, die er diktierte, klängen großartig, ganz anders als die Antworten, die er bekam – ihrer Meinung nach armselige Ergüsse, abgefaßt in gestelzter Bürokratensprache und sehr häufig, wie Dr. Beard abfällig kommentierte, grammatikalisch falsch. Aber wie Lily Dr. Beards Wortgewandtheit bewunderte, bewunderte er an ihr, was er »natürliches Sprachgefühl« nannte. Falls er nach dem richtigen Wort suchte (was zugegebenermaßen selten vorkam), konnte es ihm die junge Lily zu seiner Überraschung oft liefern. Er fragte sie, ob sie viel lese, und es war ihr peinlich zu gestehen, nein, sie lese nicht viel, nur Romane von Annie S. Swan und dergleichen. Es war ihm ebenso unerklärlich, daß Lily so gut in Rechtschreibung war, wenn sie nicht viel las – es war äußerst ungewöhnlich, und dieser Beweis für angeborenes Sprachgefühl faszinierte ihn. Aber andererseits faszinierte sie ihn überhaupt, wenn auch jeder Versuch, ihr zu zeigen, wieviel er von ihr hielt oder welche Anziehungskraft sie auf ihn ausübte, sie in Verlegenheit zu bringen schien. Wenn er eine Hand auf die ihre legte und dort ließ, einen Arm um ihre Schulter legte oder sie aufforderte, mit ihrem Stuhl näher an ihn heranzurücken, errötete sie tief und war so befangen, daß es ihn geradezu abschreckte. Sie wußte, daß er dem Alter nach ihr Vater hätte sein können.

Es gab andere im Büro, die ebenso vernarrt in Lilys Reize waren, aber sie hielt sie auf Distanz. Alle nahmen an, Lily müsse einen Verehrer haben, aber wenn man sie fragte, ob sie schon vergeben sei, sagte sie so entschieden nein, daß ihr das völlig abgenommen wurde. Sie liebte ihre Arbeit, und vielleicht, dachten die anderen Büroangestellten, spielte es eine Rolle, daß, wie alle wußten, eine Heirat den sofortigen Verlust der Stelle bedeutete. Die Vorschrift war strikt: Verheiratete Frauen mußten kündigen. Wenn sie es nicht von sich aus taten, wurden sie entlassen. Frauen durften verlobt sein, obwohl auch das mißbilligt wurde, aber nicht verheiratet. Verheiratete Frauen gehörten ins Haus. Für sie waren allein ihre Ehemänner verantwortlich. Verheiratete Frauen nahmen Männern die Stellen, die sie nötiger brauchten, weg – so wurde allgemein gedacht. Es war nicht nur Habsucht, wenn sich diese Frauen an ihre Stellen klammerten, sondern zeigte außerdem den

Mangel an Verantwortungsgefühl und Stolz bei den Ehemännern – Ehemänner schämten sich, wenn ihre Frauen arbeiteten, jedenfalls in Carlisle.

1920 verdiente Lily zwei Pfund und vier Shillinge pro Woche. Aber obwohl sie unter den drei Schwestern bei weitem die beste Stelle hatte und ihr Gehalt ständig stieg, war Lilys Gehalt nicht die einzige Einkommensquelle in der Familie Hind. Jane arbeitete auch und gab einen Teil ihres Lohns ab, wurde jedoch nicht mehr Jane genannt, sondern Jean, was ihr viel lieber war. Sie haßte den Namen Jane mit dem Anklang an *plain*, unansehnlich, und in dem Augenblick, in dem sie mit dreizehn die Schule verließ, änderte sie ihn in Jean und weigerte sich, auf Jane zu hören. Margaret Ann war wütend und sagte zu ihrer Tochter, ihr Vater würde sich furchtbar aufgeregt haben, weil Jane nach seiner Mutter hieß, aber die umgetaufte Jean sagte, er sei tot, deshalb spiele es keine Rolle, was er gedacht hätte, offen gestanden.

Jean fing bei Carr's an zu arbeiten, der Keksfabrik in Caldewgate, die 1831 der Quäker Jonathan Dodgson Carr gebaut hatte. Er war ein guter Arbeitgeber, der seinen Arbeitern einen Leseraum und eine Bibliothek in der Fabrik einrichtete und ein Bad zur Verfügung stellte, in dem alle, die kein Bad zu Hause hatten (fast das ganze Personal), ein heißes Bad nehmen konnten. In den zwanziger Jahren, als Jean dort arbeitete, beschäftigte Carr's dreitausend Menschen, überwiegend Frauen.

Es war ein hübscher Anblick, wenn sie in ihren weißen Kitteln und Turbanen die Church Street entlang zur Fabrik strömten, aber Jean trug beides nicht, weil sie im Büro arbeitete, also keine Fabrikarbeiterin war. Sie brauchte den Nachweis, daß sie über dreizehn war, bevor sie dort oder anderswo zu arbeiten anfangen konnte – das Fabrik- und Werkstättengesetz von 1901 machte das erforderlich. Sie arbeitete als Hilfskraft, was in den ersten drei Jahren bedeutete, daß sie nach der Pfeife aller tanzen mußte und nichts Interessanteres zu tun bekam, als Dinge hin und her zu tragen, Bleistifte zu spitzen, Tintenfässer zu füllen und Böden und Schreibtische sauberzumachen. Es dauerte eine lange, lange Zeit, bis sie richtig im Büro arbeitete, aber sie verdiente trotzdem zehn Shillinge pro Woche und profitierte von den Einrichtungen der Fabrik für die Arbeiter.

Das beste war die Kantine. Bei Carr's gab es einen Speisesaal für das Personal, wo das Essen zu Preisen angeboten wurde, die weit unter den Kosten der Zutaten lagen. Eine Tasse Tee – eine große Tasse, und der Tee war von sehr guter Qualität – kostete nur einen halben Penny. An jedem Wochentag gab es einen festen Speiseplan, lauter gute, nahrhafte Sachen. Montags gab es die Auswahl zwischen Rinderbraten für zwei Pence und Erbsen mit Kartoffeln für einen Penny pro Teller, aber am beliebtesten war der Donnerstag, wenn es Fleischeintopf mit Kartoffeln für zwei Pence gab. Falls man sich das nicht leisten konnte – obwohl Jean es konnte –, brachte man sich sein Essen mit, und wenn man es rechtzeitig in der Küche ablieferte, bekam man es kostenlos gekocht. Zerbrochenes Geschirr mußte natürlich bezahlt werden – drei Pence für eine kaputte Tasse, vier Pence, wenn es ein Glas war –, aber Jean war vorsichtig und machte nie etwas kaputt. Sie war außerdem gut im Rechnen, was ihr in erster Linie die Stelle bei Carr's eingebracht hatte, und der Aufstieg für ein intelligentes Mädchen, das mit Zahlen umgehen konnte, vollzog sich schnell, wenn das erst einmal erkannt worden war. Es gab feste Löhne bis zum Alter von einundzwanzig Jahren, aber danach war es durchaus wahrscheinlich, daß sie trotz ihrer mageren Anfänge soviel wie Lily verdienen konnte.

Ungefähr zu diesem Zeitpunkt – als zwei Töchter verdienten und die dritte kurz davor stand – holte Margaret Ann tief Luft und kaufte ein Haus. Toms Geld hatte die sechs Jahre lang gereicht, mit denen sie gerechnet hatte (und war immer noch nicht aufgebraucht), und jetzt hatte sie das Geld von seinem Geschäftspartner und zwei Einkommen, folglich schien es richtig zu sein. Und die Mädchen drängten sie, wollten unbedingt heraus aus der Peter Street und sich von Untermietern verabschieden (obwohl ihre Mutter sie behalten wollte, als eine Art Versicherungspolice). Sie zogen in die Bowman Street, auf der Südseite von Carlisle, in der Nähe des städtischen Krankenhauses. Erstaunlicherweise war das Haus nicht weit von der Brook Street entfernt, wo Alice mit ihrem Mann William Muir und dessen Bruder und Angehörigen lebte. Warum hinderte das Margaret Ann nicht daran, ausgerechnet dieses Haus zu kaufen? Die Bowman Street verläuft im rechten Winkel zur Brook Street – die beiden Straßen könnten sich nicht näher sein. Falls meine Großmutter seit Alices Hochzeit 1915 keinen Kontakt mehr zu ihr gehabt hat, kann sie angenommen haben, die Muirs seien umgezogen, aber damals zogen die Leute nicht so einfach um, und sie konnte sich nicht darauf verlassen. Wie ertrug sie es, das Risiko einzugehen, jedesmal, wenn sie das Haus verließ, Alice gegenüberzustehen? Aber sie zögerte nicht und zog in die Bowman Street. Sie war nur achthundert

Meter von der Peter Street entfernt, und das Haus war von der Bausubstanz her zwar viel besser, aber, wenn man es nicht mit dem genauen Blick der Carlisler betrachtete, nicht wesentlich vornehmer. Es hatte drei Schlafzimmer und eine gute Stube – oh, die Freude, endlich eine gute Stube zu haben! –, und die Zimmer waren größer, aber es lag direkt an der Straße und hatte einen Hinterhof, keinen Garten. Das Haus wurde 1922 mit knapp vierhundert Pfund, der Summe aus dem Anteil an dem Marktstand bezahlt. Vielleicht wäre Margaret Ann klüger gewesen, besser beraten, wenn sie nur die Hälfte angezahlt hätte, aber, psychologisch gesehen, gab ihr das Wissen, daß das Haus ihr gehörte, ein ungeheures Selbstvertrauen. Was auch geschah, sie hatte jetzt ein Haus zu verkaufen und war voller Ehrfurcht bei dem Gedanken – es war schön, Hausbesitzerin zu sein; sie hätte nie geglaubt, daß sie dazu aufsteigen würde.

Ihre Töchter bekamen auch jetzt keine eigenen Zimmer. Margaret Ann bestand darauf, ihre eine Untermieterin zu behalten, um die Gasrechnung zu bezahlen, aber weil es eine Cousine war, Florrie Stubbs, die Tochter einer Schwester von Tom, machte es den Mädchen nicht soviel aus. Jean und Annie teilten sich ein Zimmer, Lily und Florrie ein weiteres, und Margaret Ann hatte die kleine Abstellkammer für sich. Jetzt war sie wieder Haushälterin, aber in einem Haus, das ihr gehörte, und das war etwas ganz anderes, und mit Hilfe vier junger Mädchen. Jedenfalls halfen zwei: Lily und Florrie. Jean und Annie waren selten da – nur daß es jetzt Jane und Nan waren, bitte schön. Nan tat es Jean nach. Sie hatte den Namen Annie immer so gehaßt wie Jean Jane, weil der Name sie an die »kleine Waise Annie« erinnerte und überhaupt nicht zu dem Bild paßte, das sie von sich vermitteln wollte. Ihre Mutter hielt den Namen Nan für lachhaft, für keinen richtigen Namen, und gab der Laune ihrer jüngsten Tochter nicht so bereitwillig nach wie der ihrer mittleren Tochter. Mit der Zeit nannten jedoch so viele Leute Annie Nan, daß sie sich verärgert dabei ertappte, es ihnen nachzutun.

Nan war ihrer Mutter ein Rätsel. Sie war immer noch hübscher als ihre Schwestern, hatte immer noch blondes Haar, eine makellose Haut, wurde von allen um ihren Teint beneidet, und zu diesen Reizen kam eine Lebhaftigkeit, eine kecke Art, die sie besonders gut zur Geltung brachte. Nan war selbstsüchtig und wild, ständig darauf bedacht, die Aufmerksamkeit auf sich zu ziehen und davon zu profitieren. Sie war schrecklich jähzornig, und die meisten Wutanfälle wurden ausgelöst, wenn sie nicht genug Geld für die vielen Dinge hatte, nach denen sie sich sehnte – sie konnte es nicht ertragen, keine neuen Kleider zu haben, kein Geld für dies, für das. Es trieb sie zum Wahnsinn. Aber sie konnte nähen. Es verblüffte ihre Mutter, daß Nan ihr angeborenes Geschick für das Schneidern geerbt hatte. Sie hätte bei Lily damit gerechnet, aber bei Lily war es hoffnungslos, sie hatte trotz ihrer sonstigen Anmut zwei linke Hände. Jean war eine fachkundige Strickerin – Lily fiel es schwer zu stricken, ein weiterer seltsamer Mangel –, aber zu nachlässig für eine gute Schneiderin. Nein, Nan hatte das Talent, knüpfte mühelos an die Kunstfertigkeit ihrer Mutter an. Sie konnte Stoff geschickt zuschneiden, einem Muster ohne Hilfe folgen und bediente in einem natürlichen Rhythmus das Pedal der Nähmaschine. Es war eindeutig: Sie mußte sich um eine Stelle bei Buck's bewerben, der Hemdenfabrik in Denton Holme, wo sie im Alter von dreizehn Jahren auch tatsächlich anfing.

Buck's war kein so guter Arbeitsplatz wie Carr's. Die Fabrik war nicht im Besitz eines Quäkers, und für das Wohlergehen der Arbeiter wurde nicht in gleicher Weise Sorge getragen. Doch in mancherlei Hinsicht bevorzugten die Mädchen Buck's. Hier erlernten sie ein wertvolles Handwerk, das sie nach der Heirat auch zu Hause ausüben konnten. Die Fabrik selbst wirkte etwas einschüchternd, ein hohes Backsteingebäude so wie viele andere Fabriken in dem kleinen Industrievorort, doch unter den dreihundert Frauen, die an den Webstühlen arbeiteten, ging es ungeheuer lebhaft zu. Aber Nan arbeitete nicht am Webstuhl. Sie fing im Maschinenraum im zweiten Stock an, nähte Knöpfe an, durfte dann Hemdenteile zusammennähen, einige von Hand, andere mit der Maschine. Sie konnte gut mit der Nähmaschine umgehen, hatte eine ruhige Hand und bewältigte mühelos die ziemlich heikle Aufgabe, häufig sehr dünnen Stoff unter der fliegenden Nadel hindurchzuziehen. Bei der Arbeit war sie ein anderes Mädchen, hatte ihren Jähzorn fest im Griff, wünschte sich sehr, etwas zu lernen, damit sie eines Tages ein eigenes Geschäft aufmachen und reich werden konnte (nicht wie ihre Mutter, die nie genug berechnete und in der Hälfte der Zeit Sachen umsonst nähte). Es war ein Glück, daß sie diese Einstellung hatte, denn ihre Arbeit war die schwerste der drei Schwestern, und sie war die zarteste – ihre Mutter machte sich Sorgen, daß es zu anstrengend sein könnte für ein so junges Mädchen, mit dem ganzen Lärm in der Fabrik und dem langen Fußweg hin und zurück. Aber der Ehrgeiz trieb Nan an; sie hatte das

Ziel, sich so bald wie möglich als Schneiderin selbständig zu machen, fest vor Augen.

Jedenfalls war sie nie zu müde zum Ausgehen, sich zu amüsieren. Als sie sechzehn war, gab es kein Tanzlokal in Carlisle, in dem Nan Hind und ihre Freundin Peggy Farish nicht schon eine Vorstellung gegeben hätten, die bewundernde Kommentare auslöste – was waren sie für ein Anblick, diese beiden hübschen Mädchen, die den Charleston vorführten, den Black Bottom, den Tango, wild lachten, die Köpfe zurückwarfen und herumwirbelten wie wahnsinnig, in den wunderschönen Kleidern, die sie selbst genäht hatten, dann zusammenbrachen, halb hysterisch vom Tempo und dem Spaß an allem. Margaret Ann war ihr Leben lang noch nie in einem Tanzlokal gewesen. Sie stand diesen Lokalen mißtrauisch gegenüber; es gefiel ihr nicht, daß Nan – noch *so* jung – sie regelmäßig besuchte, vor allem das eine, das in der Nähe der Georg Street eröffnet worden war, wo es, wie sie gehört hatte, blitzende Lichter an den Wänden entlang geben und manchmal alle Lichter ausgehen sollten. Aber auch Jean ging zum Tanzen. Das war bei Mädchen so üblich, war ihre Form von Geselligkeit, ihre Art, Jungen kennenzulernen. Hinter Jean waren noch mehr Jungen her als hinter Nan, auch wenn sie nicht so offensichtlich hübsch war. Sie kamen an die Vordertür in der Bowman Street, während andere an die Hintertür kamen, und das war zuviel für Margaret Ann. Sie war bestürzt über diese beiden lebenslustigen Töchter, die nichts anderes im Kopf zu haben schienen, als sich zu amüsieren.

Aber da war immer noch Lily. Lily hatte anderes im Kopf und stürmte nicht jeden Abend aus dem Haus wie ihre Schwestern. Wenn sie ausging, waren es gesetztere

Veranstaltungen im Mädchenclub in der Union Lane, eine äußerst vornehme Einrichtung, betrieben von einer Kirchenorganisation, und Lily ging immer in Begleitung dorthin. Im Mädchenclub wurde über die Bibel gesprochen, Gastmissionare hielten Vorträge, und wenn ein geselliger Abend stattfand, waren Jungen nur auf Einladung zugelassen, und ihre Namen wurden sorgfältig überprüft. Jean und Nan fanden Lilys Club zum Schreien komisch und gingen, als sie sechzehn geworden waren, nicht mehr hin, während Lily noch im Alter von zwanzig hinging. Keine jungen Männer holten Lily ab, und das wurde zu einer weiteren Sorge für ihre Mutter. Einerseits sorgte sie sich, weil Jean und Nan flirteten und zu viele Freunde hatten, und andererseits, weil Lily keinen Freund zu haben schien. Aber die größten Sorgen machte sie sich um Nan. Sie sprach ständig über Geld und vor allem im Zusammenhang mit Jungen. Sie mochte Jungen, die es sich leisten konnten, sie zu Bällen im Crown and Mitre auszuführen, und sie am besten noch nach Hause fuhren (obwohl es herzlich wenig Jungen mit Autos gab) oder ein Taxi bezahlten. Sie mochte gutgekleidete junge Männer, die ihr Geschenke kaufen konnten, die Stil hatten, und sie machte nie ein Geheimnis daraus, daß sie auf der Suche nach einem reichen Ehemann war. Ihre Mutter konnte sich nicht vorstellen, woher Nan solche Maßstäbe hatte. Nicht von ihr, nicht von Tom. Nan war so voller Verachtung, wie ihre Mutter ihr Leben verbracht hatte, wie sie ihr Schicksal immer klaglos hingenommen und nur das Gute gesehen hatte. Schon eine Kleinigkeit wie der Anblick, wenn ihre Mutter Geschirr spülte, weckte Nans Verachtung – »Ich werde *niemals* Geschirr spülen«, gelobte sie. »In meinem Haus wird es Pappteller geben, die ich wegwerfe, wenn sie schmutzig sind.« Das sorgte für Gelächter in der Küche in der Bowman Street, aber sie meinte es ernst. Margaret Ann kam sich vor, als hätte sie kein Rückgrat, als wäre sie feige, wenn sie merkte, was Nan von ihrer Arbeit hielt. Es entwertete ihr ganzes Leben, und sie fragte sich, was in die Frauen gefahren war, wenn sie wie Nan glaubten, sie könnten anders leben.

Was in aller Welt sollte aus Jean und Nan werden? Und was war inzwischen aus Alice geworden? Falls Alice je Arbeit gehabt hatte, gibt es keine Unterlagen darüber, aber vielleicht ermöglichte ihr Mann ihr ein behagliches Leben – und wer hatte das vor ihm getan? –, und sie brauchte nicht zu arbeiten. Vielleicht rechnete sie noch immer damit, Kinder zu bekommen. Hätte das etwas daran geändert, wie Margaret Ann anscheinend zu ihr eingestellt war? Oder wäre das, was auch immer Margaret Ann von ihr fernhielt, auch auf Alices Kinder übertragen worden?

Jedenfalls war Alice 1920 gut verheiratet, sie war in Sicherheit. Ihre Halbschwestern waren es nicht, nicht so, wie es sich ihre Mutter für sie wünschte.

IV

Fast war es, als sei wieder eine Phase des guten Lebens angebrochen, aber Margaret Ann war in den zwanziger Jahren, wenn auch dankbar, immer ängstlich. Es stimmte, ihre drei Mädchen hatten alle Arbeit, alle drei stiegen auf ihre Weise auf und verdienten mehr Geld, als sie ihr Leben lang verdient hatte. Es stimmte, sie hatte ein eigenes Haus, und mit dem Geld, das sie mit Schneidern verdiente, zusammen mit den Zuschüssen ihrer Töchter – in Lilys Fall beträchtlich –, lebte sie besser als je seit Toms Tod. Es stimmte auch, daß es in ihrem Haus immer fröhlich zuging – die Mädchen kamen und gingen mit ihren vielen Freunden, lebhaft plaudernd – und sie nie einsam war, aber sie hatte trotzdem Ängste. Sie ließen sich in einem Wort zusammenfassen: Männer.

Es war unvermeidlich, daß Männer in das Leben ihrer Töchter traten. Sie wußte das, sie wollte es auch, falls es die richtigen Männer mit den richtigen Absichten waren. Sie wollte, daß ihre Töchter anständig umworben wurden, anständig heirateten und schließlich anständig ins Kindbett kamen. Aber wo im nicht abreißenden Strom von Jeans und Nans leichtfertigen jungen Männern waren diese anständigen Ehemänner? Als Jean fünfundzwanzig war, hatte sie jede Menge sogenannter »Beaux« hinter sich gebracht, aber keiner von ihnen machte Eindruck auf ihre Mutter. Diese jungen Männer, da war sie sich sicher (und sprach es auch aus, zurückhaltend, doch leicht zu durchschauen), wollten nur das Eine, und den Gedanken an dieses Eine konnte Margaret Ann nicht ertragen. Angenommen, Jean geriet in Schwierigkeiten, Schwierigkeiten, die auch mit »sch« für schwanger anfingen? Den Mädchen fiel auf, wie hart ihre Mutter über Frauen urteilte, die uneheliche Kinder hatten, wie entsetzt und scharf die sonst so sanfte und tolerante Frau dabei wurde. Sie begann, eindeutig symbolische Geschichten über gefallene Mädchen zu erzählen, Mädchen, die ausgenutzt worden waren, die geglaubt hatten, »damit« weiterzukommen, aber zuletzt »in der Falle« saßen. »Oh, um Himmels willen, Mutter!« sagte Jean dann entnervt. »Ich bin doch nicht von gestern.«

Wenn Margaret Ann nachts wach lag und hörte, wie Jean von einem ihrer vielen Verehrer nach Hause gebracht wurde, konnte sie nicht an Jeans Zuversicht glauben. Sie hörte das Füßescharren, das gedämpfte Gelächter, das Stöhnen und betete und betete, daß es nicht zum Schlimmsten komme (ohne ihren Töchtern gegenüber je zuzugeben, daß es ihr widerfahren war und daß in ihrem Fall das Schlimmste, die arme verschmähte Alice, nur eine Straße weiter wohnte). Sie wollte nicht, daß Jean oder Nan auf all ihre Vergnügungen verzichteten – das Tanzen, die Omnibusausflüge nach Blackpool, die Urlaube auf der Isle of Man –, wenn sie schon so hart arbeiteten, aber sie wollte, daß sie so früh wie möglich in gesicherten Verhältnissen lebten, bevor ihnen das Schlimmste widerfuhr. Jean bekam Heiratsanträge, lehnte aber alle ab. Ihre Mutter warnte sie, daß gute Heiratsanträge, und mindestens zwei hatte sie von angesehenen, vernünftigen Männern aus Carlisle erhalten, nicht auf Bäumen wuchsen, aber Jean überhörte das. Als Dave Wallace auftauchte, wurde alles anders, und als Margaret Ann diese Veränderung bemerkte, erfüllte sie eine böse Vorahnung, die sie sofort aussprach. Sie traute diesem Dave von Anfang an nicht. Er war nicht aus Carlisle. Er war Schotte. Jean hatte ihn in Blackpool kennengelernt, bei einem Betriebsausflug von Carr's. So viel war herauszubekommen, daß er Jean auf der Promenade aufgelesen hatte, einfach so, und mit ihr tanzen gegangen war. Er wohnte in Motherwell, in der Nähe von Glasgow, und das hätte dem Aufblühen einer Liebesbeziehung ein Ende setzen müssen, aber so war es nicht. Jean war kaum zu Hause, als Dave auf dem Motorradrücksitz eines Freundes aus Motherwell kam und in einem möblierten Zimmer mit Frühstück für Lastwagenfahrer in der Warwick Road wohnte. Er kam jedes Wochenende, und jedes Wochenende wuchs Margaret Anns Schrecken: Dave Wallace war gefährlich, sie hatte Angst vor ihm.

Sie vermutete, daß sie sich vor der offensichtlichen Anziehungskraft, die er auf Jean ausübte, fürchtete. Er war attraktiv, das merkte Margaret Ann – er war groß, blond, lebhaft und in Amerika gewesen, was ihm einen gewissen Glamour verlieh. Aber er war nur Monteur und außerdem ein Schotte, was hieß, daß er Jean, falls er sie erfolgreich umwarb, mitnehmen würde. Er amüsierte sich genauso gern wie Jean, dieser Dave Wallace, tanzte und sang gern, außerdem – eine sehr schlechte Nachricht – trank er gern. Oft hörte Margaret Ann, wie Dave und Jean spät in der Nacht zum Sonntag singend nach Hause kamen, und sie war sich sicher, daß der Gesang mehr als fröhlich war. Sie hatten getrunken, beide. Sie ging deshalb auf Jean los, erntete aber nur ein weiteres »Um Himmels willen, Mutter!«. Sie regte sich auf, flehte Jean an, Dave aufzugeben, aber Jean wollte nicht. Jetzt bestand der alleinige Sinn ihrer Woche darin, sie durchzustehen, bis der verwegene, singende Dave eintraf. Trotzdem war noch kein Heiratsantrag gemacht worden. Dave verdiente nicht gut und hatte eine verwitwete Mutter, die er unterstützte. Falls Jean offiziell verlobt gewesen wäre, hätte ihre Mutter sich nicht so sehr geängstigt, aber sie war nicht verlobt. Dave konnte jeden Augenblick verschwinden und Jean – wie Margaret Ann – »in der Falle« sitzenlassen, falls der Verdacht stimmte, den ihre Mutter hegte, und er stimmte tatsächlich.

Nan war eine kaum geringere Sorge. Sie hatte 1928 viel geleistet, hatte tatsächlich gemeinsam mit Peggy Farish in zwei Räumen über einem Laden in der Lowther Street eine Schneiderei eröffnet. Es war erstaunlich, wie der Ehrgeiz Nan angetrieben hatte, so etwas zu schaffen – erst zwanzig und schon ein eigenes Geschäft. Margaret Ann hatte die Räume besichtigt und war beeindruckt gewesen. Nan und Peggy waren wirklich gut organisiert. Sie hatten die Räume praktisch und hübsch eingerichtet, mit ihren beiden Nähmaschinen – für die sie jahrelang gespart und die sie von ihrem eigenen Lohn gekauft hatten –, die auf Tischen mit leuchtendrosa Satindecken standen, mit einem Korbsessel (aus einem Gebrauchtwarenladen), in den sich die Kundinnen setzen konnten, und einem hübschen geblümten Vorhang vor einer Nische, in der sich die Kundinnen unbeobachtet umziehen konnten. Im zweiten Raum stand ein langer Tisch (vom Sperrmüll) auf Böcken, sauber gescheuert – Nan war nicht zu stolz zum

Scheuern, wenn es ihren Zwecken diente –, auf dem sie zuschnitten, außerdem ein Drehspiegel (eine Leihgabe vom Laden darunter) und eine Kommode. Sie hatten jede Menge Aufträge. Zwei hübsche, lebhafte, flirtende Mädchen, wandelnde Werbeplakate für ihre Schneiderei – kein Problem. Margaret Ann war schockiert über die Preise, die Nan und Peggy verlangten, aber es war ihnen kein bißchen peinlich. Ihre Arbeit sei *Qualität*, erklärten sie hochmütig, und die Leute seien bereit, für Qualität zu bezahlen, vor allem für Brautkleider von hoher Qualität, auf die sie sich schließlich spezialisierten.

Nan hatte soviel Erfolg, und dennoch, was machte sie jetzt? Sie riskierte, alles zu verlieren, indem sie sich mit einem äußerst beunruhigenden Mann einließ, viel beunruhigender als Jeans Dave Wallace. Er hatte Nan aufgelesen, wenn auch anders, als Dave Jean aufgelesen hatte. Nan hielt es für eine wunderbare, romantische Geschichte, aber ihre Mutter war anderer Meinung. An einem nassen, windigen Tag überquerte Nan die Lowther Street, auf dem Weg von der Arbeit nach Hause, als ihr der Regenschirm aus der Hand gerissen wurde und die Straße hinabflog. An der Kreuzung blieb ein Auto stehen, damit Nan die Straße überqueren konnte, und in dem Augenblick, als ihr Regenschirm wegflog, stieg ein Mann aus und jagte hinter dem Schirm her. Er verbeugte sich vor Nan, während er ihr den demolierten Schirm überreichte, und fragte, ob er sie nach Hause fahren dürfe, die kaputten und verbogenen Speichen würden sie nicht mehr schützen. Er war ein makellos gekleideter, unglaublich attraktiver, reich aussehender Fremder mit einem vornehmen Akzent, und Nan zögerte keinen Augenblick, sie saß blitzschnell in seinem Auto. Die Fahrt zur Bowman Street dauerte keine fünf Minuten, aber das reichte, um zu erfahren, daß dieser hinreißende Mann Jack Marshallsay hieß und nur auf der Durchreise in Carlisle war.

Er kam in der nächsten, der übernächsten und der überübernächsten Woche wieder durch Carlisle, und jedesmal holte er Nan mit seinem Auto ab. Er ging mit ihr ins Crown and Mitre zum Essen und überreichte ihr Blumen. Beim Abschied schenkte er ihr jedesmal ein »Andenken« – Parfum (*Je Reviens* – netterweise erklärte er der ungebildeten Nan, was das bedeutete), Pralinen, Lippenstift (*Passion Pink*, was keiner Übersetzung bedurfte). Nach drei Monaten hatte Nan Geburtstag, und er schenkte ihr eine Halskette. Sobald Margaret Ann sie sah, bekam sie Angst. Es war eine Perlenkette, und sie wußte sofort, daß es keine künstlichen Perlen waren. Mrs. Stephenson hatte eine echte Perlenkette besessen. Echte Perlen waren cremefarben, genau wie diese. »Gib sie Jack sofort zurück«, sagte sie zu Nan und ließ das mit blauem Samt ausgelegte Etui zuschnappen. Nan sagte, das komme überhaupt nicht in Frage, sie liebe Perlen, habe sich immer Perlen gewünscht, und sie legte die Halskette sofort an, zu Rock und Pullover, machte sich nicht einmal die Mühe, ein gutes Kleid anzuziehen. Als Jack sie das nächste Mal abholte, grüßte Margaret Ann ihn nicht. Wer war er denn überhaupt? Nan sagte, er sei ein Gentleman, ganz anders als die Männer von Carlisle. Er sah eindeutig aus wie ein Gentleman, klang auch so, hatte die entsprechende Garderobe und das entsprechende Auto, aber in welchen Verhältnissen lebte er? Warum war er immer nur auf der Durchreise in Carlisle? Er war eine völlig unbekannte Größe, und je mehr er, wie es schien, in Nan vernarrt war, ohne ihr jemals einen Heiratsantrag zu machen, desto mißtrauischer wurde Margaret Ann.

Gott sei gedankt für Lily. Lily ging endlich mit jungen Männern aus, aber immer in Gruppen. Ihre Mutter war froh darüber. Sie billigte es, daß Lily mit zwei anderen jungen Frauen und drei jungen Männern auf der Isle of Man Urlaub machte, wo die Frauen in einer Pension und die Männer in einem Zeltlager wohnten. Sie hatte für die Reise neue Kleider gekauft, ein Kleid aus cremefarbener Schantungseide, eine beigefarbene Jacke und eine weiße Baskenmütze, und als sie zurückkam, war sie so braun geworden, daß in der Dunkelheit der Küche nur ihre hellblauen Augen zu sehen waren, als sie zur Tür hereinkam. Einer der jungen Männer auf dieser Urlaubsreise hatte es auf Lily abgesehen; das war 1928 schon seit mehreren Jahren so. Arthur Forster war zu einem geselligen Abend in den Mädchenclub eingeladen worden, und seither stellte er Lily nach. Sie schien nicht sehr erpicht auf ihn zu sein, und Margaret Ann verstand, warum. Arthur war nicht Lilys Typ (auch wenn Lily in Wahrheit gar keinen Typ hatte). Er war durchaus präsentabel, sah gut aus und war klug, aber seine Art paßte nicht zu Lily. Alle merkten das. Lily war ruhig, elegant, pingelig, alles in allem das, was ihre Mutter »vornehm von Natur aus« nannte. Arthur war ... Jedenfalls war er in keiner Weise vornehm. Er war schroff und linkisch; seine Manieren ließen zu wünschen übrig. Er war Mechaniker, arbeitete bei Pratchitt's und wohnte in Denton Holme. Wenigstens etwas, das für ihn sprach. Er war ein Mann aus Carlisle, der Lily, falls er sie für sich gewann, nicht mitnehmen würde. Und er vergötterte Lily, seine Miene sagte alles. Aber was hielt Lily, die jetzt siebenundzwanzig war, von ihm? Seine Ergebenheit schien ihr allenfalls peinlich zu sein, und sie reagierte empfindlich auf unbedachte Bemerkungen über ihn, vor allem auf Bemerkungen von Nan – »Igitt! Ein Mechaniker. An den solltest du dich nicht wegwerfen, Lily.« Statt ihre Schwester auszulachen, weil sie so ein törichter kleiner Snob war, wurde Lily rot.

Als erste von Margaret Anns Töchtern heiratete Jean. Sie heiratete Dave Wallace am Neujahrstag 1930. Eine hastige Hochzeit, eilig angesetzt, was unweigerlich Verdächtigungen schürte, obwohl die Braut den Bräutigam seit über zwei Jahren kannte. Jean gab keine Erklärung für den jähen Entschluß zu heiraten. Sie sagte nur zu ihrer Mutter, sie habe es sich endlich überlegt, und es sei sinnlos zu warten. Dave habe über Neujahr ein paar Tage frei, und es sei ein guter Anfang, am Neujahrstag zu heiraten, dem ersten Tag eines neuen Jahrzehnts. Sie hoffe, es schneie. Es wäre so romantisch, eine Braut im Schnee zu sein, und es bringe Glück.

Weder schneite es, noch war die Hochzeit sehr romantisch. Dave war die ganze Nacht aufgewesen, hatte Silvester gefeiert und sah entsetzlich aus. Jean sah noch schlimmer aus, völlig aschgrau, aber offenbar hatte sie eine Magengrippe, und ihr war am Morgen schlecht gewesen (wie am Morgen davor und dem davor ...). Margaret Ann war bei Jeans Hochzeit in der St. John's Church in der London Road alles andere als glücklich – es war nicht einmal ihre Kirche, aber andererseits ging Jean nie dorthin, nur Lily war eine Kirchgängerin. Arthur Forster war Trauzeuge, Lily und Nan waren Brautjungfern, aber es stellte sich nicht das Gefühl ein, es sei ein großes Ereignis. Margaret Ann gab in der Bowman Street ein Hochzeitsfrühstück, aber es wurde nur halbherzig gefeiert, kein Wunder, denn Daves Schädel fühlte sich an, als breche er entzwei, und Jean wurde von ihrer »Grippe« geplagt. Es gab keine Flitterwochen. Das frischverheiratete Paar brach an jenem Abend nach Motherwell auf, würde bei Daves Mutter wohnen, die Jean nicht kannte, bis sie eine eigene Wohnung fanden. Der Abschied war ergreifend und schmerzlich; alle Frauen weinten, sogar Nan. Jean sah so kläglich aus, umgeben von ihren Koffern und Kisten, so klein und mager neben dem großen Dave. Margaret Ann konnte es kaum ertragen, obwohl sie sich mit dem Weinen am meisten zurückhielt. Jean gelobte, sie werde regelmäßig schreiben, aber was nützten Briefe? Man mußte den Tatsachen ins Auge sehen: Diese Tochter verließ die Familie, und damit hatte es sich. Die etwa hundertfünfzig Kilometer nach Motherwell hätten ebensogut fünfzehnhundert Kilometer sein können, wenn man bedachte, wie wenig sie Jean jetzt noch zu sehen bekommen würden. Und was für ein Leben würde sie führen, so weit von ihrer Familie entfernt, unter Fremden und jetzt noch mit einer »Grippe«? Margaret Ann hatte sich nie von einer Mutter trennen müssen, sie hatte nie gewußt, wie es war, die eine Familie für eine andere aufzugeben. Es sei das erste Mal, sagte sie zu Lily und Nan, als Jean fort war, daß sie froh darüber sei.

Aber Jean hielt Wort und schrieb, noch dazu lange Briefe, ziemlich überraschend für jemanden, der nie viel für das geschriebene Wort übrig gehabt hatte. Sie und Dave hatten eine Einzimmerwohnung mit Küche in der Sozialsiedlung in der Belshill Road gefunden. In beiden Räumen gebe es Klappbetten, ihre Mutter und ihre Schwestern könnten also zu Besuch kommen. Die Miete betrage skandalöse zehn Shillinge pro Woche, viel zu hoch bei Daves Wochenlohn von fünfunddreißig

Shillingen, aber sie hätten nichts anderes finden können. Lily und Nan ermutigten ihre Mutter, Jean zu besuchen, in Motherwell Urlaub zu machen. Wann habe sie schließlich zum letztenmal Urlaub gemacht? Vor fünfzehn Jahren, in Silloth. Also fuhr sie hin, im März, als das Wetter etwas besser war. Lily und Nan brachten sie zum Zug, und Jean holte sie ab. Margaret Ann sah sofort, daß Jean schwanger war – es war, mager wie sie war, nicht zu übersehen. Im September, das Kind komme im September, sagte Jean. Jetzt war März. Margaret Ann sah Jean an, sagte aber nichts, außer daß sie sich freue. Schließlich war Jean verheiratet. Dieses Kind würde im Ehestand zur Welt kommen, nach nicht allzu kurzem Ehestand, und vermutlich war es möglich zu behaupten, es sei zu früh geboren. Zu diesem Zeitpunkt war es sinnlos, Mißbilligung oder Kummer wegen des Datums oder der Umstände der Empfängnis zu äußern. Jean war erleichtert, daß ihre Mutter nicht nachfragte. Dave sagte, es sei lachhaft, daß sie so nervös gewesen sei, bevor sie ihrer Mutter sagte, sie sei schwanger – ihre Mutter sei so moralisch, urteile so hart über jede Frau, die der Versuchung nachgab.

Der erste Besuch im Zuhause ihrer verheirateten Tochter deprimierte Margaret Ann. Sie schüttelte traurig den Kopf und seufzte, als sie Lily und Nan von Jeans Lage berichtete. Gott wußte, daß sie selbst ein schweres Leben geführt hatte, aber am Anfang ihres Ehelebens sei sie in jeder Hinsicht in der Welt aufgestiegen. Ihr kam es eindeutig so vor, als bedeute es für Jean den Abstieg. Das Zimmer mit Küche, in dem sie wohne, sei schäbig und unpraktisch, mit steilen Treppen an der Rückseite hinunter zu den Waschküchen und Toiletten, jeweils mit einem eigenen großen

Eisenschlüssel, der auf und ab geschleppt werden müsse. Es war viel schlimmer, als zur Außentoilette auf dem eigenen Hinterhof zu gehen, und Margaret Ann hatte das Gefühl, sie sei in jedem Haus, in dem sie gewohnt hatte, privilegiert gewesen. Hinzu kam der ständige Lärm über und unter Jeans Wohnung. In den Sozialsiedlungen wimmelte es von Familien, und es war selten ruhig. Hinter dem Haus lag ein riesiger Abfallhaufen, vor dem Haus führte eine stark befahrene Straße nach Glasgow. Jean kannte niemanden, andererseits war sie auch noch nicht lange dort. Sie war allein, versuchte, etwas aus ihrer Wohnung zu machen, und kochte in einer winzigen Ecke neben der Treppe, bis Dave nach Hause kam. Sie gingen nur noch Samstag abends aus und nicht mehr zum Tanzen. Jean hatte nicht mehr das Vergnügen, das sie so liebte, und sie vermißte verzweifelt ihre Arbeit. Ihre Mutter sah, daß sie in der Falle saß, daß die ganzen schönen Ideen ihrer Töchter vom anderen Leben zu Ende waren, und sie versuchte, Jeans neues Leben so zu schildern, daß Nan und Lily sich in acht nahmen und gründlich nachdachten, ehe sie es ihr nachtaten.

Nan machte sich, so schien es ihrer Mutter, überhaupt keine Gedanken. Im Gegenteil: Sie erklärte nämlich, ein Freund von Jack Marshallsay habe ihr in Glasgow »eine gute Chance« angeboten, und die wolle sie ergreifen. Margaret Ann wußte sofort, was das bedeutete, sie war nicht dumm, und löcherte Nan mit Fragen. Was war das für eine »gute Chance«? Wie konnte sie besser sein als ihr schon jetzt florierendes Geschäft mit Peggy? Was wurde aus Peggy? Wollte sie sie im Stich lassen? Wo wollte sie in Glasgow wohnen, einer Großstadt, einer Stadt, die sie nicht kannte und die kein Ort für eine junge Frau von zweiundzwanzig sei. Sie war wütend auf Nan, weil sie so hinterlistig war, und ausnahmsweise, obwohl es nicht ihre Art war, jemanden zur Rede zu stellen, forderte sie Nan auf, zuzugeben, sie wolle nicht wegen einer »guten Chance« nach Glasgow, sondern weil Jack Marshallsay, seit Schluß mit seinen mysteriösen Durchreisen durch Carlisle sei, jetzt dort wohne und arbeite. Nan machte ein finsteres Gesicht, wurde rot, gab aber nichts zu. Ihre Mutter fragte direkt: »Hat er dir einen Heiratsantrag gemacht? Jeder anständige Mann hätte dir längst einen Heiratsantrag gemacht. Er führt dich an der Nase herum, und du läßt es zu. Du solltest dich schämen, Nan Hind.«

Aber Nan schämte sich nicht. Sie wußte inzwischen, daß Jack ihr keinen Heiratsantrag machte, weil er schon verheiratet war, aber sie wagte nicht, ihrer Mutter das zu sagen. Jack hatte die Scheidung eingereicht, und sobald er frei war, würden sie heiraten, und dann würde ihre Mutter die Wahrheit erfahren. Jack war so ehrlich. Er hatte nicht versucht, irgend etwas zu verbergen. Seine Heirat war ein Fehler gewesen, ein Fall von jugendlicher Torheit. Seine Familie – eine gute Familie, die in Surrey lebte – hatte sie mißbilligt und recht behalten. Sein Vater war Chirurg und wohnte in einem großen Haus, das eines Tages Jack (und natürlich auch Nan) gehören würde. Jack hatte ein Internat besucht und war im Guy's Hospital zum Arzt ausgebildet worden, hatte das Studium aber aufgegeben. Er war zu sensibel für einen Arzt und hatte deshalb jetzt, nachdem er mehrmals den Beruf gewechselt hatte, beschlossen, Optiker zu werden. Das alles glaubte Nan bedingungslos. Einiges stimmte, das Wichtigste jedoch nicht: Jack hatte nicht die Scheidung eingereicht. Als er Nan überredete, nach Glasgow zu kommen und mit ihm zusammenzuleben, hatte er nichts wegen einer Scheidung unternommen. Er hatte 1927, als er zweiundzwanzig war, eine Lily Howard geheiratet, nur ein Jahr, bevor er durch Carlisle kam und an der Kreuzung der Lowther Street hinter Nans Schirm herjagte. Auf seiner Heiratsurkunde gab er als Beruf »Handlungsreisender für Galanteriewaren« an, nicht Medizinstudent. Es gibt keinen Beweis, daß er je Medizin studiert hätte, und sein Vater war Zahnarzt, nicht Chirurg.

Doch Nan wurde nicht bösartig getäuscht, denn Jack liebte sie wirklich und hatte nicht die Absicht, sie zu verführen und dann zu verlassen. Er steckte einfach in der Klemme, hatte Angst davor, seine Frau um die Scheidung zu bitten, und fragte sich, wie und wann er sie dazu überreden könne, da ihr noch nicht einmal bewußt geworden war, daß er sie für immer verlassen habe. Nichts davon konnte Nans Mutter erzählt werden, und es galt, den Vorwand aufrechtzuerhalten, Nan werde für eine bekannte Schneiderei in Glasgow arbeiten und ein Vermögen verdienen und in einer sehr angesehenen Pension wohnen. Dieses Abenteuer erregte Nan, und sie mußte nicht groß dazu überredet werden. Das einzige, was sie zögern ließ – nicht lange –, waren der Zorn und der Kummer ihrer Mutter. Es war ein schrecklicher Tag, an dem Margaret Ann heimlich Peggy Farish besuchte und sie anflehte, sie solle ihren Einfluß auf Nan geltend machen, um sie davon abzuhalten, nach Glasgow zu ziehen. Als Peggy Nan erzählte, was sich abgespielt hatte, schilderte sie ihr den Zustand, in dem ihre Mutter gewesen sei, wie entsetzt sie über die Aussicht war, daß ihre jüngste Tochter mit Jack Marshallsay durchbrannte, über den man so wenig wußte.

Peggy konnte nur sagen, Nan sei entschlossen, und sie könne nichts tun, um sie davon abzuhalten.

Also verließ auch Nan Carlisle, und Margaret Ann hatte jetzt nur noch Lily. Wenigstens war die richtige Tochter in ihrer Nähe. (Obwohl die nicht anerkannte Alice ebenfalls in ihrer Nähe war, gleich um die Ecke.) Lily würde sich nie in Schwierigkeiten bringen oder unverheiratet nach Glasgow durchbrennen. Dennoch: Das Schicksal ihrer Schwestern berührte sie. Als Jeans Kind, ein Junge, am 15. Juli 1930 geboren wurde, war Lily ziemlich gedämpfter Stimmung, auch wenn sie die richtigen Worte fand, und als sie mit ihrer Mutter hinfuhr, um das Baby Stuart zu sehen, wirkte sie ganz wehmütig. Lily war fast neunundzwanzig. Es war an der Zeit, an Kinder zu denken, bevor es zu spät war, und sie war es, nicht Jean oder Nan, die Kinder immer geliebt hatte. Auf andere Weise berührte sie Nans leidenschaftliche Liebe zu Jack Marshallsay, wie überglücklich sie in seiner Gesellschaft war. Ihre Mutter sprach nie mit ihr darüber, versuchte aber, ihr klarzumachen, daß Nans Art von Gefühl für einen Mann zum Glück nicht unbedingt notwendig sei. Nan war Nan, Lily war Lily – es war unwahrscheinlich, daß sie das gleiche empfanden, auf gleiche Weise reagierten. Aber Jeans reizendes Kind und Nans impulsive Flucht nach Glasgow schienen Lily zu beeinflussen. Im Herbst 1930 beschloß sie, im April des folgenden Jahres Arthur Forster zu heiraten.

Alles in allem freute sich Margaret Ann. Daran war nichts Überstürztes. Lily kannte Arthur jetzt seit fast neun Jahren, und er hatte sich während dieser ganzen Zeit als solide, zuverlässig und ergeben gezeigt. Er war nicht der Mann, den Lily nach Meinung der anderen heiraten würde – die Leute dachten, es werde jemand aus dem Büro sein oder ein Arzt –, aber sie hatte nie einen anderen ernsthaften Verehrer, sehr zur Überraschung der Leute (und ihrer eigenen). Jede Menge Verehrer, aber keine Anträge, wie es schien, bis auf den von Arthur. Alles war anständig und befriedigte Margaret Anns Wunsch nach Ehrbarkeit, und dieses Mal genoß sie die Hochzeitsvorbereitungen. Lily und Arthur hatten sogar ein Haus, in das sie nach der Hochzeit ziehen würden. Es war ein städtisches Haus, eines der Neubauten in der Gegend von Raffles im Westen der Stadt. Es war ein riesiges Gelände, auf dem fast zweitausend Häuser geplant waren. Der Stadtrat von Carlisle war stolz darauf, daß er zu den ersten im Land gehörte, die die Subventionen der Zentralregierung für den Neubau von Häusern verwendeten. Der Stadtrat behauptete mit einiger Berechtigung, daß sein Bauplan der beste in ganz Großbritannien sei und daß er am entschlossensten und eifrigsten auf die Rede des Königs im April 1919 reagiert habe, in der er gesagt hatte: »Die einzig angemessene Lösung der Wohnungsfrage liegt darin, eigens für Arme Häuser zu bauen.« Das, hatte Seine Majestät hinzugefügt, sei »der Grundstein sozialen Fortschritts«. Den Männern, die jetzt aus den Schützengräben in die Wohnungen in den Slums zurückkehrten, müsse in Anerkennung ihrer militärischen Leistungen und Leiden im Krieg eine neue Lebensqualität gegeben werden. In Carlisle gehörten nicht viele zu dieser Kategorie, aber die im Stadtrat vertretenen Parteien waren sich ausnahmsweise einig, daß Siedlungen für die Armen im Jahrzehnt nach dem Ende des Ersten Weltkriegs Priorität haben würden.

Die erste städtische Siedlung in Carlisle war 1922 bezugsfertig, und der Stadtrat war so stolz darauf, daß er andere Städte einlud, Repräsentanten zu schicken, um diese zu besichtigen. Sie lag im Westen der Stadt, in Longsowerby, hinter dem kleinen Industriegebiet Denton Holme, und bestand aus nur sechshundert Häusern. Aber jedes Haus war aus gutem Material gebaut, es wurde nicht geknausert, nur weil es Häuser für Arme waren. In vielen gab es gute Stuben mit Erkerfenstern, und etliche verfügten sogar über Bäder und Innentoiletten. Sie waren so begehrt, daß, sehr zur Entrüstung des Stadtrats, sogar Büroangestellte, die es sich durchaus leisten konnten, ein eigenes Haus zu kaufen oder auf dem Privatmarkt zu mieten, sich dort einmieteten. Jedenfalls leerten sich die Slums von Rickergate und Caldewgate nicht durch einen glücklichen Exodus nach Longsowerby – es war ein Betrug, und ein teurer dazu. Labour-Stadträte protestierten wütend dagegen, zuviel Geld sei für zu wenige Häuser ausgegeben worden, statt es für wesentlich einfachere, billigere Häuser für die Tausenden auszugeben, die sie brauchten. Als man Raffles, wo Arthur und Lily wohnen würden, plante, sah alles ganz anders aus. In den dreißiger Jahren war das Hauptziel, die Slums zu räumen und Vorsorge für ungelernte oder nur angelernte Arbeiter zu treffen.

Das Gelände von Raffles wurde 1926 gekauft – vierzig Hektar für zehntausend Pfund –, und der städtische Architekt wurde angewiesen, so viele Häuser ohne gute Stube wie irgend möglich darauf unterzubringen, aber dennoch eine Gemeinde mit einem Park, mit Läden, einer Kirche und anderen öffentlichen Einrichtungen zu schaffen. Die Auflage, nur wenige Häuser mit guter Stube zu bauen, veranlaßte einen Labour-Stadtrat zu wettern, daß »die Arbeiterklasse wie alle anderen auch ein Recht auf eine gute Stube« habe, aber im allgemeinen wurde die Forderung gutgeheißen. Percy Dalton, der städtische Architekt, war außerdem begeistert über den Auftrag – er stellte sich Raffles als eine Gartenstadt en miniature vor, mit der geforderten Anzahl von Häusern, aber mit vielen Grünflächen, ganz abgesehen von einem Park. Die Häuser sollten einen Garten vor und hinter dem Haus haben, und für Schrebergärten und Bäume an einigen Straßen sollte Land reserviert werden. Aber durch die Ereignisse in Longsowerby war er eingeschränkt – das Material für die Häuser in Raffles mußte schlechter sein, um alle die zufriedenzustellen, die sich über die Kosten des Materials, das dort verbaut worden war, empörten. Badezimmer sollten nur sehr wenige Häuser bekommen. Um Geld zu sparen, wurden in Häuser mit zwei Schlafzimmern Toiletten integriert, aber um sie zu benutzen, mußte man das Haus verlassen und sie durch eine separate Toilettentür betreten. Immerhin besser, als durch den Hinterhof gehen oder sich einen Abort mit zehn anderen Familien teilen zu müssen, was für viele in der Stadt noch galt, trotzdem eine lächerliche Sparmaßnahme. Waschküchen wurden genauso gebaut, waren Teil des Hauses, aber nur von außen zugänglich.

1930 , als Lily und Arthur die Hochzeit planten, war die Siedlung Raffles fast fertig und wurde schon jetzt als großer Erfolg eingeschätzt. Die Häuser waren schlicht, in neugeorgianischem Stil gebaut, mit geraden Fassaden (obwohl die wenigen Häuser mit guten Stuben die gleichen Erkerfenster hatten wie in Longsowerby), und abwechselnd in Häuserblocks und zweiteiligen Reihenhäuser aufgeteilt. Die Leute kamen nach Raffles, gingen durch die Siedlung und bewunderten die Gartenatmosphäre, die der Architekt sich vorgestellt hatte. Alle, denen diese neuen Häuser zugewiesen worden waren, wurden gewaltig beneidet und staunten selbst über den Glanz ihres neuen Zuhauses. Der Stadtrat hielt Wort; in erster Linie wurden die Industriearbeiter aus Caldewgate umgesiedelt – Raffles lag hinter Caldewgate, im äußersten Westen der Stadt. 1931 waren 91 Prozent der Familienoberhäupter in Raffles Arbeiter. Die Durchschnittsmiete betrug sechs Shillinge pro Woche bei einem Durchschnittswochenlohn von zwei Pfund, drei Shillinge und zwei Pence. Der Andrang auf die Siedlung Raffles war groß, nicht nur, weil sie so begehrt war, sondern auch, weil sie in der Nähe der großen Fabriken lag – Carr's, Buck's, Dixon's, Pratchitt's –, im Gegensatz zu den anderen städtischen Siedlungen, die zur gleichen Zeit im Süden und Südosten der Stadt gebaut wurden, von wo aus die Entfernung zum Arbeitsplatz für die meisten Mieter dreimal so groß war.

Lily und Arthur hatten Glück, daß sie in Raffles ein Haus bekamen. 1931 gab es eine Warteliste von 1521 Familien, und die beiden waren frisch verheiratet, ohne Kinder und ohne wirklichen Anspruch auf ein solches Haus. Arthur war Arbeiter, aber er wohnte in einem Haus mit drei Schlafzimmern, das seinem Vater gehörte, und Lily war eine gesellschaftlich weit überlegene Büroangestellte, die bei einer verwitweten Mutter wohnte, ebenfalls in einem Privathaus mit drei Schlafzimmern. Junge Paare, die ohne Schwierigkeiten bei ihren Angehörigen wohnen konnten, hatten kein Recht auf ein städtisches Haus, aber im Stadtrat, im Wohnungsausschuß, gab es eine Fraktion, die der Meinung war, die Zusammensetzung von Raffles solle von Anfang an ausgeglichen sein. Sie waren vernünftig genug, zu sehen, daß der Zukunft der Siedlung besser gedient sei, wenn auch noch kinderlose Ehepaare einbezogen würden, die mit der Siedlung wüchsen und ihren Wohlstand mehrten. Ein Mitglied des Wohnungsausschusses, das jemanden beim Wohnungsamt kannte, erwähnte den Wunsch einiger Mitglieder, außer großen Familien, die aus den Slums umgesiedelt wurden, auch junge Ehepaare in Raffles wohnen zu lassen, und dieser Mann wiederum erwähnte das im Gesundheitsamt Lily gegenüber. Auf diesem umständlichen Weg erfuhr Lily, wenn sie und Arthur einen schriftlichen Antrag stellten, könnten sie eine der Reihenhaushälften mit zwei Zimmern ohne gute Stube in der Straße am Siedlungsrand, der Orton Road, bekommen.

Sobald die Bauarbeiter fertig waren, ging Margaret Ann mit ihnen hin, um das Haus zu besichtigen. Sie war sehr beeindruckt. Es gab nur ein Wohnzimmer, aber es war recht groß, und der Herd an einer Wand verfügte über einen guten Backofen, wenn auch von der altmodischen Sorte (merkwürdig in einem modernen Haus). Ein Schlafzimmer war ziemlich groß, größer als ihres in der Bowman Street, das zweite groß genug für ein Doppelbett. Es gab außerdem ein Badezimmer, das den Namen verdiente, ein Raum mit einer Badewanne, aber ohne Waschbecken und ohne Toilette, die nur von außen zu erreichen war. Auf drei Seiten umgab ein Garten das Haus, im Augenblick nur Schlamm, aber Arthur würde das bald ändern. Lily war ängstlich, was ihre Mutter davon hielt, daher sagte sie, was sie dachte: »Verglichen mit Jeans Wohnung in jener Siedlung ist dies ein kleiner Palast.« Nan äußerte sich natürlich weniger schmeichelhaft. »Für mich wäre es nichts, Lily«, sagte sie. »Ich möchte ein richtiges Bad und einen Salon.«

(Nan sagte nicht mehr »gute Stube« – Jack bildete sie, ein wahrer Professor Higgins). Es war so dumm, gedankenlos und typisch für Nan, so etwas zu sagen, denn Lily hätte beides auch gern gehabt. Sie begnügte sich mit der Orton Road 44, weil es das Beste war, was sie bekommen konnte.

Die größere Frage lautete, ob sie sich auch mit Arthur Gordon Forster nur begnügte. Nan redete endlos darüber mit ihrer Mutter, die im Grunde nicht hören wollte, was sie zu sagen hatte. Auf ihre Weise liebte Nan Lily. Sie bewunderte sie, sie machte sich Sorgen, sie sei zu gut und, obwohl sie sieben Jahre älter war, zu unschuldig und vertrauensselig. Sie sah nicht voraus wie Nan, und Nan sah eine Schwester, die ihre Arbeit liebte und sie aufgab, um einen Mann zu heiraten, für den sie keine Leidenschaft empfand und der nicht der Richtige für sie war, und das alles tat sie, weil sie sich so sehr nach Kindern und einem eigenen Zuhause sehnte. Für Margaret Ann war nichts Falsches daran. Für sie war das mehr oder weniger das, was die meisten Frauen tun mußten. Aber für Nan, leidenschaftlich verliebt in Jack, stolz darauf, daß sie sich ihren Lebensunterhalt als selbständige Schneiderin verdienen konnte, traf Lily lauter falsche Entscheidungen. »Keine Frau sollte heiraten, wenn sie nicht leidenschaftlich verliebt ist«, sagte Nan, und: »Keine Frau sollte ihre Karriere der Ehe opfern.« »Sei nicht so pathetisch«, sagte ihre Mutter. »Sei nicht so dumm, Nan.«

Aber Nan, obwohl sie eindeutig pathetisch war (immer), war nicht dumm. Sie begriff, daß die Ehe mit Arthur Lily so nach unten ziehen würde, wie Jean die Ehe mit Dave schon nach unten gezogen hatte, und Jean war viel zäher als Lily. Die Wohnung, die sogar Margaret Ann armselig vorgekommen war, hatte Nan entsetzt – sie konnte es nicht ertragen, daß Jean so eingeengt lebte, mit einem Kind und das zweite schon unterwegs, und mit sehr wenig Geld. »Was für ein Leben!« hatte Nan gerufen, und ihr war aufgefallen, daß Jean nicht unverzüglich behauptete, ihr Leben sei genau so, wie sie es sich immer gewünscht habe, wenn nicht sogar wunderbar. Nach Nans düsterer Einschätzung würde Lilys Schicksal schlimmer sein, denn wenigstens hatte Jean Dave mit dem erforderlichen Maß an Leidenschaft geliebt, und sie waren ein Paar. Sie mochten dieselben Dinge, hatten ähnliche Ansichten. Nan sollte der Teufel holen, wenn das bei Lily und Arthur auch so war. Jack, der Lily auch bewunderte (er hielt nichts von Jean), sagte, Arthur fehle es an Klasse für Lily. Sie könne eine bessere Partie machen, als einen Fabrikarbeiter zu heiraten. Das Schlimmste aber war, darin waren Nan und Jack sich einig, daß Lily über diese Heirat so gründlich und so lange nachgedacht hatte, daß ihr nicht vorgeworfen werden konnte, das Für und Wider nicht gegeneinander abgewogen zu haben. Sie hatte es abgewogen und ihren Handel gemacht, einen Beruf, den sie liebte, und gutes Geld und ein bequemes Zuhause bei ihrer Mutter, der sie sich geistesverwandt fühlte, gegen die Ehe mit einem Mann eingetauscht, an dem ihr etwas lag, der aber keine überwältigende Anziehungskraft auf sie ausübte. Das alles, um das Schicksal als Frau zu erfüllen und die Kinder zu bekommen, nach denen sie sich sehnte.

Nan schneiderte Lilys Brautkleid, nicht weiß, obwohl niemand jungfräulicher sein konnte als Lily, sondern ein blaßblaues Seidengewand, lang, mit einem weichen, drapierten Kragen, ein hübsches Kleid, das der hübschen, bescheidenen Lily stand. Nan hatte das Gefühl, der Hut sei etwas ungünstig, sitze zu eng und reiche Lily zu tief in die Stirn. Ihr eigener war viel schmeichelhafter, aber er stammte auch aus Newcastle, wo sie alle ihre Hüte kaufte – nach Nans Meinung verstand man in Carlisle überhaupt nichts von Hüten –, aber Lily wollte nicht so viel Geld ausgeben. Nan hielt ihr Brautjungfernkleid ebenfalls für hübscher, schimmernder Taft in einem dunkleren Blau mit einem tiefen V-Ausschnitt. Arthur sah smart aus in seinem neuen Anzug mit Weste, einem schneeweißen Hemd mit einem so steifen Kragen, daß er sich damit den Hals hätte durchschneiden können, und einer blauen Krawatte, die zu Lilys Kleid paßte. Margaret Ann hatte ein neues Kleid, nicht von Nan geschneidert, sondern von Lily für sie bei Bullough's gekauft. Insgeheim hielt Nan es für eine Katastrophe – ihre Mutter war inzwischen zu untersetzt für Tupfen, um Himmels willen, und der doppelte Chiffon, aus dem es war, klebte unattraktiv am Körper. Außerdem war es als Kleid für eine Brautmutter nicht festlich genug. Arthurs Mutter Agnes, weder elegant noch attraktiv, sah viel besser aus in einem schlichten grauen Kostüm aus leichter Wolle und einer cremefarbenen Bluse, mit einem Hut in einem dunkleren Cremeton. Nan mußte sich beherrschen, um diese Gedanken für sich zu behalten (trat sie jedoch in den kommenden Jahren jedesmal breit, wenn die Sprache auf Lilys Hochzeit kam).

Margaret Ann gab ein Hochzeitsfrühstück, eine viel fröhlichere Feier als bei Jean. Niemand von Daves Seite war bei seiner Hochzeit dabeigewesen, aber Arthurs Familie war bei seiner Hochzeit gut vertreten. Seine Eltern waren keine einfachen Gäste. George, sein Vater, war so schweigsam und schroff, daß sein Sohn im Vergleich geradezu weltgewandt wirkte, und Agnes, seine Mutter, war leicht erregbar und nervös. Margaret Ann war bei ihnen in ihrem Haus in der Richardson Street am Rand von Denton Holme zum Tee gewesen. George Forster war nur Mechaniker bei Pratchitt's, aber er hatte ein eigenes Haus gekauft, weil er umsichtig auf Pferde gesetzt hatte. Sein Bruder war Buchmacher, und zu Margaret Anns Entsetzen – das Spielen war fast so schlimm wie Unzucht oder Trunksucht – war Arthur stolz darauf, daß er seinem Onkel den Gefallen getan hatte, gelegentlich Wetteinsätze für ihn anzunehmen. Agnes stand eindeutig unter Georges Fuchtel und war ständig auf seine Anerkennung bedacht. Sie sprach nur offen, wenn er nicht dabei war, aber wenigstens dann war sie voll überschwenglichen Lobes über Lily. Sie hatte keine Töchter, nur Arthur und seinen jüngeren Bruder Bob, zu ihrem unaufhörlichen Bedauern. Sie schilderte Margaret Ann mitleiderregend, wie sie an Sonntagnachmittagen in ihrer guten Stube saß und vor Neid weinte, wenn sie andere Frauen mit Töchtern vorbeispazieren sah, und sich nach eigenen Töchtern sehnte. Lily sei alles, was sie sich gewünscht habe, und sie werde sie wie eine eigene Tochter behandeln.

Nachdem Lily geheiratet hatte, lebte Margaret Ann allein. Jean war in Motherwell, Nan in Glasgow (lieber nicht genau erwähnen, wo oder mit wem), und auch die Untermieterin, Cousine Florrie, hatte jetzt ein eigenes Zuhause. Margaret Ann war zweiundsechzig, und ihre Gesundheit begann, ihr Sorgen zu machen. Sie ruhte sich immer häufiger aus, was sie jetzt auch tun konnte, aber das lag ihr nicht. Sie sagte, wenn sie sich ausruhe, werde sie von Gedanken gequält. Lily fragte, was für

Gedanken. Was ihr Sorgen mache? Sie habe doch sicher keine großen Sorgen. Jedenfalls keine, die sie gestehen würde. Lily vermutete, ihre Mutter grüble über Nan nach und nahm ihrer Schwester übel, daß sie die Ursache für die heimlichen Ängste ihrer Mutter war, die jedesmal, wenn sie sich ausruhte, an die Oberfläche ihres Bewußtseins kamen.

Doch gewiß war die »Qual« Alice. Alice, die immer noch so nahe der Bowman Street wohnte, in der Brook Street, die kaum umhinkonnte, in den gleichen Läden wie ihre Mutter einzukaufen, auf dem gleichen Weg in die Stadt zu gehen, in die gleiche Straßenbahn zu steigen. Und dennoch war sie nach achtunddreißig Jahren noch immer nicht anerkannt. Vielleicht bekam Margaret Ann Besuche von Alice, von denen niemand etwas wußte, vielleicht wollte sie sich in ihrem leeren Haus nicht ausruhen, weil sie das verwundbar machte für diese erste Tochter, die sie immer noch verschmähte? Es gab keinen Tom mehr, der sie hätte vertreten können, wie er es bei Alices Hochzeit getan hatte, keinen Tom, der sie vor Schuldgefühlen hätte schützen und ihre Ablehnung hätte mindern können. Aber was hielt Alice davon ab, und hatte sie in all diesen Jahren davon abgehalten, sich ihren Halbschwestern zu offenbaren? Bekam sie Geld dafür, daß sie wegblieb? Von wem? Gab es ein Versprechen, daß sie keine Verbindung aufnahm? Aber wieso?

Wie auch immer, es gab vieles, was Margaret Ann bei ihren Nachmittagsnickerchen quälen konnte.

V

Lily hielt engen Kontakt zu ihrer Mutter. Sie war eine mustergültige verheiratete Tochter, besuchte ihre Mutter mindestens zweimal in der Woche und lud sie sonntags zum Mittagessen bei sich zu Hause ein. Arthur reparierte an den Wochenenden fast immer fremde Autos, holte seine Schwiegermutter ab und fuhr Lily und sie am Abend zur Kirche. Es war jetzt die Kirche St. Paul's, eine Schwesterkirche von St. Mary's, die abgerissen worden war. Lily mit ihrer schönen Altstimme war noch immer im Kirchenchor, und Margaret Ann hörte sie liebend gern singen.

Diese Sonntagsbesuche in der Orton Road 44 waren glückliche Momente. Lily war so gut organisiert, daß das Essen immer pünktlich und gut zubereitet auf den Tisch kam. Und im Haus herrschte eine angenehme Atmosphäre. Im Gegensatz zur Bowman Street, wo es – wie bei alten Reihenhäusern – ziemlich finster war, war es hier hell und strahlend. Die frisch mit Temperafarbe gestrichenen Wände waren verglichen mit den dick tapezierten Zimmern, an die Margaret Ann gewöhnt war, wohltuend modern, und obwohl Lily nur die nötigsten Möbel hatte, waren sie alle neu und trugen zum freundlichen Gesamteindruck bei. Es gab einen ausklappbaren Eßtisch (angeblich Eiche, obwohl Margaret Ann das bezweifelte), gekauft für drei Pfund und fünf

Shillinge; vier Eßzimmerstühle (neun Shillinge und elf Pence); eine Anrichte (vier Pfund und zehn Shillinge); eine Schlafzimmergarnitur (Schrank, Bettgestell und Frisiertisch, alles für elf Pfund und neun Shillinge); zwei Sessel (sechs Pfund und fünf Shillinge) und ein mit Kunstleder bezogenes Sofa, nicht neu, aber so gut wie neu, das Lily von ihrer Tante Sarah geschenkt bekommen hatte. Das ganze Haus war für weniger als dreißig Pfund eingerichtet worden, die Flickenteppiche und den Teppichstreifen auf der Treppe nicht mitgerechnet. Arthurs Eltern hatten ihm und Lily ein Teeservice aus Porzellan zur Hochzeit geschenkt, und Margaret Ann schenkte ihnen einen Besteckkasten. Alle meinten, das junge Paar sei gut versorgt, vor allem in Anbetracht der Zeiten.

Die Zeiten waren schwer. Es war das Jahr 1931, und im ganzen Land gingen die Geschäfte schlecht. Arthur hatte von Pratchitt's zur Metallkistenfabrik gewechselt (wo er als Mechaniker arbeitete, und die Maschinen wartete), in der jetzt Kurzarbeit herrschte. Jeden Tag bewarben sich Männer um Arbeit und wurden abgewiesen. Lily wußte nicht, wieviel Arthur verdiente – wie die meisten Männer, egal in welcher gesellschaftlichen Stellung, sprach er mit seiner Frau nicht darüber –, aber sie wußte, daß es nicht so viel war, wie sie beim Gesundheitsamt verdient hatte, wo sie mit vier Pfund und zehn Shilling fast so gut wie der Bürovorsteher bezahlt worden war. Als Arthur Lily heiratete, verdiente er zwei Pfund und vier Shillinge, und er behielt nur die Shillinge und gab Lily die zwei Pfund als Haushaltsgeld, für Rechnungen und andere Ausgaben. Es war ein ziemlicher Schock für sie, als sie begriff, daß sie mit zwei Pfund pro Woche auskommen und versuchen mußte, auch etwas davon zu sparen – bevor sie heiratete, war sie es gewöhnt gewesen, zwei Pfund für sich zu haben, während sie den Rest ihrer Mutter gab. Aber sie konnte gut mit Geld umgehen und hatte erlebt, daß ihre Mutter mit weit weniger ausgekommen war und niemals Schulden gemacht hatte. Die Miete betrug sechs Shilling pro Woche, wurde jeden Montag vom Mieteintreiber abgeholt und lag immer auf dem Mietbuch für ihn beriet, und Kohlen, Gas und Strom kosteten weitere sechs Shilling. Man mußte kein Rechengenie sein, um herauszubekommen, daß ein Pfund und acht Shillinge für alles andere übrigblieben. Lily rechnete ständig, um das Beste aus diesem Betrag zu machen. Speck kostete einen Shilling und sechs Pence pro Pfund, und Arthur aß viel Speck. Seine Mutter hatte betont, er brauche jeden Morgen Speck und möge ihn durchgebraten, aber nicht zu knusprig. Lily hielt das für einen Riesenluxus. Sie war sich sicher, daß andere Männer nicht jeden Morgen in Speck schwelgen konnten, aber weil sie ihr Erwachsenenleben in einem Frauenhaushalt verbracht hatte, wußte sie das nicht so genau. Speck und dann das Rindfleisch, jede Woche ein etwa anderthalb Pfund schwerer Braten für einen Shilling und vier Pence pro Pfund; Eier für einen Shilling und sechs Pence pro Dutzend und Butter für einen Shilling und fünf Pence pro Pfund. Das waren die Grundnahrungsmittel, außer Brot, aber das war billig, und sie backte es selbst. Auch Gemüse war billig – Karotten kosteten nur zwei Pence pro Pfund; ein Blumenkohl für fünf Pence war am teuersten. Aber ihr Schwiegervater schenkte ihnen Gemüse aus seinem Schrebergarten, und bald würde auch Arthurs Schrebergarten Früchte tragen – er war ein sehr guter Gärtner. Für den Augenblick reichte

Arthurs Lohn also aus, aber die stets ängstliche Lily dachte immer an die Zukunft und sah deutlich, daß sie auf überflüssigen Leichtsinn, zum Beispiel neue Kleider oder Ferien, verzichten mußte, wenn sich irgendwelche Ersparnisse ansammeln sollten.

Der Anfang ihrer Ehe bestand für Lily aus einer Reihe von Dingen, auf die sie verzichten mußte. Ihr ganzer Tag verlief vollkommen anders. Sie war daran gewöhnt gewesen, um acht aufzustehen, damit sie um neun bei der Arbeit war, aber jetzt stand sie um halb sieben auf und machte Feuer im Herd, den Arthur gesäubert und frisch bestückt hatte, und stellte seinen Speck darauf und schmierte sein Pausenbrot: Sandwiches aus dickem, krustigem Weißbrot, belegt mit eingemachtem Fleisch, kalter Wurst oder Corned beef – Arthur brauchte Fleisch, in welcher Form auch immer. Dann machte sie ihm das Frühstück, den Speck mit einem mitgebratenen Stück Brot und Tee, und um sieben fuhr er mit dem Rad zur Metallkistenfabrik, über anderthalb Kilometer entfernt. Wenn er fort war, wusch sie sich in der Hinterküche, weil dort das Becken war (das Bad wurde nur einmal in der Woche benutzt, und das Wasser dafür wurde nur warm, wenn das Feuer so lange gebrannt hatte, bis der Boiler heiß wurde). Es war ein kalter Raum, im Winter eisig. Die Wände waren aus gestrichenem Backstein, vom Boden aus über einen Meter hoch dunkelgrün und dann bis zur Decke in einem stumpfen Beige. Sie verabscheute dieses Grün, aber Arthur würde es später überstreichen. Sie zog ihre Morgenkleidung an – einen Tweedrock, einen Pullover mit einer Schürze darüber, das Haar in einen Turban gewickelt –, ihre elegante Bürokleidung sparte sie sich für den Nachmittag auf. Dann wusch sie das Geschirr ab, fegte den Boden, staubte ab und machte das Bett. Wenn kein Waschtag war, ging sie anschließend zum Einkaufen.

Auf der anderen Straßenseite gab es einen Metzger und einen Gemischtwarenladen, aber sie ging lieber zu einer zehn Minuten entfernten Reihe von Läden, weil sie sich gern bewegte. Einmal in der Woche ging sie auf den Markt und kaufte den Braten und alles Gemüse, das es im Forster-Schrebergarten nicht gab. Sie war immer rechtzeitig zurück, damit sie Arthur um halb eins sein dampfend heißes Mittagessen servieren konnte – oder, um genau zu sein, um vierundzwanzig nach zwölf, und Arthur nahm es immer genau. Das hatten sie gemeinsam: Verläßlichkeit, Pünktlichkeit, Ordnungsliebe. An den meisten Tagen gab es irgendwelches Fleisch, Hackfleisch oder Eintopf, und zu allem Kartoffeln, gekocht, gestampft oder gebraten. Wenn Arthur zur Arbeit zurückgefahren war, zog sie sich um. An diesem Punkt des Tages kam sie sich verloren vor. Sie wußte nicht recht, was sie tun sollte. Es gab Sachen zum Stopfen und Bügeln, aber das konnte sie abends erledigen. Sie dachte an das Büro und den ganzen Betrieb und an das Gefühl von Wichtigkeit und die Gesellschaft, und plötzlich fühlte sie sich losgelöst vom Leben, von der Außenwelt abgeschnitten, empfand leichte Panik. Um dieses erschreckende Gefühl loszuwerden, besuchte sie zweimal in der Woche ihre Mutter und ihre Schwiegermutter, jeweils an verschiedenen Tagen. Aber obwohl sie sich damit die Nachmittage recht angenehm vertrieb, wie es beabsichtigt war, fühlte sie sich auf unbestimmte Weise beklommen und auch schuldig, obwohl es keinen Grund für ein schlechtes Gewissen gab – so lebten alle verheirateten Frauen, wenn sie Glück hatten, wenn sie einen Mann hatten, der sie ernährte. Aber immer wieder ging ihr durch den Kopf, wieviel ihre Arbeit ihr bedeutet hatte, wie sie alles organisiert und die Leute gemocht hatte, wie sie es geschätzt hatte, zu einem sinnvollen Arbeitsablauf beizutragen.

Arthur kam um sieben nach Hause, am Ende eines langen harten Tages in der lauten Fabrik. Seine Overalls waren dreckig, genauso fettig und schmutzig, wie Nan es sich vorgestellt hatte, als sie ihre Schwestern davor warnte, einen Mechaniker zu heiraten. Wenn er sich gründlich gewaschen hatte, in der Küche, was hieß, daß sie das Essen vor Spritzern retten mußte, gab es Tee, eine Art Abendbrottee. Dann gärtnerte Arthur, oder sie gingen manchmal spazieren, die Wigton Road entlang und hinunter zum Hof von Farmer Brown. Arthur hatte sein Motorrad verkauft, seine geliebte Zweitakt-Enfield, um die Möbel zu bezahlen, und das war ein Jammer, weil sie sonst aufs Land auf dieser Seite von Carlisle hätten fahren können. Arthur hatte sein Fahrrad, sein Raleigh, und fuhr an den Wochenenden damit aufs Land. Jedoch nicht der Gesundheit zuliebe, sondern um bei Hunderennen zu wetten. Lily verabscheute es, daß er wettete, aber sie meinte, wenn er nur die wenigen Shillinge einsetze, die er für sich behielt, habe er ein Recht darauf. Im Winter hörten sie beide Radio, obwohl es dabei einen Interessenkonflikt gab – Arthur mochte Sport, jede Art von Sport, und Unterhaltung und leichte Komödien, und Lily mochte Choräle und Hörspiele und Geschichten und Gespräche.

Margaret Ann sagte zu Lily, sie solle das Beste aus dieser leichten Zeit machen, bevor die Kinder kamen, und Lily versuchte es, aber sie war ebenso erleichtert wie glücklich, als sie sehr schnell schwanger wurde. Das Kind würde im März zur Welt kommen, elf Monate nach der Hochzeit, ein sehr befriedigender Abstand. Sie würde das Kind im Haus ihrer Schwiegermutter bekommen, eine recht seltsame Entscheidung, die aber zum Teil daher rührte, daß ihre Mutter nicht gesund war – die Anfälle von Angina pectoris hatten eingesetzt, und Margaret Ann war nicht in der Verfassung, Lily oder das Kind zu pflegen –, zum Teil weil Agnes Forster ganz erpicht war, daß ihr Enkelkind in ihrem Haus geboren wurde, weil sie das für aufregend hielt. Sie sehnte sich danach, beteiligt zu sein, etwas, das sie ihrem Gefühl nach gehabt hätte, wenn sie je eine Tochter geboren hätte. Margaret Ann war etwas traurig darüber, daß sie sich nicht um Lily kümmern konnte, wie sie es vor kurzem für Jean getan hatte, als sie im Januar einen weiteren Jungen zur Welt brachte, aber sie wußte, daß sie vernünftig sein mußte. Lily war in der Nähe, sie konnte sie besuchen und das Kind gleich nach der Geburt sehen, und dafür mußte sie dankbar sein. Sie hoffte, Lily bekomme ein Mädchen, aber es war ein Junge, geboren am 20. März. Jetzt waren es drei Enkelsöhne, und es war unvermeidlich, daß sie an Tom dachte, wie begeistert er gewesen wäre – drei prächtige, kräftige, blonde Jungen. Es war schwer für Jean, nach Carlisle zu kommen, mit zwei kleinen Kindern und bei den Kosten, aber am Ende jenes Sommers schaffte sie es, und Margaret Ann erlebte die Befriedigung, daß alle drei Enkel auf ihren Knien saßen. Jetzt mußte nur noch Nan zur Ruhe kommen, und dann konnte sie glücklich sterben. Ihre Aufgabe war erledigt, ein weiterer Familienzyklus abgeschlossen. Sie hatte eine eigene Familie gegründet und erlebt, wie die Mitglieder dasselbe ihrerseits taten, und darum ging es im Leben einer Frau.

Falls Erinnerungen an ein weiteres Mitglied ihrer

Familie, an Alice, ihr in jener Zeit beinahe völliger Zufriedenheit jemals zu schaffen machten, so sprach sie nicht darüber. Alice, ob ihre Mutter es wußte oder nicht, war eben nach Upperby umgezogen. Sie wohnte nicht mehr gleich um die Ecke, wo es jeden Tag wahrscheinlich war, sie auf dem Weg zu den Läden in Botchergate zu treffen, wo sie immer an dem Haus vorbeikam, in dem ihre Halbschwestern während des letzten Jahrzehnts ein- und ausgegangen waren. Was hatte Alice davon abgehalten, sich zu erkennen zu geben? Was für eine Vereinbarung war getroffen worden? Es war erstaunlich, mit welcher Zuversicht Margaret Ann diese vielen Jahre in der Bowman Street gelebt hatte.

Daß sie ein Kind hatte, änderte wiederum alles für Lily. Die ziellosen Nachmittage waren verschwunden. Sie hatte Gordon, um den sie sich kümmern konnte, und eine Zeitlang war sie völlig ausgefüllt. Sie kümmerte sich wunderbar um ihn, und die zusätzliche Wäsche machte ihr nichts aus. Ihre Mutter war eine gute Lehrmeisterin gewesen. Sie wußte, wie der Boiler in der Waschküche funktionierte und wie sie mit dem Waschbrett und der Mangel umgehen mußte. Sie hatte jetzt drei Waschtage in der Woche, durch die vielen Frotteewindeln und Babywäsche und Kleider und Handtücher, und sie hielt alles makellos sauber. Bevor Arthur zur Arbeit ging, füllte er den Boiler mit Wasser – es mußte mit Eimern aus der Küche hineingetragen werden – und machte Feuer, und dann, wenn der üble Metallkessel blubberte, weil das Wasser endlich kochte, gab sie Seifenpulver (»eine wunderbare Erfindung«, sagte ihre Mutter immer) und die Wäsche hinein, die sie zehn Minuten kochen ließ, bevor sie jedes einzelne Stück mit einer langen Zange wieder herauszog und in eine Wanne mit sauberem Wasser warf und mit dem Waschbrett bearbeitete, alles heftig schrubbte, bis der ganze Haufen im Zuber lag. Das Spülen war eine weitere Prozedur. Es dauerte eine Ewigkeit, den Zuber immer wieder mit sauberem, kaltem Wasser zu füllen, und wenn das erledigt war, kam das anstrengende Mangeln. Die Wäschestücke wurden durch die schweren Walzen geführt, und nun hieß es, am Griff zu drehen und zu drehen, die Schraube ständig enger zu stellen, damit soviel Wasser wie möglich herausgepreßt wurde. Das war die letzte mühselige Phase vor dem nächsten Gefecht, dem Versuch, die Wäsche zu trocknen, ein Versuch, der oft zum Scheitern verurteilt war. Arthur hatte ihr hervorragende Wäscheständer gebaut – daran fehlte es ihr nicht – und eine gute, starke Wäscheleine gespannt, aber sobald die Wäsche draußen hing, war das Wetter der Feind. Falls es zu regnen anfing, mußte die schmerzliche Entscheidung getroffen werden, ob die Wäsche abgehängt werden sollte oder nicht. Falls sie die Sachen abhängte und die schwere, noch nasse Wäsche ins Haus schleppte, und sich der Regen dann in nichts auflöste, hatte sie noch mehr Zeit und Energie vergeudet, aber wenn sie es riskierte, die Wäsche hängenzulassen und es ernsthaft regnete, dann wurde die verflixte Wäsche noch nasser und mußte wieder durch die Mangel gedreht werden, und Lily selbst wurde beim Hin- und Herrennen klatschnaß. Oh, Waschen war eine solche Plage. An jedem Tag, an dem gewaschen wurde, war es das Ereignis des Tages, dieses gefürchtete, grauenhafte Waschen, das sich nur lohnte, damit die Kindersachen makellos blieben. Ihre Mutter sagte, sie habe sie gewarnt: So sehe ein Frauenleben aus. Sie und Jean hatten durch ihre gute Arbeit in Büros nur die Hälfte davon mitbekommen, während sie, Margaret Ann, seit ihrer Jugend Dienstmädchen, ihr ganzes Leben so verbracht habe.

Es wäre für Jean wie Lily ein Trost gewesen, wenn sie hätten sagen können, es habe sich gelohnt, ihren Beruf aufzugeben, aber sie hatten von ihrer Mutter geerbt, bei der Wahrheit zu bleiben, und konnten es nicht sagen. Je länger die beiden in das Leben als Mutter und Arbeiterfrau hineinwuchsen, desto reizvoller erschien ihnen ihre frühere Arbeit. Die einzige wahre Entschädigung waren ihre Söhne. Sie liebten sie abgöttisch, und wenn sie ihren Beruf nicht aufgegeben hätten, dann hätten sie sie nicht bekommen können, nicht wahr? Berufe wurden gegen Kinder eingetauscht; so war es nun einmal. Es nützte nichts zu stöhnen, es nützte nichts, sich auch nur einen Augenblick lang zu ärgern und sich zu wünschen, sie hätten die Stellen behalten *und* die Jungen trotzdem bekommen können. So war die Welt nicht geschaffen, ihre Welt, die Welt der Frauen in den dreißiger Jahren. Es war schwer genug für Männer, ihre Arbeitsplätze zu behalten, ein Punkt, über den sich Lily ständig Sorgen machte, besonders weil sie an die Zukunft ihres Sohnes denken mußte. Es ängstigte sie, wenn sie hörte, wie unsicher alle Arbeitsplätze wurden. Männer wurden reihenweise entlassen, und falls das Arthur widerfuhr, was in aller Welt sollten sie dann machen? Der Gedanke an Arbeitslosengeld, der bloße Gedanke, machte sie krank. Arthur wollte Wörter wie »Arbeitslosengeld« nicht hören. Er sagte, über so etwas spreche man nicht. Er sei ein guter Arbeiter, habe jetzt viel Erfahrung und werde von der Geschäftsleitung geschätzt und glaube nicht, daß er entlassen werde. Lily zweifelte nicht an der Richtigkeit von Arthurs Selbsteinschätzung, aber sie wußte auch, daß Arthur keinerlei schriftlich festgehaltene Qualifikationen hatte und daß jüngere Männer nachwuchsen, die am College Maschinenbau studiert hatten und möglicherweise dem unqualifizierten, wenn auch schwerarbeitenden und technisch erfahrenen Arthur vorgezogen wurden. Sie konnte sich nicht vorstellen, was ihren Mann vor dieser Bedrohung schützen sollte. Er wollte nichts mit Gewerkschaften zu tun haben, obwohl er damals vermutlich ein Labour-Anhänger war – er hatte Angst vor Gewerkschaften, beobachtete ängstlich ihre Aktivitäten in der Fabrik, wußte, daß sie auf einen Generalstreik drängten. Er wollte nicht streiken. Er fürchtete sich davor, ein Streikopfer zu werden, und konnte nicht daran glauben, daß die Gewerkschaften die Geschäftsleitung schlagen sollten.

Im Hinterkopf klammerte sich Lily daran, was Dr. Beard gesagt hatte, als sie ging: Sie werde so hoch geschätzt, daß sie jederzeit als Teilzeitkraft zurückkommen könne. In einem ihrer Stimmungstiefs, in denen sie mit dem Schlimmsten rechnete, erwähnte sie das Arthur gegenüber, hielt es für einen aufmunternden Gedanken, aber er erschreckte sie mit seinem vehementen Protest, er lasse es nicht zu, daß seine Frau arbeite, auch nicht halbtags. Er wünschte sich, daß Lily nicht mehr darüber redete. Er wünschte sich, daß sie den Dingen einfach ihren Lauf ließ. Man konnte sowieso nichts dagegen unternehmen. Das war immer seine Einstellung: Er könne nichts tun, was etwas an seiner Zukunft ändere. Er habe keine Macht darüber, und deshalb sei es das beste, eine saubere Weste zu behalten und weiter hart zu arbeiten und zu hoffen, daß er Glück habe. Aber das war nicht Lilys Einstellung, damals nicht. Ihr gefiel Arthurs Fatalismus nicht. Sie fürchtete, die Konsequenz werde sein, daß sie immer arm blieben. Sie erinnerte sich an ihren Vater und wie seine harte Arbeit seinem Geschäft genützt hatte und wie es floriert habe zum Wohl seiner Familie. Arthur konnte das nicht. Sie war mit einem Mann verheiratet, der Fähigkeiten hatte und diese einsetzte, aber dessen ungeheuer harte, körperliche Arbeit ihm nie den verdienten Lohn einbringen würde, falls er nicht Mittel und Wege fände, Kapital daraus zu schlagen, und von ihm aus gesehen gab es dazu keine Möglichkeit, was vielleicht auch stimmte. Sie mußte lernen, die Frau dieses Mannes zu sein, während ihre Intelligenz und ihre Begabungen brachlagen.

In den letzten Jahren ihres Lebens hörte Margaret Ann nie damit auf, sich Sorgen um Nan zu machen. Darüber, wo genau und wie Nan lebte, wurde in Carlisle immer noch nicht gesprochen, obwohl ihre Mutter und ihre Schwestern ihre Adresse kannten. Die Sprachregel lautete, Nan verdiene sehr gut und wohne zufrieden in der angesehenen Pension, die sie ihrer Mutter geschildert hatte. Sie treffe sich »oft« mit Jack Marshallsay, aber nein, sie seien noch nicht verlobt – warum sollten sie sich auch verloben, warum bestehe ihre Mutter so darauf? Inzwischen wußten Lily und Jean, daß Jack verheiratet war und sich angeblich um eine Scheidung bemühte, aber sie waren sich einig, daß sie das ihrer Mutter nicht sagen durften. Scheidung war ein schreckliches Wort, es hätte bestimmt einen Anfall von Angina pectoris ausgelöst. Genau wie das offene Eingeständnis, daß Nans Pension zwar tatsächlich angesehen war, daß aber auch Jack dort wohnte. Sie lebten im Grunde zusammen, und 1934 zogen sie in eine Wohnung in der Ashton Road, die Jack ein *flat* nannte, und Nan teilte ihrer Mutter schlicht und einfach mit, sie könne es sich jetzt leisten, eine eigene Wohnung zu mieten (obwohl keine Einladung, sie dort zu besuchen, hinzugefügt wurde). Dieses *flat* war eher ein möbliertes Zimmer mit einer winzigen Kochnische, überhaupt nicht das, was Nan im Sinn gehabt hatte, aber Jack sagte, das sei nur vorübergehend. Sobald seine Scheidung durch sei, sobald sie verheiratet seien, würden sie in ein Haus ziehen.

Für ihre Schwestern war es ein Wunder, daß Nan sich weiterhin etwas vormachen konnte, von ihrer Mutter ganz abgesehen. Sie benahm sich noch immer wie eine Königin, fühlte sich ein gutes Stück über andere Frauen erhaben, und am meisten irritierte alle, daß sie sich der Realität ihrer Lage nicht stellen wollte. Sie war trotzig, sie sah sich als Heldin, die um der Liebe willen alles riskierte. Frauen, die Hochzeiten und Ringe brauchten, bevor sie sich einem Mann »hingaben«, wußten nichts von wahrer Liebe. Was hatte es für einen Sinn, den Mann, den sie liebte, auf Distanz zu halten, bis er sie heiraten konnte? Lily und Jean wagten kaum zu erwähnen, daß die lange Zeit, die Jacks Scheidung in Anspruch nahm, verdächtig war. Jetzt bemühte er sich schon sechs Jahre darum, *sechs* Jahre. Die Schwestern verstanden nichts von Gerichten, aber sie hatten den Verdacht, daß eine Scheidung, wie schwierig sie auch sein mochte, nicht so lange dauern konnte. Hinzu kam ein weiteres Problem. Bis jetzt war Nan kein »gefallenes« Mädchen, aber falls sie ein Kind bekam … das hätte Mutter umgebracht. Nan verachtete solche Äußerungen. Jack sei ein verantwortungsbewußter Mann, er wisse, wie er aufzupassen habe.

Er reiste nicht mehr mit Galanteriewaren. Jack war jetzt ein ausgebildeter Optiker, aber er hatte außerdem einen Nebenberuf. Er war Zauberer, niemand anders als »der berühmte Zauberkünstler Anthony Marsh«, wie seine selbsthergestellte Werbebroschüre behauptete. Es handle sich um »Magie in vollendeter Form ... eine Kavalkade moderner Geheimnisse«, geeignet für Konzerte, Diners und Revuen. Die Entfernung war kein Hindernis – der unglaublich gutaussehende (Fotos belegen es) Anthony Marsh reiste überallhin, begleitet von seiner Assistentin Zara. Nan war liebend gern Zara, liebte den Glamour ihres Kostüms – eine weiße Satinrobe, schräg geschnitten, besetzt mit Silbersternen, und ein Stirnband aus weißen Federn –, liebte die Bühnen, auf denen Jack alias Anthony auftrat (obwohl aus der Liste hervorgeht, daß viele der Veranstaltungsorte alles andere als eindrucksvoll waren). Das Leben mit Jack machte soviel Spaß, verheiratet oder nicht, und sie bemitleidete ihre Schwestern und ihre Mutter, die nie eine aufregende Existenz gekannt hatten wie die, die sie genoß. Sie würde nie in das langweilige alte Carlisle zurückkehren.

Als ihre Mutter das begriff, kam sie gegen Ende 1935 zu der Überzeugung, daß das Haus in der Bowman Street zu groß für sie sei. Es war an der Zeit, es zu verlassen, aber wo sollte sie hin? In ein kleineres Haus? Oder sollte sie zu einer ihrer Töchter ziehen? Das hatte sie sich immer vorgestellt, es war auf alle Fälle das, was Mütter taten, wenn sie alt wurden. Sie hatte kein eigenes Muster, dem sie folgen konnte, weil sie ihre Mutter nie gekannt hatte, aber sie sah es in ihrer Umgebung, und es erschien ihr richtig und anständig. Am liebsten wäre es ihr gewesen, wenn eine ihrer verheirateten Töchter zu ihr gezogen wäre – sie hatte drei Schlafzimmer und eine gute Stube, und weder Lily noch Jean hatten das. Aber Dave Wallace hatte seine Arbeit in Motherwell und konnte nichts Entsprechendes in Carlisle finden. Bei der Lage auf dem Arbeitsmarkt war das unmöglich, und außerdem war er Schotte und wollte in Schottland bleiben. Arthur arbeitete in Carlisle, folglich hätten er und Lily und ihr Sohn in die Bowman Street ziehen können, aber das reizte ihn nicht, er mochte sein Zuhause. Sie beschloß also, ihr Haus zum Verkauf anzubieten und zu Jean zu ziehen.

Es war eine merkwürdige Entscheidung, die alle überraschte, am meisten Jean. Ihrer Mutter hatten die Siedlung und Motherwell nie gefallen, und im Grunde gab es keinen Platz für sie. Dave baute noch ein Schrankbett im Wohnzimmer ein, wo es bereits eines gab. (Schrankbetten – so wurden diese Betten genannt, obwohl sie in Wahrheit keine Schränke waren, sondern nur auf Dielen befestigte Matratzen, in einer großen Nische untergebracht, mit Vorhängen davor.) Der zweite Raum wurde jetzt Margaret Ann und ihren Sachen überlassen. Arthur brachte sie in einem geliehenen Auto hin, und als er zurückkam, sagte er zu Lily, er könne sich nicht vorstellen, daß das gutgehe. Sein kleines städtisches Haus wirkte im Vergleich zu den beiden vollgestopften Räumen der Wallaces geräumig, und in einem davon mußten sie jetzt zu viert wohnen und schlafen, weil Margaret Ann den anderen bekam. Arthur sagte, er könne sich ebenfalls nicht vorstellen, wie seine Schwiegermutter die vielen Treppen bewältigen würde, obwohl sie das mußte, um die Außentoilette zu erreichen. Er hatte recht. Sie kam nicht zurecht und schrieb nach sechs Wochen an Lily, bat darum, daß

Arthur sie abhole und daß sie bei ihnen wohnen dürfe, bis sie beschlossen habe, was zu tun war. Ihr Haus in der Bowman Street war noch nicht verkauft, Zeit zum Umdenken noch vorhanden.

Als sie ankam, wirkte sie deprimiert, aber sie sprach nicht über ihre Erfahrung in Motherwell. Jean schrieb ihrerseits an Lily, sie sei außer sich. Sie wisse nicht, was schiefgegangen sei, sie habe ihr Bestes getan. Lily schrieb taktvoll zurück, ihre Mutter habe sich nicht bei Jean einleben können, weil ihr Carlisle gefehlt habe – ihre Mutter sei bei ihr völlig glücklich gewesen, habe aber Heimweh nach Carlisle gehabt. Doch obwohl sie wieder in Carlisle war, wirkte sie immer noch bedrückt. Ein Monat verstrich, dann ein zweiter. Der erste Verkauf ihres Hauses zerschlug sich, aber es gab ein zweites Angebot. Sie machte Lily und Arthur den Vorschlag, sie könnte ein anderes Haus kaufen, nach ihrer Wahl, und sie könnten dort alle zusammen wohnen. Sie werde ihnen das neue Haus hinterlassen und zum Lebensunterhalt beitragen, solange sie darin wohne. Lily geriet in Versuchung. Auf der anderen Straßenseite wurden hübsche Häuser gebaut, eine neue Privatsiedlung, aber Arthur war hartnäckig, er wollte »damit gar nicht erst anfangen«. Womit anfangen, fragte sich Lily, aber Arthur nahm wie immer, wenn er seine Gefühle nicht artikulieren konnte, Zuflucht zu weiteren rätselhaften Bemerkungen. Die Zeit verging, und das Thema war so heikel, daß nie offen darüber gesprochen wurde. Margaret Ann verlangte nie eine Entscheidung (sie hatte das Angebot immer nur indirekt gemacht), und Lily und Arthur äußerten sich nie dazu.

In diesen letzten Monaten war Margaret Ann nicht glücklich. Sie hatte es so weit gebracht seit ihrem unglücklichen Anfang als uneheliches Kind, als Waise ohne ein festes, liebevolles Zuhause und ohne Familie, aber obwohl sie wußte, daß sie als Mutter geliebt wurde und nie wieder eine Ausgestoßene sein würde, hing über ihren letzten Monaten eine Andeutung der früheren Unsicherheit. Die Frau in dem Auto kam zu Besuch und zerstörte, was sie an Seelenfrieden haben mochte. Gordon, ihr vierjähriger Enkel, war ihre größte Freude und ihr größter Trost. Sie war gern mit ihm zusammen, spielte mit ihm, paßte auf ihn auf, und es tat ihr gut, daß sie dadurch Lily half, die wieder schwanger war. Dieses Mal würde sie bei der Geburt bei Lily sein, und alle hofften auf ein Mädchen, das nach ihr genannt werden sollte.

Aber sie starb, bevor das Kind geboren war, und dann hatte Lily eine Fehlgeburt, und es gab keine Tochter, die nach Margaret Ann genannt werden konnte. Margaret Anns plötzlicher Tod mit sechsundsechzig löste auf eine brutale Weise das Problem, was sie tun sollte. Sie hatte nichts mehr vom Leben zu erwarten. Sie hatte mehr daraus gemacht, als sie je zu hoffen gewagt hatte, auch wenn es, aus diesem zeitlichen Abstand, nicht nach viel aussieht.

Es bleibt das Problem mit Alice und damit, wie meine Großmutter sie dem Anschein nach behandelt hat. Falls Alice eine Tochter gehabt hätte, vielleicht hätte es dann eine Chance gegeben, die Wahrheit herauszufinden, aber sie hatte keine Kinder. Sie war allein, bis auf ihren Mann William, der wohl glücklicherweise gut für sie zu sorgen schien. Nach ihrem Ausbruch und der grausamen Zurückweisung bei der Beerdigung meiner Großmutter behielt Alice ihre Bitterkeit für sich. Sie verschwand aus meiner Familiengeschichte, als deren Teil sie von Anfang an nicht anerkannt worden war. Sie war eine Unberührbare. Warum?

Theorien, auf vagen Informationen gestützte Spekulationen, spielen in jeder Biographie eine Rolle, aber im Fall aller Alices dieser Welt bleibt so gut wie nichts übrig, wenn die spärlichen amtlichen Unterlagen durchforstet sind. Je mehr ich darüber nachdenke, desto klarer wird mir, daß Alices Existenz im Bewußtsein meiner Großmutter mit einem solchen Entsetzen verbunden gewesen sein muß, daß sie es nicht ertrug, sie zu sehen oder über sie zu sprechen. Nachdem sie geboren und christlich getauft worden war, das mindeste, was für sie getan werden konnte, mußte Alice verbannt werden. Das deutet darauf hin, daß Alice gewalttätig gezeugt wurde, vielleicht die Folge einer Vergewaltigung war. Meine Großmutter wollte sie für immer aus den Augen haben, unter solchen Umständen eine verständliche und verbreitete Reaktion, wenn sie auch den Kindern gegenüber auf mitleiderregende Weise ungerecht ist. Aber warum war in diesem Fall mein Großvater Trauzeuge bei Alices Hochzeit? Tat er das aus eigenem Willen oder als Margaret Anns Vertreter? Irre ich mich? War er schließlich doch Alices Vater?

Und dann der rätselhafte Besuch der Frau, die in dem Auto kam ... Er weist zweifellos auf einen anderen Grund hin, warum Alice eine Quelle der Qual war. Ich lasse mich zu leicht auf die Theorie ein, das erste Kind meiner Großmutter sei die Folge einer Vergewaltigung gewesen, eines Aktes, der zu grauenhaft war, als daß sie ihn verkraften konnte, und für den Alice den Preis bezahlte. Vielleicht war es gar nicht grauenhaft. Vielleicht war Alice ein Kind der Liebe. Vielleicht war Margaret Ann in der Gegend von Newcastle, von der sie so oft sprach, von einem Mann schwanger geworden, den sie liebte, der aber nicht zu ihr hielt. Vielleicht war die Frau, die 1936 kam und ihr eine Nachricht brachte, die sie unerträglich verstörte, eine Verwandte dieses Liebhabers von einst, der eben gestorben war und auf dem Totenbett Reue geäußert hatte. Die Frau war in tiefer Trauer – es fiel auf, daß sie ganz in Schwarz war –, und es ist äußerst wahrscheinlich, daß sie eine Todesnachricht überbrachte. Aber es handelte sich um einen Tod, über den meine Großmutter nicht mit ihrer Tochter sprechen konnte, der Tod eines Menschen, den sie nicht zu erkennen geben wollte.

Das würde die Geschichte verändern. Dann wäre es wahrscheinlicher gewesen, daß Margaret Ann Alice hätte behalten wollen, statt sie zu verschmähen. Es sei denn, daß Alices Vater die Liebe ihres Lebens war und daß jeder Blick auf das Kind sie an ihn erinnerte. Vielleicht haßte sie ihn jedoch, ob Liebhaber oder nicht. Vielleicht floh sie aus dem Ort, wo sie ihn gekannt hatte, aus der Gegend von Newcastle, nachdem sie ihm von ihrer Schwangerschaft berichtet und er sie verstoßen hatte, und sie wollte ihn nie wiedersehen. Oder glaubte sie, etwas weit, weit Besseres zu tun, indem sie diesen Liebhaber verließ, weil sie wußte, daß er sie nicht heiraten konnte, traf für beide die Entscheidung, Alices Geburt zu verheimlichen? Wer war dann die Frau in Schwarz? Jemand, dem Margaret Ann vertraut hatte? Ein anderes Dienstmädchen, der einzige Mensch, der gewußt hatte, warum meine Großmutter ihre Stelle in der Gegend von Newcastle verlassen hatte, so plötzlich, ohne eine Adresse zu hinterlassen? Und kam, um ihr zu sagen, daß ihr Liebhaber – der Herr, der junge Herr des

Hauses – jetzt tot war? Weinte Margaret Ann, weil sie ihn immer noch liebte? Oder weinte sie, weil sie Alice im Stich gelassen, weil sie Alice jede Art von Vater verweigert hatte?

Diese Theorien, die romantische, die melodramatische, die schmutzige, sie alle lassen sich begründen, aber keine von ihnen kann je bewiesen werden. Dieser Kreis aus Fragen ohne Antworten dreht sich immer weiter. Warum sind Antworten wichtig, wenn alles so banal ist, wenn Margaret Ann und Alice ohne Bedeutung waren und alles so lange her ist? Weil meine Großmutter, indem sie Alice nicht anerkannte, sie vor ihren anderen drei Töchtern geheimhielt, Teil eines Musters war. Geheimhaltung und Verdrängung waren damals ein Teil des Stoffes, aus dem das Leben von Frauen war, Frauen, die damals uneheliche Kinder hatten, und daß ich nicht erfahren kann, warum eine solche Geheimhaltung so lebenswichtig war, raubt mir die Möglichkeit des Verstehens, die ich mir wünsche. Hier ist soviel Leid – das meiner Großmutter, das von Alice –, und es hängt, bedrohlich und erstickend, nie aufgeklärt, über dem, was folgen sollte.

Lilian
1901–1981

VI

Nachdem Margaret Ann gestorben und ihr Testament gefunden worden war, wurde ihr Haus leer geräumt. Keine der Töchter hatte Platz für ihre Möbel, deshalb nahmen sie alle nur kleine Andenken. Lily empfand es als unerträglich quälend, die Sachen ihrer Mutter zu berühren – sie überließ das Räumen weitgehend Jean –, aber sie nahm einen kleinen weißen Porzellankrug mit verschnörkeltem Henkel, den ihre Mutter als Blumenvase benutzt hatte, ihr Wellholz und eine Brosche, alles jämmerliche Stücke. Es ging ihr nicht gut genug, um auch nur darüber nachdenken zu können, was mit den Sachen in der Bowman Street geschehen sollte, und sie wollte nach der Beerdigung das Haus auf keinen Fall noch einmal betreten. Sie war tatsächlich krank. In der folgenden Woche hatte sie eine Fehlgeburt und war nervös und weinerlich und deprimiert. Erinnerungen an den Tod ihres Vaters überkamen sie, und obwohl sie sich dieses Mal nicht in einem Schrank oder sonstwo verstecken konnte, empfand sie die gleiche Panik und Verzweiflung.

Zur Kirche zu gehen, zu beten und sich von dem Gedanken trösten zu lassen, daß Mutter in Frieden ruhte, half. Den ganzen letzten Frühling hatten sie und Margaret Ann den Bau der neuen Kirche in Raffles beobachtet, und nachdem sie im Juni 1936 geweiht worden war, einen Monat vor dem Tod der Mutter, ging Lily zum Gottesdienst, neugierig, wie die Kirche jetzt aussah. Später wurde ein Gebetbuch für die Toten angelegt, und sie schrieb die Namen ihrer Eltern hinein: Thomas Hind und Margaret Ann Hind, die ersten Namen im ganzen Buch. Die Kirche hieß St. Barnabas's und war im Gegensatz zu St. Mary's oder St. Paul's überhaupt keine richtige Kirche. Eine richtige Kirche mußte alt sein, aus Stein gebaut, und einen Turm und bunte Glasfenster haben. Diese sah mit ihrer glatten Fassade und den verputzten Betonmauern eher wie ein Hotel aus – es fehlte ihr an Würde, sie war protzig. Sie sollte modern und originell aussehen, zum Konzept von Raffles als Gartenstadt passen, aber auf Lily und viele andere wirkten der nüchterne Stil und die grellen, elfenbeinfarbenen Betonwände zu roh. Es war verwirrend, daß alles so neu war an St. Barnabas's, innen wie außen. Es roch nicht wie in einer Kirche, es gab keine andächtige Stille, nichts Heiliges. Gewiß, man freute sich darüber, daß alles vollkommen sauber war – das neue helle Eichenholz fühlte sich so glatt an, die glänzenden Gesangbücher knisterten beim Aufschlagen, so neu waren sie –, aber das alles lud nicht zum Beten ein. Als der Pfarrer, Reverend Bouch, das merkte, erklärte er seiner Gemeinde, es sei aufregend, am Anfang des Lebens in einer neuen Kirche dabeizusein, und es sei an ihnen, aus ihr einen Ort zur Mehrung von Gottes Ruhm zu machen. St. Barnabas's biete ihnen die Gelegenheit, in ihrem geistigen Leben einen neuen Anfang zu machen, genau wie die neuen Häuser, in denen sie jetzt wohnten, ihnen die Gelegenheit böten, einen neuen Anfang in ihrem täglichen Leben zu machen. Als Lily das hörte, war sie entschlossen, St. Barnabas's zu unterstützen. Auch sie mußte einen neuen Anfang machen, ihrem Kind und den künftigen Kindern zuliebe. Alles, was ihre Mutter getan hatte, hatte sie für ihre Töchter getan. Und ihrem Beispiel mußte sie folgen: Für das Wohl ihrer Familie mußte jede Frau ihr Bestes geben.

Das Geld aus dem Verkauf des Hauses in der Bowman Street wurde unter den drei Töchtern aufgeteilt und hätte, falls sie es gewollt hätten, für jede als Anzahlung für den Kauf eines neuen Hauses gereicht. Es war eine große Chance, aber Lily und Arthur ließen sie sich entgehen. Die Häuser in der Privatsiedlung gegenüber, deren Kauf Margaret Ann vorgeschlagen hatte, waren fertig und wurden für fünfhundert Pfund angeboten. Lily sehnte sich danach, eines davon zu besitzen. Sie ging hin und schaute sich in Inglewood Crescent um und bewunderte die modernen Küchen und vor allem die gefliesten Badezimmer und den Platz in den beiden Wohnzimmern, und die Versuchung, Mutters ganzes Geld dafür zu nehmen, war groß. Aber nein. Es wäre leichtsinnig gewesen. Arthur konnte jeden Augenblick arbeitslos werden, und was würde das für sie bedeuten? Schulden. Es war besser, das Geld auf die Bank zu bringen, für die schlechten Zeiten, von denen sie manchmal glaubte, sie seien bereits da. Dann konnten sie darauf zurückgreifen und den Schrecken in Grenzen halten, denn wahrer Schrecken hatte sehr viel damit zu tun, kein Geld zu haben, was wiederum die Folge davon war, wenn jemand arbeitslos wurde.

Der Gedanke, daß sie zweihundertfünfzig Pfund auf der Bank hatten, hätte Lily aufheitern müssen, aber so war es nicht. Es schien vielmehr zu unterstreichen, wieviel ihr fehlte, zu betonen, daß sie diese Summe mehrfach hätte ausgeben können. Sie wollte finanziell abgesichert sein und außerdem wissen, daß bessere Zeiten bevorstanden, aber zweihundertfünfzig Pfund auf der Bank gaben ihr dieses Gefühl nicht. Arthur hatte Glück, daß er seine schlechtbezahlte Stelle behielt, wo er so hart arbeitete, aber eine Beförderung war ausgeschlossen. Allerdings nicht ganz ausgeschlossen. Ende 1936 kam er eines Tages nach Hause und erzählte, ein Geschäftsführer der Metallkistenfabrik in Südafrika (gegründet 1933) sei durch das Werk gegangen, sei stehengeblieben, habe ihm dabei zugeschaut, wie er eine besonders komplizierte Maschine reparierte, und ihn dann gefragt, ob er nach Südafrika kommen und für ihn arbeiten wolle. Arthur schnaubte spöttisch, als er davon berichtete – Südafrika, absurd, der Mann mußte ein Schwachkopf sein, wenn er sich einbildete, er verlasse Carlisle für Südafrika! Aber Lily lachte nicht. Sie fragte ihn gründlich aus und erfuhr, daß der Lohn dreimal so hoch gewesen wäre wie der in Carlisle, und ein Haus wäre auch noch zur Verfügung gestellt worden. Sie wollte auch nicht in ein fremdes Land wie Südafrika, sie hing wie Arthur an Carlisle und fürchtete sich genauso vor Reisen, aber es war trotzdem eine Möglichkeit.

Es wurde nie wieder darüber gesprochen, aber Lily überlegte sich, was ein neuer Anfang in einem anderen Land hätte bedeuten können, als sie 1937 wieder schwanger wurde – ein hungriger Mund mehr zum Stopfen, während in der Metallkistenfabrik weitere Arbeiter entlassen wurden, wenn auch nicht Arthur. Aber die Fünftagewoche wurde eingeführt, die Fünfundvierzigstundenwoche, im Augenblick also keine Möglichkeit, Überstunden zu machen. Lily hatte das Gefühl, sie müsse immer knausern und sparen und auf alles, was sie sich wünschte, verzichten. Vielleicht war es falsch, so banale Dinge zu wollen wie neue Kleider, aber sie konnte nichts daran ändern. Sie liebte Kleider, und sie hatte sich in den sechs Jahren ihres Ehelebens nicht ein einziges Stück gekauft. Ihre frühere elegante Bürokleidung war abgetragen, und sie hatte nicht einmal Geld, sich wenigstens Stoff für eine neue Bluse zu kaufen (auch wenn sie nicht besonders gut nähen konnte und Nan zu weit weg war, um ihr zu helfen). Sie brauchte einen neuen Mantel, aber Mäntel kosteten zwischen vier und sechs Pfund, und das kam überhaupt nicht in Frage – der billigste kostete doppelt soviel wie Arthurs Lohn, und Gordons Schuhe waren wichtiger, er brauchte welche. Sie schämte sich, als sie im Schaufenster von Bullough's einen Tweedmantel für vier Pfund und zehn Shilling mit den Augen verschlang, als sie bei Binn's mit den Fingern über die neue Kunstseide für fünf Shilling und elf Pence pro Meter strich. Sie war es leid, alles und jedes billig zu kaufen, während sie früher, als sie berufstätig war, haben konnte, was sie wollte (in Maßen zwar, aber durchaus akzeptabel). Die Penny-Fuchserei verbitterte sie. Sie konnte es nicht so hinnehmen, wie ihre Mutter es immer getan hatte.

Mutters Geld wurde 1937 dringend benötigt. Gordon war oft krank, und viele Arztbesuche mußten bezahlt und viele Medikamente gekauft werden. Er wurde leicht krank, bekam all die üblichen Kinderkrankheiten (in seinem Fall immer mit Komplikationen) und außerdem die selteneren wie Diphtherie und Lungenentzündung. Lily war vor Angst außer sich, als Dr. Stephenson sagte, der fünfjährige Gordon habe Lungenentzündung. Sie wich nicht von seiner Seite, und als das Fieber den Höhepunkt erreichte und das

Kind von Engeln faselte, wurde sie hysterisch und fiel auf die Knie und betete und betete und machte, wie Arthur sich ausdrückte, »ein Mordstheater«. Sie wolle das Kind, das sie im Leib trage, nicht, wenn ihr Gordon genommen werde, sagte sie. Arthur wußte nicht, was er mit ihr anfangen sollte. Er wünschte sich, Jean oder Nan kämen. Schließlich, obwohl sich Gordon inzwischen erholt hatte, kam Nan.

Das war ein weiterer Schock. Nan war auch schwanger, jedoch war sie schon weiter als Lily: Sie erwartete ihr Kind Anfang April, Lily Ende Mai. »Bist du …?« fragte Lily, und Nan sagte, nein, sie sei noch nicht verheiratet, und dieses Mal hatte sie Tränen in den Augen, und es waren keine Tränen aus zornigem Trotz. Gott sei Dank war Mutter tot. Es bestand die Hoffnung, daß Jacks Scheidung rechtzeitig durchkam und daß sie vor der Geburt des Kindes heiraten konnten, aber seine Frau erwies sich (laut Jack) immer noch als Miststück. Jack hatte ein Vermögen für Anwaltshonorare ausgegeben (laut Nan), und trotzdem machte diese gräßliche Frau immer noch Schwierigkeiten. Nan erzählte Lily sogar – was ihre Schwester entsetzte –, Jack kenne einen »hervorragenden Chirurgen«, der Nans kleines Problem ganz einfach und schmerzlos für eine gewisse Summe, die Jack gern zu zahlen bereit sei, lösen werde, aber zu Lilys Erleichterung wollte Nan das nicht. Sie war fast dreißig, und nachdem sie geglaubt hatte, sie wolle nie Kinder – sie waren so lästig –, sehnte sie sich jetzt nach einem Kind, nach Jacks Sohn. Sie wollte dieses Kind und hoffte, seine Geburt bringe Jacks Frau zum Nachgeben, und sie willige in die Scheidung ein. Arme Nan, nun also doch, und vielleicht auch armer Jack (obwohl ihr das in der Kehle steckenblieb).

Nan fuhr zu Jean nach Motherwell, um ihr Kind zu bekommen – welch ein Abstieg, aber sie konnte sonst nirgends hin, konnte auf niemanden zurückgreifen als auf ihre Familie. Jack, stets bereit, Probleme mit Geld zu lösen, verstand nicht, warum sich Nan weigerte, in eine Entbindungsklinik zu gehen, obwohl sie doch unter dem Vorwand, sie sei seine Frau, sieben Jahre lang glücklich mit ihm zusammengelebt hatte. Sie konnte das in der Entbindungsklinik doch auch behaupten? Aber Nan wollte nicht. Sie fuhr zu Jean und litt unter der Entwürdigung, am 3. April 1938 in der Sozialsiedlung ein Kind zur Welt zu bringen. Es war eine lange, schwierige Geburt – es war viel schlimmer als bei ihren Schwestern –, aber sie war hingerissen von ihrem Sohn, genannt Michael John Marshallsay. Freilich hatte er keinen rechtmäßigen Anspruch auf den Nachnamen. Auf seiner Geburtsurkunde standen in dem Kästchen mit der Überschrift »Datum und Ort der Heirat« (der Eltern des Kindes) die Namen von Jack und Nan und in der nächsten Spalte unter »Vater« Jacks Name und Beruf. Es gab keinen Zweifel daran, daß Jack die Vaterschaft an Michael anerkannte. Nach der Geburt war Nan in ihrer Einstellung zu der Geschichte von Jacks (nicht vorhandenem) Scheidungsverfahren entschiedener. Sie wollte, daß ihr Sohn anerkannt wurde, ihm zuliebe, nicht ihretwegen. Jack wollte das auch. In jenem Monat reichte er endlich die Scheidung ein, und obwohl es zwei Jahre dauerte, bis sie rechtsgültig wurde, konnte er Nan jetzt versichern, seine Frau habe nachgegeben, und bald werde alles gut.

Unter den Schwestern wurde Nan am meisten durch die Mutterschaft verändert. Es überraschte sie, mit welcher Heftigkeit sie ihrem Sohn ergeben und wie tief ihre Liebe zu ihm war. Sie war genauso stark wie ihre Liebe zu Jack, etwas, womit sie nie gerechnet hatte. Sie wollte ihren Sohn stillen, obwohl das aus der Mode gekommen war und keine ihrer Schwestern so etwas Bäuerliches getan hatte, aber Jack war entsetzt. Er sagte, er wolle nicht, daß ihre Brüste schlaff würden und herabhingen. Glücklicherweise, oder unglücklicherweise, schlug ihre Milch bei Michael nicht an, und er bekam bald das Fläschchen. Jack war erleichtert. Er war sehr irritiert über Nans mütterliches Verhalten. Sie war jedoch keine geborene Mutter und wünschte sich, in Lilys Nähe oder näher bei Jean zu sein, die ihr Selbstvertrauen geben konnten, statt allein in Glasgow. Als Jack ihr mitteilte, er habe eine bessere Stelle bei Strother's, einem Optiker in Carlisle, angeboten bekommen, war sie begeistert. Früher hätte sie die Rückkehr nach Carlisle, der Heimatstadt, die sie für so trist und langweilig hielt, entsetzt, aber jetzt würde sie dadurch in Lilys Nähe sein, und sie konnten gemeinsam Mütter sein. Jack hatte bereits die Hälfte eines Reihenhauses gemietet, zu Fuß nur zehn Minuten von Lilys städtischer Siedlung entfernt. Die Marshallsays hatten sich in Carlisle eingerichtet, bevor Lily ihr zweites Kind bekam.

Der letzte Monat ihrer Schwangerschaft war ruhig verlaufen. Lily war wieder mehr sie selbst, seit Gordon sich völlig erholt hatte und eingeschult worden war. Das Wetter in jenem Mai war schön, und sie saß im Garten und dachte an ihre Mutter. Dieses Mal sehnte sie sich verzweifelt nach einem Mädchen, weil sie nicht noch mehr Kinder bekommen wollte, nach einem Mädchen, das Margaret genannt werden sollte, wie von Anfang an geplant, wie von allen drei Schwestern geplant, wann immer sie schwanger waren – einer von ihnen würde die Ehre zufallen, die erste Tochter zu bekommen, die erste mit Mutters Namen. Auch Arthur wollte eine Tochter – seine Mutter trieb ihn zum Wahnsinn, wenn sie sich wortreich nach einer Enkelin sehnte, als Ersatz für die Tochter, die sie nie bekommen hatte –, interessierte sich aber mehr für das Datum der Geburt. Im Palace-Kino sollte ein Film mit dem Titel *Little Miss Somebody* gezeigt werden, und das Kino schrieb einen Preis für das erste Mädchen aus, das nach der Premiere am Montag, dem 23. Mai nachmittags um halb vier Uhr in Carlisle geboren wurde. Die Geburtsurkunde mußte zur Preisverleihung am Samstag, dem 28. Mai ins Kino gebracht werden. Arthur, ein Spieler, der er war, machte sich Hoffnungen, und als bei Lily am frühen Morgen des 25. Mai im Schlafzimmer an der Vorderseite der Orton Road 44 die Wehen einsetzten, rechnete er sich gute Chancen aus.

Es war eine leichte Geburt, die nur eine Stunde dauerte, und die Hebamme kam rechtzeitig. Zur Freude aller hatte Lily ein Mädchen bekommen, eine hübsche, zart gebaute Tochter mit kleinen, reizenden Gesichtszügen. Es war nicht nötig, nach ihrem Namen zu fragen (obwohl Ann nicht hinzugefügt wurde, ein Versuch, ihr eine gewisse Eigenständigkeit zu geben). Leider wurde Arthur auf der Ziellinie geschlagen. Am 25. Mai war nur eine halbe Stunde früher ein anderes Mädchen geboren worden, das den Preis des Palace-Kinos erhielt, wenn er auch nur in einem *Little Miss Somebody*-Bettchen bestand und in einem Foto von Binkie Stuart, dem vierjährigen Kinderstar, auf einem Flügel steppend wie im Film.

Eine Zeitlang waren alle glücklich. Das ersehnte Mädchen war geboren, Lily wohlauf, der Sommer 1938 gut, und wenn auch alle im Land davon überzeugt waren, daß es Krieg geben würde, so scherte sich in der Orton Road 44 niemand darum – wichtig war nur das eigene Familienleben, und sie sahen es nicht durch das bedroht, was sich angeblich in Europa abspielte.

Arthur war nicht ganz neununddreißig, als im September 1939 der Krieg erklärt wurde. Beim Ausbruch des Ersten Weltkriegs war er noch keine vierzehn und versessen darauf gewesen, daran teilzunehmen. Er konnte es nicht erwarten, bis er alt genug war. 1917 riß er aus, um sich freiwillig in Newcastle zu melden, gab einen falschen Namen und ein falsches Alter an, aber sein Vater war ihm gefolgt, zerrte ihn aus dem Rekrutierungsbüro und verprügelte ihn, weil er ein Idiot sei. 1939 war er kein Idiot mehr. Er sehnte sich nicht danach, Soldat zu werden, und brauchte es auch nicht, jedenfalls noch nicht. Statt dessen wurde er nach Skelton geschickt, in die Nähe von Carlisle, zu einem Elektrizitätswerk, um die Grundversorgung zu sichern, und an verschiedene andere Orte in Nordengland – zu Fabriken, die Stahlverkleidungen für die Wellington-Bomber und Maschinengewehrmagazine herstellten. Als er in Skelton war, fünfzehn Kilometer von zu Hause entfernt, radelte er am Montagmorgen weg und kam erst Freitagabend zurück, aber als er weiter fort war, fuhr er mit dem Zug und bekam die Wochenendfahrt nach Hause oft nicht einmal erstattet.

Für Lily war es sehr angenehm, die meiste Zeit mit ihren beiden Kindern allein zu sein. Das Leben war einfacher, leichter, denn es wurde nicht dadurch unterbrochen, daß ihr Mann zum Mittagessen und zum Tee nach Hause kam und seine schmutzigen Overalls gewaschen werden mußten. Sie hatte keine Angst, denn in Carlisle war vom Krieg wenig zu spüren. Wie im Ersten Weltkrieg war Carlisle kaum betroffen. Es fielen keine Bomben auf die Stadt, Luftschutzsirenen waren selten zu hören. Die Bewohner fühlten sich so sicher, daß 1942, auf dem Höhepunkt des Krieges, nur einer von hundert die vorgeschriebene Gasmaske bei sich hatte (eine Nachlässigkeit, deretwegen die ganze Stadt vom Kriegsministerium getadelt wurde). Der Stadtrat von Carlisle hatte wenigstens Vorsorge getroffen, indem er für 27 250 Pfund Schützengräben und Luftschutzkeller für die Schulkinder anlegte, aber sie wurden kaum benutzt. Bis auf die unvermeidliche Abwesenheit vieler Männer und die Anwesenheit von Evakuierten litten die Frauen von Carlisle nicht unter den Schrecken wie im Norden in Glasgow, im Süden in Liverpool und im Osten in Newcastle. Die meisten Evakuierten kamen aus Newcastle, aber Lily bekam keine Einquartierung, weil sie nur zwei Schlafzimmer, keine gute Stube und zwei Kinder hatte.

Die Wochenenden, an denen Arthur nach Hause kam, waren schwierig. Er war immer gut zu den Kindern, aber sie mußten lernen, ihn mit ihrer Mutter zu teilen, und sie protestierten dagegen, vor allem Margaret. Gordon war fügsam und brav, aber Margaret war schon als Kleinkind beides nicht. Sie war laut und anspruchsvoll und neigte zu Wutanfällen, wenn sie ihren Kopf nicht durchsetzen konnte, Wutanfällen, die, wie Arthur befürchtete, aus ihr herausgeprügelt werden müßten, wenn das so weiterging. Allmählich fiel ihm und Lily und der ganzen Familie auf, daß diese Margaret, weit entfernt, wie die fromme Großmutter zu sein, nach der sie genannt worden war, Nan glich. Wild, selbstsüchtig, ehrgeizig, genau wie Nan. Sie entwickelte sich nicht wie ihre Großmutter oder wie ihre Mutter, außer daß sie – wie Lily – klug war. Sie sprach mit zwei schon lange Sätze und stellte pausenlos Fragen und wollte lesen lernen. Es machte alle mehr nervös als stolz, obwohl sie es genossen, wenn die kleine Margaret auf dem Wohnzimmertisch stand, bezaubernd aussah in einem roten Kleidchen, das Nan ihr genäht hatte, aus doppeltem Chiffon mit roten Satintupfen und einer breiten Schärpe, und Kinderreime und kurze Gedichte vortrug. Dieses Kind war filmreif, aber ebenso eine Nervensäge. Nur Nan hielt sie für wunderbar und wünschte sich genau solch eine Tochter.

Aber sie hatte nur Michael, keine weiteren Kinder kündigten sich an, und ihr Leben unterschied sich jetzt nicht mehr so sehr von dem ihrer Schwestern, obwohl sie früher Funken versprüht hatte wie Lilys kleines Mädchen. Es ging ihr sehr viel besser, das wußte sie, wohnte in einem hübschen, komfortablen und guteingerichteten Haus (wenn auch nur zur Miete), und dazu ein Auto. Jack verdiente sicherlich sehr viel mehr als Dave oder Arthur, weil er bei Strother's arbeitete – »Sind's Augenplagen, Strother fragen!« –, aber dennoch war er kaum der superreiche Mann aus Nans früheren Träumen. Sie verbrachte ihre Zeit damit, sich um Michael und das Haus zu kümmern (obwohl sie eine Zugehfrau fürs Grobe hatte, weil Jack nicht wollte, daß sie rauhe Hände bekam, ebensowenig, wie er gewollt hatte, daß ihre Brüste herunterhingen). Arthur erinnerte Nan häufig an ihre großspurigen Vorstellungen, daß daraus so gut wie nichts geworden sei, was sie rasend machte. Sie bestand darauf, daß Jack reich werden würde, sobald der Krieg vorbei sei. Und es gab noch ein

Thema, mit dem Arthur sie reizte. Warum hatte Jack sich nicht freiwillig gemeldet? Warum war er mit seinem Offiziersakzent noch kein General? Statt dessen blieb er in Carlisle, erst vierunddreißig Jahre, und profitierte von den Schwarzmarktgeschäften. Er bot Arthur Whisky an, aber Lily erlaubte nicht, daß er ihn annahm. Sie war empört über Jacks üble Machenschaften, und auch Nan waren sie peinlich. Sie wollte, daß Jack reich wurde, aber nicht durch Betrügereien, wie geringfügig auch immer.

Manchmal nahm Lily von Nan Eier und Butter an, und Nan behauptete, sie habe zu viel, aber im Grunde wußte Lily, daß in Kriegszeiten solch ein Überfluß nur durch Gaunereien zustande kommen konnte. Nan war großzügig, und Lily verschmähte diese schwesterliche Großzügigkeit ungern. Außerdem brauchte sie das zusätzliche Essen. Sie war eine gute Haushälterin, aber jetzt, da sie zwei rasch wachsende Kinder hatte und in der ständigen Furcht vor weiteren Kindern lebte, war es schwierig, mit Arthurs Lohn auszukommen. Weil sie die vernünftige Lily war, versuchte sie, mit dem Schwangerschaftsproblem vernünftig umzugehen, aber Mitte der dreißiger Jahre war eine Beratung zur Empfängnisverhütung selbst für verheiratete Frauen in Carlisle so gut wie nicht zu erhalten. Es nützte nichts zu wissen, daß Marie Stopes 1921 in London eine Praxis zur Geburtenkontrolle eröffnet hatte, daß 1920 ein Nationalausschuß zur Geburtenkontrolle gegründet worden oder daß sogar 1939, in dem Jahr, nachdem Lily ihr zweites Kind bekommen hatte, eine Gesellschaft zur Familienplanung gebildet worden war – es war unsinnig zu meinen, daß ab sofort das ganze Land mit Praxen zur Familienplanung überschwemmt worden wäre. In Carlisle gab es wie in den meisten Städten nur ein Versorgungszentrum für Säuglinge, wo Kleinkinder gewogen und »den Müttern angemessene Ratschläge erteilt und für einen Penny eine Tasse Tee und ein Keks serviert« wurden. Die angemessenen Ratschläge erstreckten sich nicht auf Familienplanung – außer dem Tee und dem Keks gab es nur den Rat, die Fenster im Haus offenzulassen und viel Wasser zu trinken.

Die einzige Zuflucht für jede junge Mutter war der Hausarzt. Lily ging zu Dr. Stephenson, dem Hausarzt ihrer Schwiegereltern. Sie mochte ihn überhaupt nicht und verstand nicht, warum sie sich dazu hatte überreden lassen, Patientin bei ihm zu werden. Er war ein großer, dicker Mann mit rotem Gesicht, sehr schroff, der überhaupt nicht mit Kranken umgehen konnte. Es war ungeheuer peinlich, zu ihm zu gehen. Die ganze Geschichte mit der Geburtenkontrolle regte Lily auf, aber ebenso die ganze Geschichte mit dem Sex. Trotzdem versuchte sie, tapfer zu sein, und nachdem ein Besuch bei dem gefürchteten Arzt ihr keinerlei Aufklärung eingebracht hatte, bis auf den Hinweis, es sei die Aufgabe ihres Mannes aufzupassen, hatte sie das Gefühl, sie könne nichts tun, außer den Verkehr einzuschränken. Wenn Arthur ins Bett ging, gewöhnte sie es sich an, aufzubleiben, sagte, sie mache nur noch die Stopfarbeit fertig. Dann saß sie dicht am Feuer und stopfte und wartete und lauschte und hoffte, ihn schnarchen zu hören, wenn sie schließlich hinaufging und mit äußerster Vorsicht unter die Decke schlüpfte.

Es ging nicht immer gut. Im Oktober 1940 wußte sie, daß sie wieder schwanger war, und war verzweifelt, in Tränen aufgelöst. »Dagegen kann man nichts machen«, sagte der fatalistische Arthur, aber sie glaubte, es hätte etwas dagegen getan werden müssen. Wie sollten sie zurechtkommen? Wie sollte sie drei Kinder erziehen, wenn sie mit zweien kaum zurechtkam? Kummer und Verzweiflung machten sie krank. Sie war kaum noch der wilden Margaret gewachsen, die ständig in Bewegung bleiben wollte. Nan sah eine Lösung. Sie und Jack hatten endlich geheiratet – im Mai jenes Jahres, fünf Tage vor Nans dreiunddreißigstem Geburtstag, eine äußerst ruhige standesamtliche Trauung, bei der Michael nicht dabei war –, und sie wünschte sich noch ein Kind, war aber bis jetzt nicht schwanger geworden. Sie würde Lilys Kind adoptieren. Was hätte einfacher sein können? Aber Arthur war empört, und Lily war es im Grunde auch, trotz ihrer allgemeinen Misere – es war ihr Kind, sie wollten es behalten, sie waren korrekt verheiratet, und wie schwer sie es auch hatten, sie waren nicht so verarmt, daß sie zu dieser äußersten Lösung greifen mußten. Nein. Nan konnte ihr Kind nicht bekommen. Dr. Stephenson gab Lily ein Mittel zur Aufmunterung und wies in seiner Güte darauf hin, daß es erst ihr drittes Kind sei, nicht ihr dreizehntes. Das konnte sie nicht trösten. Sie war lustlos, traurig. Sie erledigte alle Arbeiten für ihre Familie, ließ es nie am Kochen, am Waschen, am Putzen fehlen, aber es war nicht zu übersehen, wie unglücklich sie war.

Nan war besorgt und versuchte, Mut zu machen. Jack verdiente gut, und im Haushalt der Marshallsays war das Geld nicht knapp. Deshalb bestand sie darauf, daß Lily, wenn ihre Zeit gekommen war, in eine private Entbindungsklinik in Stanwix, der vornehmsten Gegend von Carlisle, ging; sie werde es bezahlen. Arthur, der von niemandem Almosen annehmen wollte, sträubte sich, aber Nan ging auf ihn los, sagte, das sei ihre *Schwe-*

ster, es sei *Familiensache*, von Almosen könne keine Rede sein, Himmel noch mal. Und Lily sei krank, sie brauche Pflege. Wie könne sie sich ausruhen, wenn sie das Kind zu Hause bekomme, mit Gordon und vor allem der anspruchsvollen Margaret um sich herum? Nan drohte Arthur, daß Lily völlig zusammenbrechen würde, und schließlich gab er grollend, verbittert, weil er es nicht selbst bezahlen konnte, nach. Lily brachte am 22. Mai 1941 in der Ruhe einer Klinik eine weitere Tochter zur Welt. Nan, die sie hinbrachte und bei ihr blieb, konnte es kaum ertragen – noch ein liebes kleines Mädchen (und vielleicht würde das hier ja lieb bleiben). Als Lily ihr Kind sah, legte sich ihr Groll. Sie war immer noch niedergeschlagen und besorgt, aber sie nahm das dem Kind nicht übel, sie verzieh ihm alles. Nan suchte den Namen aus. Sie schlug im Beisein von Arthur Rosemary vor, und Arthur legte sofort Widerspruch ein, weil der Vorschlag von ihr kam und weil es ein »Modename« sei. Er war für Eileen. Nan brachte daraufhin Pauline ins Gespräch, aber dieses Mal erst nur Lily gegenüber, die Arthur den Namen dann als ihren eigenen Vorschlag präsentierte. Also hieß das Kind Pauline, mit dem Modenamen Rosemary dahinter, um Nan nicht zu verletzen, die triumphierte, weil sie Arthur an der Nase herumgeführt hatte.

Jetzt waren es drei Kinder, und das Leben war hektisch; alle Erinnerungen daran, daß Lily sich früher gefragt hatte, was sie mit den Nachmittagen anfangen sollte, waren verflogen. Nan kam häufig mit Michael zu Besuch, und Lily konnte schon jetzt den Unterschied sehen, den Geld ausmachte. Michael fehlte es an nichts – Kleidung, Spielsachen, Bilderbücher, Ausflüge –, er war völlig verwöhnt. Lily wußte, daß es auf solche materiellen Dinge nicht ankam, aber sie schämte sich, weil sie ihr so wichtig waren. Sie konnte ihre Kinder nicht so kleiden, wie sie es sich wünschte, vor allem Margaret nicht, die sie liebend gern so angezogen hätte, wie Mutter in den guten Jahren sie und Jean und Nan gekleidet hatte. Der einzige Trost war, daß im Krieg niemand, schon gar nicht Kinder (Michael ausgenommen), gut angezogen waren. Kleidung war nicht nur teuer, falls man sie überhaupt bekommen konnte, sondern man brauchte Bezugsscheine dafür. Fast während des ganzen Kriegs bekam jeder Erwachsene nur Bezugsscheine im Wert von sechsundsechzig Pfund pro Jahr, und schon ein Paar Schuhe kostete fünf Pfund. Lilys Bezugsscheine wurden ausschließlich für ihre Kinder verwendet, und Nan nähte ihr nach Paulines Geburt ein neues Kleid, ein schlichtes marineblaues Kleid, dessen Stoff nicht viel kostete. Es war außerdem kein besonders hübsches Kleid, obwohl Nan ihr Bestes tat – den Stil diktierten die Kriegsvorschriften, die sogar die Anzahl der Knöpfe und die Breite des Saums festlegten. Das Kleid war in Wahrheit so trostlos, wie Lily sich fühlte, trotz des weißen Kragens.

Sie ging in ihrer Trostlosigkeit in die Kirche, und allein, dort zu sein, half ihr. Sie war immer gern in die Kirche gegangen, nicht nur, weil sie an Gott glaubte und eine fromme Christin war, sondern auch wegen der Atmosphäre. Sogar in der neuen Kirche St. Barnabas's fand sie Ruhe, fühlte sich auf eine äußerst angenehme Weise von der realen Welt und all ihren Sorgen abgeschnitten. Sie liebte den Chor und die Gewänder und die Kerzen (St. Barnabas's gehörte trotz all seiner Modernität zur High Church), sie sang gern die Choräle mit ihrer vollen Stimme mit und lauschte den Predigten und Lesungen. Solange sie in der Kirche war, quälten sie ihre Gedanken nicht. Das scheußliche Wirrwarr an Unzufriedenheit, das sie oft verstörte, legte sich, und sie fand etwas Frieden. Immer wieder sah sie das Gute in ihrem Leben, und wenn sie den vielen Gebeten für die kämpfenden Soldaten lauschte und für diejenigen, die im Krieg Angehörige verloren hatten, wußte sie, daß sie nicht klagen durfte. Schließlich hatte sie alles, was sie wollte, ein Zuhause und Kinder, vor allem Kinder, zwei Mädchen, einen Jungen – was für eine glückliche Frau. Außer ihrer Familie durfte ihr nichts wichtig sein, und damals, im Alter von vierzig, wagte sie kaum zuzugeben, daß ihr sonst noch etwas wichtig war. In der Kirche war sie demütig und dankbar und ruhig.

So lernte sie der neue Pfarrer kennen, eine stille Mrs. Forster, welch ein gutes Gemeindemitglied. Lily hatte das Gefühl, sie hätte einen Mann wie ihn heiraten sollen, einen Akademiker, gebildet. Sie konnte sich mühelos (und wehmütig) als Pfarrersfrau vorstellen. Der neue Pfarrer war unverheiratet. Er war ein angenehmer, ziemlich träger, netter Mann ohne viel Charisma, aber erstaunlich umgänglich. Er ging in die einheimischen Pubs und trank ein kleines dunkles Leichtbier und war dabei ganz unbefangen, was von den anderen Stammgästen nicht behauptet werden konnte, die es überhaupt nicht billigten, daß sich der Pfarrer ihnen anschloß. Arthur hielt das für ein skandalöses Benehmen, er verabscheute den Anblick eines steifen Kragens an der Theke, und auch Lily war, bei ihrer Angst vor dem Trinken, nicht wohl, wenn sie davon hörte. Es fiel ihr richtig schwer, sich einzureden, wenn der Berg (Arthur und Co.) nicht zum Propheten kommen wolle, dann müsse der Prophet zum Berg kommen, nämlich in den Pub Horse and Farrier oder in eine ähnliche Kneipe. »Er muß dorthin, um die Arbeit des Herrn zu verrichten«, sagte sie fromm ergeben zu Arthur. »Er muß wohl eher dorthin, weil er eine trockene Kehle hat«, schnaubte Arthur.

Der neue Pfarrer besuchte Lily zu Hause, wie er es bei allen Gemeindemitgliedern tat, und machte regelmäßig mit dem Fahrrad die Runde durch die Siedlung Raffles. Lily gehörte zu seinen treuesten Anhängerinnen, versäumte keinen Kirchenbesuch am Sonntag und ging zweimal hin, wenn beim Morgengottesdienst die Kommunion gereicht wurde. Zwei ihrer Kinder wurden in St. Barnabas's getauft und besuchten, sobald sie alt genug waren, den Kindergottesdienst. Mrs. Forsters kräftige Stimme schwebte über dem Gesumm der anderen, und er sagte oft zu ihr, welch eine Freude es für ihn sei, sie Choräle singen zu hören, wie sie gesungen werden sollten, mit Schwung und Begeisterung. Mr. Forster, was kaum erwähnt werden muß, betrat nie die Kirche und war stets bei der Arbeit, wenn der Pfarrer zu Besuch kam, wie alle Ehemänner in der Siedlung meistens bei der Arbeit in den Fabriken waren. Mrs. Forster, bemerkte der Pfarrer mehreren Kirchengemeinderäten gegenüber, wirke nicht wie eine Arbeiterfrau – ihr Äußeres, ihr Haushalt, ihre gepflegten Kinder, alles sei so makellos. Er bat sie, bei der Organisation des Kirchenbasars und der Weihnachtstombola zu helfen, und sie tat es mit Hingabe. Dadurch kamen sie häufiger zusammen, und allmählich erkannte er, daß Mrs. Forster trotz ihrer äußeren Beherrschung unter einem inneren Aufruhr leiden mußte. Sie hatte einen Gesichtstic, nicht sehr ausgeprägt, aber doch zu sehen, ein unwillkürliches Muskelzucken zwischen dem linken

Auge und dem Mundwinkel. Hin und wieder, wenn sie innerlich, nicht äußerlich unruhig war, wurde ihre linke Gesichtshälfte für einen Moment durch einen schnellen, bebenden Krampf entstellt. Das war auch anderen aufgefallen, aber niemand machte je eine Bemerkung darüber. Wenn Nan und Jean sich trafen, sprachen sie darüber und waren sich einig, es habe nach Mutters Tod angefangen, sei aber erst seit Paulines Geburt zu sehen. Lily sei so angespannt, sagten sie, konnten es aber im Grunde nicht verstehen. Was für eine Anspannung? Was stimmte nicht mit ihr?

VII

Als Margaret vier Jahre alt war, ging Lily mit ihr zum Pfarrer und erzählte ihm, daß sie sich Sorgen mache, weil ihre Tochter zur Schule gehen sollte – sie sei so intelligent –, aber das Einschulungsalter auf fünf Jahre festgesetzt sei. Margaret konnte schon lesen und versuchte auch zu schreiben und hörte nie auf, Fragen zu stellen. Der Pfarrer griff nach einem Exemplar des Gemeindeblatts, kein besonders verlockender Lesestoff für eine Vierjährige, aber Margaret, nicht im geringsten eingeschüchtert, sondern erpicht darauf, Eindruck zu machen, las laut und deutlich die Osterbotschaft des Bischofs vor, wobei sie nur über ein paar Wörter stolperte. Der Pfarrer war beeindruckt. Er schlug vor, Mrs. Forster solle Margaret in die Grundschule in der Ashley Street bringen und vorführen, wie gut sie lesen könne, und darum bitten, daß für diese Ausnahmeschülerin eine Ausnahme gemacht werde. Er lege mit Freuden, sagte er, selbst ein Wort für sie ein, rufe die Rektorin an und vereinbare ein Gespräch, und er tat es. Margaret wurde in die Ashley Street gebracht und bekam ein Buch zum Vorlesen, dann wurden ihr Fragen gestellt. Sie genoß es, der Mittelpunkt zu sein, und Lily war ungeheuer erleichtert, daß sie nicht abgewiesen wurde. Die Rektorin sagte, ja, unter diesen Umständen, glaube sie, sei eine Ausnahme möglich, und Margaret könne im September eingeschult werden, obwohl sie dann erst vier Jahre und drei Monate alt sein würde. Es sei jedoch ein Experiment – wenn sie es nicht schaffe, müsse sie wieder von der Schule abgehen. Ob das klar sei, fragte die Rektorin streng. Es sei ein Privileg, ein Kind schon in diesem Alter einzuschulen, und sie hoffe, man wisse das zu schätzen.

Das wußte man. Lily, die jetzt die anstrengende Margaret für den größten Teil des Tages los war, wußte es zu schätzen, am allermeisten aber Margaret selbst. Sie genoß die Schule vom ersten Tag an und hatte keine Angst vor dem riesigen Gebäude aus diesem häßlichen roten Backstein im selben neugotischen Stil wie die Lowther Street School, Lilys alte Schule. Der Schulhof war ein betonierter Platz, die Klos waren schreckliche, eiskalte Außengebäude, wie sie immer noch in allen Grundschulen üblich waren, aber drinnen war alles verändert. Das Zimmer für die Erstkläßler war groß und hell, von den Deckenbalken hing eine Schaukel herab, es gab eine kleine Wippe und einen Sandkasten und bunte Bilder an den in fröhlichen Farben gestrichenen Wänden. Aber Margaret stürzte sich auf die Bücher, jede Menge Bücher, Bilderbücher mit einfachen Wörtern, zu einfachen. Blitzschnell war sie mit ihnen fertig. Nie stellte sich die Frage, ob sie es schaffte – wenn ihre Mutter sie abends abholte, gab es keinerlei Probleme, außer daß sie überreizt war. Es war schwierig, ihr zu erklären, daß samstags und sonntags kein Unterricht stattfand. Margaret mußte in die Ashley Street gebracht werden, um ihr zu beweisen, daß die Tür unbestreitbar fest verschlossen war.

Dann, nach sechs Monaten, mitten im zweiten Schultrimester der nun glücklichen Margaret, die Katastrophe: Sie wurde von ihrer geliebten Schule genommen. Sie und ihre noch nicht ganz zweijährige Schwester Pauline wurden plötzlich von ihrem Vater mit dem Zug nach Motherwell gebracht, zu ihrer Tante Jean. Ihr Vater ließ sie dort und kehrte am selben Tag nach Carlisle zurück. Der verwirrten Margaret, weggerissen aus der Schule, die sie liebte, wurde keinerlei Erklärung gegeben. Nichts ergab für sie einen Sinn. Pauline weinte untröstlich und steckte, wenn sie nicht weinte, die Finger in den Mund und hielt sich mit der anderen Hand das Ohr, verschränkte den dicken kleinen Arm über dem Körper, als wolle sie sich selbst trösten. Margaret weinte nicht. Von ihr hieß es, sie schmolle, ihr Schweigen wurde als absichtliche Beleidigung aufgefaßt. Sie sei ein großes Mädchen, wurde ihr erklärt, und große Mädchen schmollten nicht. Das einzige, was sie sagte, war: »Wann darf ich wieder in die Schule?« Die Antwort war immer dieselbe: Bald. Aber aus bald wurde nichts. Jeden Tag stellte sie dieselbe Frage, und jeden Tag bekam sie dieselbe verneinende Antwort, dazu die betrübte Mahnung, daß sie wunderschöne Ferien mache und dankbar und glücklich sein solle. Jean war von Natur aus schnell genervt – sie tat ihr Bestes, kümmerte sich um ihre Nichten so gut wie um ihre beiden Jungen und erntete nur aufsässige Blicke von der einen und Tränen von der anderen. Dabei war das Leben nicht einfach. Ihre Söhne schliefen in dem einen der beiden Schrankbetten im Wohnzimmer und die Mädchen in dem anderen, und sie weckten sich ständig gegenseitig auf. Dave hatte Schichtarbeit und brauchte tagsüber manchmal Schlaf, und es war unmöglich, ihm dafür die notwendige Ruhe zu verschaffen. Sie hätte das alles ertragen können, wenn sie dafür etwas Zuneigung von ihren Nichten bekommen hätte, aber das war nicht der Fall. Pauline wollte nur ihre Mutter, Margaret nur ihre Schule.

Im Mai wurde Pauline zwei und Margaret fünf, im Abstand von nur drei Tagen. Jean wuchs über sich selbst hinaus, indem sie für beide ein Fest veranstaltete. Es gelang ihr, ein Ei zu ergattern, damit sie eine Geburtstagstorte backen konnte, und Puderzucker für den Guß, und auf der Torte standen acht rosa Kerzen, und es gab Limonade dazu – für 1943 eine gewaltige Organisation und Mühe, von den Kosten ganz zu schweigen. Sie kaufte auch Geschenke, ein Kuscheltier für Pauline und ein Buch für Margaret, und wickelte sie – wie es sich gehört – in Seidenpapier ein, das sie gehortet hatte. Andere Kinder aus der Siedlung wurden eingeladen, und in Jeans einem engen Zimmer mit Küche wurden Spiele gespielt. Oh, Jean gab sich große Mühe! Aber während Pauline ganze zehn Minuten zu weinen aufhörte, lächelte Margaret kein einziges Mal. Sie schmollte mehr denn je, obwohl sie so hübsch aussah in einem Kleid, das Nan geschneidert und geschickt hatte. Jean war wütend. Fast bereute sie es, daß sie ihre schwierigen Nichten aufgenommen hatte, aber was hätte sie sonst tun sollen? Sie mußte der armen Lily helfen, dazu waren Familien da, es gehörte sich für Schwestern, die Kinder der anderen aufzunehmen, wenn es nötig war. Arthur konnte sich nicht um sie kümmern. Er mußte arbeiten, um seinen Job zu behalten, und wenn es in solchen Zeiten keine Angehörigen gab, die die Kinder aufnehmen konnten, kamen sie in ein Heim. Sie und Nan, die Gordon aufgenommen hatte, hatten keine andere Wahl gehabt. Sie fragten gar nicht erst nach einer Alternative, weil sie wußten, daß es keine gab.

Trotzdem wünschte sich Jean, Nan hätte Margaret aufgenommen. Es stimmte, das Kind ähnelte nicht im geringsten ihrer frommen Großmutter, nach der sie fälschlicherweise benannt worden war. Sie war wie Nan. Aber Nan hatte Gordon aufgenommen, dessen Unterricht nicht unterbrochen werden konnte. Dagegen spielte es keine Rolle, Margarets Unterricht abzubrechen, weil sie erst fünf war.

Im Juni 1943 wurden die Mädchen von ihrem Vater abgeholt. Als sie nach Hause kamen, stürzte ihnen ihre Mutter nicht entgegen, um sie zu begrüßen. Alle Küsse und Umarmungen gingen von den Kindern aus, aber sie waren so herzlich und begeistert, daß dadurch die Zurückhaltung ihrer Mutter wettgemacht wurde. Sie war sehr, sehr ruhig, sehr still. Sie bewegte sich vorsichtig, als könnte sie zerbrechen. Und sie war mager, sehr mager. Der Vater beobachtete sie ängstlich und warnte die Kinder wiederholt davor, laut zu sein. Margaret empfand das als sehr seltsam, aber wenigstens war sie zu Hause und, was noch besser war, wieder in der Schule. Die Rektorin war verärgert darüber, daß sie so unvermittelt von der Schule genommen worden war, aber, wie Lily später oft sagte, was hätte sie sonst tun sollen?

Zu diesem Zeitpunkt, 1943, als ich fünf war, setzen meine eigenen wirklichen Erinnerungen ein, wirklich in dem Sinne, daß ich mich nicht nur an tatsächliche Ereignisse erinnern, sondern mich auch in sie hineinversetzen kann. Ich bin wieder in Tante Jeans Einzimmerwohnung mit Küche, stehe an der Rückseite der Siedlung am Fenster, schaue auf die Außentreppe und die Dächer der Waschküchen hinaus, während Jean hinter mir fragt, was mit mir los sei. Warum ich bei den

Geburtstagsspielen nicht mitmache, zu meinen Ehren veranstaltet, und sie dreht mich um, und ich sehe ihr entnervtes Gesicht, spüre ihren Zorn, und das ist ein Triumph. Ich empfinde Triumph, obwohl ich nicht weiß, warum. Das nenne ich wirkliche Erinnerung, etwas ganz anderes als das »Erinnern« daran, wie ich in die Ashley Street School gebracht wurde, um meine gerühmte Lesefertigkeit vorzuführen. Obwohl ich, weil meine Mutter mir später so oft davon erzählte, häufig behauptete, mich daran zu erinnern, und mir das leicht einreden konnte.

Jetzt kann ich also damit aufhören, in der dritten Person zu schreiben, damit aufhören, Geschichten nachzuerzählen, die ich über die Jahre vor meiner Geburt gehört habe, vor meinem fünften Lebensjahr, damit aufhören, mündliche Geschichte mit Ortsgeschichte zu verknüpfen, und damit anfangen, meine Version der Familienüberlieferung mit einzubringen. Ich bin dort, im Mittelpunkt. Welch ein Unterschied, wie gefährlich.

Was eigentlich meiner Mutter im Frühjahr 1943 fehlte, hat niemand in meiner Familie mir je sagen wollen, weder damals noch heute. Immer wieder fragte ich meine Mutter, warum ich von der Schule genommen worden sei, obwohl ich doch eben erst angefangen hatte und es ein solcher Kampf gewesen war, mich dort unterzubringen. Aber nach dem üblichen »Was hätte ich denn sonst tun sollen?« kam nur noch »Ich war krank«, energisch ausgesprochen, wonach sie jedesmal unvermittelt das Zimmer verließ oder mit irgendeiner Arbeit anfing, Teekochen, Waschen, immer mit einer Tätigkeit, hinter der sie sich verstecken konnte. Als ich erwachsen war und bei Nan und Jean versuchte zu erfahren, welche Art von Krankheit meiner Mutter es erforderlich gemacht hatte, Pauline und mich zwei Monate lang nach Motherwell zu schicken, schoben sie Vergeßlichkeit vor, was in eindeutigem Widerspruch zu ihrem berüchtigten scharfen Gedächtnis stand. Jean sagte: »Oh, du willst dich doch bestimmt nicht damit belasten. Meine Güte, das ist eine Ewigkeit her. Weshalb spielt es eine Rolle?«, und Nan, die im allgemeinen liebend gern Dinge erzählte, die nicht erzählt werden sollten, sagte: »Das ist Lilys Angelegenheit«, und widerstand ausnahmsweise der Versuchung. Mein Vater lebt noch. Er ist vierundneunzig und geistig frisch wie eh und je, aber er stellt sich dumm. Mir fällt auf, daß er nicht sagt, er *könne* sich nicht daran erinnern, vielmehr daß da nichts sei, woran man sich erinnern müsse, und das müsse genügen.

Aber da ich hier als ich selbst in der Familiengeschichte auftrete, spielte es für mich eine Rolle, daß ich meinen Auftritt in einem Nebel aus Trockeneis habe, dadurch undurchsichtig, daß die Wahrheit absichtlich unterdrückt wird, etwas, das meine Großmutter so gut konnte, wie sich herausgestellt hat. Vermutlich wird etwas Unbedeutendes aufgebauscht. Ich habe den Verdacht, daß meine Mutter möglicherweise einen Nervenzusammenbruch hatte und daß damit 1943 ein ähnliches Stigma verbunden war wie mit der Geburt eines unehelichen Kindes, dieselbe Art von gesellschaftlichem Druck, darin eine Schande zu sehen. Nur Krankenakten könnten beweisen, ob ich recht habe, und sie existieren nicht. Die meisten Ärzte bewahren Krankenakten nach dem Tod des Patienten nur zehn Jahre lang auf und vernichten sie dann, und meine Mutter war seit dreizehn Jahren tot, als ich anfing, nach ihrem

Gesundheitszustand von 1943 zu forschen. Möglicherweise hatte sie nur eine Art von Zusammenbruch und blieb zu Hause, mit Ruhe als einziger Therapie, möglicherweise kam sie ins Krankenhaus. Garlands, das psychiatrische Krankenhaus von Carlisle, gibt Akten erst hundert Jahre nach dem Tod des Patienten heraus, folglich kann ich mich von dem Gedanken verabschieden, auf diese Weise etwas herauszufinden.

Ich bin trotzdem davon überzeugt, daß meine Mutter eher geistig als körperlich krank war. Als wir aus Motherwell zurückkamen, wiederholte mein Vater am häufigsten die Anweisung: »Regt eure Mutter nicht auf, sonst setzt's was.« Was hieß das? Er schloß Befehle häufig mit diesem »sonst setzt's was«, auf milde drohende Weise, aber dieses bestimmte »sonst setzt's was« schien eine vage zusätzliche Bedeutung zu haben. Meine Mutter durfte nie aufgeregt werden. Wir, die Kinder, verstanden das, wenn auch nicht den Grund. Ich versuchte, alles, was sie hätte aufregen können, für mich zu behalten, und schließlich war dies alles, was mir Sorgen machte.

Bald nachdem ich wieder in die Schule ging, bekam ich eine Sepsis am Finger – ich hatte mich im Garten geschnitten –, und meine Mutter brachte mich in eine Praxis in der George Street. Sie war für Mütter mit Kleinkindern gedacht und beschäftigte sich überwiegend mit routinemäßigem Wiegen und Untersuchungen, aber mittwochs um neun wurden dort auch leichte Erkrankungen und Verletzungen behandelt. Daß meine Mutter mich mit meinem entzündeten Finger in diese Praxis brachte und nicht zu Dr. Stephenson oder in die Krankenhausambulanz, spiegelte wider, daß diese beide nicht mochte und ihnen mißtraute. In der Praxis war ihr wohler, fühlte sie sich weniger eingeschüchtert, was zu einem nicht geringen Teil daran liegen mochte, daß dort vor allem Ärztinnen und Pflegerinnen und Gesundheitsinspektorinnen arbeiteten. Trotzdem flößten ihr die weißen Kittel übertriebene Ehrfurcht ein, und sie war sehr angespannt, sehr besorgt, ob ich mich richtig benahm und begriff, daß ich ruhig zu sein hatte.

Das war seltsam, weil es in der Praxis laut zuging. Sie hallte von Geschrei und Gebrüll wider, und das ganze Personal mußte ständig schreien, um sich über den Lärm hinweg verständlich zu machen. Wir saßen auf einer harten Holzbank und hörten, wie Türen knallend auf- und zugingen, wie schwere Schuhe beim Hin- und Hermarschieren auf dem braunen Linoleum aufschlugen. Schüsseln, Emailleschüsseln, wurden rein- und rausgetragen aus Räumen, in die man nicht hineinsehen konnte, so schnell schlugen die Türen zu, Schüsseln, häufig mit Musselintüchern zugedeckt, und diese Tücher hatten häufig rote Flecken und wurden nur mit Ekel angefaßt, weit weg vom Körper gehalten. Es gab jede Menge Geschepper, das harte metallische Aufschlagen von Stahlinstrumenten, die auf Tabletts, Tische und in Behälter geworfen wurden. Über allem hing der Geruch von Desinfektionsmitteln und Jod und ein anderer merkwürdiger, widerlicher, klebriger Gestank. Ich hatte Angst, und meine Mutter, die steif neben mir saß, eindeutig selbst nervös und besorgt, während das Gesichtszucken nicht von ihrer armen Wange wich, war mir keine Hilfe. Ich wollte nach Hause, aber weder sagte ich das, noch weinte ich. Meine Mutter hatte mir sanft und geduldig erklärt, nach meinem Finger müsse gesehen werden, weil ihm etwas sehr Schlimmes fehle, und in dieser Praxis könne mir geholfen werden. Es war der Zeigefinger meiner rechten Hand, der stark angeschwollen war und schmerzte und nach der sorgfältigen Behandlung meiner Mutter nicht besser geworden war. Sie hatte den Finger in einer Puddingschale mit Wasser und Salz gebadet, so heiß, wie ich es aushalten konnte. Sie hatte es auch mit einem Umschlag versucht, einer abstoßenden Prozedur mit eingeweichtem Brot in einem Verband. Aber nichts hatte genützt, und nun, als die Schmerzen schlimmer wurden, die Schwellung sich über den ganzen Finger ausbreitete und der Fingernagel schwarz wurde, war professionelle Hilfe nötig. Das alles verstand ich. Es gab kein Entkommen.

Wir mußten grauenhaft lange warten, so lange, daß wir beobachten konnten, wie ein Junge in meinem Alter schreiend in einen Raum getragen wurde, in dem früher oder später alle verschwanden, und nach einem qualvollen Zwischenspiel, in dem er brüllte wie ein Stier, dem ein genauso erschreckendes Schweigen folgte, schlaff und weiß im Gesicht in den Armen seiner Mutter herauskam, mit geschlossenen Augen. Mein Herz schlug wild, und echte Angst packte mich, so daß ich zu zittern begann. Was machten sie in diesem Raum? Meine Mutter legte den Arm um mich und drückte mich an sich, um mich zu trösten, aber ihr Mitgefühl half mir nicht. Ich wußte, daß sie machtlos war. Sie war diesen kräftigen, geschäftigen Frauen ausgeliefert, die so eilig in der Praxis herumrannten, mit weißen wehenden Kitteln. Sie konnten mit mir machen, was sie wollten, und meine Mutter konnte sie nicht daran hindern. Am schlimmsten – schlimmer als der Gedanke an den

Schmerz, der mir bevorstand – war meine Angst, von meiner Mutter getrennt zu werden, und genau das trat ein. »Der nächste!« rief eine Schwester, und ich war an der Reihe. Meine Mutter stand mit mir auf, aber ich bekam zu hören, ich sei ein großes Mädchen, und es handle sich nur um einen Finger, und ich sähe nicht so aus, als ob ich albern sei und ein Theater machen würde, deshalb sei es besser, wenn ich allein hineinginge. Gehorsam ließ meine Mutter meine Hand los. Genauso gehorsam trottete ich hinter der Schwester her, die zu mir sagte, ich sei ein braves Mädchen, nicht wie viele andere. Ausnahmsweise klang das Lob in meinen fünfjährigen Ohren hohl. Ich wünschte mir, ich hätte den Mut, mich so zu benehmen, wie es mein Inneres wollte, so zu schreien, wie der Junge geschrien hatte.

Die Ärztin trank gerade eine Tasse Tee und aß einen Keks. Sie zerbiß den Keks, beäugte mich durch ihre Nickelbrille und wiederholte, was die Schwester gesagt hatte, ich sei ein großes Mädchen und ein braves Mädchen, und fügte außerdem hinzu, ich sei ein hübsches Mädchen. Nachdem sie sich die Kekskrümel vom Kittel gefegt hatte, sah sie sich meinen Finger an und sagte, was meine Mutter auch schon gesagt hatte, es sei eine septisch gewordene Schnittwunde. Zu meiner Freude trug sie dann der Schwester auf, »die Mutter zu holen«. Sobald sie da war, rot angelaufen und um Würde bemüht, obwohl ihr Gesichtszucken gegen sie arbeitete, erhielt meine Mutter eine Lektion über Hygiene – meine Mutter, die in Dingen wie Hygiene so penibel war, wie man es sich kaum vorstellen konnte. Sie wurde immer röter, sprach aber mit sehr ruhiger Stimme und sagte, sie wasche Schnittwunden immer aus und behandle sie mit Dettol und habe das in diesem Fall auch getan und habe dann den verletzten Finger verbunden und den Verband täglich gewechselt und – aber hier unterbrach sie die Ärztin, weil ihr schließlich klar wurde, daß sie es nicht mit einer völlig unwissenden Frau zu tun hatte. Meine Mutter sah wie immer elegant und adretter aus als jede andere Frau in ihrer Umgebung, auch wenn ihre Kleidung alt war. Ein kleiner Kampf war ausgefochten worden, und obwohl ich nicht verstand, worum es dabei gegangen war, war ich ganz glücklich, weil meine Mutter sich behauptet hatte. Aber das dauerte nicht lange. Die Ärztin sagte, mein Finger müsse geschnitten werden, und meine Mutter solle bitte meine Hand festhalten. Meine Mutter griff nach meiner Hand und lächelte mich ermutigend an, aber ihre kurzlebige Willenskraft war ganz aus ihr gewichen, und als sie zu mir sagte, ich solle die Augen zumachen und tief durchatmen, es sei gleich vorbei, merkte ich das. Ich hatte gesehen, wie die Ärztin ein dünnes, scharf aussehendes Instrument aussuchte, und ich wußte, was passieren würde, daß es grauenhaft weh tun würde und daß meine Mutter nichts dagegen unternehmen konnte. Ich zog meinen Finger weg und sagte, ich wolle nicht, daß es weh tue. »Es wird noch mehr weh tun, wenn wir das Gift nicht herausholen«, sagte die Ärztin (genau das, was mein Vater gesagt hatte, der von meiner Mutter wütend getadelt worden war, aber die Ärztin tadelte sie jetzt nicht). »Nein«, sagte ich, »nein«, und versteckte den Finger hinter dem Rücken. »Du meine Güte«, sagte die Schwester zu der Ärztin, die lächelte, »und wir haben geglaubt, daß sie ein braves Mädchen ist, nicht wahr? Vielleicht ist es besser, wenn Mummy geht und ich sie festhalte.« Jetzt brüllte ich, weinte und klammerte mich verzweifelt an meine Mutter, aber es half nichts. Die kräftige Schwester riß mich aus ihren Armen, und ich hörte sie sagen: »Gehen Sie!«, und sie ging.

Alles war, wie versprochen, blitzschnell vorbei, einen Moment lang ein stechender Schmerz, ganz anders als das Pochen vorher, und dann wurde etwas Kühles, Beruhigendes auf den Finger aufgetragen und ein Verband angelegt, mit einer Lederkuppe darüber. Die Schwester sagte zu mir, ich solle loslaufen und meine Mutter draußen suchen. Ich versuchte es, kam aber nur bis zur Tür und wurde statt dessen zum allgemeinen Interesse ohnmächtig – mit fünf ist man offenbar noch zu klein für eine Ohnmacht. Meine Mutter erinnerte sich jahrelang an das Aufsehen und an das Drama, als diese Fünfjährige aus dem Zimmer wankte und langsam auf dem glänzenden Flurboden zusammensackte. »Es war skandalös«, schloß meine Mutter immer, »wie sie uns behandelt haben.« Aber andererseits hielt sie alle Mediziner stets für ungeheuer abgebrüht und nutzlos. Meine Mutter meinte, sie sei immer wieder im Stich gelassen worden, und die Angst vor Ärzten, Krankenhäusern und Praxen wuchs mit ihrem Zorn und ihren Demütigungen. Nie, niemals wurden Mediziner als mitfühlende, gütige Menschen eingestuft. Nein. Sie hatten Macht über sie, aber sie glaubte, daß sie diese Macht ausnahmslos mißbrauchten. Ihr Wissen wurde anerkannt, aber es war ihr zutiefst verdächtig, wie sie es einsetzten. Intelligent, wie sie war, ließ sich meine Mutter ihre Verachtung nie einem Arzt gegenüber anmerken, sie stellte niemals eine ärztliche Entscheidung in Frage, weil sie zuviel Angst hatte, daß ihre Unwissenheit zutage treten würde, und weil Ärzte Leute von Rang waren und sie nicht. Oft sehnte sie sich nach einem Wunder (obwohl sie das nie aussprach). Solche Wünsche waren unvernünftig, und kein Arzt hätte sie erfüllen können, aber es kam häufig vor, daß sie sich nach einer detaillierten Erklärung sehnte und nicht den Mut hatte, darauf zu bestehen (und freiwillig wurde sie nach ihrer Erfahrung ohnehin nicht gegeben). Deshalb wurde es in unserer Familie zur Devise, sich von allen Ärzten fernzuhalten. Wenn sie gezwungen war, nachzugeben und sich der Gnade eines Arztes auszuliefern, geriet meine Mutter sofort außer sich.

Wartezimmer verschlimmerten ihre Aufregung noch, vor allem das Wartezimmer von Dr. Stephenson. Es war ein so trister, trübseliger Ort, an dem nicht im geringsten versucht wurde, für Farbe, Bequemlichkeit oder Zerstreuung zu sorgen. Wir gingen auf Zehenspitzen und flüsterten, sobald wir durch die große Außentür hereinkamen, und wenn wir das Wartezimmer erreichten, versagte uns vor Ängstlichkeit die Stimme. Es war ein riesiger Raum, mit hoher Decke, großen, mit Netzgardinen verhüllten Fenstern, und in der Mitte stand ein riesengroßer Mahagonitisch mit einer Glasvase – leer – auf einer Spitzendecke, die nicht in der Mitte der Platte lag. Wir saßen auf lederbezogenen Eßzimmerstühlen, das Leder war so fest über die Sitze gespannt, daß es knarrte, wenn wir uns darauf setzten. Es war ein merkwürdiges Gefühl, auf diesen Stühlen zu sitzen, aufgereiht an den Wänden und weit entfernt von dem Tisch, zu dem sie paßten. Es gab keinerlei Lesestoff bis auf Broschüren über so reizvolle Themen wie Läuse. Die Stille war tief, nur unterbrochen vom Herumrutschen, vom Ticken der eindrucksvollen Uhr in der Diele und von nervösem Hüsteln, unter anderem dem meiner Mutter. Es war andächtiger als in der Kirche

St. Barnabas's, jedoch genauso kalt. Aber meine Mutter sagte immer, wir hätten Glück, daß wir Ärzte hätten, die für ihre Dienste nichts mehr berechneten, und daß es ein Privileg sei, in diesem scheußlichen Raum zu sitzen, ein Privileg, das ihre Mutter hätte brauchen können und für das sie dankbar gewesen wäre – es war schlimm genug, krank zu sein, und sich dazu noch Sorgen machen zu müssen, wie man das Gesundwerden bezahlen sollte.

VIII

Als der Krieg zu Ende ging, war ich sieben. Lily war vierundvierzig, Jean vierzig und Nan sechsunddreißig. Für keine von ihnen hatte sich viel verändert, außer daß Arthur wieder ganztags in der Metallkistenfabrik arbeitete und Jack sich auf dem Schwarzmarkt kein hübsches Zubrot mehr verdienen konnte (obwohl das noch eine Zeitlang weiterging). In meiner Familie hatte der Krieg wenig Spuren hinterlassen. Keiner der Männer war gefallen, verwundet worden oder in Gefangenschaft geraten; es gab auch keine siegreichen Heimkehrer. Der Krieg hatte Rationierung bedeutet, und das war so gut wie alles, obwohl Jean gehört hatte, Glasgow sei bombardiert worden, und wußte, daß es noch Schlimmeres gegeben hatte. Die Frauen mußten nicht lernen, ins normale Leben zurückzukehren, weil es in ihrem Fall so gut wie gar nicht unterbrochen worden war.

Das normale Leben meiner Mutter war eintönig. Diese Monotonie spiegelte sich in den wöchentlichen Briefen wider, die sie an Jean in Motherwell schrieb, aber trotzdem schrieb sie gern. Ich fand es schön, daneben zu sitzen und zuzusehen. Es war ein Ritual, dieses wöchentliche Briefeschreiben, und es machte großen Eindruck auf mich. Meine Mutter sah dabei so bedeutend aus. Sie breitete jedesmal eine Filzunterlage auf dem Wohnzimmertisch aus, legte ein Blatt Löschpapier darauf, holte dann ein Fäßchen Quink-Tinte und einen Block blaues Basildon Bond-Briefpapier, ihren blauschwarzen Füller von Conway Stewart und begann. Ihre Handschrift war flüssig und energisch, ziemlich groß, mit betonten klaren Auf- und Abstrichen, und sie schrieb, ohne zu stocken. Alles ging schnell. Ich mußte still sitzen, um sie nicht in ihrer Konzentration zu stören, aber wenn sie fertig war, fragte ich, worüber sie geschrieben habe. Die Antwort würde sein: »Nichts.« Während ich zusah, wie sie die vier oder fünf auf beiden Seiten beschriebenen Blätter zusammenfaltete, protestierte ich – wie konnte sie *nichts* geschrieben haben, das Papier wäre doch leer, wenn sie nichts geschrieben hätte. »Nichts Wichtiges«, sagte sie, »aber Jean liest egal was gern.«

Das gleiche galt für sie. Jeans Briefe, obwohl sie auch nichts Wichtiges enthielten, waren kleine Ereignisse. Meine Mutter wartete dienstags auf ihren Brief, und wenn er gekommen war, steckte sie ihn in ihre Schürzentasche und sparte ihn sich für später auf. Es war ein Fest, das für den Nachmittag aufgespart wurde, nachdem das Waschen und Putzen getan waren. Sie setzte sich mit einer Tasse Tee hin, umgezogen für den Nachmittag, adrett in Rock und Bluse, und las Jeans Bericht über den Waschtag, und wie der Wäscheständer zusammengebrochen und die ganze Wäsche wieder schmutzig geworden sei, und darüber, daß Mary nebenan einen schlimmen Asthmaanfall gehabt habe, und wie erschöpft Dave sei, weil er neben seinen langen Schichten noch die Abendschule besuche, um wie Jack Optiker zu werden, und daß sie mit dem Bus nach Glasgow gefahren sei, aber nichts eingekauft habe, und wie kalt es gewesen sei … Jede Woche mehr oder weniger derselbe prosaische Bericht. Wenn meine Mutter die Briefe zu Ende gelesen hatte, sah sie immer leicht enttäuscht aus. Jeans Leben glich dem ihren so sehr, und zu sehen, wie es Woche für Woche beschrieben wurde, verstärkte nur ihre eigene Unzufriedenheit. Worüber in aller Welt sollten denn beide etwas schreiben können, außer über das, worüber Frauen schreiben konnten, die in eng strukturierter Haushaltssklaverei lebten? Über nichts. Nan sagte, sie wisse nicht, warum sich beide diese Mühe machten. Die Briefe ihrer Schwestern langweilten sie zu Tode. Sie schrieb nie an Jean, und abgesehen davon, daß sie sich darauf verließ, Lily schreibe für sie beide, sprach sie auch nicht mit Jean (das hätte sicher einen guten Brief ergeben, aber er wurde nie geschrieben). Sie hatten sich gestritten, wegen der Lebensmittel. Jean und ihre Familie hatten Lily besucht und keine Lebensmittelmarken mitgebracht. Nan bemerkte das und wurde wütend – Lily hatte eine größere Familie zu ernähren und konnte es sich nicht leisten, ihre Lebensmittelmarken für Jean zu verbrauchen – und machte ihrer Schwester Vorwürfe. Jean wurde ebenfalls wütend und stritt ab, ihre Schwester ausgenutzt zu haben – und so begann ein Streit, der fast ein Jahrzehnt dauerte. Lily vermittelte, versuchte ständig, Frieden zwischen ihren Schwestern zu stiften, und erinnerte sie daran, daß ihre Mutter Streitereien in der Familie mehr als alles andere gehaßt habe. Sie verstand nicht, wie die beiden das durchhalten konnten. (Mein Vater dagegen konnte das – er sprach seit kurzem nicht mehr mit seinem einzigen Bruder und blieb mit erstaunlichem Durchhaltevermögen dreißig Jahre lang dabei. Ich habe den Grund für diesen Abbruch der Beziehungen immer noch nicht erfahren, obwohl ich ständig danach frage.)

Gelegentlich hatten Lily und Jean ein weniger banales Thema, über das sie sich schreiben konnten. Die Briefe wurden dicker und lebhafter, als Nan von Carlisle nach Nottingham zog. Es gab so viel zu berichten. Zuallererst über Nottingham – es hätte genausogut der Mond sein können, so exotisch kam es den Schwestern vor. Als Jean nach Motherwell zog, war das in der Nähe von Glasgow, und davon hatte jeder in Carlisle schon gehört, aber *Nottingham*? Bilder von Wäldern und Robin Hood, und das war alles. Lily berichtete, Nan sei begeistert. Nottingham, wo immer das auch war, lag im Süden, und es war schick, in den Süden zu ziehen. Und Jack zog dorthin, um einen eigenen Laden aufzumachen, der, wie Nan sagte, bald eine Ladenkette werden sollte. Lily berichtete Jean jedoch auch, daß Nan und Jack anfangs über dem Laden wohnen würden, nur anfangs, aber trotzdem, *über einem Laden* ... Michael würde nicht dabei sein, wenn sie umzogen. Er wurde auf ein Vorschulinternat geschickt. Das brachte Bewegung in den Briefwechsel. Es war ein Skandal. Armer kleiner Michael, schon als Kind nervös, schwierig, anfällig für Bronchialkrankheiten, nie richtig wiederhergestellt nach einem schrecklichen Unfall, den er mit achtzehn Monaten gehabt hatte. Er war über die Türschwelle gestolpert, hatte eine Milchflasche zerschlagen, und das Glas schnitt tief in seine Oberlippe – wie entsetzlich, wie qualvoll. Die Lippe wurde genäht, aber Michaels hübsches Gesicht war für sein ganzes Leben entstellt; die genähte Stelle sah aus, als sei es eine schlecht operierte Hasenscharte. Und jetzt wurde er weggeschickt, erst sieben Jahre alt. Wie konnte Nan das zulassen?

Es war ein Thema, über das nicht nur in Briefen, sondern auch bei uns zu Hause offen diskutiert wurde. Ich fragte, was ein Vorschulinternat sei und warum Michael dorthin müsse. Insgeheim fand ich den Gedanken, ständig in der Schule zu sein, äußerst wünschenswert, aber es gelang mir, das aus Loyalität meiner Mutter gegenüber nicht auszusprechen – wenn ich gesagt hätte, was ich dachte, daß das etwas Tolles sei, hätte jeder gedacht, ich wolle meine Mutter verlassen, und das hätte ihr weh getan. In einem Vorschulinternat, erklärte meine Mutter, würden die Schüler darauf vorbereitet, mit dreizehn auf die Höhere Schule gehen zu können. Jack war auf einem solchen Internat gewesen und dann nach Worksop gegangen, wovon niemand je etwas gehört hatte, aber meine Mutter sagte, es sei ein »bißchen weniger vornehm« als Eton, und das war uns allen ein vager Begriff. Michael mußte ein Vorschulinternat besuchen, sonst konnte er nicht nach Worksop und kein Gentleman wie Jack werden. Nan konnte nicht verhindern, daß er weggeschickt wurde, weil Jack das Sagen hatte. Das überraschte mich. Ich hatte gedacht, Nan hätte das Sagen. Sie sah immer danach aus. Aber nein, offenbar bestimmte Jack über die Finanzen, wie es hieß, und was er sagte, galt. Hochinteressant für mich. Alles an Michaels Schulbildung war interessant. In Carlisle hatte er den schulgeldpflichtigen Kindergarten der Carlisle High School besucht, was aus Gründen, die ich nie verstanden habe, meine Mutter aufregte. Sie sagte nur, sie wünschte sich, ihre Kinder hätten diese Chance. Was für eine Chance? Michael konnte kaum lesen, ich konnte es. Er konnte (mit sechs) eindeutig nicht richtig schreiben, und ich konnte es. Jack wußte das. Immer wieder mußte ich ihm aus seiner Zeitung vorlesen, und dann gab er sie Michael, forderte ihn auf, dasselbe zu tun, und wenn Michael es nicht konnte, lachte er. Grausam und dumm, aber aufregend, wenn ein wütender Cousin Michael die Zeitung zerriß, während ich bescheiden mit gesenktem Blick dabeisaß.

Nan werde in Nottingham eine privilegierte Dame sein, das sagte jedenfalls meine Mutter. Sie hatte nur eine Wohnung sauberzuhalten und würde eine Zugehfrau haben, wie sie es schon immer gehabt hatte. Wißt ihr noch, Jack wollte nicht, daß sie sich ihre schönen Hände ruinierte. Lilys und Jeans Hände waren bereits ruiniert. (Waschen und scheuern, ohne auch nur an Gummihandschuhe zu denken; wer hatte schon Zeit oder Geld, sich darüber Gedanken zu machen?) Wenn Michael im Internat war, brauchte sie nur noch zu kochen und einzukaufen, und das auch nur für zwei Personen und mit genügend Geld. Jede Menge Zeit für das Nickerchen, das sie sich neuerdings angewöhnt hatte, und worüber sich Lily und Jean vor Lachen ausschütteten, obwohl ich nie so recht begriff, warum. Sie lachten, wenn sie zusammen waren und sich über Nans Nickerchen unterhielten, wie sie sich buchstäblich hinlegen würde, mit einer Zeitung über dem Gesicht, völlig regungslos, jeden Tag nach dem Mittagessen. Das sollte sie jung erhalten – an diesem Punkt lachten Lily und Jean noch lauter, und sie schlossen immer damit, daß sie zueinander sagten: »Wirklich, ist Nan nicht unmöglich?«

Wie unmöglich auch immer, Lily wußte, daß Nan ihr fehlen würde. Ihre Mutter hatte sich immer nach einer Schwester gesehnt. Gleich nach einer Mutter war eine Schwester das, was Frauen im Leben am meisten brauchten, und sie hatte keines von beiden gehabt. »Ihr habt alle Glück gehabt«, pflegte Margaret Ann zu ihren Töchtern zu sagen. »Es ist ein doppelter Segen, daß jede von euch gleich zwei Schwestern hat.« Es war nicht wichtig, wie verschieden die Schwestern in ihrem Wesen oder in ihren Fähigkeiten waren, in der Unterschicht war mehr Verlaß auf sie als auf jeden anderen Menschen. Nicht daß Lily sich je auf Nan verlassen hätte, andererseits aber hatte sie oft gespürt, wie gut Nans Gegenwart für sie war. Sie hatte jetzt fast zehn Jahre in Carlisle gelebt, war zweimal in der Woche zu Besuch gekommen und hatte in Notfällen geholfen. Sie hatte für uns genäht, für Pauline und mich Kleider geschneidert, die meine Mutter nicht kaufen konnte, Kostüme für Schulaufführungen – beim Krippenspiel hatte es nie solche Erzengelflügel gegeben wie meine, wundervolle Konstruktionen aus Gaze und Draht – und Kleider für Kostümfeste (ihr Carmen-Miranda-Kostüm mit einem Kopfputz, einem Wunder aus Filzfrüchten, brachte mir den ersten Preis ein). Sie nahm mich auch zu Picknicks mit, im Auto nach Silloth, als Gesellschaft für Michael. Auf ihre Weise war Nan gut gewesen. »Sie kann es sich eben leisten«, sagte Arthur, aber Lily ging auf ihn los – das sei kein Anlaß, Nans Aufmerksamkeit und ihre Großzügigkeit zu schmälern. Sie würde fehlen; es gab keinen Ersatz für ihre Unterstützung. Meine Mutter hatte Freundinnen, aber Freundinnen waren nicht das gleiche. Sie gehörten nicht zur Familie.

Meine Mutter hatte zweierlei Freunde, diejenigen aus ihrer Zeit im Büro und Nachbarn. Sie ging häufig ins Gesundheitsamt, um ein paar ihrer Freunde zu sehen, die nach all dieser Zeit immer noch dort waren, und einige von ihnen besuchten sie. Einer war ein

Mann, Leonard Oates, der zwei Jahre, bevor sie aufhörte, als Bürohilfskraft angefangen hatte. Wir nannten ihn Onkel Len. Mein Vater grinste, wenn Len kam, was meine Mutter wütend machte. Offenbar wußte man, daß Len ein Faible für meine Mutter gehabt hatte, was meinen Vater erheiterte, zum einen weil er zehn Jahre jünger war als sie, zum anderen weil er sehr verschlüsselt andeutete, aber völlig zu Unrecht, Len sei ein »warmer Bruder«. Len war ruhig, sanft, kultiviert, eher still und ein bißchen schüchtern. Meine Mutter freute sich, wenn er kam. Sie führten langsame, bedächtige Gespräche über Dinge, die mit den gemeinsamen Kollegen zu tun hatten, über die alten Zeiten. Len machte exotische Ferien, wovon meine Mutter gern erzählen hörte. (»Er kann es sich eben leisten«, sagte Arthur wieder und bekam zu hören, er solle den Mund halten.)

Aber die Freunde, die ich besser kannte, waren die Nachbarn. Mrs. Gillespie wohnte gegenüber in einem Haus in der Privatsiedlung, worum meine Mutter sie immer beneidete (obwohl es nur gemietet war). Mr. Gillespie arbeitete als Angestellter bei der Eisenbahn, folglich waren die Gillespies eine Stufe besser gestellt als die Fabrikarbeiter in Raffles. Mrs. Gillespie – Ruby, obwohl sie nie so genannt wurde, damals gehörte die Anrede immer dazu – war eine geschäftige Frau voller Energie, wichtiger für mich als für meine Mutter. Mrs. Gillespie liebte, was sie »Wanderungen« nannte und was so abenteuerlich und aufregend klang, auch wenn sich herausstellte, daß es dieselben vertrauten Spaziergänge am Fluß Caldew entlang waren, und sie stellte ständig ihre Möbel um, richtete sich neu ein und dachte sich dauernd etwas aus. Sie hatte einen Sohn, Colin, so alt wie ich, und sie forderte mich auf, zum Spielen herüberzukommen. Ich ging eifrig hin, aber ich spielte kaum mit Colin. Er öffnete jedesmal die Tür nur einen Spaltbreit, sah mich finster an und fragte mich, was ich wolle. Ich mußte für mein Kommen immer eine Ausrede parat haben, etwas anderes als dieses lahm klingende »Deine Mam hat gesagt, ich solle kommen«. Schließlich merkte Mrs. Gillespie, daß ich an der Tür stand, kam über die Diele und holte mich herein. Mit ihr spielte ich sehr schön. Sie war ein Eine-Frau-Kunsthandwerksbetrieb, hatte immer Bündel von Bast daliegen und zeigte mir, wie man daraus Körbe und Matten machte, war immer bereit, Papier und Farbe zu holen, und ließ mich herumspritzen (Colin spritzte nie, er konnte schon malen). Ich konnte weder schnell genug noch lange genug bei den Gillespies sein. »Man könnte meinen, sie wohnt dort«, brummte mein Vater, und ich hätte am liebsten gesagt, ich wünschte, es wäre so, aber als ich das Gesicht meiner Mutter sah, unterließ ich es.

Es war auffällig, daß meine Mutter keine Freunde in der Siedlung von Raffles selbst hatte. Sie war äußerst freundlich, aber mit keiner Frau auf unserer Seite der Orton Road, der Grenze zwischen der städtischen Siedlung und der privaten, befreundet. Dennoch war sie eine gute Nachbarin. Als ich alt genug war, das mitzubekommen, war sie längst jemand, die in allen möglichen Notfällen gerufen wurde, vor allem bei Geburten und Todesfällen. Jede Frau, die Wehen bekam und Angst hatte, die Hebamme oder der Krankenwagen würde nicht rechtzeitig kommen, schickte nach Mrs. Forster – schnell, sag ihr, sie soll kommen –, und meine Mutter ging immer hin. An einem unvergeßlichen Tag half sie unserer Nachbarin nebenan bei der Entbindung eines Kindes, ein so dramatischer Tag, daß ich es kaum ertragen konnte, wie normal der nächste verlief. Der Ehemann stürmte in unsere Küche, als wir uns gerade für die Schule zurechtmachten, und rief, Mary würde ihr Kind auf dem Fußboden bekommen, und die Hebamme sei noch nicht da; also rannte meine Mutter mit ihm zurück. Ich wäre furchtbar gern mitgegangen, mußte mich aber damit begnügen, daß ich heimlich zuhörte, als meine Mutter viel später Mrs. Gillespie von der Geburt und ihrem Anteil daran erzählte. Sie habe sich, sagte meine Mutter, nur die Hände gewaschen, ein sauberes Handtuch unter Mary gelegt und ein Kissen unter ihren Kopf, und dann habe sie sich darauf konzentriert, sie ruhig zu halten, sie aufzufordern, nicht zu pressen, und ihr zu versichern, der Arzt komme gleich. Er kam nicht gleich, aber es spielte keine Rolle, denn, obwohl Mary versuchte, nicht zu pressen, kam das Kind schnell und mühelos zur Welt, und meine Mutter packte es an den Füßen, gab ihm einen Klaps auf den Hintern, wie sie es bei ihren eigenen Geburten bei der Hebamme gesehen hatte, und dann reinigte sie Nase und Mund vom Schleim und wickelte das Mädchen in ein frisches Handtuch. Meine Mutter sagte immer wieder, im Grunde habe sie nichts getan, gar nichts, aber sie war in der Siedlung in aller Munde, und die Geschichte von dem, was sie geleistet hatte, wuchs von Minute zu Minute. Bei Todesfällen war es genauso. Meine Mutter bahrte die Toten auf. Sie wurde gerufen, um das Gesicht mit Watte auszustopfen und die Leichen zu waschen. Ausnahmsweise waren sich Arthur und Nan völlig einig. Sie waren abgestoßen und begriffen nicht, wie sie so etwas tun konnte. Arthur sagte, sie überanstrenge sich, und solche Dinge seien nicht gut für sie. Dennoch kamen weiter Leute in Krisensituationen, und meine Mutter half immer. Zu Weihnachten waren die Zeichen des Dankes für Lilys Fähigkeit und Güte fast peinlich – Blumen, Pralinen, Torten.

Manchmal brauchte man ihre Hilfe bei sehr viel Schwierigerem als bei Geburten oder dem Aufbahren von Toten. Raffles hatte sich in der Zeit nach dem Zweiten Weltkrieg verändert. Man sprach nicht mehr von der Gartenstadt, sondern von einer Siedlung, in der es immer rauher zuging, weshalb, verstand niemand. Jetzt lebten dort Problemfamilien und Männer, die für ihre Gewalttätigkeit berüchtigt waren. Ein schreiendes Kind kam an unsere Hintertür oder, sogar noch schlimmer, eine Frau, die nach einem Schlag auf den Mund oder Hieb auf die Nase blutete. Falls mein Vater da war, pflegte er zu meiner Mutter zu sagen, sie solle das Schreien und Rütteln am Riegel nicht beachten, sie solle sich um ihre eigenen Angelegenheiten kümmern, sich da heraushalten, aber das tat sie nie. Sie ging mit dem Kind weg oder zog die Frau in ihre Küche, wusch ihr die Wunden und beruhigte sie, während ich zuschaute – obwohl ich angewiesen wurde, ich solle ins Wohnzimmer gehen und die Tür sofort zumachen, bitte. Ich hörte meinen Vater sagen: »Misch dich nicht ein. Ich habe dich gewarnt, Lily«, aber meine Mutter machte sich nicht die Mühe zu antworten. Schließlich hörte die Frau auf zu schluchzen und erzählte, was geschehen war – zu meinem großen Ärger konnte ich die Einzelheiten nie richtig verstehen, und meine Mutter wiederholte sie nie –, und fing dann an, sich Sorgen um ihre Kinder zu machen, die sie in ihrer Panik zurückgelassen hatte, »seiner« Gnade oder Ungnade ausgeliefert, woraufhin meine Mutter mit ihr zurückging. Ich bot an, sie zu begleiten, aber meine Hilfe wurde abgelehnt, und verärgert ermahnte sie mich noch einmal, ich solle ins Haus gehen und dort bleiben. Jedesmal wenn meine Mutter zurückkam, war sie sehr ruhig und traurig und sah erschüttert aus. Sie wollte keine meiner drängenden Fragen beantworten – ich wollte vor allem wissen, warum die Frau zu diesem Mann, der sie geschlagen hatte, zurückgegangen sei. Meine Mutter sagte nur, die Frau habe kein Geld, wisse nicht, wohin, und dann fragte ich andersherum, warum sie nicht die Polizei angerufen und den brutalen Kerl ins Gefängnis habe bringen lassen. »Das verstehst du nicht«, sagte meine Mutter müde. Ich verstand es wirklich nicht.

Ich verstand jedoch, daß das Leben meiner Mutter eine einzige Selbstverleugnung war. Und allmählich begriff ich noch etwas: Ich würde nie so sein wollen wie sie. Alles, was Lily tat, diente nur dem Wohl anderer, verstieß aber gegen ihre eigenen Interessen. Es sei ihr manchmal durch den Kopf gegangen, gab sie zu, daß sie hätte Krankenschwester werden sollen. Sie hätte sich gern richtig um die Kranken gekümmert, mit einer richtigen Ausbildung. Als sie merkte, wie stark ihr Wunsch war, Menschen zu helfen, und er in geordnete, zufriedenstellende Bahnen hätte gelenkt werden müssen, war es zu spät. Sie hatte ihre Wahl getroffen, und sie hatte ein Zuhause, Kinder und einen Mann gewählt, und es war sinnlos, einem anderen Leben nachzutrauern. Die kleinen Auftritte als Engel der Barmherzigkeit erleichterten ihr die Mühen des Alltags. Es gibt wohl keine Frau, die sich wünscht, den Tag damit zu beginnen, daß sie in einer eiskalten Waschküche steht, um auf einen monströsen Waschkessel aufzupassen, aber meiner Mutter setzte diese Schwerarbeit als Hausfrau mehr zu als anderen. Rundum in der Siedlung Raffles taten Frauen in den vierziger Jahren genau dasselbe; keine einzige hatte eine Waschmaschine, aber keine von ihnen wird mehr unter dieser Arbeit gelitten haben als meine Mutter. Sie war von Margaret Ann dazu erzogen worden, ihr Schicksal hinzunehmen, aber sie konnte es nicht, sie konnte es einfach nicht. Sie hegte immer noch Erwartungen auf etwas anderes, etwas Besseres im Leben, und sie wünschte es sich so verzweifelt. Ich sah – nein, ich spürte – diesen Wunsch. Ich versuchte herauszufinden, warum eine so schöne (in meinen Augen), kluge, gute und gütige Frau nicht hatte, was sie sich wünschte, obwohl ich nicht wußte, was sie sich wünschte. Wie war es dazu gekommen? Ich kam zu dem Schluß, es liege daran, daß sie einen verhängnisvollen Fehler gemacht hatte: Sie hatte geheiratet. Ganz einfach. Sie hatte geheiratet und dann Kinder bekommen, was zu einer Ehe gehörte und unvermeidlich war, dachte ich, und war freiwillig in die Falle gegangen. Genau das, was meine Großmutter befreit hatte (obwohl ich das damals noch nicht wußte), hatte meine Mutter in eine Falle gelockt. Die Schlußfolgerung war eindeutig. Ich würde nicht heiraten und deshalb auch keine Kinder bekommen. Ich würde die Falle meiden und in Sicherheit sein. Mir war es nicht gegeben, eine selbstlose Ehefrau, Mutter und Krankenschwester zu werden. Ich würde fliehen. Wohin? Ich hatte keine Ahnung, aber ziemlich bald spürte ich, daß ich es mit Hilfe der Schule schaffen konnte. Ich hatte das Gefühl, das Geheimnis läge darin, in der Welt der Schule zu bleiben und mich von jener anderen Welt zu distanzieren, in der meine Mutter so unglücklich war, der Welt einer Hausfrau. Die Lebensumstände meiner

Mutter und ihr Unglücklichsein waren der Ansporn, aus meinem Leben etwas anderes zu machen. Ich wollte nicht, konnte nicht so sein wie sie, und im Grunde wünschte ich es mir auch nicht, obwohl ich sie so bewunderte.

Als ob meine Mutter noch nicht genug zu tun gehabt hätte, übernahm sie gegen Ende der vierziger Jahre die Pflege von Agnes, ihrer Schwiegermutter, was einen großen Teil ihrer Zeit in Anspruch nahm. Agnes litt an rheumatischer Arthritis. Sie wurde dadurch zum Krüppel. Zuerst wurden ihre Finger knotig und krumm, bis sie völlig verbogen und unbeweglich waren, dann wurden ihre Hüften befallen, und sie konnte nicht mehr gehen. Sie lag in einem Bett, das in einer Wohnzimmerecke an der Rückseite des Hauses stand, neben einem Fenster. Aber alles, was sie sehen konnte, wenn sie durch den Netzvorhang überhaupt etwas sah, waren der asphaltierte Hinterhof, die Backsteinmauern, die beiden Türen zur Toilette und zur Waschküche. Sie lag in dem Bett auf Kissen gestützt und wurde hingebungsvoll und zuverlässig, aber beileibe nicht zärtlich von ihrem Mann George gepflegt. Er fütterte Agnes, wusch sie, half ihr auf den Bettstuhl und herunter (grob, er war von Natur aus linkisch). Meine Mutter besuchte sie jeden zweiten Nachmittag, nahm meine Schwester und mich nach der Schule mit. Sie brachte Kuchen und Hörnchen mit, die sie gebacken hatte, und Zeitschriften – meistens das Gemeindeblatt –, und sie versuchte, es Agnes etwas bequemer zu machen. Sie nahm die Bettwäsche und die Nachthemden mit nach Hause und brachte sie mit Sträußen aus Flieder, Levkojen und süß duftenden Rosen zurück.

Die Blumen waren ein Teil im Kampf gegen den Geruch in Agnes' Zimmer. Er war grauenhaft. Ein Gestank, kein Geruch. Das Fenster wurde nie geöffnet, das Feuer brannte stets (Agnes fror immer), und der Bettstuhl wurde nie regelmäßig geleert. Meine Mutter blieb mindestens eine Stunde und versuchte, die Schmerzen ihrer Schwiegermutter zu lindern. Sie bürstete ihr sanft das Haar, rieb die kranken Glieder mit verschiedenen Salben ein, wechselte ihr Nachthemd und ihre Bettjacke und sprach mit ihr, während George eine Pause in seiner Pflege einlegte. Agnes vertraute sich Lily an, sie weinte, sie sprach über ihr Elend und ihre Verzweiflung, und meine Mutter hörte zu und weinte manchmal selbst. Ich konnte diese Besuche kaum ertragen. Agnes freute sich, uns, ihre Enkelinnen, zu sehen, aber wir freuten uns nicht, sie zu sehen. Wir haßten es. Sie machte uns angst. Sie glich mit ihren armen Händen, ihrer grauenhaften Blässe, ihrem Stöhnen und ihren Gerüchen einer Hexe. Es belastete mich schon, auch nur in einem Zimmer mit ihr zu sein – ich empfand weder Mitleid noch Mitgefühl für sie, nur Grauen. Ich hörte, wie Agnes Lily einen Engel nannte und den Tag pries, an dem Arthur sie geheiratet hatte. Sie war ein Engel, eine Heilige. Das war ihre Rolle, und sie erfüllte sie ohne Groll, aber ich würde nie, nie, nie das gleiche tun. Es stieß mich ab.

Sonntags war mein Vater an der Reihe, seine Mutter zu besuchen, und auch er nahm meine Schwester und mich mit. (Gordon scheint nie dabeigewesen zu sein – er war fast immer im Pfadfinderlager.) Wir gingen in unseren besten Kleidern die anderthalb Kilometer zur Richardson Street und saßen genau eine halbe Stunde lang im Hinterzimmer: noch eine Heimsuchung, eine weitere Qual, ohne unsere Mutter viel schlimmer zu ertragen. George stellte uns Aufgaben in Kopfrechnen. Ich ratterte die Antworten herunter, und bald war Pauline genauso schnell, und wir erhielten für jede richtige Antwort einen Penny. Am Ende der halben Stunde, je nachdem wie brav wir gewesen waren, bekamen wir entweder zwei Shillinge oder eine Dose John West-Lachs. George hatte die Dosen vor dem Krieg gehamstert und hatte einen ganzen Schrank voll davon.

Wenn wir unartig gewesen waren, bekamen wir nichts. »Unartig« hieß, daß wir herumgezappelt, zu oft gefragt hatten, ob schon Zeit sei zu gehen, daß wir uns gegen den Geruch die Nasen zuhielten, nicht lächelten, keine Gedichte aufsagten, wenn wir dazu aufgefordert wurden, das Klavier oder das Porzellan in der guten Stube anfaßten. Ich berührte das Klavier nie, aber Pauline tat es. Sie sehnte sich danach, darauf spielen zu lernen, aber wir hatten zu Hause kein Klavier, und unsere Großeltern erlaubten nicht, daß sie auf ihrem spielte, weil es zu wertvoll sei. Wenn sie richtig spielen könne, wie ihre Mutter Lily, dann dürfe sie kommen und darauf spielen (aber wie sollte sie Klavier lernen ohne Klavier – es war ein Rätsel.)

Ich faßte lieber das Porzellan an. Ein zwölfteiliges Service, schönes Knochenporzellan, aufbewahrt in einem riesigen, abgeschlossenen Schrank mit einer Glastür. Aber ich wußte, wo der Schlüssel lag, nahm ihn aus dem Bierkrug auf dem Kaminsims, schloß den Schrank auf und berührte das Porzellan; mein Herz klopfte aus Angst, daß etwas kaputtging. Ich liebte die Farben – tiefes Orange, Dunkelblau und Gold –, und daß ich durch die Tassen Licht sehen konnte, wenn ich sie wagemutig hochhielt. Agnes hatte gesagt, ich bekäme das ganze

Service, wenn ich heiratete, aber weil ich nicht vorhatte zu heiraten, nicht einmal um das Crown Derby zu besitzen, nützte mir das nichts. Wiederholt rief ich mir ins Gedächtnis, daß ich nicht wie meine Mutter werden wollte. So war sie, erfüllte alle Ansprüche, von jedem – von Agnes, ihrem Mann, ihren Kindern, ihren Nachbarn, der Kirche – und bekam nichts dafür. Soweit ich es beurteilen konnte, überschüttete sie niemand mit der gleichen Fürsorge, die sie auf andere verschwendete. Ihre Güte machte mich rasend. Sie erfüllte mich mit Zorn und Ärger, aber ich wußte nicht, warum. Warum wollte ich ihr nicht nacheifern? Wenn ich es versuchte, versagte ich, zum Kummer meiner Mutter.

Ein Weg, auf dem ich das versuchte, war, daß ich mich bereit erklärte, Samstag nachmittag allein zu meiner Großmutter zu gehen und ihr vorzulesen. Ich veranstaltete ein großes Theater, aber ich ging hin, weil ich meiner Mutter eine Freude machen, nicht im geringsten, weil ich nett zu meiner Großmutter sein wollte. Ich las ihr *The People's Friend* vor. Ich las alles gern, aber *The People's Friend* langweilte mich. In dieser Zeitschrift gab es nichts Reizvolles für ein achtjähriges Kind – so alt war ich, als ich mit dem Vorlesen begann –, aber Agnes hatte es gern, wenn sie ihr buchstäblich von vorn bis hinten vorgelesen wurde, angefangen mit der Seifenreklame auf der Vorderseite. Ich leierte nicht nur die Kurzgeschichten herunter (am liebsten mochte sie die von Annie S. Swan, Unmengen davon), sondern auch die Anleitungen »Wie stricke ich mollige Halbhandschuhe für die Brigade mit den kalten Händen« (obwohl ihre Hände so verkrüppelt waren, daß sie nie wieder würde stricken können) oder für das Schneidern neuer Kleider »zur Aufheiterung und gegen den Trübsinn«. Jede

Ausgabe enthielt erhebende Leitartikel und eine Sonderseite für Kinder, die ich unterhaltsam finden sollte, was aber nie der Fall war. Die ganze Zeitschrift war in winziger Schrift gedruckt, drei Spalten pro Seite, ohne Zeilenabstand. Ich versuchte, meinen Großvater dazu zu überreden, daß er statt dessen die *Picture Post* zum Vorlesen kaufte, aber das wollte er nicht. Die *Picture Post* kostete doppelt soviel wie *The People's Friend*, und außerdem kaufte er nur das, was meine Großmutter früher regelmäßig gekauft hatte, und keine neumodischen, teuren Zeitschriften. Aber manchmal kaufte meine Mutter sie und gab sie mir mit, und aus der *Picture Post* las ich viel begeisterter vor, obwohl es mir vor allem die Bilder von Filmstars angetan hatten, die sie meistens enthielt. Außerdem war es viel Lesestoff, lange und seriöse Artikel, und mein Großvater hatte ein boshaftes Vergnügen daran, mich jedes Wort vorlesen zu lassen, weil er wußte, daß ich mit Reportagen über die russische Außenpolitik oder Diskussionen um die Wasserstoffbombe wenig anfangen konnte. Wenn ich stolperte, lachte er und sagte zu mir, ich solle zu *The People's Friend* zurückkehren und aufhören, etwas sein zu wollen, was ich nicht war.

Was ich nicht war, wußte ich, außer daß ich nicht klug genug war, diese Artikel zu verstehen: Ich war kein liebes kleines Mädchen, wie es sich meine Mutter wünschte. Es stimmt, ich sah immer noch hübsch aus. Ich hatte langes, dichtes blondes Haar, einen schönen Teint und war groß für mein Alter, aber ich war nicht lieb. Ich war damals schon schwierig, launisch. Ich hatte den hübschen kleinen Liebling hinter mir gelassen, von dem alle schwärmten, auch wenn ich sie an Nan erinnerte. Einmal versuchte ich, ein anderes Mädchen zu erwürgen, jedenfalls unterstellten mir das Mädchen und seine Mutter das. Ich lachte höhnisch. Ich erklärte, ich hätte Angela nur zeigen wollen, *wie* man jemanden erwürge, falls sie Lust dazu hätte, und was sei schon dabei, wenn sie am ganzen Hals Druckstellen habe? Aber meine Mutter war schockiert. Sie sah entgeistert aus, dann bekümmert und sagte, wie sie das aufrege. Liebe kleine Mädchen täten so etwas nicht, und Gott sei auch bestürzt. Ich weiß, daß ich lachte, als sie von mir erwartete, ich solle weinen. Ich war jedoch wütend. Es war so dumm von ihr zu glauben, daß ich wirklich versucht hätte, die blöde Angela zu erwürgen. Wenn meine Mutter einen solchen Unsinn glauben wollte, war ich entschlossen, sie dabei zu belassen. »Ich wünschte, ich hätte sie erwürgt«, sagte ich wichtigtuerisch, »dann könnte ich ins Gefängnis und von hier weggehen.« Meine Mutter sagte, sie wisse nicht, was sie mit mir anfangen solle, sie könne sich nicht vorstellen, was aus mir werden würde. Sie sagte, sie habe ihrer Mutter immer nur Freude machen und ihr helfen wollen. Ich schiene nur darauf bedacht zu sein, Ärger zu bereiten.

Außer in der Schule. In der Schule strahlte ich, war eifrig, versessen darauf zu gefallen. Wenn meine Mutter dorthin ging – nicht oft, Eltern wurden selten in die Schule gebeten –, war sie jedesmal erstaunt über das Loblied auf meine Fähigkeiten und auch auf mein Betragen. Wenigstens hier war ich wie sie. Aber obwohl sie sich freute, unterstrich sie immer, ich dürfe nicht glauben, klug zu sein sei ebenso wichtig wie nett und gut zu sein. Sie wünschte sich eine liebe, aufmerksame, hilfsbereite Tochter, die an diesem Punkt in ihre Fußstapfen treten würde. Statt dessen entfernte ich mich von dieser Berufung. Ich wollte nicht lernen, in irgendeiner Weise für andere zu sorgen. Ich wollte nicht akzeptieren, daß meine Rolle als Frau darin bestand, im Haushalt zu dienen. Mein Vater wütete gegen meinen Ungehorsam. Ich weigerte mich, Geschirr zu spülen, den Tisch zu decken und abzuräumen, die Kohlen hereinzuholen oder meiner Mutter in irgendeiner Weise zu helfen. Er schlug mich, aber ich steckte diese nicht allzu harten Schläge mühelos weg, also kaufte er eine Lederpeitsche mit dünnen Riemen und bearbeitete damit die Rückseite meiner Beine, wenn ich ihn reizte, und ich reizte ihn tatsächlich. Um nicht im Haus helfen zu müssen, versuchte ich schon bald, ständig wegzubleiben, meistens indem ich zu den Gillespies ging. Wenn ich zu Hause sein mußte, las ich meine Bibliotheksbücher. Ich saß versunken da, hörte nichts, bis mein Vater mir das Buch wegriß und rief: »Nimm die Nase aus dem Buch und hilf deiner Mam, sonst setzt's was!«

IX

Gegen Ende 1948 bekam dieses »Sonst setzt's was!« eine bedrohlichere Bedeutung. Meine Mutter mußte ins Krankenhaus. Mein Vater kündigte das in einem unheilschwangeren Ton an – »Eure Mam muß ins City General«. Ich fragte ihn nicht nach dem Grund. Ich gönnte ihm die Befriedigung nicht, die es sicher für ihn gewesen wäre, wenn er gemerkt hätte, welche Angst ich hatte, so daß ich ausnahmsweise einmal nicht sagte: »Ist mir doch egal.« Ich fragte sie später. Die Antwort war: »Wegen einer Operation.« Was war eine Operation? Meine Mutter reagierte ausweichend, fast verlogen, so daß ich sie nicht mit weiteren Fragen in Verlegenheit bringen wollte. Eine Operation. Im City General. Manchmal starben Menschen in Krankenhäusern. Wenn meine Mutter sterben würde, was sollte ich dann machen? Eine Mutter war lebenswichtig, jedenfalls war meine Mutter für mich lebenswichtig. Es war nicht nur Egoismus, der den Gedanken, daß meine Mutter möglicherweise sterben könnte, so entsetzlich machte, es lag auch daran, daß ich sie damals so leidenschaftlich liebte. Meine arme Mutter, die so viel für andere tat und der jetzt als Dank dafür eine Operation bevorstand.

Doch an dem Sonntag vor dem Montag, an dem sie ins Krankenhaus mußte, war ich besonders schwierig und widerspenstig. Sonntags aßen wir oft Milchreis, die einzige Süßspeise, die mein Vater mochte (bis auf Eiscreme). Ich haßte Milchreis. An jenem Sonntag kam er auf den Tisch, ganz klebrig, in einer rechteckigen Emailleform, die Ränder der weißen Pampe leicht verbrannt, genau wie mein Vater ihn liebte. Meine Mutter wußte, daß sie ihn mir nicht völlig ersparen konnte, so sehr es mich auch davor ekelte, denn mein Vater würde darauf bestehen, aus welchen Gründen auch immer, vor allem, um mich zu »zähmen«, daß ich etwas davon essen mußte. Sie gab mir eine sehr kleine Portion, aber trotzdem drehte sich mir der Magen schon beim Anblick dieses schlüpfrig-glibberigen Inhalts auf meinem Teller um. (Welch ein Jammer, daß ich damals den Vers noch nicht kannte: »Was liegt Mary Jane denn so schwer im Magen?/Sie hat wohl den Milchreis nicht vertragen.«) Mein Vater aß laut und genußvoll, während ich meinen Löffel voll noch immer nicht angerührt hatte. Der übliche Kampf begann. Er sah mich böse an und befahl mir aufzuessen. Ich sah den Milchreis böse an und rührte darin herum. Er befahl mir, mit dem Gemansche aufzuhören. Ich schloß die Augen. Meine Mutter sagte: »Bitte, Arthur, sie mag ihn nicht.« »Es wird gegessen, was auf den Tisch kommt«, sagte mein Vater. »Sie vergeudet gutes Essen. Sie ist verwöhnt.« »Bitte, Margaret«, flehte meine Mutter, »nur einen Löffel voll.« Ich schüttelte den Kopf. Wir alle saßen da eine halbe Stunde, eine Stunde, bis der Milchreis kalt und noch ekelhafter wurde. Schließlich verlor mein Vater die Beherrschung und schrie: »Du machst deine Mutter krank, es liegt an dir! Und morgen wird sie operiert. Iß den verdammten Milchreis, sonst setzt's was! Hoffe lieber, daß sie zurückkommt!«

Milchreis – Operation – Nicht-Zurückkommen. Die Wirkung dieser seltsamen Logik war überwältigend. Es stimmte genau. Ich rannte aus dem Haus, mein Herz pochte wild. Daß ich schuld am Tod meiner Mutter sein sollte, weil ich den Milchreis nicht gegessen hatte, war bereits Tatsache. Als ich schließlich wieder zu Hause war, nachdem ich stundenlang verstört in der Siedlung herumgeirrt war, gab ich mir große Mühe, leise und hilfsbereit zu sein. Mein Vater verhielt sich ebenso. Offenbar hatte meine Mutter mit ihm geschimpft, und vom Milchreis war nicht mehr die Rede. Der Abend ging damit hin, uns zu sagen, wie wir uns in den nächsten beiden Wochen verhalten sollten. Mrs. Gillespie würde jeden Morgen herüberkommen und mir das Haar flechten. Gordon, der gerade in einer Drogerie zu arbeiten angefangen hatte, würde, kurz bevor Mrs. Gillespie kam, gehen, und inzwischen würden Pauline und ich uns Weetabix kochen, die Milch dafür warm machen und den Gasherd mit *äußerster* Vorsicht anzünden. Nach der Schule sollten wir uns Tee kochen und nur Sandwiches dazu essen, aber *äußerst* vorsichtig mit dem Brotmesser umgehen, und gegen fünf sollte Mrs. Gillespie vorbeischauen, obwohl nicht ganz klar war, warum. Wir gingen das alles mehrmals durch, zusammen mit anderen Anweisungen, bei denen es ums Waschen, um das Wechseln der Kleider ging und darum, unsere Gebete zu sprechen und die Hintertür abzuschließen.

Die ganzen beiden Wochen waren scheußlich. Das Haus wirkte leblos, kahl, alles darin kalt und so trostlos, daß es uns völlig fremd vorkam. Nichts hatte sich verändert, aber weil meine Mutter nicht da war, hatte sich alles verändert. Wir waren still und ungewöhnlich höflich. Ich bekam Alpträume, träumte, alles, was braun war im Schlafzimmer – das Bettgestell, die Kommode, das Linoleum auf dem Boden –, sei Blut. Mein Vater, kaputt von der langen Arbeit in der Fabrik und den anschließenden Krankenhausbesuchen, hörte mich nie, wenn ich schreiend und schluchzend aufwachte und mich erst nach und nach beruhigte. Einmal, als ich aus einem Traum voller Blut aufwachte, wurde mir schlecht, und ich übergab mich in die Badewanne, bildete mir ein, ich hätte Milchreis gegessen. Am Morgen war das Erbrochene gefroren, so kalt war die Nacht gewesen, und ich mußte kesselweise Wasser kochen, es nach oben tragen und das Zeugs auftauen, damit es abfließen konnte. Oh, es war eine schreckliche Zeit, aber als ich in der zweiten Woche meine Mutter im Krankenhaus besuchen durfte, wußte ich, daß ich ihr das auf keinen Fall sagen würde.

Ich ging eifrig und aufgeregt hin, kam aber noch verängstigter und unglücklicher zurück. Meine Mutter sah entsetzlich aus. Sie hatte ein geschwollenes Gesicht und eine seltsam gelblichweiße Haut, und obwohl sie auf Kissen gestützt war, lag sie steif und unbeweglich in ihrem Krankenhausbett. Alles auf ihrer Station beunruhigte mich – die antiseptischen Gerüche, das gelegentliche Stöhnen von Patientinnen, und sogar die Schwestern, die nicht etwa die sanften Seelen waren, die ich mir vorgestellt hatte, nicht lächelnd herumschwebten und Stirnen glattstrichen, waren geschäftig und streng und schimpften mich aus, weil ich Dreck an den Schuhen auf die Station gebracht hatte. Auf einem viel zu niedrigen Stuhl sah ich beschwörend zu meiner Mutter auf, wünschte mir, daß sie mich tröstete, aber sie hatte Trost nötiger als ich, und ich wußte nicht, wie. Sie war traurig, müde, hatte keine Kraft. Sie fragte, wie es zu

Hause gehe, und ich log mutig und überzeugend, malte ein so übertriebenes Bild häuslicher Eintracht, daß ihr ein flüchtiges Lächeln gelang. Als ich die Station verließ, wagte ich kaum, nach rechts oder links zu sehen. Ich wollte die vielen kranken Frauen nicht zur Kenntnis nehmen. Ich konnte den Gedanken nicht ertragen, was ihnen angetan worden war, und daß sie Schmerzen hatten. Mir wurde schwach und schwindlig, wenn ich sie allein schon aus dem Augenwinkel sah. Ich wollte nur fliehen, weg von den Frauen und ihren Operationen, welchen auch immer.

Als meine Mutter schließlich nach Hause kam, dauerte es lange, bis sie wieder wie immer war, aber schon ihre Gegenwart reichte aus, unser Zuhause wieder vertraut zu machen. Ich hörte, wie sie zu Mrs. Gillespie sagte, »das ganze Ding« sei »jetzt draußen«, und sie sei »froh«, es »los zu sein«. Das schien also offenbar eine gute Nachricht zu sein. Es mußte eine gute Nachricht sein, obwohl ich sie nicht verstand, aber meine Mutter machte nicht den Eindruck, als sei sie froh. Sie schleppte sich herum, sah schwach und grau aus und legte sich oft völlig erschöpft auf das abgenutzte, alte Sofa, was sie vorher nie getan hatte. Mein Vater war verständnisvoll. Er ließ nicht mehr zu, daß sie morgens als erste aufstand. Er überredete sie dazu, eine Stunde länger im Bett zu bleiben, und brachte ihr Tee, ehe er durch den eisigen Morgen zur Arbeit radelte. Seine Sorge äußerte sich in einem erneuten Angriff auf mich, weil ich nicht genug im Haus half. Er sagte, ich müsse gezwungen werden, mehr zu tun, aber meine Mutter sagte: »Ach, laß sie in Ruhe, sie ist früh genug an der Reihe.« *Was?* Ich traute meinen Ohren nicht. An der Reihe wofür? Für Operationen? Schwach und krank im Bett zu liegen?

Nein. Das kam nicht in Frage. Ich würde mich schlicht weigern, an die Reihe zu kommen, ich würde mich weigern, das war etwas für andere, nicht für mich.

Es war eine solche Erleichterung, als meine Mutter wieder wusch und Choräle sang, adrett und frisch in der Schürze und dem Turban, das Haus und uns wieder im Griff hatte. Und dann geschah etwas Unerwartetes. Ein Brief kam für sie, vom Gesundheitsamt. Es war sechzehn Jahre her, seitdem sie dort gearbeitet hatte, aber wie Onkel Len ihr immer wieder sagte, war sie nicht in Vergessenheit geraten. Sie wurde gefragt, ob sie zurückkommen könne, um für drei Monate eine plötzlich freigewordene Stelle zu übernehmen, weil es ein wenig dauern würde, die richtige Person dafür zu finden. Mein Vater war skeptisch. Ihm gefiel der Gedanke überhaupt nicht, nachdem meine Mutter sich gerade erholt hatte und sich die Verhältnisse für uns alle wieder normalisiert hatten. Aber meine Mutter wollte diese Stelle auf Zeit annehmen. Sie reizte nicht nur das Geld, obwohl das auf jeden Fall ein Anreiz war – möglicherweise konnten wir uns dadurch im nächsten Sommer eine Woche in Silloth leisten –, sondern auch der Gedanke, etwas anderes zu tun als zu putzen und zu kochen. Also ging sie hin, voller Sorge, sie sei nicht klug genug, sah jedoch wie verwandelt aus in den abgelegten Sachen von Nan, die diese ihr eilig geschickt hatte: einem grauen Faltenrock mit Strickjacke und einer zartrosa Bluse mit einer Schleife am Kragen, die sie mindestens zwanzigmal neu gebunden hatte, ehe sie schließlich losging. Sie genoß diese drei Monate. Wir genossen sie nicht. Wieder kam ich in ein leeres Haus zurück, und dieses Mal gab es *keine Entschuldigung*. Ich wünschte mir, beim Öffnen der

Küchentür den Duft von Kuchen zu riechen, den meine Mutter gebacken hatte, das brennende Feuer zu sehen und zu wissen, daß ich liebevoll umsorgt wurde, von dem Augenblick an, in dem ich heimkam. Ich schmollte, hing herum, tat so, als wäre ich noch gar nicht nach Hause gekommen, und erledigte keine der kleinen Aufgaben, mit denen ich ihr helfen sollte. Ich ließ es zu, daß meine Mutter nach Hause kam, ohne daß sie auch nur eine der Annehmlichkeiten erwartete, mit denen sie mich regelmäßig verwöhnt hatte.

Seltsamerweise schien ihr das nichts auszumachen, sie schien es nicht einmal zu merken, so glücklich war sie darüber, daß sie wieder arbeitete. Wir waren alle ganz einfach neidisch. Wir maulten und hielten sie davon ab, uns von ihrem Tag zu erzählen, zeigten keine Freude an ihrer Freude. Ihr dabei zuzuschauen, wie sie ihr eigenes Geld ausgab, *war* jedoch eine Freude, die wir gern teilten. Sie ging in einen kleinen Laden in der Botchergate, wenigstens war es nicht der Co-op. Ich schlug Binn's oder Bullough's für diese aufregende Einkaufsexpedition vor, aber das waren Vorschläge wie von Nan. Der kleine Laden reichte völlig aus. Meine Mutter kaufte einen neuen Rock, in Dunkelblau, ihrer Lieblingsfarbe, und ein Twinset fast im selben Farbton, nur etwas heller, und einen Seidenunterrock zum Daruntertragen. Sie sehnte sich nach einem Mantel, aber eine so große Anschaffung wie ein Wintermantel hätte alles andere unmöglich gemacht; deshalb begnügte sie sich mit ihrem alten Mantel. Ich beobachtete sie, wie sie die Seide des elfenbeinfarbenen Unterrocks durch ihre Finger gleiten ließ und dabei lächelte, und ich schaute zu, wie sie sich in ihren neuen Kleidern im Ladenspiegel musterte und noch mehr darüber lächelte, wie attraktiv und jung sie plötzlich aussah. Im nächsten Monat waren es Schuhe, gekauft bei K Shoes, schwarze Ausgehschuhe, sehr schick, und ein Paar pelzgefütterte Stiefel (obwohl sie die an einem Marktstand erwarb). Meine Mutter hatte schöne Beine und zarte Knöchel, und in den neuen Schuhen und in dem blauen Rock sah sie elegant aus. Ihr letzter Einkauf war ein Hut, ein blauer Filzhut mit einer Feder an der Seite. Dann war es vorbei, das zusätzliche Geld war ausgegeben, und das Wunder daran war, daß sie es für sich selbst ausgegeben, weder gespart (der Gedanke an eine Woche in Silloth wurde als unrealistisch verworfen) noch für uns verwendet hatte.

Ihr wurde eine feste Teilzeitstelle angeboten – die Zeiten hatten sich geändert, und verheiratete Frauen durften jetzt auf Teilzeitbasis weiterarbeiten –, aber sie nahm sie nicht an. Es wäre ihr zuviel geworden, länger als eine kurze Zeit wieder zu arbeiten, während sie einen Haushalt, einen Ehemann und Kinder zu versorgen hatte. Es war in Ordnung, ihre Pflichten drei Monate lang zu vernachlässigen, aber nicht für immer. Arthur war ohnehin nicht glücklich. Er hielt es immer noch für falsch, wenn Ehefrauen und Mütter arbeiteten. Ich hörte, wie sie das Mrs. Gillespie und anderen erklärte, ohne ein einziges Mal über ihre wahren Gefühle zu sprechen, daß sie arbeiten wollte, weil sie es gern tat. Sie schien sich nicht zu wehren. Dann wurde Arthur etwa zur selben Zeit erneut eine andere Stelle mit einem höheren Lohn und einem Haus angeboten. Freude? Nein. Dieses Mal war es eine Stelle hier, in diesem Land, aber in Liverpool. Das reizte genausowenig wie damals Südafrika. Liverpool? Aber das war nicht Carlisle, warum sollte er dorthin? Warum sollte er seine Frau und seine Familie entwurzeln? Undenkbar.

Meine Mutter bekam bald ein sehr schlechtes Gewissen, weil sie »egoistisch« gewesen war und ihr Geld für sich und nicht für uns, meine Schwester und mich, ausgegeben hatte. Es regte sie schrecklich auf, daß wir in jenem Jahr nicht zu Ostern neu eingekleidet werden konnten. »Für Ostern neu eingekleidet zu werden« war ein Ritual in Raffles, verlieh sofort Ansehen, was zum Teil ein Grund war, warum Kleidung so wichtig genommen wurde – aber nur zum Teil. Meine Mutter liebte Kleider immer noch um ihrer selbst willen – sie gaben ihr einfach ein besseres Gefühl, aber außerdem glaubte sie, sie seien tatsächlich wichtig. Sie zeigten der ganzen Welt, daß man auf sich achtete und sich Mühe gab, so ordentlich wie möglich zu erscheinen. Sie zeigten, daß man sich, wie schwierig die Umstände auch sein mochten, darüber erheben konnte. Das galt vor allem zu Ostern. Wenn die Kinder keine nagelneuen Kleider hatten, die sie am Ostersonntag in der Kirche tragen konnten, wenn sie nicht »für Ostern eingekleidet« worden waren, verlor man das Gesicht. »Wirst du für Ostern eingekleidet?« fragten wir einander in der Schule, und groß war die Befriedigung, wenn man mit »ja« antworten konnte.

An jenem Ostern, dem Ostern, das dem Kauf ihrer neuen Kleider folgte, der Kleider, die ihr das Gefühl gegeben hatten, nichts sei mehr ganz so trostlos und enttäuschend, nahm mich meine Mutter beiseite und teilte mir mit äußerst ernster Miene mit, Pauline und ich könnten nicht für Ostern eingekleidet werden, es sei denn, etwas von dem Geld, das unsere Großmutter für uns bei der Trustee Savings Bank hinterlegt hatte, werde für neue Kleider ausgegeben. Sie sagte, sie wünsche sich, uns Kleider kaufen zu können, aber sie könne es nicht; deshalb müßten wir die Erlaubnis dazu geben,

Großmutters Geld, das für unsere Zukunft bestimmt war, anzubrechen. Es ging nur darum, zwanzig von hundert Pfund abzuheben, aber sie unterstrich, die Entscheidung liege bei mir. Ich war sofort einverstanden. Ich begriff nicht, warum sie wegen einer solchen Kleinigkeit so zögernd und ängstlich war. Ich ging mit ihr zur Trustee Savings Bank, und wir waren beide völlig eingeschüchtert durch die Formulare, die unterschrieben werden mußten, und die Verhandlungen, bis uns zwei Zehnpfundnoten überreicht wurden. Wir hatten die Bank kaum verlassen, als meine Mutter sagte: »Das hätte ich nicht tun sollen«, als hätten wir soeben die Bank ausgeraubt, aber bald, unterstützt und angefeuert von meiner Aufregung, wurde sie munterer, und wir fingen mit dem Ausgeben an. Wir kauften meterweise feinen grauen Flanell, aus dem eine Schneiderin, von Nan aus ihrer Zeit in Carlisle empfohlen, Kostüme für uns nähen sollte, und rosa Seidenblusen mit kleinen Perlenknöpfen, Strohhüte mit künstlichen Blumen, rosa und weißen Rosenknospen, und neue schwarze Lackschuhe mit einer Spange über dem Fuß. Lieber Himmel, was für ein Vergnügen für meine Mutter und uns, als wir am Ostersonntag zur Kirche stolzierten, die »am besten für Ostern eingekleideten« Mädchen in der ganzen Siedlung.

Wir wurden nie wieder so herausgeputzt, aber im nächsten Jahr tauchten zwei »neue« Kleider auf. Weil wir nicht beim Einkaufen dabeigewesen waren, lagen sie einfach da, auf unserem Bett. Ich war überrascht. Sie paßten uns beiden perfekt. Ich musterte meins sorgfältig. Es war neu, aber irgendwie nicht richtig neu. Es fühlte sich nicht so an, wie etwas Neues sich normalerweise anfühlt. Das sagte ich zu meiner Mutter, und sie wurde sofort rot und gestand, die Kleider stammten aus einem Secondhandshop in der Globe Lane, einem sehr *sauberen* Secondhandshop. Es gäbe keinen anderen Weg, uns mit neuen Kleidern auszustatten, sagte sie mit zitternder Stimme, es tue ihr leid. Ich war wütend. Ich konnte ihr Bedauern nicht ertragen – daß sie sich so aufregte, weil wir auf Secondhand-Kleider zurückgreifen mußten, als ob das eine Rolle spielen würde. Aber für sie spielte es eine Rolle, und ich mußte dagegen ankämpfen, daß es mir nichts ausmachte, weil sie mir ihre Vorstellungen über Kleider in den Kopf gesetzt hatte. Das war nicht Snobismus. Das war diese Überzeugung, daß Kleider den Charakter offenbarten. Sie zeigten der Welt, wer man war, und wir waren auf keinen Fall eine ärmliche Familie, die in einer städtischen Siedlung wohnte. Mein Gott, nein, wir waren immer unglaublich gut angezogen und stolz darauf, vor allem die Frauen. Meine Mutter konnte nun einmal nicht in ihrer Liebe zu Kleidern schwelgen, aber Kleider waren ihre Methode, so zu tun, als sei das Leben nicht, wie es war. Frauen wie sie mußten sich etwas vormachen, indem sie die Wirklichkeit verschleierten, und Kleider waren ein Weg, das zu tun.

Noch eine Lektion, die ich nicht lernen wollte.

Ein wichtiger Teil der Rolle als Tochter war einzukaufen. Ein Sohn wurde vielleicht auf Botengänge geschickt, nicht zu verwechseln mit dem »Einkaufengehen«, was von einer Tochter als selbstverständlich erwartet wurde. Einkaufen zu gehen war immer ein aufregendes Gefühl, ein Ereignis. Wir mußten adrett angezogen sein, wir mußten so schick wie möglich aussehen (wieder Kleider). Es hieß: »Zieh deinen anderen Rock an und saubere Socken, wasch dir die Hände und das Gesicht und kämm dir das Haar, sonst darfst du nicht mit.« Wir stiegen vor unserem Haus in einen Doppeldecker-Ribble-Bus. Jede von uns trug eine Tasche, meine Mutter, meine Schwester und ich. Ich hätte gern einen Weidenkorb gehabt, Körbe waren soviel hübscher, aber obwohl sie einen Korb fürs Einkaufen in der Gegend hatte, duldete sie ihn bei solchen Anlässen nicht. Sie hatte eine große Ledertasche für die schweren Sachen, und wir hatten Netze, dünne Dinger, die, wenn man sie öffnete, erstaunlich viel Platz boten, aber in denen man nur leichte Waren tragen konnte.

Der Bus hielt beim Rathaus. Unser Einkauf begann in der überdachten Markthalle, wie es meine Mutter ihr Leben lang gehalten hatte und ihre Mutter vor ihr. Wir gingen durch die große Flügeltür, den kleinen gepflasterten Abhang hinunter und kauften an den Metzgerständen, genau wie früher meine Großmutter. Wir kauften dieselbe Art Cumberlandwurst, Dosenfleisch und Blutwurst, was ich alles haßte. Der Rest der Familie liebte diese Delikatessen, vor allem Dosenfleisch, das auf das Butterbrot gestrichen wurde, getränkt von Gelee. Nach der Tortur des Fleischkaufens wurde es besser. Ich mochte die Obst- und Gemüsestände, voller Waren, die nicht besonders künstlerisch angeordnet, aber absolut frisch waren und die jeden Morgen von den umliegenden Feldern hereingebracht wurden. Nichts Exotisches wie Ananas oder Melonen – ich hatte damals solche Früchte noch nie gesehen –, und kein feines ausländisches Gemüse, nur riesige Kohlköpfe, Blumenkohl, Lauch, Zwiebeln und tonnenweise Kartoffeln, tonnenweise. Mein Vater zog fast all unser Gemüse in seinem Schrebergarten, aber seit sein Treibhaus bei einem Gewitter eingeschlagen worden war, kauften wir Tomaten. Die letzte Station waren immer die Butterfrauen, die hinter aufgebockten Tischen saßen, Butter und Käse vor sich aufgebaut, die Butterstücke jeweils mit einer eigenen Verzierung. Wie jeder Teil unseres Lebens verlief auch der Einkauf auf dem Markt nach einem festen Muster, die Route zwischen den Ständen änderte sich nie – Metzger, Obst- und Gemüsehändler, Butterfrauen. Wir kamen sehr langsam voran. Während die Waren ausgewählt, kommentiert und bezahlt wurden, hatte ich Zeit, zum Glasdach hinaufzuschauen, über das Tauben hinwegflogen, und den Widerhall der Geräusche in diesem höhlenartigen Raum in mich aufzunehmen. Es war immer kalt, weil es keine Heizung gab und die Türen sich auf jeder Seite zur Straße hin öffneten, und für die Marktleute war es oft schwer, mit den Händen, die in zwei Paar Fausthandschuhen steckten, und mit den Schals, die herunterhingen und ihnen im Weg waren, die Waren abzuwiegen. An den vielen nassen Tagen fegte der Regen herein und lief den gepflasterten Haupteingang hinunter, bis ein richtiger Strom daraus wurde und man den Pfützen nur schwer ausweichen konnte. Wie ich mich danach sehnte, aus der Markthalle heraus und in die warmen Läden zu kommen.

Als nächstes gingen wir zu Lipton's und kauften Tee und gekochten Schinken in Scheiben, an zwei verschiedenen Tresen im gleichen Laden mit zwei verschiedenen Schlangen. Ich wurde in die eine Schlange gestellt, meine Mutter und meine Schwester standen in der anderen an. Wieviel Geduld wir hatten, darauf eingestellt, daß jeder Einkauf Ewigkeiten dauern würde. Jeder beobachtete, was die andern kauften und ob die

Verkäufer jemanden bevorzugten. Die Verkäufer trugen weiße Mützen und waren sehr schnell, was die ganze Warterei schwer begreiflich machte. Es war das Bezahlen, das soviel Zeit in Anspruch nahm, das System, das Geld in Dosen zu stecken, die an der Decke zur Zentralkasse schnurrten und dann wieder zurück mit dem in die Rechnung gewickelten Wechselgeld. Binn's hatte diese Methode gerade abgeschafft. Bei Binn's kassierte jeder Verkäufer direkt, aber andererseits waren Binn's und Bullough's etwas gehobener als die anderen Läden, und in eines dieser (für Carlisle) großen Warenhäuser zu gehen, war der schönste Teil des Einkaufens.

Sie zu betreten war ein Luxus, ein Genuß. Wir kauften dort nur Kleinigkeiten, Dinge, von denen meine Mutter wußte, daß sie überall gleich viel kosteten. Nähgarnrollen, Druckknöpfe, manchmal Briefpapier, nie etwas Teures. Es ging nur darum, einen Grund zu haben, zu Binn's zu gehen und die kultivierte Atmosphäre zu genießen. Wir kauften dort nicht einmal ein billiges Kleidungsstück. Kleider wurden bei Co-op gekauft, wo sonst? Ein langer Fußweg von Binn's die English Street hinunter, breit und elegant mit dem Rathaus aus dem siebzehnten Jahrhundert an dem einen Ende, vorbei am prächtigen viktorianischen Bahnhof und in die Botchergate, einer langen, lauten, engen Durchfahrtsstraße mit häßlichen Läden, in die hineinzugehen sich nur wegen der beiden Kinos lohnte. Sobald wir die Botchergate betraten, wirkte die Stadt plötzlich eng und trist. Ich hatte keine Ahnung von Architektur, aber ich bemerkte, daß die Gebäude anders waren, daß die Atmosphäre etwas mit der Anlage der Straße zu tun hatte.

Nichts war deprimierender als der Co-op. Er stand auf halber Höhe Botchergate, zurückversetzt, ein riesiges Gebäude mit einem zentralen Innenhof, um den herum auf allen drei Stockwerken Balkone verliefen. Diese konnte man über Steintreppen erreichen. Es dauerte Ewigkeiten, sie hinaufzusteigen, wovon meiner Mutter die Beine weh taten. Die Waren wirkten schäbig und waren schlecht ausgestellt – auf Arrangements wurde weder Aufwand noch Sorgfalt verwendet, weil die wichtigsten Kriterien im Co-op Billigpreise und Sonderangebote waren. Die Beleuchtung war schwach und schlecht, die Verkäufer allesamt ältlich und mißmutig. Das Einkaufserlebnis im Co-op war trostlos, und es machte keinen Spaß, gerade dort das Notwendigste einzukaufen – Unterhemden, Schlüpfer, Socken und Liberty-Leibchen. Eine Spezialität im Co-op war eine besondere Sorte von innen angerauhten Liberty-Leibchen, einer Art Weste, über dem Unterhemd zu tragen, mit stoffbezogenen Knöpfen vorn und manchmal mit Halterungen für Strapse, falls gewünscht. Liberty-Leibchen saßen eng, das war der Sinn der Sache, und obwohl sie aus weichem Stoff waren, ähnelten sie einem Korsett für Mädchen. Es war mühselig, sie zu waschen. Zum Waschen waren sie eigentlich nicht gedacht, und sie wurden auch nur selten gewaschen. Sie gingen dabei ein, wie sorgfältig man das auch tat. Aber meine Mutter hatte großes Vertrauen in die schützende Wirkung der Liberty-Leibchen gegen Erkältungen. Wir mußten sie im ganzen Winter und im halben Sommer tragen, und wenn wir eine Erkältung bekamen, konnte es nur daran liegen, daß unsere Liberty-Leibchen fadenscheinig geworden waren; wir mußten im Co-op sobald wie möglich neue besorgen. Ich haßte meine. »Warum heißen sie *Liberty*-Leibchen?« beschwerte ich mich. Ich wußte, was das Wort *liberty* bedeutet und empfand in diesem Kleidungsstück kein Gefühl von Freiheit. Meine Mutter wußte es nicht und hielt es auch nicht für notwendig, das herauszufinden. Es war nicht wichtig.

Die letzte Station beim Einkauf war das Brot, und gelegentlich gab es als Belohnung dafür, daß wir den Co-op ertragen hatten, auch Sahne-Doughnuts oder Schokoladeneclairs. Wir gingen die Botchergate zurück, machten einen Bogen um den Hügel herum und kamen in die Lowther Street, wo meine Mutter zur Schule gegangen war, die breit, aber nicht beeindruckend wie die English Street war. Auf halbem Weg gab es eine Bäckerei, in der wir eine besondere Sorte Sirupbrot und köstlichen Teekuchen kauften (rundes, weiches Brot, ungewürzt oder süß, mit oder ohne Rosinen, in drei Größen). Dann gingen wir durch eine der mittelalterlichen Gassen und stiegen am Rathaus wieder in den Bus. Das war es für eine weitere Woche. Wir waren »in der Stadt« gewesen, und meine Mutter war erschöpft, vor allem von der Anspannung, so viele Dinge zu sehen, die sich sich wünschte, aber sich nicht leisten konnte. Sie seufzte, wenn sie ihre Tasche abstellte, und dann, noch im Mantel, setzte sie sich hin und schloß die Augen für einen kurzen Moment, bevor sie sich eine Tasse Tee kochte. Das war ihre Art, sich zu entspannen. Lesen half ihr nicht, sich zu entspannen; sie griff nie zur Zeitung. Sie war viel zu schnell wieder auf den Beinen, als daß sie hätte irgend etwas lesen können.

Sie las ohnehin nicht viel – das Gemeindeblatt, *The People's Friend* meiner Großmutter, die Bibel, und das war so gut wie alles. Sie hielt Zeitschriften für eine unglaubliche Geldverschwendung, voll von dummen Fotos und Artikeln, durch und durch verwerflich. Meine Vorliebe für so gut wie jede Zeitschrift ärgerte sie. Bei verschiedenen Nachbarn zu Hause las ich *Woman* und *Woman's Own* und war hingerissen, hingerissen von ihrer Buntheit, wie verlogen der Inhalt auch sein mochte, und ich kaufte für mich *Girl's Crystal* und später *Eagle* und *Girl.* Ich las jedes Wort, egal wie sentimental oder abgedroschen (obwohl ich nicht merkte, daß die Artikel in diesen Zeitschriften beides waren). Es interessierte mich allein, daß sie mir einen Einblick in ein ganz anderes Leben boten als in das, das ich kannte. Ich liebte die Modeseiten und sehnte mich nach den Billigangeboten oder den Sonderangeboten – mit zehn wünschte ich mir mehr als alles andere einen roten Taftrock. Er sah an dem Mannequin in *Woman's Own* so schön schillernd aus. Ich lag stundenlang auf dem Bauch im Wohnzimmer auf dem Boden und blätterte Stapel alter Zeitschriften durch, die ich geschenkt bekommen hatte, und las denselben Kram immer und immer wieder.

Es brachte meine Mutter zur Verzweiflung: »Ich hätte dich für vernünftiger gehalten«, sagte sie, und als ich anfing, mir selbst Zeitschriften zu kaufen, hielt sie mit ihrer Verachtung nicht hinter dem Berg – »Soviel Geld!« rief sie wegen der sechs Pence, die ich ausgegeben hatte. »Und wofür? Nur für Schund.« Ich konnte mich nur damit verteidigen, daß ich behauptete, ich möge Schund, was sie zu Recht als unzureichend abtat. Ich konnte nicht ausdrücken, was diese Schundmagazine mir bedeuteten, warum es mich so glücklich machte, wenn eine neue Nummer erschien. Meine Mutter machten sie nicht glücklich. Das Leben mochte prosaisch, mochte hart sein, für sie änderte auch eine alberne Zeitschrift nichts daran. Kein Lesestoff bewirkte das für sie, ihr gab das Lesen nicht, was es mir gab. Ich durfte sogar die Comic-Hefte meines Bruders lesen, und sie hatte nie Einwände gegen meine Vorliebe für *The Hotspur, The Wizard, The Rover* und *Cannonball.* Sie sparte sich ihre Verachtung für die Frauenzeitschriften auf – es war fast, als wären sie ein Laster, dem ich verfallen sei, als glaubte sie, mit meiner Vorliebe dafür zeigte ich eine Schwäche, gegen die anzukämpfen ihre Pflicht sei – populäre Zeitschriften führten ins Verderben.

Gleichermaßen verdächtig war meine Leidenschaft für Fotos von Filmstars. Meine Mutter begriff nicht, was für einen Sinn die Hochglanzfotos haben sollten, die ich mir schicken ließ – für sie hatten sie überhaupt nichts Romantisches an sich. Ich weidete mich an einem neuen Autogrammfoto von Hedy Lamarr, und meine Mutter schüttelte ungläubig und angewidert den Kopf. Ich hatte ein Album und klebte die Fotos hinein, dann schlug ich langsam Seite für Seite um und war hypnotisiert von den riesigen Augen, den langen Wimpern, den Lippen und dem glänzenden Haar meiner Lieblinge. Aber meine Mutter, mit ihrem unnachgiebigen Respekt vor der Wahrheit, wußte, daß diese Bilder trogen, und sie wollte nicht, daß ich darauf hereinfiel. Sie wollte auch nicht, daß ich auf dumme Gedanken kam. Vielleicht bildete ich mir ja ein, ich könne ebenfalls Filmstar werden, und ich hatte ohnehin schon den Kopf voll gefährlicher, verstiegener Flausen – *immer* glaubte ich, ich könne etwas werden, was ich, davon war sie überzeugt, nie werden konnte. Einmal öffnete sie eine Nachnahmesendung von einer Firma, die solche Fotos vertrieb. Ich hatte ein neues Foto von Margaret

Lockwood bestellt und, als es nicht kam, angekündigt, ich wolle schreiben und mich beschweren. Daraufhin sagte Mutter zu mir, sie habe einen Brief geöffnet, in dem zusätzlich zwei Shillinge verlangt wurden, bevor das Foto geschickt werden könne und daß sie ihn zerrissen habe. Ich war wütend und sagte, ich hätte das zusätzliche Geld geschickt und würde es jetzt tun. »Dann bist du ganz schön blöd«, sagte sie. »Du läßt dich ausnutzen. Das Foto ist das Geld nicht wert. Ich wollte dich nur vor dir selbst schützen.« Ich fing an zu schreien – ich wolle nicht vor mir geschützt werden, das sei das allerletzte. Ich wollte ich sein, und ich sehnte mich nach diesen verführerischen Hochglanzfotos. Ich schickte das zusätzliche Geld, aber meine Postanweisung kam zurück. Das Bild war ausverkauft.

Ich gab mein Taschengeld oft für ähnlich lächerliche Dinge aus, aber meine Mutter war nicht immer dagegen. Wenn ich mich mit Eiscremes vollstopfte, war das offenbar in Ordnung. Aber wirklich gern hatte sie es, wenn ich beschloß, mein Geld für andere auszugeben, tugendhaft damit umzugehen, es in der Kirche in den Opferstock zu stecken oder in die Missionsbüchse, die sie zu Hause aufgestellt hatte. Manchmal tat ich das. Aber obgleich ich das Gefühl der Tugend, das ich dabei empfand, gern mochte, und noch lieber die Zustimmung meiner Mutter, war es schwierig, weil dieses Gefühl so kurzlebig war.

Das Geld war weg, meine wöchentlichen zwei Shillinge, und bevor noch der Sammelteller am Ende der Reihe angekommen war, bedauerte ich schon den Verlust. Ich konnte den Gedanken kaum ertragen, die nächsten sieben Tage kein Geld zu haben. Es war besser, großzügig zu sein und etwas dafür zu bekommen. Eine gute

Gelegenheit bot sich, als eine unbeliebte Lehrerin, Miss Parker, in den Ruhestand ging. Niemand schenkte ihr etwas. Ich erzählte meiner Mutter, wie leid mir die arme Miss Parker tue, die einzige Lehrerin, die ohne Geschenk in den Ruhestand gegangen sei, weder Blumen noch ein anderes Zeichen der Anerkennung. So kam mir die geniale, edelmütige Idee, selber ein Geschenk für Miss Parker zu kaufen und es ihr zu bringen; die Adresse kannte ich. Meine Mutter war begeistert – *das* war die Tochter, die sie sich immer gewünscht hatte. Ich sparte pflichtschuldig vier Wochen lang mein Taschengeld von zwei Shillingen pro Woche, dann ging ich zu Woolworth und kaufte ein Bild. Es hatte einen vergoldeten Rahmen, fünfzehn mal zwanzig Zentimeter, was mir als eine respektable Größe erschien, der Druck einer Wiese mit einem kleinen Mädchen, das Mohnblumen pflückte. Ich meinte, das Mädchen sähe fast so aus wie ich, und freute mich über die Ähnlichkeit.

Ich wickelte das Bild in Seidenpapier und machte mich auf den Weg, stellte mir schon eine in Tränen aufgelöste, dankbare Miss Parker vor und übte meine bescheidene Erwiderung. Aber Lehrer zu Hause zu besuchen, war etwas, das nie jemand tat, und als ich mich Miss Parkers Haus am Ufer des Caldew näherte, kam mir in den Sinn, warum sie so unbeliebt gewesen war: Sie war zum Fürchten. Sie hatte gern geschlagen, nicht mit einem Rohrstock, sondern mit einem massiven Holzstock, an einem Ende dick, am anderen schmal, einer Art Zeigestock für die Wandtafel. Ich war aufgeregt, als ich bei ihr klingelte, und wurde noch aufgeregter, als ich hörte, daß sie an die Tür kam. Sie öffnete sie kaum. Nur einen Spaltbreit, aber weit genug, um ihre schlechtgelaunte Miene zu sehen und den bösen Blick hinter den dicken Brillengläsern. »Ja?« sagte sie scharf. »Was willst du, warum belästigst du mich?« Ich schob das eingewickelte Bild in den Türspalt, aber es ging nicht hindurch. Ich schluckte und flüsterte: »Es ist ein Geschenk. Ich wollte Ihnen ein Geschenk geben.«

»Was?« schrie sie und machte keine Anstalten, die Tür weiter zu öffnen. »Sprich lauter, verdammt noch mal.« Ich versuchte es noch einmal. »Es ist ein Geschenk zum Ruhestand. Ich wollte Ihnen etwas schenken, weil Sie nichts bekommen haben. Das war ungerecht.« Die Wut in ihrem Gesicht packte mich schließlich, und ich ließ das Bild auf der Schwelle fallen und rannte davon und wurde erst langsamer, als ich um die Ecke gebogen war. Dann blieb ich stehen und weinte.

Sie war so danebengegangen, meine wunderbare Geste, und ich fragte mich, warum. Was hatte ich getan? Was hatte ich Falsches gesagt? Warum war Miss Parker so wütend gewesen? Meine Mutter tröstete mich und sagte, manche Menschen sähen in allem das Schlimmste, und ich dürfe nicht traurig sein, denn der liebe Gott habe gesehen und gehört und wisse, daß ich versucht hätte, gut zu sein. Ob ich mich nicht daran erinnere, daß in der Bibel stehe, man solle auch die andere Wange hinhalten? Es war nicht unbedingt vergleichbar, aber beinahe. Ich mußte tatsächlich die andere Wange hinhalten. Meine Mutter war stolz auf mich. Es sei eine nützliche Lektion in Demut, sagte sie. In Wirklichkeit war es, obwohl mir das nur vage bewußt war, nichts dergleichen. Es war eher eine Lektion darin, was geschieht, wenn man so verliebt ist in die eigene Tugendhaftigkeit, daß man nicht merkt, wie überheblich und selbstgerecht man ist.

X

Bald nach Miss Parkers Pensionierung kam ich in die Meritklasse. Die Merit war die gleiche Prüfung, die meine Mutter mit elf absolviert hatte, aber jetzt entschied sie sowohl über den Zugang zu den früher exklusiven, gebührenpflichtigen Gymnasien und High Schools als auch zu den beiden Schulen, Margaret Sewell und Creighton, die aus der alten Higher Grade hervorgegangen waren. Kurz gesagt, es gab in Carlisle Ende der vierziger Jahre ein dreiteiliges Sekundarschulsystem. Diejenigen, die bei der alles entscheidenden Eignungsprüfung am besten abschnitten, gingen entweder auf das Gymnasium, wenn es Jungen waren, auf die High School, wenn es Mädchen waren, und die nach ihnen gingen auf die anderen beiden Schulen. Wer durchfiel, war dazu verdammt, die staatliche Hauptschule zu besuchen, *Secondary Modern* genannt, die schlimmer war als jede andere Sekundarschule und alles andere als modern. Die Eignungsprüfung war folglich das große Ereignis in unserem Leben. Ihre Bedeutung war unumstritten. Sie entschied über unsere Zukunft, sie ordnete uns mit elf als klug, einigermaßen klug oder dumm ein.

Mein Bruder Gordon war 1943 bei der Eignungsprüfung durchgefallen, und weil er nicht dumm war, hatte ich immer gewußt, daß da irgend etwas nicht stimmen konnte. Meine Mutter war verzweifelt und suchte die Schuld in jenen Wochen, in denen Gordon in der Schule fehlte, weil er krank gewesen war. Er hatte in den Monaten vor der Eignungsprüfung Scharlach gehabt und war wochenlang im Spital (Pauline ebenfalls, aber ich steckte mich nicht an, ich steckte mich nie an). Meine Mutter wußte, daß die Eignungsprüfung in erster Linie ein Intelligenztest war, aber sie wußte auch, daß Gordon bei allen möglichen Übungsarbeiten gefehlt hatte und daß er selbst in den besten Zeiten wenig Selbstvertrauen hatte, und das war sein Nachteil. Es war ein Jahr vor dem wichtigen Schulgesetz von 1944, allgemein bekannt als das Butler-Schulgesetz, nach Rab Butler, dem damaligen Erziehungsminister. Es öffnete jedem Kind, wie arm auch immer, den Zugang zu den früher gebührenpflichtigen Gymnasien, weil jetzt Begabung das einzige Kriterium war. Auch Universitäten und Colleges standen nun solchen Kindern offen, denn es gab Fördermittel und außerdem staatliche Stipendien, die alle Kosten deckten. Mein Großvater hatte angeboten, Gordon die Schulgebühren für das Gymnasium zu bezahlen, aber er weigerte sich, das Geld anzunehmen. Er war ganz durcheinander, und er war stolz – wenn er die Prüfung nicht bestanden hatte, wollte er auch nicht aufs Gymnasium. Arthur meinte, er mache es richtig, Lily meinte, er mache es falsch. Arthur war kein gutes Beispiel dafür, das Gymnasium nicht zu besuchen. Was für einen Job würde Gordon, ein Produkt der Jungenschule in der Ashley Street, bekommen? Einen schlechten Job, im günstigsten Fall eine Lehrstelle in irgendeiner Handelsfirma, und meine Mutter wußte, daß er zu mehr taugte. Er war ruhig, wie sie, und schüchtern, wie sie, aber er war außerdem sehr intelligent und fleißig und hätte eine gute Schulbildung verdient. Sie hatte das Gefühl, wenn sich seine schwache Gesundheit, unter der er während seiner ganzen Kindheit litt, erst gebessert hätte, werde er die verlorene Zeit nachholen und aufblühen, er sei nun einmal ein Spätentwickler (und das stimmte). Es war zum Verrücktwerden, daß ich klug und niemals krank war. Als Mädchen brauchte ich nicht klug zu sein. Es würde mir nichts nützen, genau wie es meiner Mutter nichts genützt hatte. Ich würde nur heiraten, Kinder bekommen und ihr Schicksal teilen, was ich auch sagen mochte.

Deshalb herrschte nicht die gleiche Nervosität wegen der Eignungsprüfung, als die Reihe an mir war – ausgenommen in meinem Kopf. Bei dem Gedanken, die Prüfung nicht zu bestehen, wäre ich am liebsten gestorben, so übertrieben reagierte ich darauf. Ich *mußte* die Carlisle and County High School for Girls (ich war vernarrt in den vollen Titel) besuchen. Nichts anderes kam in Frage, auf keinen Fall die Margaret Sewell School. Die Einstellung meiner Mutter und meiner Familie der High School zu ihrer Zeit gegenüber teilte ich nicht. Ich glaubte keinen Augenblick, daß die High School unerreichbar sei für mich oder zu gut für mich oder nichts für meinesgleichen, und wenn das bedeutete, daß ich mich verstieg, warum nicht. Ich versuchte verzweifelt, das zu übertreffen, was angeblich in meiner Reichweite lag. Aber es war in jeder Beziehung zu meinem Vorteil, daß sich 1949 die Lage im Schulwesen gegenüber der von 1913 dramatisch verändert hatte. Die High School war nicht mehr gebührenpflichtig. Der Besuch war kostenlos, aber nur wenn man die Eignungsprüfung bestanden hatte. Bücher mußten nicht mehr bezahlt werden, und obwohl es noch immer eine

Uniform gab, waren Fördermittel für diejenigen vorhanden, die zu arm waren, um sich solch eine Ausgabe leisten zu können. Allein die Erwähnung des Wortes »Fördermittel« löste zu Hause Schauer des Entsetzens aus – Fördermittel waren *Almosen*, und wir würden niemals Almosenempfänger sein –, aber nicht so bei mir.

Ich begann, am Lismore Place herumzustreichen, wo die High School stand, abseits hinter einem Zaun. Ich ging die Straße entlang, und wenn niemand in der Nähe war, schaute ich durch einen Spalt in dem Lattenzaun und betrachtete verliebt das imposante Gebäude, auf den ersten Blick wie ein großes Landhaus mit Rasentennisplätzen davor. Jedesmal, wenn ich ein Mädchen in der High-School-Uniform traf, empfand ich heftige Stiche vor Neid – oh, wenn ich den marineblauen Rock hätte tragen können, den Blazer mit dem Wappen – Rose und Schloß –, den grauen Filzhut! So gekleidet wäre ich mitten in einer dieser völlig unrealistischen, aber so leidenschaftlich herbeigesehnten Schulgeschichten gewesen, von denen ich so viele gelesen hatte. Ich würde nicht mehr länger in einer städtischen Siedlung wohnen und ein langweiliges Leben führen. Dann wurde ich plötzlich krank, zum erstenmal in meinem jungen Leben. Die Eignungsprüfung war im März, und im Januar bekam ich eine Gelbsucht und konnte sechs Wochen lang nicht in die Schule gehen. Meine Mutter machte sich Sorgen, aber ich war verzweifelt – »Wird es mir bis zur Eignungsprüfung bessergehen?« schluchzte ich, lag so schwach und erschöpft da, daß ich eine Zeitlang nicht einmal lesen konnte. Meine Mutter ging in die Schule und bat um die Übungsaufgaben, die sie sich für Gordon seinerzeit noch nicht hatte geben lassen, und als es mir etwas besser ging, machte ich sie, und sie brachte sie in die Schule, wo ihr die Rektorin versicherte, es gäbe keinen Grund zur Sorge. Es sei völlig sicher, daß ich die Prüfung für die High School bestand, es sei ausgeschlossen, daß ich durchfalle.

Aber ich hielt es nicht für ausgeschlossen. Die Schule in der Ashley Street schickte nicht viele Mädchen auf die High School. In ihrem Einzugsgebiet lebten die Armen, im Gegensatz zur Stanwix School, oberhalb des River Eden. Dort schickten sie Dutzende von Mädchen auf die High School, während es die Ashley Street nur auf höchstens zwei im Jahr brachte. Die Prüfung war am 2. März. Ich konnte erst am 28. Februar wieder zur Schule gehen, noch immer wacklig auf den Beinen. In jenem Jahr führte ich ein Tagebuch, ein kleines rotes Pfadfindertagebuch, und es scheint nur die Daten und Gefühle zu verzeichnen, die mit dieser verflixten Prüfung zusammenhingen. Die Ergebnisse der Eignungsprüfung sollten am 15. Juni bekanntgegeben werden. Wie alle wußten, wurden sie am vierzehnten an die Adressen der Kinder verschickt, die die Prüfung bestanden hatten. Vier Tage vorher vertraute ich meinem Tagebuch an, wie quälend die Anspannung sei, schilderte meine Alpträume, aus denen ich schreiend aufwachte, inmitten von Strömen aus fließendem Blut (der gleiche Alptraum, den ich immer hatte). Das hatte überhaupt nichts mit der Eignungsprüfung und der High School zu tun, aber wenn meine Mutter mich weckte und beruhigte, sagte sie immer: »Wenn bloß diese Eignungsprüfung ausgestanden wäre. Das ist ja absurd.« Sie versuchte, mir zu erklären, es sei nicht das Ende der Welt, wenn ich durchfiele. Weder sie noch sonst jemand würde Druck auf mich ausüben. Aber sie verstand mich nicht, nur mein Tagebuch verstand mich. »Es würde das Ende der Welt bedeuten«, und danach eine ganze Zeile voller Ausrufezeichen.

Was für ein Theater für eine Zehnjährige (ich wurde erst im Mai elf). Am 15. Juni kamen keine Ergebnisse. Es sprach sich herum, daß sie den Schulen vorlägen und daß die von der Ashley Street schlecht seien. Am sechzehnten war mir beim Aufwachen so übel und schwindlig, als hätte ich wieder Gelbsucht bekommen. Ich konnte nichts essen, kein Wort sprechen. Ich machte mich mit Mühe für die Schule fertig, dann stand ich am Fenster und wartete auf den Postboten. Meine Mutter sagte nichts – ich sah so bemitleidenswert aus, und wie sie später sagte, war es ein neues Gefühl, Mitleid mit ihrer stets aggressiven älteren Tochter zu empfinden. Ich sah den Postboten auf der anderen Straßenseite. Er ging den Gehweg entlang und steckte etwas durch die Tür der Gillespies. Gleich darauf riß Mrs. Gillespie das Fenster auf, winkte heftig mit dem Umschlag und rief in die Gegend: »Er hat bestanden! Colin hat die Prüfung für das Gymnasium bestanden!« Inzwischen stand ich auf unserer eigenen Türschwelle, ungeduldig darauf wartend, meinen Umschlag selbst vom Postboten entgegenzunehmen. Er war fast auf der Höhe unseres Tores. Er war auf gleicher Höhe mit ihm. Er war vorbei … *vorbei.* Die Hände meiner Mutter lagen auf meinen bebenden Schultern. »Geh einfach zur Schule«, flüsterte sie, »es läßt sich nicht ändern.« Steif, mit hämmerndem Herzen, kaum zurückgehaltenen Tränen, zweifellos eine tragische kleine Gestalt, überquerte ich die Straße Richtung Bushaltestelle. Fast hätte mich das Milchauto gestreift – »Paß doch auf, wohin du gehst!« schrie der Milchmann. Ich würde nirgends hingehen, leider. Ich würde weiter zur Ashley Street gehen. Ich hörte meine Mutter rufen, aber ich glaubte, sie wolle mir ebenfalls nur sagen, ich solle besser aufpassen, und ging weiter, Schritt für Schritt und Schritt für Schritt. Dann holte sie mich ein, atemlos, und drückte mir einen braunen Umschlag in die Hand – »Es war ein Irrtum«, keuchte sie, »der Postbote ist zurückgekommen. Du hast die Prüfung für die High School bestanden.«

Mein Glück war überwältigend – ich war hingerissen, welch eine Freude, welch eine Erleichterung. Es war wunderbar. »Ich kann gar nicht aufschreiben, wie GLÜCKLICH GLÜCKLICH GLÜCKLICH ich bin«, erfuhr mein Tagebuch. Plötzlich war ich zu Hause ein wahrer Sonnenschein; meine Lebensgeister waren nicht zu dämpfen, mein Optimismus war allumfassend. »Sie hält sich schon jetzt für etwas Besseres«, murmelte mein Vater verhängnisvoll, aber meine Mutter sagte zu ihm, er solle dem Kind seinen großen Augenblick gönnen. Sie mußte in die Schule, um mit der Rektorin zu sprechen, sich Instruktionen über Regeln und Uniform geben lassen. Sie kam besorgt zurück. »Es ist ein so großes Gebäude«, erzählte sie mir, als ich sie mit Fragen bestürmte. »Die Halle ist riesig, du wirst dich verlaufen.« Ich wußte, daß mir das nie passieren würde. »Die Rektorin heißt Miss Wilson. Sie trägt einen schwarzen Talar. Du wirst Hausaufgaben machen müssen, du brauchst die ganze Uniform. Schau, ich weiß nicht, wie wir das schaffen sollen.« Ich sah die Liste an, genoß jede Einzelheit, war hingerissen von jedem Wort, von den ganz gewöhnlichen Wörtern – Lederranzen, Turnschuhe, Krawatte, Pullover mit V-Ausschnitt, marineblauer Regenmantel mit Kapuze, erhältlich beim Schulausstatter Jespers.

Meine Mutter wurde plötzlich lebhaft. »Nein«, sagte sie entschieden, »Co-op wird reichen müssen. Ich kann die Preise bei Jespers nicht bezahlen.» Ich bettelte und bettelte, aber sie war verärgert und sagte zu mir, ich solle nicht albern sein, ein Trägerrock sei ein Trägerrock, ganz gleich, wo er gekauft worden sei, und Jespers sei dafür berüchtigt, doppelt soviel zu nehmen wie jeder andere Laden. Schon bei Co-op seien die Sachen furchtbar teuer, das müsse ich verstehen. Ich verstand jedoch, und im Grunde genommen verstand auch meine Mutter mit ihrer Liebe zu Kleidern und ihrem Gefühl für Stil, daß ein Trägerrock von Co-op *nie* so aussehen würde wie einer von Jespers. Zum Glück waren meine Großeltern so stolz auf meine erstaunliche Leistung, daß sie meiner Mutter das Geld für die Uniform gaben. »Besorg ihr das Beste«, knurrte mein Großvater. Zum allerersten Mal mochte ich ihn: Das Beste konnte nur Jespers bedeuten.

Für ein paar Stücke der Grundausstattung bestand meine Mutter trotzdem auf Co-op – sie habe *nicht* vor, vier Shillinge und sechs Pence für ein Paar weiße Socken auszugeben, während Co-op genau dieselben für einen Shilling und elf Pence habe. Da sich mein Kleidersnobismus nicht auf Socken erstreckte, gab ich in diesem Punkt gnädig nach. Es reichte, daß der Trägerrock und der Blazer bei Jespers gekauft wurden. Meine Mutter genoß es noch mehr als ich, dorthin zu gehen – sie war stolz und würdevoll, und ihre Stimme war ganz verändert; sie verlangte mit ihrer Kirchenstimme »Eine Nummer größer, bitte« und sagte »Ein bißchen länger, glaube ich«. Der Raum, in dem die Schuluniformen hingen, war mit einem Teppich ausgelegt, die Regale waren aus massivem Holz und die Verkäufer sehr überheblich. Sie trugen Maßbänder um den Hals und nannten meine Mutter »Modom«. Sie war der Herausforderung, es ihnen an Arroganz gleichzutun, mehr als gewachsen. Als wir mit dem exklusiven Einkauf fertig waren, tranken wir zur Feier des Tages Tee in Binn's Café. »Ich hoffe bloß, daß es dir auf dieser High School gefällt«, sagte meine Mutter, »nach dem ganzen Theater, das du gemacht hast.«

Es gefiel mir. Ich liebte die High School so sehr, daß dagegen meine von Anfang an vorhandene Liebe zur Schule fast unbedeutend erschien. Aber ich merkte sehr schnell, daß ich hinterherhinkte. Ich wußte vieles nicht, was andere Mädchen wußten. Wer war Dickens? Die Lehrerin fragte, wie viele Mädchen mit dem Werk von Charles Dickens vertraut seien. Mehrere Mädchen meldeten sich. Dickens war offenbar ein Schriftsteller, und diese Mädchen hatten *Oliver Twist* und *David Copperfield* gelesen. Seit mehr als vier Jahren hatte ich in der Bibliothek sechs Bücher pro Woche ausgeliehen, war aber auf keinen Dickens gestoßen. Ich ging nach der Schule sofort zum Regal mit dem Buchstaben D und legte los. Aber es gab andere Lücken, die schwerer auszufüllen waren. Zum Beispiel Französisch. Zwei Mädchen sprachen etwas Französisch. Ihre Eltern hatten es ihnen beigebracht. Und Geographie. Manche Mädchen hatten, wie ich fand, ein erstaunliches Wissen von der Welt, allein dadurch, daß sie Globen und Atlanten zu Hause hatten. Ich war also nicht die Klügste. Am Ende des ersten Jahres war ich in der Englischprüfung nur sechste, aber dafür war ich die Beste in Geschichte und in allen anderen Fächern in einer Klasse von vierzig etwa die zehnte. »Nicht so gut, wie deine Mam es war«, kommentierte mein Vater, aber meine Mutter konterte, er solle nicht so blöd tun. Es sei die High School, nicht Higher Grade, und ich käme sehr gut zurecht. Sie war am Tag der offenen Tür gewesen, eine neumodische Idee, von der sie sehr angetan war, und sie hatte sich so gefreut zu sehen, wie gut ich zurechtkam. In den Stunden, in denen sie dabei war, meldete ich mich am häufigsten und war am lebhaftesten. Sie merkte, wie eifrig und zielstrebig ich war, und meinte, darin bestehe der Unterschied zwischen mir und ihr in diesem Alter: Sie sei klug gewesen, habe die Schule geliebt, war fleißig gewesen, aber sie habe nicht über diese Zielstrebigkeit verfügt, habe keinen Ehrgeiz gehabt. Es machte ihr etwas angst, daß ich mich so anstrengte, und wozu? Sie konnte keinen Sinn darin sehen. Sie sah nur künftige Probleme, eine Kluft, die sich auftat und immer breiter wurde. Es hatte keine solche Kluft zwischen ihr und ihrer Mutter gegeben, obwohl ihre Schulbildung auf einem viel höheren Niveau lag als die ihrer Mutter. Dennoch hatten sie sich dieselben Dinge gewünscht und für wichtig gehalten: ein Zuhause, einen Ehemann, Kinder. Kurz gesagt, eine Familie. Was würde ich, so voller Eifer, so voller Erwartung, für wichtig halten? Was sollte aus mir werden, wenn nicht eine Ehefrau und Mutter?

In meinem ersten Trimester an der High School erschreckte ich sie mit der Erklärung, ich wolle *Member of Parliament* werden. Was für ein ehrenwerter Beruf, dachte ich, ohne irgend etwas darüber zu wissen. Mir war zu Kopf gestiegen, daß ich in die Schülermitverwaltung gewählt worden war (ganz einfach, weil niemand sonst in meiner Klasse das wollte). Ich marschierte weg – »Ich komme später nach Hause. Ich habe leider eine Verwaltungssitzung« – und war sehr schnell schwer enttäuscht. Junge Schülervertreter wurden strikt an die Kandare genommen, und obwohl ich entschlossen war, kühn zu sein und meine Meinung zu äußern, brauchte ich nur den Mund aufzumachen, und die Rektorin hob ruhegebietend die Hand, als wäre sie Verkehrspolizistin und ich ein besonders lautes Auto. Es wurde zwar *Schülermitverwaltung* genannt, aber die Rektorin hatte das Sagen, und sie machte deutlich, daß es nur eine Gefälligkeit ihrerseits war. Sie ließ mit Freuden Diskussionen darüber zu, ob flüssige oder feste Seife in den Waschräumen vorzuziehen sei, aber als vorgeschlagen wurde, der mitgebrachte Lunch sei besser als das äußerst unbeliebte Schulessen, legte sie ein scharfes Veto ein, und das war es dann. Mädchen, wurde uns erklärt – alles im Protokoll festgehalten –, könnten ohne ein warmes Essen keinen anstrengenden Tag voll geistiger und körperlicher Aktivität durchstehen. Außerdem sollten Mädchen beim Sport keine Shorts tragen dürfen – ein weiterer, ständig vorgebrachter Änderungsvorschlag, weil »Shorts an der Taille häßlich« aussähen. Ich dachte lange darüber nach, und als mir schließlich gegen Ende der Sitzung das Wort erteilt wurde, fragte ich, wie sich Shorts und Röcke an der Taille unterschieden. Sie hatten doch das gleiche Gurtband? »Was für eine idiotische Bemerkung«, sagte die Rektorin. »Sonst noch etwas?« Ich beschloß zur Erleichterung meiner Mutter, kein MP werden zu wollen.

Schon jetzt machte ich mir Sorgen darüber, was ich werden wollte. Die Schule war eindeutig nur als Sprungbrett für einen Job anzusehen. Am Schluß brauchten alle einen Job. Als ich elf war und Gordon siebzehn, hatte er schon seit drei Jahren eine Stelle, und ich wollte nicht wie er in einer Drogerie arbeiten. Was also wollte ich werden? Ich versuchte zu analysieren, worin ich besonders gut war. Geschichte und Englisch und Kunst, und das war schon fast alles. Was für einen Job konnte ich bekommen, wenn ich in diesen Fächern gut war? Dann versuchte ich, darüber nachzudenken, was ich am liebsten tat. Dieselbe Antwort. Am liebsten las ich. Gab es einen Beruf mit Namen »Ein Leser«? Ich hatte eine hervorragende Englischlehrerin, Miss Wynne, die mir dabei half, eine Leserin zu werden. Sie gab mir eine Liste aller Autoren, die ein belesener Mensch gelesen haben sollte. Es war eine lange, lange Liste voller Titelvorschläge für jeden Autor, und sie sagte zu mir, es werde Jahre dauern, bis ich damit durch sei. Das war genau, was ich brauchte und wollte, aber meine Mutter beunruhigte das, sie sah darin den Anlaß für die Kluft, vor der ihr graute. Je mehr ich las, desto weiter entfernte ich mich. Sie hatte nie viel gelesen, und jetzt las sie überhaupt nicht mehr, behauptete, sie habe weder Zeit noch Kraft (eine Behauptung, die ich glaubte, bis mir klar wurde, daß es ihr weder an Zeit noch an Kraft mangelte, sondern an Interesse). Mein Vater las gar nicht, obwohl er behauptete, einmal einen Edgar Wallace gelesen zu haben. Zu Hause gab es nur die üblichen Bücher, üblich für eine Unterschichtfamilie, die in der Zeit vor den Taschenbüchern weder das Geld hatte, Bücher zu kaufen, noch den Platz, sie aufzustellen. Die Bibel, Gebetbücher, Gesangbücher, das Gesundheitsbuch *Home Doctor,* ein Kochbuch und ein paar Kinderbücher, die für mich gekauft worden waren. Darin hatte ich Glück. Nan kaufte mir Bücher von Beatrix Potter, und ich hatte die Märchen der Grimms und von Andersen und verschiedene Erzählungen von Alison Uttley; ich hatte also einen guten Start gehabt, der mich auf den richtigen

Weg brachte, bis ich die Bibliothek entdeckte und dann Miss Wynnes Liste bekam.

Aber ich konnte zu Hause nie über das sprechen, was ich gelesen hatte. Es war Angeberei, über den Inhalt von Büchern zu reden, und das mußte nicht sein. In meiner Leserei wurde eine Waffe gesehen, die ich gegen meine Familie einsetzte, ein Weg, mich ihrer Gesellschaft zu entziehen. »Bis auf diese verdammte Leserei tut sie überhaupt nichts«, beschwerte sich mein Vater, und das stimmte. Es entfremdete mich ihnen. Ich gewöhnte mir sogar an, um sechs ins Bett zu gehen, damit ich in Ruhe lesen konnte. Ich mußte mich dazu ins Bett legen, weil es die meiste Zeit des Jahres eiskalt im Schlafzimmer war, aber das machte mir nichts aus – helle Nächte, finstere Nächte, kalte Nächte, warme Nächte, mir war es gleich. Es gab keinen Unterschied. Ich lag mit meinen Büchern im Bett. Unten, in dem einen kleinen Wohnzimmer, dudelte das Radio, wurde gegessen, alle redeten, aber oben war es ruhig. Meine Familie, vor allem mein Vater, haßten meinen Rückzug. Wenn er sich beschwerte, wenn er schrie, ich solle sofort herunterkommen, schrie ich zurück, fragte, was verkehrt daran sei, zum Lesen nach oben zu gehen. Ihm fiel nie eine Antwort ein bis auf: »Tu, was ich sage, sonst setzt's was.«

Ich blieb einfach, wo ich war, und triumphierte.

XI

So glücklich ich auch in der High School war, das Thema Tod machte mir damals gewaltig zu schaffen. Es kam mir so vor, als würde meine Mutter den Tod beinahe lieben. Sie sprach ständig über Menschen, die bald sterben würden oder gestorben waren, ging oft zu Beerdigungen, wirkte aber nicht unglücklich. »Deine Mam schwärmt für schöne Beerdigungen«, sagte mein Vater grinsend. Sie war wütend auf ihn, aber ausnahmsweise hatte ich das Gefühl, er habe recht.

Ich war noch nie auf einer Beerdigung gewesen, aber als mit dem baldigen Tod meiner Großmutter Agnes gerechnet wurde, machte ich mir Hoffnungen. Ich war jedoch nicht darauf vorbereitet, sie mit meiner Mutter auf der geriatrischen Station im City General Hospital zu besuchen. Bis auf das eine Mal, als ich bei meiner Mutter gewesen war, hatte ich noch nie jemanden im Krankenhaus besucht, und bei der Erinnerung daran wurde ich ein bißchen aufgeregt, aber ich hatte keine andere Wahl. Meine Großmutter wollte mich in der ganzen Pracht meiner High-School-Uniform sehen, und diese Freude durfte man ihr nicht verderben. Es war scheußlich, das Krankenhaus zu betreten – mir fiel wieder ein, wie furchterregend Krankenhäuser waren –, aber dieser Widerwille war harmlos im Vergleich zu dem Schrecken und dem Ekel, den ich empfand, als meine Mutter und ich die geriatrische Station betraten. Es war ein Krankensaal im Stil eines Lazaretts à la Nightingale, Bettenreihen zu beiden Seiten eines langen Ganges, mit Fenstern, so hoch oben, daß niemand hinausschauen konnte, und die nur mühselig mit Drahtseilzügen geöffnet werden konnten. Der Lärm riß nicht ab, Heulen und Greinen und Gejammer, dazwischen jähe, durchdringende Schreie und ein unausgesetztes Fluchen. Meine Großmutter lag im vorletzten Bett der Station. Sie lag zusammengekauert unter der Bettdecke, die verkrüppelten Hände darauf, den Kopf in einem seltsamen Winkel zur Seite gedreht, mit geschlossenen Augen und offenem Mund, der einen schmierigen zahnlosen Hohlraum zeigte. Die dünnen weißen Haarsträhnen fielen ihr in das gelbliche Gesicht. Sie weinte leise, ein hoher Klagelaut, stetig und merkwürdig rhythmisch. Mein Herz hämmerte, der Magen drehte sich mir um, aber es war die alte Frau im letzten Bett nebenan, die meine Aufmerksamkeit auf sich zog. Sie lag kein bißchen regungslos, sondern war halb aus dem Bett geglitten und mühte sich ab, sich ganz aufzurichten. Bekleidet nur mit einem hochgerutschten Nachthemd, das ihre speckweißen Beine entblößte, kratzte sie mit den Fingern an der Wand. Die Hände schlugen immer wieder auf die Wand ein und hinterließen jedesmal Spuren, schmutzige braune Streifen, und dann fuhren sie unter das Nachthemd und beschmierten die Wand mit noch mehr Braun. Ich hatte noch nicht begriffen, daß sie die Wand mit ihren Exkrementen bekleisterte, aber meine Mutter merkte es. »Bleib hier«, sagte sie und schob mich auf die gegenüberliegende Seite des Bettes meiner Großmutter. »Rühr dich nicht vom Fleck.« Zitternd blieb ich stehen, während sie hinauslief und mit einer Schwester zurückkam, die die schwachsinnige Frau anbrüllte, ihr das Nachthemd nach unten riß, sie hochhob und wegtrug. »Die arme, arme Seele«, murmelte meine Mutter.

Ich dachte keinen Augenblick lang »arme Seele«. Ich starrte immer noch die braunen Streifen an der Wand an und würgte, weil ich endlich dahintergekommen war, worum es sich handelte. Ich konnte während des ganzen Besuches kein Wort sprechen, nicht einmal, als meine Mutter mich drängte, meiner Großmutter von meiner geliebten Schule zu erzählen. Ich war betäubt vor Angst und konnte nicht begreifen, warum sich meine Mutter so normal verhielt, als hätte sie schon vergessen, was sich eben abgespielt hatte. Als wir endlich die Station verließen, war mir schwindlig. Meine Schritte wurden langsamer, obwohl ich am liebsten gerannt und entkommen wäre, und als meine Mutter zu mir herunterschaute, sah sie, daß die Farbe aus meinem Gesicht gewichen war und ich kurz vor einer Ohnmacht stand. Sie setzte mich auf eine Stufe, hielt meinen Kopf zwischen meine Beine, und bald fühlte ich mich wieder soweit bei Kräften, daß ich die Treppe hinunter und hinaus an die frische Luft gehen konnte. »Ich versteh nicht, warum du fast ohnmächtig geworden bist«, sagte meine Mutter ratlos. »Schließlich ist dir doch gar nichts passiert.« Aber als wir nach Hause kamen und mein Vater die Geschichte hörte, sagte er, meine Mutter hätte mich nie in dieses verdammte Krankenhaus mitnehmen dürfen. Ihm würde dort auch immer schlecht, und er fühle sich dort auch der Ohnmacht nah. »Irgend jemand muß aber hingehen«, gab meine Mutter zurück.

Für mich war das ein weiteres unübersehbares Anzeichen dafür, daß ich nie so handeln könnte wie meine

Mutter. Ich war nicht geeignet für Frauenarbeit. Meine Mutter blühte in solchen Situationen auf – sie war so ruhig, so sanft, so kompetent und gütig und aufheiternd. Ich aber geriet in Panik, fühlte mich ohnmächtig, war unnütz. Die Tradition der Fürsorge mit allem, was dazugehörte, würde von mir nicht fortgesetzt werden. Im Grunde genommen war ich überhaupt nicht die Tochter meiner Mutter, obwohl ich immer noch betete, so wie sie zu werden. Aber bald sollte das Beten ein Ende haben. Meine ganze Kindheit hindurch hatte ich meine Gebete vor dem Schlafengehen auf den Knien gesprochen. Als ich noch klein war, kniete meine Mutter neben mir und legte sanft meine Hände zusammen, Fingerspitze an Fingerspitze, ganz genau, die Handflächen so flach aneinander, wie ich irgend konnte. Ich drückte sie gern fest zusammen, in dem Gefühl, allein der Druck, den ich ausübte, werde meine Gebete zum Himmel schicken. Ich liebte das Beten. Ich tat es mit großer Eindringlichkeit. Ich liebte die Worte »Sanfter Jesus« und »Gottes Lamm«. Ich war verliebt in Jesus und erfreute meine Mutter mit meiner Hingabe. Wenn ich »Sanfter Jesus« gesprochen hatte, erfand ich eigene Gebete und sprach mit großer Leidenschaft zu Jesus (lieber als zu Gott), erklärte und rechtfertigte ausführlich alles, was mir einfiel. Sogar die Geduld meiner Mutter stellte das auf die Probe, und sie drängte mich, endlich Schluß zu machen. Jesus müsse sich auch noch andere Gebete anhören.

Ich fand auch Gefallen an ein bißchen Märtyrertum. Meine Mutter meinte, wenn das Schlafzimmerfenster innen und außen vereist sei, habe Jesus nichts dagegen, wenn ich meine Gebete im Bett aufsage, aber ich bestand darauf, richtig zu beten, mit den Knien auf dem eisigkalten Linoleum. Ein leises Frösteln war sehr befriedigend, empfand ich. Ich gab mir große Mühe, Jesus (und meiner Mutter) würdig zu sein. Das war der Beweis für meine Absichten. Ein weiterer war mein Entschluß, Missionarin zu werden. Mit sieben war mir das als meine Bestimmung erschienen. Ich sagte es meiner Mutter und fragte sie, ob ihr das gefallen würde. Ich beobachtete sie genau, in dem Bewußtsein, daß das eine Fangfrage war. Aber sie war ihr gewachsen. »Falls Jesus beschließt, daß du Missionarin werden sollst, dann bin ich auch dafür«, sagte sie, »aber das wird er erst entscheiden, wenn du erwachsen bist, deshalb muß ich noch nicht darüber nachdenken und du auch nicht.« Ich war froh, weil ich eigentlich gar nicht ins tiefste Afrika wollte, und hoffte, Jesus würde mich zu etwas anderem auserwählen, damit ich mein Versprechen nicht brechen mußte.

Das Beten ging weiter, bis ich fast zwölf war. Dann, eines Abends, als ich die Phase erreicht hatte, in der ich »Sanfter Jesus« nur noch murmelte und erst recht nicht mehr niederkniete, dachte ich plötzlich über die Worte »sanft« und »Lamm« nach. Wenn Jesus so sanft und ein Lamm war, wie kam es dann, daß er soviel Macht hatte? »Sanft« und »Lamm« schienen plötzlich vielmehr für schwach und hilflos zu stehen. Es war fatal, daß ich anfing, überhaupt an der Religion zu zweifeln, denn ich war immer noch eine treue Kirchgängerin und sollte bald in den Konfirmandenunterricht kommen. Als es soweit war, gab mir der Vikar von St. Barnabas's eine Broschüre, »Mein Konfirmationsstag zu Hause und in der Kirche«. Ich erfuhr daraus, ich solle mir an diesem Tag »beim ersten Aufwachen« ins Gedächtnis rufen und einprägen, daß ich, »wenn ich am Abend zu Bett gehe, so ich das Ende des Tages erlebe, konfirmiert worden« sei. Mir war nie durch den Kopf gegangen, daß ich das Ende des Tages nicht erleben könne. War also die Konfirmation etwas Lebensbedrohliches? Außerdem wies mich die Broschüre an: »Verschwende deine Gedanken nicht daran, was du tragen wirst.« Lieber Himmel, dabei war das doch eindeutig der ganze Sinn der Sache – das schicke weiße Kleid – der romantische Schleier – die herrlichen weißen Spitzenhandschuhe ... Es war viel schöner, als »für Ostern eingekleidet« zu werden. Ich wußte, daß ich meiner Konfirmation nicht hätte zustimmen dürfen. Es war Betrug. Ich tat es nur, weil meine Mutter es von mir erwartete.

Selbstverständlich bekam ich ein neues weißes Kleid, aber es war nicht wert, dafür meine Seele zu verkaufen. Es war schlecht geschneidert, und der Stoff war billiger Rayon, der schon beim Anziehen knisterte. Dennoch zog ich mit allen anderen durch den Mittelgang der Kirche ein und absolvierte das ganze Ritual. Der Gottesdienst kam mir vor wie Hokuspokus, aber hinterher freute meine Mutter sich sehr. Ich war nun in der Obhut der Kirche, meine rebellischen Triebe waren gezügelt, bevor echter Schaden angerichtet worden war. Das stimmte jedoch nicht. Ich war kaum konfirmiert, als meine Fragen anfingen. »Hör mal«, sagte ich zu meiner Mutter, wenn wir Sonntag abends aus der Kirche nach Hause gingen, »wenn Adam und Eva die ersten Menschen waren, woher sind sie dann gekommen?« Sie sagte, Gott habe beide geschaffen und sie auf die Erde gebracht. »Und wer hat dann Gott geschaffen?« Sie kämpfte tapfer und erklärte, Gott sei eigentlich kein menschliches Wesen. »Woher willst du das wissen?« Dann wechselte ich das Thema, stellte Mutmaßungen an über die Unendlichkeit und das Sonnensystem und fragte mich, wo der Himmel sei. »Woher weißt du, daß es einen Himmel gibt?« sagte ich. »Das kann niemand wissen, niemand kommt nach dem Tod zurück und erzählt davon.« Es war eine Reihe ganz kleiner Schritte von diesen einfachen Herausforderungen, bis ich den großen Sprung wagte und erklärte, ob ich nun konfirmiert sei oder nicht, ich glaubte nicht mehr an Gott.

Meine Mutter sagte, sie werde für mich beten, beten, daß ich in die Herde zurückkehrte, in der Gott auf mich warten und mich willkommen heißen würde. Ein Leben ohne den Glauben an Gott wäre für sie unerträglich gewesen – sie mußte daran glauben, daß eine höhere Macht alles fügte, daß ihr Schicksal *bestimmt* war. Es war ein großer Trost für sie, das zu glauben. »Es ist nicht an uns, nach dem Grund zu fragen«, dieses Motto übte eine große Anziehungskraft auf sie aus. Sie konnte sich nicht vorstellen, wie ich ohne einen religiösen Glauben zurechtkommen sollte – er hatte ihr und ihrer Mutter über die schwersten Zeiten hinweggeholfen. Sie glaubten, und das hatte ihr Leben erträglich gemacht, und danach würden sie ihren Lohn im Himmel empfangen, wo sie sich wiedersehen und die herrliche Zeit erleben würden, die ihnen auf Erden nicht vergönnt gewesen war. Jetzt war sie an der Reihe, mir linkische Fragen zu stellen: Wenn ich nicht an Gott glaubte, wie würde ich mir dann die Erschaffung der Welt erklären? Ich hatte eine schlaue Antwort parat, die ich, wie ein Papagei, Angelesenem nachplapperte: Unser Verstand ist beschränkt und kann deshalb das Grenzenlose nicht begreifen. Mein Verstand könne die wahre wissenschaftliche Erklärung nicht fassen, ebensowenig wie ich um

Ecken herumsehen konnte, aber das hieß nicht, daß dahinter nichts sei. Ich war ausnahmsweise zufrieden, Unwissenheit zuzugeben, sie sogar für angemessener und eindeutig besser zu halten, als jeden Glauben an den Himmel und an Engel.

Aber anfangs war das alles andere als angemessen. Mir fehlte die Sicherheit, an Gott zu glauben. Gott war eine so saubere Lösung für alle Probleme, die mir angst machten. Ich lag im Bett, stellte mir vor, wie ich von der Decke auf meinen eigenen Körper herunterblickte, dann von weiter oben am Himmel auf unser Haus, dann schaute ich draußen im Weltraum zu, wie sich die Erde drehte, dann ... Dann was? Mein Herz pochte wild, wenn ich an diese Stelle kam, und ich holte mich schnell wieder aus dem All, vom Himmel, von der Decke und in meinen Körper zurück, so rasch wie möglich. Kein Gott, folglich keine Antworten, kein Leben nach dem Tod. Ich wünschte mir, ich könne eine Leiche sehen, nur um mich zu vergewissern, daß da nichts mehr war. Meine Chance kam schließlich mit dem Tod von Florrie, der Cousine meiner Mutter. Ich wußte, daß ich nicht aus wissenschaftlicher Neugier darum bitten konnte, ihre Leiche zu sehen. Deshalb sagte ich mit entsprechend anrührender Miene, ich wolle mich von ihr verabschieden. Meine Mutter hätte das sofort durchschauen müssen. Ich war bekannt für meine Zimperlichkeit und Empfindlichkeit. Warum sollte ich eine Leiche sehen wollen? Das reichte bei meiner Veranlagung bestimmt, um ohnmächtig zu werden. Und außerdem hatte ich nie auch nur das Geringste für Florrie empfunden, eine arme kleine Frau, die allein in einem winzigen Haus in Denton Holme lebte. Florrie zu besuchen gehörte zur wöchentlichen Besuchstortur – eine halbe Stunde bei unseren Großeltern, fünfzehn Minuten bei Florrie, dann nach Hause zum Sonntagsbraten. Florrie sagte nie viel. Wir saßen nur da und ließen uns anschauen. Meine Mutter sprach immer von der »armen« Florrie, und als ich fragte, warum sie so bemitleidet würde, hieß es, sie habe niemanden. Das größte Mitgefühl meiner Mutter war immer alleinstehenden Frauen vorbehalten, die *keine Familie* hatten – der bloße Gedanke daran entsetzte sie.

Florrie starb plötzlich und wurde erst nach vollen vierundzwanzig Stunden gefunden. Meine Mutter fand sie. Sie hatte einen Herzinfarkt gehabt und war auf den Schlafzimmerboden gestürzt und lag dort, bis meine Mutter zu ihrem regelmäßigen Besuch am Mittwoch nachmittag kam. »Was für ein schrecklicher Tod«, sagte meine Mutter immer wieder, »schrecklich, einfach schrecklich, ohne jede Vorwarnung.« Das erschien mir überhaupt nicht schrecklich, aber ich war vernünftig genug, den Mund zu halten. Ich ging mit meiner Mutter nach oben, um Florrie im Sarg zu sehen. Es war eine sehr enge Wendeltreppe, und ich fragte mich, wie man den Sarg dort herunterbringen würde. Die Vorhänge in Florries Schlafzimmer waren zugezogen, und es war ziemlich schwierig, irgend etwas deutlich wahrzunehmen, aber der Sarg war nicht zu übersehen. Meine Mutter winkte mich ans Bett. »Da ist sie«, flüsterte sie. »Arme Florrie. Ist sie nicht wunderschön? Sieht sie nicht friedlich aus?« Ich schaute hin, stellte mit Erleichterung fest, daß ich nicht das Gefühl hatte, ohnmächtig zu werden, daß ich keines der vertrauten körperlichen Symptome der Angst hatte. Florrie sah weder wunderschön noch friedlich aus, was auch immer das sein mochte. Sie sah für mich nach gar nichts aus, nicht einmal, als schliefe sie. Ich streckte einen Finger aus und wollte ihre Wange berühren, aber meine Mutter hielt mich zurück, ganz schockiert, und zischte: »Nicht *anfassen*!« Ich schaute Florrie noch eine Weile länger an, mit passender Nachdenklichkeit. Ihr Gesicht war aufgedunsen. Ihre Finger sahen geschwollen aus, waren linkisch gefaltet worden. Die Nägel wirkten schwarz, die Haut an den Händen gefleckt. Meine Mutter nahm ein grünes Keramikkaninchen vom Kaminsims und gab es mir als Andenken an Florrie. Es war abscheulich, und außerdem hatte ich den Anblick ihrer Leiche als Erinnerung, das genügte als Andenken.

Mein Vater war nach Florries Tod wütend. Es hatte etwas mit Florries Testament zu tun oder damit, daß es keines gab – die Einzelheiten durfte ich nicht erfahren. »Verdammt noch mal, der einzige Mensch, der je was für Florrie getan hat«, sagte Arthur, »und du bekommst nichts.« Meine Mutter sagte, sie habe weder damit gerechnet, das bißchen, was die arme kleine Florrie hatte, zu erben, noch habe sie es gewollt, aber während mein Vater weiterschimpfte, fiel mir ihr Gesichtsausdruck auf, den ich als Wissen um ihre eigene Tugend deutete. »Wie oft bist du zu Florrie gegangen«, tobte mein Vater, »bei jedem Wetter, bist krank dadurch geworden, hast Sachen für sie besorgt, sie zu Weihnachten eingeladen, und für nichts und wieder nichts. Es ist immer dasselbe. Sie sind verdammt unverschämt, wirklich wahr.« Wer »sie« waren, und warum das, was sie getan hatten, »verdammt unverschämt« war, habe ich nie herausfinden können. Es hatte etwas mit Florries kleinem Haus zu tun. Soweit ich es mitbekam, hatte sich ein sehr weit entfernter Verwandter, von dessen Existenz niemand etwas gewußt hatte, gemeldet und seinen Anspruch auf das

Haus und sein Inventar geltend gemacht. Falls es ein Treffen mit dieser Person gegeben haben sollte, so habe ich es verpaßt, aber die Nachwirkungen dessen, was mein Vater einen Schwindel nannte, hielten monatelang an. Wir durften jetzt nicht einmal mehr Florries Straße entlanggehen, sogar die Pflastersteine trugen den Makel der Undankbarkeit. Aber meine Mutter legte trotzdem Blumen auf Florries Grab, was, wie mein Vater triumphierend feststellte, mehr war, als »sie« taten, und meine Mutter gedachte ihrer. Ihr fehlte sie. Damit war die Verantwortung für ein weiteres Familienmitglied von ihrer Liste gestrichen, und eine Zeitlang trauerte sie noch.

Meine Mutter schien diese weiblichen Verwandten, zu denen sie so freundlich war, zu brauchen, aber ich erfuhr nie den Grund. Warum sie sich um all diese Tanten und Cousinen kümmerte, die teilweise von ihr abhängig wurden, war mir ein Rätsel. Vielleicht irrte ich mich, und sie fand diese Aufgabe gar nicht schön. Vielleicht drängten sie sich ihr auf, und ich hatte nur nicht den Durchblick, um die Situation, wie sie wirklich war, zu verstehen, aber sie ließ nicht ein einziges Mal ein ärgerliches Wort fallen oder sich etwas anmerken. Tante Jessie, die Frau von Vaters Onkel, war eine weitere bedürftige Seele, wie Florrie es gewesen war, wurde jedoch nicht so häufig besucht, weil sie nicht in Carlisle wohnte. Sie lebte in einem abgelegenen Cottage jenseits der schottischen Grenze in der Nähe von Eastriggs. Wenn wir Tante Jessie besuchten, nahmen wir den Bus und stiegen dreimal um. Meine Mutter verstand nicht, wie Jessie, die jetzt verwitwet war, in ihrem dunklen und kalten Cottage an der trostlosen Küste von Solway leben konnte, und schauderte jedesmal, wenn sie daran dachte, daß sie dort allein war, ohne Familie in der Nähe. Sie versuchte, sie zu überreden, daß sie nach Carlisle zog, wo sie in unserer Nähe gewesen wäre und richtig hätte versorgt werden können, aber Jessie blieb, wo sie war. Sie besuchte uns zu Weihnachten, verließ sonst aber nie ihr Cottage. Als auch sie starb, nicht lange nach Florrie, erwartete ich einen ähnlichen Ausbruch von meinem Vater, aber zu seiner Überraschung hatte Jessie ein richtiges Testament gemacht und ihr Cottage meiner Mutter vererbt – keine »sie« tauchten auf und schnappten es weg und betrogen meine Mutter um das, was mein Vater als gerechten Lohn für ihre Hingabe empfand. Es war schwer, das Cottage zu verkaufen, aber die vierhundert Pfund, die meine Mutter schließlich bekam, schienen eine Riesensumme zu sein. Wieder wurde das Geld wie das meiner Großmutter für Notzeiten zur Bank gebracht und deckte, über viele Jahre verteilt, alle möglichen Ausgaben ab, die sich sonst verheerend ausgewirkt hätte.

Etwas wurde dafür ausgegeben, wofür meine Mutter Geld, das aus solch unverhofften Glücksfällen stammte, immer ausgab: für Kleidung. Aber inzwischen war ich dreizehn, in einem Alter, in dem ich nicht mehr die Kleider wollte, die sie mir gern gekauft hätte, damit ich adrett aussah. Adrett wollte ich auf keinen Fall aussehen. Unser beider Vorstellungen, wie ein weiblicher Teenager auszusehen hatte, waren von Grund auf verschieden. Meine Mutter sah mich gern in Kleidchen, vorzugsweise in blassen Farben mit weiten Röcken, Puffärmeln und Peter-Pan-Kragen. Als ich von dem Geld, das ich zu Weihnachten und zum Geburtstag geschenkt bekommen und in vielen Monaten gespart hatte, einen schwarzen Pullover mit Polokragen, eine schwarze

Hose und einen kamelhaarfarbenen Dufflecoat kaufte, war sie entsetzt. »Ich weiß wirklich nicht, wie du aussiehst«, sagte sie, und ich erwiderte: »Ich sehe so aus, wie ich aussehen will.« Aber wie wollte ich aussehen? Anders. So einfach war das. Anders als meine Mutter, anders als die meisten Mädchen und Frauen damals in Carlisle. Weil Kleider für meine Mutter eine so ernste Angelegenheit waren, auf gar keinen Fall etwas waren, das Ausdruck einer Persönlichkeit sein könnte, fehlte ihr bei der Wahl meiner Garderobe der Sinn für Humor. Es tat ihr weh, tat ihr tatsächlich weh, daß ich, wie sie sagte, wie eine Landstreicherin aussähe.

Anfang der fünfziger Jahre waren die Sachen, die ich haben wollte, nirgendwo in Carlisle zu bekommen. Es gab weder Teenagerboutiquen noch Flohmärkte, und es gab bedauerlicherweise kaum Ladenketten mit Sachen, die im Trend lagen. Deshalb vertiefte ich mich bei Binn's in Schnittmusterbücher, blätterte eine verführerische und verrücktere Seite in *Simplicity* und *McCalls* nach der anderen um und wählte die Sachen aus, die mir auch in fertigem Zustand gefielen; dann kaufte ich Stoff – es gab wenig Auswahl –, um die Schnittmuster anzufertigen. Eine Katastrophe. Meine Mutter sah entsetzt zu, wie ich meterweise schwarze Popeline verwüstete und dann wegen meiner eigenen Fehler schrie und brüllte. »Du bist wie ich«, sagte sie tröstend, »du taugst nicht fürs Nähen, du bist nicht wie Nan und auch nicht wie deine Großmutter.« Ich haßte sie, als sie das sagte. Es machte meine Wut auf mein eigenes Ungeschick noch heftiger. Und so kämpfte ich weiter, entschlossen, keine Niederlage hinzunehmen, aber ich bekam nie den Trick heraus, wie man das dünne Schnittmuster aus Seidenpapier auf den Stoff heften mußte, ganz abgesehen davon, wie man das Ganze richtig zusammennähte. All diese blöden, kleinen schwarzen Pfeile, die zeigen sollten, wo ein Schnitt außen herum gemacht werden mußte und wo ich prompt mitten durchschnitt, so daß die eine Seite nie auf die andere paßte. Ich konnte auch mit der Nähmaschine nicht umgehen. Sie hatte meiner Großmutter gehört (nicht diejenige, die ihr Mrs. Stephenson zur Hochzeit geschenkt hatte, sondern ein neueres Modell). Schon das Einfädeln der verflixten Nadel war verdammt schwierig, und dann, wenn ich anfing und den Stoff unter der grausamen kleinen Nadel hindurchschob, klemmte ich ihn in Sekundenschnelle ein. Wenn es mir schließlich gelang, das Kleidungsstück, das ich nähen wollte, darunter hervorzuziehen, und ich dann langsam und vorsichtig an einer Naht entlangfuhr, wurde es immer eine hoffnungslose Zickzack-Naht. »Nur gut, daß du damit nicht deinen Lebensunterhalt verdienen mußt«, sagte meine Mutter.

Mein neuestes Ziel war, Schauspielerin zu werden. Aber wie wurde man Schauspielerin? Konnte man davon leben? Wer wußte darüber Bescheid? Niemand von uns. Das lag völlig außerhalb unserer Erfahrung. Aber wir besuchten das Her Majesty's Theatre in der Lowther Street und sahen eine Repertoiretruppe, die Salisbury Players genannt, die allem Anschein nach ihren Lebensunterhalt damit verdiente, warum also konnte ich mich ihnen nicht anschließen? Ich war eine gute Schauspielerin und war schon bei Schulaufführungen aufgetreten. Meine Mutter verstand das nicht. Die Schauspielerei lag nicht in der Familie. Woher stammte also dieser zweifelhafte Exhibitionismus? Es war die reine Angeberei und durfte deshalb auf keinen Fall noch unterstützt werden. Ihrer Meinung nach machten mich das Kino, genau wie die Theaterbesuche, nur noch verrückter. Schluß also mit den Salisbury Players, warum konnte ich nicht Filmstar werden? Margaret O'Brien – sie hätte ich mühelos sein können. Das wenigstens brachte meine Mutter zum Lachen. »O ja«, stimmte sie mir zu, »werd ein Filmstar und geh nach Hollywood.« Ich sah nicht ein, warum das nicht möglich sein sollte. Woche für Woche stand ich Schlange, um einen Platz in einem der fünf florierenden Kinos von Carlisle zu bekommen, und Woche für Woche wuchs meine Liebe zum Film. In der verrauchten, pechschwarzen Anonymität des Kinos war es möglich, mir selbst zu entkommen, meinem Zuhause, meiner Stadt, und völlig in jenen Welten aufzugehen, die auf der Leinwand gezeigt wurden. Ich brauchte Geld für die Kinokarte, aber ich konnte gut mit meinem Taschengeld umgehen und mit dem Geld, das ich verdient hatte oder das mir geschenkt worden war. Meine Mutter hatte natürlich nie dieses neumodische Zeug namens Taschengeld bekommen – die Vorstellung, daß Kinder regelmäßig ohne Gegenleistung Geld bekamen, das sie für sich ausgeben durften, war geradezu empörend, und mein Vater, von dem dieses Geld kommen mußte, sah Taschengeld nie als Anrecht an. Manchmal gab er es, manchmal nicht. Aber meistens gab er es, obwohl er wenig Geld für sich selbst hatte. Wir hatten jedoch Glück, daß unser Großvater uns ebenfalls eine feste Summe pro Woche gab, unter der Voraussetzung, daß wir seine Kopfrechenaufgaben lösten, und darüber hinaus erledigte ich Botengänge für eine Frau auf der anderen Straßenseite. Ich ging mit einer Liste für sie zum Einkaufen und erhielt dafür einen Shilling. Dazu kamen Geschenke von Verwandten, nicht nur zu den üblichen Anlässen, sondern immer, wenn sie zu Besuch kamen – Kindern zwei Shillinge zu geben gehörte zum Besuchsritual. Ich sparte mein Geld sorgsam, kaufte mir niemals Süßigkeiten (während der Rationierung hatte ich meine Süßigkeitsmarken verkauft), und dann überlegte ich mir, wofür ich es ausgeben konnte. Das Kino kam an erster Stelle, der Shilling dafür wurde automatisch beiseite gelegt, außerdem sparte ich jede Woche einen bestimmten Betrag, bis ich davon ein Geschenk für meine Mutter kaufen konnte.

In meiner ganzen Kindheit hatte ich sehr gern Geschenke für sie gekauft. Der Reiz lag nicht in der Selbstaufopferung (obwohl er in meiner religiösen Phase eine Rolle spielte), sondern mehr in der Hoffnung, ihr eine Freude zu machen, indem ich ihr etwas schenkte, wonach sie sich, wie ich gehört hatte, sehnte. Perlen. Sie wünschte sich Perlen. Nan hatte Perlen, sie hatte nie Perlen, sie hatte nie Perlen gehabt, also mußten es Perlen sein. Einmal sparte ich drei Monate lang jeden Penny, sogar die Pennies für das Kino, damit ich ihr zu ihrem Geburtstag eine Perlenkette kaufen konnte. Mich schüchterte schon der bloße Anblick der Schaufenster eines Juweliers ein, aber für meine Mutter war ich so tapfer, alles zu wagen. Ich ging hinein und fragte nach dem Preis für eine Perlenkette. Die Verkäufer waren nett, vermutlich erheitert, aber selbst ihre Nettigkeit konnte den Preis einer Perlenkette nicht auf die dreißig Shillinge reduzieren, die ich hatte. Als sie mein enttäuschtes Gesicht sahen, schlugen sie vor, ich solle es auf dem Markt versuchen, wo es sehr schöne, wirklich erstaunlich hübsche Kunstperlen gäbe, und heutzutage trage sie alle Welt, es sei schwer, sie von echten zu unterscheiden … Ich ging auf den Markt, wo dreißig Shillinge mehr als ausreichend waren, um eine Perlenkette zu kaufen. Der Standinhaber gab mir ein mit blauem Samt ausgeschlagenes Etui und legte die Perlenkette darauf. Ich überreichte es meiner Mutter an ihrem Geburtstag mit unglaublicher Freude und beobachtete sie, als sie das Etui öffnete. Sie blieb gefaßt, während sie lächelte und sagte, die Kette sei wunderschön. »Das hättest du nicht tun sollen«, sagte sie, »das ist zuviel.« Dennoch wirkte sie traurig. Ihre Freude reichte nicht an meine heran.

Später wurde es leichter, ihr eine Freude zu machen. Meine Schwester und ich, damals dreizehn und zehn, luden sie jedesmal am letzten Ferientag ins Kino ein und dann zum Tee bei Binn's und bezahlten alles selbst. Wir sahen uns Filme wie *Die blaue Lagune* an, die sie liebte, und dann aß sie zum Tee eine in Sirup getränkte Waffel. Wir saßen in der Fensternische von Binn's Café im obersten Stock, und wenn wir auf die English Street hinunterschauten, fühlten wir uns in den Himmel gehoben. Auf dem Tisch lag eine weiße Decke, es gab Stoffservietten und weißes Porzellan mit Goldrand und schweres Silberbesteck – es war alles sehr vornehm. Meine Mutter genoß diesen Luxus von dem Augenblick an, in dem wir den Aufzug verließen und uns an den dekorativen Hutständern vorbei über den rotgemusterten Teppich zum begehrtesten Tisch schlängelten – sie sah würdig und schön aus mit ihren beiden Töchtern rechts und links. Sobald wir saßen, erinnerte sie sich immer an ihre eigene Mutter und seufzte, wenn sie daran dachte, daß sie hier gearbeitet hatte, als Binn's noch Robinsons's war, und sagte, wie sich die Zeiten geändert hätten. Aber sie ließ sich durch den Gedanken an die schwere Zeit ihrer Mutter nicht niederdrücken. Statt dessen machte sie sich über ihre Waffel her und wischte sich danach geziert die Finger und den Mund ab. Sie liebte Süßes. Sie stritt es zwar meistens ab – sie hatte das Gefühl, es sei eine Sünde, Süßes zu mögen –, aber nie sehr heftig. Ihre Vorliebe für alles Süße glich ihrer Liebe zu Kleidern – wenn sie eine Waffel aß, die Seide eines neuen Kleidungsstücks streichelte, bemerkte ich einen Funken unterdrückter Sinnlichkeit, die sonst nie zu sehen oder auch nur zu vermuten war. Wenn ich dabei zusah, wie sie ein Schokoladeneclair aß, aus dem Sahne sickerte, oder Cumberland-Rum-Butter auf ein warmes Hörnchen strich, verlor ihr Gesicht für Augenblicke die Quäkermiene. Ihre Augen wurden schmal, wohlig lehnte sie sich zurück, ein kleiner, befriedigter Seufzer drang aus ihrem Mund … himmlisch. Diese Liebe zu Kuchen und Gebäck machte sie zu einer guten Bäckerin, aber nicht zu einer guten Köchin. Ihre Alltagsküche war fad (obwohl das natürlich mit dem mangelnden Geld für gute Zutaten entschuldigt wurde).

Nans Küche mochte ich am liebsten. Jeans' war wie die meiner Mutter. Ihre Hörnchen waren großartig, aber der Rest war langweilig, immer nur Kartoffeln, fritiert und zerdrückt und gebacken und gebraten (einmal pro Woche zum kostbaren Braten). Nan dagegen machte sich nichts aus dem Backen. Es war nicht gut für die Figur, so viele Kuchen und Hörnchen zu essen, und sie und Jack achteten stets darauf. Aber sonst kochte sie gut. Sie hatte das Geld, die Zeit, das Interesse und war es gewohnt, in Hotels und Restaurants zu essen, was ihre Schwestern weder hatten noch kannten, folglich kochte sie anders. Sie servierte Fisch, von dem ich noch nie etwas gehört hatte, zum Beispiel Heilbutt, auf eine Weise gegart, die exotisch wirkte (in Alufolie gewickelt und mit Kräutern und Butter im Ofen gebacken). Ihr Gemüse war nicht völlig zerkocht, und bei Nan stellte ich fest, daß ein Salat nicht gleichbedeutend war mit einem Salatkopf, einer halben Tomate und einem Stück Rote Bete. Am allerbesten war ihr Käse. Ich liebte Käse, kannte aber nur Chedda. Bei Nan aß ich zum erstenmal Stilton und war hingerissen. (»Weißt du, wieviel ein Pfund davon kostet?« fragte meine Mutter, als ich vorschlug, ihn auf unsere Co-op-Liste zu setzen.) Der Rest der Familie beklagte sich nach einem Besuch bei Nan, daß man hinterher noch hungrig sei, aber mir schmeckte das Essen bei den Marshallsays gut.

Trotzdem war ich jedesmal froh, wenn ich wieder zu Hause war. Es blieb mir ein Rätsel. Ich liebte Nans Lebensstil, und dennoch war ich froh, wieder zu Hause zu sein, zurück in der Schäbigkeit, den beengten Verhältnissen, und das alles wegen meiner Mutter. Nan hatte nichts Mütterliches an sich, jedenfalls nichts, was ich für mütterlich hielt. Meine Mutter war durch und durch mütterlich, und ich war stolz darauf. Sie schrie nie oder verlor nie die Beherrschung wie Nan, und was noch wichtiger war, wir, ihre Kinder, kamen immer an erster Stelle. Alles, was sie tat, geschah für uns, ohne Rücksicht auf ihre Bedürfnisse. Nan dagegen stellte meistens sich an erste Stelle, so sehr sie ihren einzigen Sohn Michael auch vergötterte. Was *sie* wollte, war oft wichtiger als das, was ein Kind wollte. Kein Wunder, daß Michael liebend gern zu uns zu Besuch kam. Meine Mutter und sogar mein Vater räumten ihm den ersten Platz ein, während seines ganzen Aufenthalts, und natürlich genoß er das. Seine Tante Lily empfand unendliche Zärtlichkeit für diesen Neffen mit seiner entstellten Lippe, den anfälligen Bronchien und einem Vater, den er ständig zu reizen schien. Ihre starken Mutterinstinkte umfingen auch ihn, und ich beobachtete das befriedigt, wissend, daß meine Mutter war, wie eine Mutter sein sollte, und ich stellte diesen Glauben nicht ein einziges Mal in Frage.

XII

Alles, was in unserer Familie mit Geld zu tun hatte, wurde von meiner Mutter erledigt. Sie bezahlte die Rechnungen, sie verwaltete das Haushaltsgeld, sie entschied, wann und wofür Geld ausgegeben werden konnte. Mein Vater verdiente das Geld und gab es ihr (immer im Glauben, der kleine Betrag, den er für sich behielt, bleibe geheim, so daß sie von der genauen Höhe seines Lohns nichts wußte), aber sie gab an, was wir uns leisten konnten. Antwort: sehr wenig. Auf keinen Fall ein neues Fahrrad für mich. Das kam überhaupt nicht in Frage, soviel wußte ich. Jeder Samstag bereitete mir Qualen, wenn ich zu T. P. Bell's, dem Fahrradladen in der Abbey Street lief – gleich um die Ecke von dem Haus, in dem meine Großmutter für die Stephensons gearbeitet hatte – und mir Fahrräder anschaute. Ich hatte das Gefühl, mein Wunsch nach einem konventionellen schwarzen Raleigh sei bescheiden – nichts Ausgefallenes, kein Sportmodell mit nach unten gezogenem Griff am Lenker.

Ich nahm es meinen Eltern nicht übel, daß sie nicht wie die Eltern meiner neuen Freundinnen in der High School in der Lage waren, mir ein Fahrrad zu kaufen. Ich wußte, sie hätten es getan, wenn sie es gekonnt hätten, und brachte das Thema kein einziges Mal zur Sprache. Aber das war gar nicht nötig. Es stand ohnehin im

Raum, wenn sie sahen, wie ich die Fahrräder anderer mit den Augen verschlang, während ich schwor, ich ginge lieber zu Fuß als jeden Tag radzufahren. Dann schlug mein Vater plötzlich vor, ich könne mit MK ein Fahrrad erwerben. Was war MK? »Das ist etwas Schlechtes«, erklärte meine Mutter sofort, und zu meinem Vater sagte sie: »Setz ihr bloß keine solchen Ideen in den Kopf. Das ist ja unerhört. Also wirklich, MK! Das ist was für Verrückte, die sich verschulden wollen, und das für ein Fahrrad, lächerlich. Du solltest dich schämen.« Aber mein Vater schämte sich nicht im geringsten. Er war fest entschlossen, an dieser wunderbaren Sache namens MK festzuhalten, und erklärte es mir. Das war Mietkauf, allgemein bekannt als ein Unding. »Und mit Recht«, setzte meine Mutter umgehend nach. Wenn ich einen Mietkaufvertrag mit T. P. Bell abschloß, konnte ich sofort ein neues Fahrrad bekommen. Ich würde eine Karteikarte erhalten und jede Woche fünf Shilling bezahlen, bis das Fahrrad abbezahlt war. Eine Anzahlung von zwei Pfund und zehn Shillinge, die ich schon hatte, wurde verlangt, und die wöchentlichen Raten konnte ich aufbringen, wenn ich mein ganzes Taschengeld dafür gab, zuzüglich dem, was ich bei Botengängen verdiente sowie die meist stattlichen Geldgeschenke, die ich zum Geburtstag und zu Weihnachten bekam.

Ich hielt das für eine glänzende Idee, bis meine Mutter verächtlich darauf hinwies, daß ich am Ende fast den doppelten Neupreis für das Fahrrad zu berappen hatte und daß T. P. Bell, wenn ich mit den wöchentlichen Raten in Rückstand geriet, das Fahrrad zurückfordern konnte und mir das schon bezahlte Geld nicht erstatten mußte. So stürzten sich Leute ins Verderben, befand meine vernünftige Mutter, und sie wolle mit solchen

Machenschaften nichts zu tun haben. Doch die Versuchung war unwiderstehlich. Mein Vater ging mit mir zu T. P. Bell's, und die verachtungswürdige Tat wurde begangen. Ich fuhr mit einem glänzenden neuen Raleigh nach Hause und konnte mich vor Aufregung kaum im Sattel halten. Jeden Samstag ging ich in den Laden, ausnahmslos, und bezahlte die Raten, und ich bereute kein einziges Mal die lange Zeit, die es dauerte, bis die Schuld abbezahlt war. Ich liebte das Fahrrad. Meine Mutter, die nie ein Fahrrad besessen hatte, konnte nicht begreifen, was es mir bedeutete. Es verwandelte die Wochenenden und Ferien, ermöglichte, ganz Cumberland zu durchstreifen – bis hin zum Meer und zu den Seen – auf langen Radfahrten von fünfzig Kilometern und mehr. »Sie bekommt etwas für ihr Geld«, sagte mein Vater erfreut. Meine Mutter konterte: »Das muß sie auch, bei dem Preis, den sie bezahlt.« Sie hatte große Angst, er habe mich auf den Weg in den Ruin geführt, mich auf die Idee gebracht, ich könne alles, was ich wolle, nach Wunsch bekommen und später bezahlen. Aber so war es nicht. Die wöchentlichen Gänge zu T. P. Bell's prägten mir die Sparsamkeitslektion wirkungsvoll ein. Ich wußte genau, was ich tat. Es bestand keine Gefahr, daß ich durch diese Erfahrung zur Verschwenderin wurde.

Mein Vater sehnte sich so sehr nach einem Auto, wie ich mich nach einem Fahrrad gesehnt hatte, aber darauf bestand keine Hoffnung. Er wagte nicht vorzuschlagen, ein Auto auf Mietkauf zu erwerben. Meine Mutter hätte angesichts einer derart lähmenden Verschuldung einen Anfall bekommen. Also füllte er jede Woche seinen Totoschein aus und hoffte – und wir hofften mit ihm. Sie verabscheute diese Spielscheine, verabscheute den Eifer, mit dem er die Fußballergebnisse im *Sports Report* verfolgte, verabscheute die darauffolgende Niedergeschlagenheit. Sie nannte es »ein Spiel für Dummköpfe«. Mein Vater überhörte sie und schrie uns an, wenn wir auch nur einen Mucks von uns gaben, während er seinen Totoschein überprüfte. Er glaubte an das Glück wie sie an Gott, und für beide gab es keine Alternative. In ganz Raffles fürchteten sich die Frauen davor, daß ihre Männer ihr Geld beim Spielen verlieren könnten – Toto, Hunderennen, Pferderennen, was auch immer. Mein Vater hatte für das alles – in recht bescheidenem Maße – eine Schwäche. Am besten schnitt er bei Pferderennen ab. In Carlisle fanden regelmäßig Rennen statt, und wenn Jack auf der Durchreise war, nahm er meinen Vater mit dorthin, und sie wetteten gemeinsam. Jack war auf Arthurs Kennerschaft angewiesen. Jack setzte zwanzig Pfund auf ein Pferd, mein Vater zwei Shillinge. Meine Mutter war wütend auf Jack, weil er meinen Vater dazu ermunterte, und noch wütender auf Nan, weil sie diese Wetterei duldete. Nan fuhr manchmal sogar zusammen mit den Männern hin, genoß die elegante Kleidung und das Sehen und Gesehenwerden, aber meine Mutter setzte nie auch nur einen Fuß auf einen Turfplatz. Sie verabscheute alles, was mit dieser Art von Spiel zusammenhing – die Aufregung, die Spannung, die Euphorie des Gewinnens genauso wie die Enttäuschung des Verlierens. Doch immer, wenn sie ihre üblichen Einwände erhob, spielte mein Vater seine Trumpfkarte aus: »Die Königin wettet«, sagte er, »und die Prinzessin wettet und hält ihre Rennpferde für die besten der Welt. Was der königlichen Familie recht ist, kann mir billig sein.«

Das war ein Tiefschlag, weil meine Mutter eine begeisterte Monarchistin war. Sie ging durchs Feuer für König und Vaterland. Alles, was die königliche Familie tat, war ihr ungeheuer wichtig und interessierte sie, und sie stellte meiner Schwester und mir Prinzessin Elizabeth und Prinzessin Margaret-Rose als leuchtende Vorbilder dar. Ich liebte Crawfies Buch *Die kleinen Prinzessinnen,* das ich zu meinem zwölften Geburtstag bekommen hatte, obwohl ich bereits dem Punkt nahe war, an dem ich die königliche Familie ablehnte, genau wie ich irgendwann jeden Glauben an Gott zurückwies (in meinem Kopf war beides eng miteinander verbunden, ein Ergebnis der Ehrerbietung meiner Mutter). Das Leben der Prinzessin erschien mir als vollkommene Wonne. Ich wünschte mir, meine Mutter könne das Leben der Königin führen – in meinen Augen hätte sie die Rolle perfekt ausgefüllt; es hätte zu ihr gepaßt, wunderschöne Kleider zu tragen, in Kutschen zu fahren und gnädig zu lächeln. Ich betrachtete Seite um Seite die Fotografien darin und konnte mir mühelos vorstellen, auf Lilibets Pony zu sitzen, Lilibets Corgi zu knuddeln, in Lilibets und Margarets »kleinem« Haus zu spielen, das größer aussah als unseres. Als ich das Buch las (viele Male), verwirrte mich nur ein Punkt. Immer wieder betonte Crawfie, wie sehr Lilibet sich danach sehne, »nichts Besonderes« zu sein, und alles tue, um wie alle anderen zu wirken. Im Pfadfinderlager bestand sie darauf, das schmutzigste Geschirr abzuwaschen, verlangte, die einfachsten Kleider zu tragen, und war begeistert, wenn sie heimlich in einen Bus steigen konnte, anstatt im Rolls-Royce zu fahren … Das war mir ein Rätsel. Sie hätte jederzeit mit mir tauschen können, sie hätte mein gewöhnliches Leben führen dürfen, und ich wäre statt dessen ein Mitglied der Königsfamilie geworden. Als ich schließlich alle verfügbaren Informationen aus dem Buch geschöpft hatte, wurde mir klar, daß ich gar nicht wußte, *wozu* die königliche Familie eigentlich da war. »Was hat ein König zu tun?« fragte ich meine Mutter. Sie versuchte zu erklären, daß der Premierminister und die gewählte Regierung das Land regieren und daß der König selbst nicht viel Macht besaß, und das führte dazu, daß sie mir erklären mußte, was eine Demokratie war und wie die Krone irgendwie dazugehörte, und obwohl sie bestens in der Lage war, das zu umreißen, sagte sie, sie sei sich sicher, die Lehrer in der High School könnten es besser erläutern als sie.

Zufällig waren kurz nach dieser Diskussion allgemeine Wahlen, und es wurde beschlossen, daß in der Schule eine Wahl nachgespielt werden sollte, damit wir lernten, wie es bei richtigen Wahlen zuging. Wir hatten alle eine Stimme, und es gab vier Kandidatinnen – je eine Vertreterin der Konservativen, der Labour Party, der Liberalen und der Kommunisten. »Was ist ein Konservativer? Was ist ein Kommunist? Wen wählst du?« fragte ich meine Mutter. Sie sagte, sie sei konservativ, eine echte Tory, aber als sie ausführen sollte, warum, konnte sie es nur negativ beschreiben. Sie sagte, Konservative seien keine Störenfriede, sie seien für die Aufrechterhaltung von Recht und Ordnung, sie wollten »kein Chaos anrichten«. Ein Konservativer war kein Brandstifter, ein Konservativer würde kilometerweit vor Aufständen, Streiks und Gewalttätigkeiten davonlaufen. Mein Vater wollte nicht mitteilen, was er wählte. Er sagte, das sei seine Sache und murmelte geheimnisvoll, es sei gefährlich, Kindern zu erzählen, was man wählte, »denn so hat Hitler die Leute gekriegt«.

Aber meine Mutter erzählte mir, meine Großmutter

Margaret Ann habe sich in den zwanziger Jahren furchtbar über die lautstarke politische Meinung meines Vaters aufgeregt. Mein Vater war als junger Mann Feuer und Flamme für Labour und trat für die Aufhebung des Status quo ein, und die soziale Neuorganisation sei zu seinem eigenen Vorteil wie dem aller Arbeiter. Er trat der Labour Party nicht bei, weil er ein tiefes Mißtrauen gegen solche Organisationen hegte, aber er ging zu politischen Versammlungen und meinte, daß die Leute von Labour vernünftig redeten. Er hatte immer Labour gewählt, das wußte meine Mutter, aber offenbar war er inzwischen enttäuscht. Er würde nicht zur Wahl gehen, weil Labour ihm persönlich nichts genützt habe und diese Politiker alle gleich seien, nur auf den eigenen Vorteil bedacht. Meine Mutter war sich nicht sicher, ob er mit diesem Urteil recht hatte. Sie hoffte, nach unserer Wahl in der Schule könne ich sie aufklären.

Ich kam jeden Tag mit wilderen Interpretationen der politischen Weisheiten nach Hause, die mir die verschiedenen Kandidatinnen vermittelten, sie stammten alle aus den sechsten Klassen. Von Anfang an war klar, daß das Äußere und die Beliebtheit dieser Kandidatinnen bei uns wählenden Schulmädchen mehr zählen würden als alles, was sie zu sagen hatten. Sie konservative Kandidatin war die attraktivste, aber sie war keine gute Rednerin. Sie war sehr hübsch, hatte langes blondes Haar, schön frisiert, aber ihre Stimme war ziemlich piepsig und ihr Auftreten feierlich. Sie redete endlos über Winston Churchill, wie er uns vor den Nazis gerettet habe und wie undankbar es von uns gewesen sei, ihn nach dem Krieg nicht zu wählen. Die Vertreterin der Liberalen war nicht viel besser, was den Inhalt ihrer Rede anging, aber sie hatte eine laute und kräftige

Stimme. Sie war außerdem sehr sportlich, in allen Schulmannschaften aktiv, und ließ ihre Partei vor allem gesund erscheinen – die Gruppierung für dynamische Menschen, die nicht »spießig« waren wie die Konservativen. Die Labour-Kandidatin war viel zu gefühlsselig. Sie weinte sogar, als sie einen Zeitungsartikel darüber vorlas, wie die Armen in unseren Großstädten lebten. Das war offenbar die Schuld der Konservativen, obwohl sie im Augenblick nicht an der Regierung waren – Labour habe getan, was man als Partei habe tun können, aber das sei erst ein Anfang gewesen, und die Labour Party brauche noch viele weitere Regierungsjahre, um ihre Arbeit fortzuführen. Dann war da noch die kommunistische Kandidatin – klein, häßlich, bebrillt, ungepflegt –, aber eine brillante Rednerin. Unser ganzes Regierungssystem, schrie sie, sei eine Farce. Die Reichen würden reicher, die Armen ärmer, und nichts werde sich ändern, bis die überholte Demokratie hinweggefegt und ersetzt werde durch das Volk als Staat und den Staat als Volk, einer für alle und keine Klassenunterschiede mehr, keine Ungleichheit ... Ich ging geradewegs nach Hause und verkündete, ich hätte keine Zweifel, ich sei Kommunistin.

Es war schwer zu entscheiden, wer schockierter war, meine Mutter oder mein Vater. Beide sagten, Kommunisten seien böse, schlechte Menschen, die allen alles wegnehmen, die Reichen arm und die Armen noch ärmer machen würden. Als ich versuchte, dieses falsche Pauschalurteil zu korrigieren, indem ich wiederholte, was die Kandidatin gesagt hatte, wurde ich von meinem Vater niedergebrüllt. Er habe mich nicht auf diese Schule geschickt, damit ich solchen Blödsinn lernte. Ich sagte, er habe mich sowieso nicht dorthin geschickt und bezog wegen meiner Frechheit eine Ohrfeige. Ich versuchte, mit ihm zu diskutieren, wies darauf hin, daß er als Arbeiter, ganz unten in der Gesellschaft, doch eigentlich *für* den Kommunismus sein müsse. Aber nein, er war nicht dafür. Er wußte, was in Rußland passiert war, und das reichte. Was war in Rußland passiert? Das hat dich nicht zu kümmern. Meine Mutter war wie immer ruhig und hatte einen besseren Grund, den Kommunismus zu hassen. Kommunisten glaubten nicht an Gott. Sie machten den Staat zu ihrem Gott. Weil ich schon drauf und dran war, auszusprechen, ich glaubte auch nicht an Gott, klang dieser Punkt recht verlockend, aber ich traute mich noch nicht, das laut zu äußern.

Schließlich stimmte ich für die Labour-Kandidatin, doch ohne große Überzeugung und mit einer nach wie vor verschwommenen Vorstellung davon, wo der Unterschied zwischen den Konservativen und Labour lag. Die Konservative gewann knapp vor der Liberalen, und Labour landete auf einem schwachen dritten Platz. Die herausragende kommunistische Kandidatin bekam nur drei Stimmen, und ich schämte mich, weil ich sie nicht gewählt hatte. Inzwischen war außerhalb der Schule die echte Wahl im Gang. In einigen Fenstern, aber nicht vielen, tauchten Plakate auf, und in Raffles waren alle für Labour. In Carlisle wurde der Labour-Kandidat wiedergewählt, aber auf dem Land triumphierten im allgemeinen die Konservativen. Meine Mutter war damit einigermaßen zufrieden, mein Vater sagte, ihm sei es gleich. Ich wünschte mir laut, wir hätten Politik auf dem Lehrplan wie Geschichte und andere Fächer. Mein Vater sagte, das fehle gerade noch, daß »sie« damit anfingen. Politik mache nur Ärger, Politik sei nichts für unseresgleichen, und je früher ich das begriff, desto besser, »sonst setzt's was«. Aber meine Neugier blieb, und ich machte mir sogar Sorgen wegen meines Mangels an politischem Wissen. Nachdem wir in der Schule ein bißchen Geschichte des neunzehnten Jahrhunderts durchgenommen hatten, hatte ich etwas über die Bedeutung des allgemeinen Wahlrechts gelernt. Ich wußte Bescheid über Keir Hardie und Ramsay MacDonald, ebenso wußte ich, wer Nye Bevan war – ich hatte ihn auch im Radio gehört, bevor mein Vater »diesen Quatsch« ausschaltete. Und ich war beeinflußt von den Gillespies auf der anderen Straßenseite, die treue und aktive Labour-Leute waren – Mr. Gillespie hatte für Labour für den Stadtrat kandidiert, was mich beeindruckte, meinen Vater jedoch überhaupt nicht, und er beschwerte sich, daß sie »auf mich abfärbten«.

Ich sagte, er habe völlig recht, sie färbten auf mich ab, und ich sei froh darüber.

XIII

Freude war im Leben meiner Mutter im allgemeinen nicht besonders wahrzunehmen. Ihre Schwestern verletzten sie, wenn sie ihr vorhielten, sie verstehe nicht, sich zu amüsieren so wie sie. Im Gegenzug verärgerte sie die beiden, indem sie sich von dem, was ihnen ein Vergnügen war, deutlich distanzierte. Jeans Vorliebe für das Trinken und Singen düpierte sie – nicht zu fassen, daß sie sich etwas aus Pubs und aus lärmenden Gruppenausflügen nach Blackpool machte. Ihr schauderte vor dieser ganzen (in ihren Augen) gezwungenen Fröhlichkeit und diesen grölenden Trinkgelagen. »Geh doch einmal aus dir heraus, Lily«, drängte Jean und wurde mit einer Miene erschrockener Empörung bedacht. Meine Mutter sah in jeder Form von Hemmungslosigkeit weder ein Vergnügen noch einen Sinn. Das war ihrem Wesen fremd. Ihr gefiel der Gedanke, daß ruhige Unternehmungen am besten zu ihr paßten, Spaziergänge auf dem Land und dergleichen. Aber bei solchen Spaziergängen kam sie mir ungeduldig und gelangweilt vor. »Wir haben lange genug hier gesessen«, beschwerte sie sich, wenn wir gerade für ein paar Augenblicke im Wald von Wetheral, nahe beim Fluß, auf einem Baumstamm Platz genommen hatten, und wir mußten weitergehen, obwohl mein Vater im Anblick der springenden Lachse versunken war und wir Kinder fröhlich Holzstücke ins Wasser warfen. Sie mochte es nicht, wenn ihre Schuhe naß oder schmutzig wurden oder wenn sich ihre Kleider in Brombeerranken verfing, und sogar in Silloth, beim Promenieren auf der makellos sauberen Uferbefestigung aus Beton, empfand sie den Wind als zu stark, während er uns begeisterte. Sie war schwer zufriedenzustellen, wie mein Vater immer sagte, obwohl Bewunderung in seiner Stimme mitschwang und Stolz auf ihre hohen Maßstäbe und die Schwierigkeiten, die sie verursachten.

Manchmal, wenn mein Vater sich Mühe gab und meine Mutter verwöhnte, gingen wir bei unseren Ausflügen in ein Café, aber das war nie ein Erfolg, machte ihr nie Freude. Es gab kein billiges Café, das meiner Mutter gefallen konnte, und natürlich mußte es billig sein, sonst hätten wir es nicht besuchen können. »Aber doch nicht dort hinein!« rief meine Mutter entsetzt, wenn mein Vater vorschlug, so einen Schuppen zu betreten. Er fragte, warum, wir wollten doch nur eine Kanne Tee und etwas Limonade. Was war verkehrt daran? »Alles«, fuhr meine Mutter ihn an. Sie hatte immer recht. Ich sah mit ihren Augen, daß kein einziger Tisch abgewischt und das ganze Lokal schäbig war. Also marschierten wir um Keswick oder Pooley Bridge herum, wohin auch immer unser Tagesausflug mit dem Bus führte, und wenn die Stimmung am Ende gereizt wurde, weil ein Café nach dem anderen keine Gnade vor ihren Augen gefunden hatte, war meine Mutter bereit, ein Lokal aufzusuchen, das wenigstens sauber war. Dann ging der ganze Ärger von vorn los. Manchmal war das Thema der Tisch, an dem wir sitzen wollten. Meine Mutter sagte, es sei ihr gleich, aber sobald mein Vater einen Platz für uns gefunden hatte, war es der falsche. »Doch nicht direkt neben der Tür, Arthur.« Häufiger ging es um die Bestellung. Meine Mutter hätte gern ein Hörnchen gehabt, aber es gab keine Hörnchen, oder diejenigen, die aufgetischt wurden, waren nicht frisch, wie sie erklärte. Ihr kritisches Wesen konnte nichts durchgehen lassen, und obwohl ich wie sie empfand, haßte ich die Atmosphäre, die durch diese Nörgelei entstand. Wenn sie nur stolz auf ihre schneidende Kritik gewesen wäre, wenn sie nur einmal darüber gelacht hätte, wie grauenhaft das Hörnchen oder sonst etwas war, aber nein, ihre Enttäuschung saß tief, und sie konnte nicht ein einziges Mal lachen.

Ich wußte, in welcher Art Café meine Mutter gern eingekehrt wäre. Sie hätte mit Vorliebe im Ritz oder im Savoy gesessen, in einem Palmengarten, in einem Chiffonkleid mit weißem Strohhut, während ihr köstliche dünne Sandwiches und erlesenes Gebäck auf zarten Porzellantellern serviert wurden. Wie die Kleidung war auch die Umgebung von Bedeutung. Sie zeigte an, was aus einem geworden war, und meine Mutter konnte sich nie aussöhnen mit roten Resopaltischen, dicken, angeschlagenen weißen Henkelbechern, dem Geruch nach abgestandenem Fett oder mit der fehlenden Eleganz und künstlerischen Note. Unsere Ausflüge konnten ihr nie die Freude bereiten, nach der sie sich sehnte. Oft kam sie überhaupt nicht mit. Sie sagte, sie sei zu müde, und das war sie auch, aber sie war nicht nur körperlich müde, sie war auch die Enttäuschung leid. Zu Hause amüsierte sie sich auch nicht besser, außer daß sie in Ruhe *Mrs. Dales Tagebuch* hören konnte. Mrs. Dales Leben sagte ihr ausgesprochen zu, es war genau das Leben, das sie selbst hätte führen sollen – das Leben einer Arztfrau, tadellos. In ihrer Vorstellung überwand sie den Klassenunterschied spielend, sie war Mrs. Dale, die Frau eines Akademikers aus der Mittelschicht. Immerhin hatte sie Phantasie und konnte mühelos in diese Radiowelt eindringen.

Darin bestand für sie Vergnügen. Sie liebte das Theater, und Her Majesty's Theatre in Carlisle, nicht weit von ihrem Geburtsort und von der Straße, in der ihre ehemalige Schule lag, war gegen Ende der fünfziger Jahre eine viel besuchte Bühne. Meine Mutter schaute sich alles an, was die Salisbury Players an Freitagabenden aufführten. Sie ging mit einer Freundin zusammen dorthin, einer Nachbarin, saß ganz oben im Olymp, obwohl ihr der erste Rang viel lieber gewesen wäre, aber ausnahmsweise überwand sie ihre Sehnsucht nach Besserem und beschwerte sich nie über den billigen Platz. Sie ging jedoch nicht nur zu den Aufführungen im richtigen Theater, sondern auch zu allen Vorstellungen, die von der florierenden Amateurtruppe von St. Barnabas' gegeben wurden. Schon als kleines Kind nahm sie mich mit, doch ich glaubte keinen Augenblick lang, das sei ein Ersatz für die Wirklichkeit, und meine Mutter behauptete das auch nie, ganz gleich, was sie dachte. Sie ließ meine Begeisterung zu und schien meine Aufregung zu teilen, wenn wir quer durch Raffles zum Gemeindesaal liefen. Die Stücke, von denen die Kirchentruppe besonders angetan war, stammten von J. B. Priestley und Terrence Rattigan, und meine Mutter war davon genauso gefangengenommen wie ich. Wir liebten *Die Zeit und die Conways* und *I Have Been Here Before.* In diesem Stück kamen Zeilen vor, die meine Mutter für höchst bedeutsam zu halten schien, über Menschen, die ihr Leben immer wieder von neuem durchmachten, mit kleinen, aber entscheidenden Variationen. Sie seufzte, und hinterher fragte ich sie, warum, bekam aber nie eine befriedigende Antwort. Ich mochte es gar nicht, wenn das Stück zu Ende war, und ihr ging es genauso – wir wollten nicht, daß die Deckenbeleuchtung anging und der viel zu knappe Vorhang endgültig zugezogen wurde.

Es gab auch Theaterstücke im Radio, an denen wir uns erfreuen konnten, aber das Hören von *Saturday Night Theatre* führte nur zu Komplikationen. Wir hatten ein Radio, einen blauen Bakelitapparat, der in eine Steckdose eingestöpselt werden konnte und ziemlich großspurig als tragbares Gerät bezeichnet wurde. Ich nahm das Radio mit ans Bett, um dort *Saturday Night Theatre*, mein Lieblingsstück der Woche, zu hören. So konnte ich im Dunkeln zuhören und mich besser in das Stück hineinzuversetzen. Gordon war nie zu Hause, und weder meine Mutter noch meine Schwester hatten etwas dagegen. Die letzten zehn Minuten bekam ich allerdings nie zu hören. Mein Vater kehrte aus dem Pub zurück und brauchte unbedingt sein Radio. Kurz bevor er eintraf, kam meine Mutter also herauf, stöpselte das Radio aus und brachte es für ihn nach unten. Ich versuchte kein einziges Mal, auch nur dagegen zu protestieren. So war das nun mal. Der Ernährer mußte Radio hören, während er zu Abend aß. Meine Mutter sagte beim Stecker-Herausziehen immer: »Es tut mir leid, aber du weißt, es wird gebraucht.« Und sie hatte recht, ich wußte es. Ich hatte die ungeschriebene, aber absolut eiserne Regel hingenommen.

Meine Mutter nahm natürlich sehr viel mehr hin. Sie hatte sich ihr Leben lang angepaßt und erwartete das auch von mir. Wenn ich das nicht tat, regte sie sich über alle Maßen auf, etwa wie an dem Tag, als ich mir das Haar abschneiden ließ. Das war ein Akt der Aufsässigkeit, eine Tat, die Vergeltung nach sich ziehen würde – so sicher wie Samsons Schur. Mädchen und Frauen hatten stolz auf ihr Haar zu sein, vor allem wenn es wie meines war: lang, dicht und wellig, eine Riesenmähne aus wallendem blondem Haar, das meine Mutter all die Jahre über flocht oder zu Locken drehte. Das Trocknen dauerte Stunden. Als ich ein Kind war, wusch sie mein Haar, rieb es mit Handtüchern so trocken wie möglich, und dann saß ich auf ihren Schoß, das Gesicht ihr zugewandt, und lehnte mich zurück, damit mein Haar wie ein Laken vor dem Ofen hing. »Sie hat wunderschönes Haar, Lily«, schwärmten alle, und meine Mutter war befriedigt – die Sauberkeit meines Haars, sein Glanz, sein ganzes Aussehen, das alles war ein Lob für sie.

Aber mit dreizehn Jahren faßte ich einen Entschluß. Ich war mein langes Haar leid. Es war lästig, und ich wollte es kürzer haben. Mein Bruder schnitt ein Stück von einem meiner Zöpfe ab, und meine Mutter wurde wütend: »Ihr wunderschönes Haar derart zuzurichten!« Und sie erlaubte mir nicht, den zweiten Zopf ebenfalls zu kürzen. Sie sagte, das wachse bald nach, ich solle mein Haar nicht anrühren. Aber nun wollte ich es nicht nur ein paar Zentimeter kürzer, sondern richtig kurz. Deshalb machte ich einen Termin bei Binn's, ging hin und ließ alles abschneiden – total abschneiden, unanständig kurz, sogar mit rasiertem Nacken. Es sah furchtbar aus, ein grober, brutaler Kurzhaarschnitt. Ich hatte Angst davor, nach Hause zu gehen, vor allem, weil ich so tun mußte, als wäre ich begeistert von dieser neuen Frisur, obwohl ich am liebsten geweint hätte, weil sie so häßlich war. Meine Mutter blickte geschlagen drein, als ich mich ins Haus schlich. Ihre Hand fuhr zum Mund, und sie riß die Augen auf. »Du hast dich selbst zugrunde gerichtet«, flüsterte sie.

Meine Tanten waren völlig ihrer Meinung. Ich hatte mein Aussehen verschandelt, das aus ihrer Sicht ohnehin schon auf dem Weg in den Ruin war. Vor allem Nan war entsetzt, als sie ein paar Wochen später zu Besuch kam und mich sah (obwohl mein Haar inzwischen etwas gewachsen und nicht mehr ganz so erschreckend aussah). »Das hättest du ihr nicht erlauben dürfen, Lily«, sagte Nan. »Ich hätte nie zugelassen, daß eine Tochter von mir so etwas tut, sich so zurichtet.« Ich mischte mich ein und sagte, es habe nichts mit meiner Mutter zu tun, daß ich mir das Haar abschneiden ließ. Es war *mein* Haar, meine Entscheidung, und mir sei gleich, wie ich aussähe; als ob es auf das Aussehen ankäme. »Natürlich kommt es darauf an«, entgegnete Nan scharf. »Mit einem solchen Haarschnitt wird dich nie ein Mann attraktiv finden.« Und so kam es wieder zum alten Streit, und ich schrie, ich wolle auf keinen Fall, daß Männer mich attraktiv fänden. Es gebe Wichtigeres im Leben, und es sei ein Jammer, daß Nan das nicht begriffen habe ... Aufruhr. Meine bevorstehenden vierzehn Tage Ferien bei Nan wurden gestrichen. Es war kein Verlust. Ich fuhr nicht mehr gern nach Nottingham; der Haushalt der Marshallsays hatten seinen Reiz verloren, Stilton hin oder her. Das hieß, daß ich nirgendwohin fuhr – beinahe unsere gesamten Ferien bestanden aus Besuchen bei den beiden Tanten, in Motherwell oder Nottingham –, aber ich war entschlossen, es leichtzunehmen.

Ferien waren immer eine Tortur: der Gedanke daran, die Planung, ihr unausweichlich unbefriedigendes Ergebnis. Es war fast besser, keinen Urlaub zu machen, sondern zu Tagesausflügen zurückzukehren: ein Tag in Silloth, ein Tag in Keswick und so weiter. Aber zweimal verreisten wir für eine ganze Woche, alle bis auf Gordon, der wie immer ins Pfadfinderlager ging. Als ich acht Jahre alt war, machten wir einen Wohnwagenurlaub in Allonby, ein paar Kilometer westlich von Silloth an der Küste von Solway. Wir fuhren mit dem Zug nach Silloth, wie häufig bei Tagesausflügen, doch dieses Mal waren wir wichtige Fahrgäste: Wir hatten Gepäck, wir würden länger bleiben. Der Zug war wie üblich überfüllt, und wir mußten kämpfen, um hineinzukommen. Mein Vater bahnte sich den Weg durch die Dreierreihe auf dem Bahnsteig und war einer der ersten im Wagen, der auf seiner Höhe hielt, aber er konnte in dem Gedränge nur einen Platz freihalten. Meine Mutter hatte sich von diesem unschicklichen Gedrängel ferngehalten, aber jetzt setzte sie sich auf den Platz, den er erobert hatte – es war regelrecht wie im Krieg. Meine Schwester saß auf ihrem Knie, während mein Vater und ich standen.

Die Fahrt dauerte nicht lange, nur etwa vierzig Minuten, und sie wirkte noch kürzer, weil wir die Bahnhöfe auswendig kannten. Wir erhaschten in Burgh-by-Sands den ersten Blick auf das Meer, und die Aufregung wuchs, bis schließlich der Kirchturm gegenüber dem Park von Silloth in Sichtweite kam. Sofort ergoß sich die Menge in einem wilden Durcheinander auf den Bahnsteig; Kinder schrien und rannten mit Eimern und Schaufeln herum, begierig, ans Meer zu kommen. Wir mußten einen Bus nehmen, der uns in die Nähe unseres Wohnwagens brachte, und der ließ lange auf sich warten. Meine Mutter setzte sich auf unseren Koffer, und mein Vater ging los, um bei Mr. Brown's Eiscreme für uns zu besorgen. Wir waren vernarrt in diese Waffeln mit Häubchen aus Softeis, und meiner Mutter ging es genauso, aber weil sie fand, damit mache man sich nur schmutzig, versagte sie sich oft den Genuß, damit ihre Bluse fleckenlos blieb. Es genügte ihr, einmal an unserem Eis zu lecken. Aber dieses Mal, bei unserem ersten richtigen Urlaub, war sie mit einer Waffel einverstanden, und mein Vater war begeistert; solche Bereitschaft, sich etwas zu gönnen, war ein gutes Zeichen, versprach viel für die kommende Woche.

Vor meinem geistigen Auge hatte ich unseren Wohnwagen schon gesehen. Ich kannte ihn aus Bilderbüchern. Ich stellte mir einen buntbemalten Zigeunerwagen vor, mit hübschen Schnitzereien, lustigen kleinen Fenstern und riesigen Rädern und mit einem kastanienbraunen Pferd an der Deichsel, das den Wagen an der Küste entlangzog, während wir auf dem Bock saßen und mein Vater die Zügel in der Hand hielt ... Der Bus, den wir in Silloth nahmen, hielt an einem Gattertor kurz vor Allonby. Dort wurden wir abgeladen, mit unserem Koffer und zwei Taschen mit Nahrungsmitteln. Ich sah mich um. Das mußte ein Irrtum sein. Vierzig Wohnwagen standen geparkt in Reihen. Keiner von ihnen sah einem Zigeunerwagen ähnlich. Ein Pferd war nicht in Sicht. Die Wohnwagen sahen wie Blechkisten aus, häßliche, kompakte Dinger, die in einem schmutzigen Hellbeige oder Blau angestrichen waren. Keine Schnitzereien, keine großen Räder. Die Wiese war naß, und als wir zu unserem Wohnwagen gingen, der (herzzerreißenderweise) *Sea Rhapsody* hieß, konnten wir die Latrinen riechen. Mein Vater bemühte sich um Heiterkeit, wurde aber wie gewöhnlich besiegt von der Unfähigkeit meiner Mutter, etwas vorzutäuschen. »Das ist er also?« sagte sie. *»Dafür* haben wir soviel Geld ausgegeben?« Sie brachte es kaum über sich, die Tür aufzumachen und einen Blick auf unser Zuhause für die nächsten sieben Tage zu werfen. Drinnen gab es zu beiden Seiten eines quälend engen Durchgangs jeweils zwei Schlafkojen, und am Ende befand sich eine behelfsmäßige Kochnische. Wir konnten den Wohnwagen nicht alle gleichzeitig betreten. Falls wir das aber doch wollten, mußten die ersten zwei in die unteren Kojen klettern. Meine Mutter weinte nicht, aber ihr Zorn war schlimmer als Tränen. Sie hatte ein ganz verzerrtes Gesicht, und die Anspannung war unerträglich. Mein Vater holte uns Kinder sofort wieder heraus und ging mit uns ans Meer, murmelte meiner wütenden Mutter noch kurz zu, er überlasse es ihr, sich einzurichten.

Danach hing alles vom Wetter ab. Wie durch ein Wunder schien am nächsten Tag die Sonne und schwächte die Bitterkeit meiner Mutter etwas ab. Wir verbrachten die Zeit von acht Uhr morgens bis zehn Uhr abends außerhalb des scheußlichen Wohnwagens. Mein Vater grub nach Würmern und ging dann zum Angeln, und meine Schwester und ich bauten Sandburgen, paddelten und wollten schwimmen, aber Mutter sagte, es sei zu kalt, wir müßten dem Wasser Zeit zum Anwärmen lassen (obwohl zweifelhaft ist, inwieweit der Solway Firth sich je erwärmt). Sie saß auf einer Wolldecke und ruhte sich aus, lehnte mit dem Rücken an einem Holzpfeiler, die den Strand unterteilten und im Winter die Wucht der hohen Flut brachen. Nun hatte sie Urlaub, den ersten seit zehn Jahren, und einen großen Teil verbrachte sie mit Erinnerungen an frühere Ferien in Silloth und Allonby, als sie ein Kind war. Sie sagte, wie wunderbar die Ferien mit ihrem Vater gewesen seien. Ich fragte, in welchem Wohnwagen sie gewohnt hätten, und sie wurde verächtlich. Sie hatten nicht in einem Wohnwagen gewohnt, ihr Vater habe ein ganzes Haus gemietet, sie wohnten komfortabel damals, das Essen sei für sie zubereitet worden, und es sei überhaupt nicht zu vergleichen – mit *dem hier.* Ich dachte darüber nach, während ich nach Muscheln suchte (schwer zu finden und nur gewöhnliche Exemplare). Mir ging auf, daß meine Mutter meinte, sie sei sozial abgestiegen, und daß der Wohnwagen ein Teil dieser unerfreulichen Erkenntnis war, genau wie die Corned-Beef-Sandwiches, die wir zum Abendbrot aßen. Als ich dorthin zurückkehrte, wo sie immer noch saß und ihr Gesicht in die Sonne hielt, mit geschlossenen Augen, dachte ich, sie sehe, obwohl wir Glück hatten und der Tag so schön war, sehr traurig aus. Sie sagte ziemlich oft: »Das ist nett«, aber ich war mir trotz dieser Bekundungen von Zufriedenheit nicht so sicher.

Wir stiegen nur zum Schlafen in den Wohnwagen, und meine Schwester und ich schliefen sofort ein. Mein Vater ging in das Pub, und ich nehme an, wenn er zurückkam, schlief er auch sofort ein – bei diesen Kojen und der Enge im Wagen. Fünf ganze Tage lang strahlte die Sonne, ein Rekord, und wir lebten am breiten und verlassenen Strand von Allonby nur in Gesellschaft der Pferde aus den Gestüten, die in den flachen Wellen in Strandnähe ausgeritten wurden, während die anderen Wohnwagencamper das lebhaftere Silloth bevölkerten. Meine Mutter wurde wunderschön braun. Sie zog Strümpfe und Strickjacke aus, obwohl sie es niemals wagte, einen Badeanzug anzuziehen – sie sagte, dafür sei sie zu alt. Ältere Frauen sollten sich nicht entwürdigen, indem sie, wie sie es nannte, ihr Fleisch entblößten (sie war fünfundvierzig). Mein Vater zog das Hemd aus, bekam einen Sonnenbrand und zog es wieder an, und meine Mutter sagte, das gehöre sich auch, aber sie lächelte. Dieser richtige Urlaub tat ihr gut. Er hatte sich gelohnt, trotz des elenden Wohnwagens. Aber am sechsten Tag, dem Tag vor unserer Abreise, wachten wir unter einem grauen Himmel auf, bei eisigem Wind, der uns vom Meer her entgegenpeitschte. »Ich habe ja gewußt, daß es nicht so bleiben kann«, sagte meine Mutter triumphierend, aber sie nahm den Wetterumschlag recht gleichmütig hin. Wir zogen Pullover und Regenmäntel an, fuhren nach Silloth zum Jahrmarkt und ritten auf den Eseln, obwohl es inzwischen regnete. Es war ein erfolgreicher Urlaub gewesen, ganz gleich, wie der letzte Tag aussah.

In den letzten zehn Jahren, bevor ich zu Hause auszog, fuhren wir noch zweimal in Urlaub. Drei Jahre nach diesem ersten und dank angestrengten Sparens, mieteten wir wieder einen Wohnwagen, dieses Mal auf der anderen Seite von Silloth, auf einer Wiese in Skinburness. Wieder eine Blechkiste, wenn auch größer und besser ausgestattet und mit einem Vorhang zwischen den Kojen. Aber diesmal hatten wir kein Glück. Es goß die ganze Woche. Der ganze Urlaub – »der sogenannte Urlaub«, wie meine Mutter sich ausdrückte – war eine Katastrophe, und zwischen meinen Eltern tobte die ganze Zeit über der Streit, ob wir aufgeben und nach Hause fahren sollten. Mein Vater rechnete ständig damit, daß die Sonne durchbrach, deshalb wollte er bleiben, während meine Mutter davon überzeugt war, daß die Sonne nicht scheinen würde, und den Verlust in Grenzen halten wollte. Wir blieben da. Wir marschierten die Hafenmauer entlang bis zum schützenden, sturmgebeutelten Silloth und seinen Vergnügungen, wurden auf dem Hin- und auf dem Rückweg klatschnaß, und es gab keine Möglichkeit, unsere Kleidung zu trocknen. Meine Mutter saß trübsinnig im Wohnwagen, während wir uns umzogen, wieder nach Silloth ins Kino gingen – von neuem durchnäßt –, und danach in einem Café saßen, ehe wir es wagten, wieder nach Hause zurückzukehren. »Nie wieder!« schwor meine Mutter. »Keinen Wohnwagen mehr.« Danach ging sie dazu über, in verschiedenen Ferienorten nach Zimmern zu suchen. Die *Cumberland News* brachten jede Menge Anzeigen – »AYR. Pension. Gutes Essen. Gemütlich« und »Blackpool. Zentrale Lage. Pension 12/6. Fl. w. und k.« (Fl. w. und k. war sehr teuer, weil das hieß, daß wir fließend warmes und kaltes Wasser auf dem Zimmer hatten.) Sie schrieb an Pensionen in Keswick, Morecambe, Rothesay und in vielen anderen Urlaubsorten, aber entweder waren sie in der Woche ausgebucht, in der mein Vater seinen Urlaub nehmen mußte, oder zu teuer. Schließlich fuhren wir – wohin sonst? – nach Silloth.

Aber wenigstens wohnten wir nicht in einem Wohnwagen, sondern in einem Zimmer, direkt gegenüber dem Park. Ich wollte überhaupt nicht mitfahren. Ich war inzwischen fünfzehn, und Silloth reizte mich kein bißchen, schon der Gedanke daran stieß mich ab. Jeden Tag zog ich alleine los, wanderte endlos auf der Uferbefestigung bis nach Grune Point, der wilden kleinen Halbinsel im Sumpfland hinter Skinburness. Das Wetter war stürmisch, aber es regnete nicht, und in der Pension wurde ein Abendessen serviert, so daß meine Mutter einigermaßen zufrieden war. Sie ruhte sich aus und sagte, nur darauf komme es an, sie habe nichts anderes erwartet. Mein Vater war wie immer in Silloth ganz glücklich, obwohl er es nach Meinung meiner Mutter mit seinem zusätzlichen halben Liter Bier übertrieb, das er sich mit der Begründung gönnte, er habe Urlaub. Aber ihr war Alkohol ohnehin ein Greuel. Sie empfand Trinken als Sünde. Und schon wir Kinder waren Mitglieder bei den Blaukreuzlern, deren Philosophie, falls man das so nennen konnte, auch ihre war: Rühre niemals einen Tropfen an! Pubs, meinte sie, seien schon vom Wesen her üble Orte, und sie fürchtete sie. Ich hatte auch Angst davor, besonders vor dem Horse and Farrier, dem Pub am Ende unserer Straße in Raffles. Wenn Sperrstunde war, strömten hordenweise Männer brüllend und lachend heraus, wankten nach Hause und klammerten sich dabei ab und zu an die Hecken. Wir schliefen auf der Vorderseite des Hauses, und der Lärm an Wochenenden war furchterregend. Es klang, als torkelten Hunderte, nicht Dutzende von Männern an unserem Haus vorbei, und sie hörten sich gewalttätig und unbeherrscht an. Mein Vater stand am Fenster, machte sich Sorgen um seine Hecke und brüllte jeden an, der bei einer Prügelei hineingestoßen wurde, aber sein Protest verhallte stets ungehört. Die heimkehrenden Beduselten mußten einfach ertragen werden.

Nur zu Weihnachten und am Neujahrstag duldete meine Mutter Alkohol in unserem Haus: eine Flasche Sherry und eine Flasche Port, nur für Besucher, um zum Fest mit ihnen anzustoßen und sich alles Gute zu wünschen, wie es sich gehörte. Mir gefielen die Sherry- und Portweingläser, die meine Mutter aus dem Schrank holte. Sie hatten ihrer Mutter gehört. Die Sherrygläser waren schmal und langstielig, und die Portweingläser waren mit rubinroten Blumen bemalt. Sherry oder Port wurde immer nur in winzigen Mengen angeboten, mit dicken Kuchenstücken oder mit Mürbteiggebäck, nie einfach so. Aber wenn unsere Verwandten kamen, die Marshallsays und die Wallaces, blieben Sherry und Portwein stehen. Sie brachten Whisky mit, als Geschenk, machten ihn auf und tranken ihn in beträchtlichen Mengen. Nan trank nichts davon – sie bevorzugte Dubonnet, sagte sie, während hinter ihrem Rücken spöttische Blicke an die Decke wanderten –, wohl aber Jean. Sie ärgerte sich über den unverhohlen mißbilligenden Blick meiner Mutter. »Ein Schluck Whisky hat noch niemandem geschadet, Lily«, sagte sie, aber meine Mutter gab sich zu keiner Entgegnung her. In ihren Augen war Whisky nicht nur verrucht, sondern auch kein Getränk für eine Frau, und damit hatte es sich. Wenn Jean unbedingt Whisky trinken wollte, wäre es besser, sie täte das anderswo, nicht in unserem Haus.

Obwohl bei diesen Anlässen das Trinken bei uns zu Hause anfing, wurde es bald in einer Hotelbar fortgesetzt, wo es mehr Platz gab (und außerdem mehr zu trinken). Bei uns war es sehr, sehr eng. Sechs Erwachsene und manchmal sechs Kinder in ein zehn Quadratmeter großes Zimmer zu quetschen und dafür zu sorgen, daß alle einen Sitzplatz hatten, war ein Kunststück. Noch schlimmer war es, wenn die Wallaces über Nacht blieben, was sie meistens taten, weil sie sich im Gegensatz zu den Marshallsays kein Hotelzimmer leisten konnten. Dann bekamen sie das Bett meiner Eltern, meine Eltern schliefen unten auf dem Sofa, und wir Kinder schliefen verkehrt herum, Kopf gegen Füße, zu zweit in einem Bett. Als wir älter und größer wurden, erwies sich das als unmöglich, und meine Mutter zerbrach sich tagelang den Kopf über die Schlafgelegenheiten, versuchte, das beste Arrangement, die bequemste Lösung für uns alle auszutüfteln. Da schwang gewiß nichts Fröhliches mit, kein »Raum ist in der kleinsten Hütte«. Aber auch ohne Verwandtschaft, die bei uns wohnte, zerbrach sie sich oft den Kopf darüber, was werden sollte, wenn Gordon vom Militärdienst zurückkam. Falls er wieder das zweite Schlafzimmer belegte, wohin sollten dann meine Schwester und ich? Mit vierzehn und elf Jahren waren wir für eine Rückkehr in das Schrankbett im Schlafzimmer unserer Eltern zu alt. Meine Mutter war beim Gedanken daran verzweifelt. Sie schrieb an die Verwaltung, bat um Zuweisung eines Hauses mit drei Schlafzimmern, vorzugsweise außerhalb der Siedlung Raffles, in der es immer rauher zuging. Nichts tat sich. Sie überflog jede Woche die *Cumberland News,* hielt Ausschau nach Tauschangeboten: Familien in städtischen Siedlungen, die ihre Häuser gegen größere oder kleinere tauschen wollten (das erlaubte die Stadt, wenn man etwas Annehmbares finden konnte). Dann gab sie selbst eine Anzeige auf: »Tausche Haus mit zwei Schlafzimmern in der Orton Road gegen ein Haus mit drei Schlafzimmern und Wohnzimmer, alle städtischen Siedlungen möglich.« Die Erwähnung der Orton Road sollte unterstreichen, daß wir im besseren Teil von Raffles wohnten, seit der Ruf der Siedlung als Gartenstadt dahin war. Wir bekamen etliche Zuschriften, aber die Leute verloren das Interesse, sobald sie erfuhren, daß wir eine Außentoilette und kein richtiges Badezimmer hatten. Unser Haus war nicht attraktiv, obwohl es sich in makellosem Zustand befand, regelmäßig gestrichen und tapeziert von meinem Vater und von meiner Mutter tadellos saubergehalten. Was sollten wir tun?

Ich hatte eine Lösung parat, die ich für naheliegend und geeignet hielt. Mein Großvater war jetzt Witwer und wohnte immer noch in seinem eigenen Haus mit drei Schlafzimmern und guter Stube in der Richardson Street. Er benutzte nur ein Zimmer. Also konnte er gut in unser städtisches Haus ziehen, wir konnten seines übernehmen. Das war doch ganz einfach. Nein. Meine Mutter wies mich zurecht und sagte, man könne der eigenen Bequemlichkeit zuliebe nicht einfach einen alten Menschen aus seiner Umgebung reißen. Und außerdem: Unser Haus gehörte uns nicht, und Großvaters Haus war sein eigenes. Das wäre nicht gerecht gewesen. Davon abgesehen gefiel ihr sein Haus nicht. Es war zu groß, zu kalt, zu häßlich, zu altmodisch. Jetzt war ich an der Reihe mit einer Zurechtweisung: Dort gab es drei Schlafzimmer und eine gute Stube, oder? Der Platz reichte doch. Alles andere spielte für mich keine Rolle. Aber zum gleichen Zeitpunkt ergab sich eine Tauschmöglichkeit: Ein städtisches Haus mit drei Schlafzimmern, einer guten Stube und – oh, Freude – einem richtigen Badezimmer und mit Innentoilette in Lonsowerby, der ältesten und besten städtischen Siedlung von Carlisle. Vom Haus blickte man auf den Friedhof. Meinem Vater gefiel dieser Gedanke überhaupt nicht, aber meine Mutter hielt das für besonders vorteilhaft. Für sie war ein Friedhof ein schöner, ruhiger Ort, eher ein Park. Und das stimmte, er wirkte wie ein Park. Er war 1855 angelegt worden, und schöne alte Bäume säumten die Hauptgänge, die von den Toren zu den beiden Kapellen führten. Diese Wege waren asphaltiert und gerade, aber es gab auch schmalere Kieswege, manchmal im Halbkreis angelegt, die sich mit ihnen kreuzten. Der ganze Friedhof wurde sehr gepflegt, und im Sommer war er eine einzige Blumenschau – Aberhunderte Geranien, Dahlien und andere blühende Pflanzen in leuchtenden Farben, angeordnet wie ein Regiment.

Doch als wir einzogen, war das Haus in einem entsetzlichen Zustand. Meine Mutter weinte, als sie es sah, und das war vollkommen gerechtfertigt. Es war verdreckt, völlig verseucht mit Schmutz und Ungeziefer aller Art. Jedes Zimmer mußte gesäubert und desinfiziert werden. Ausnahmsweise half ich. Ich schälte Tapeten und Farben von den Wänden, scheuerte sogar die Fußböden und den mit Graphit geschwärzten Gußeisenherd, obwohl sich herausstellte, daß das verschenkte Arbeit war. Großvater bezahlte uns einen modernen Herd und auch die Entfernung des alten. Er war auf seine alten Tage großzügiger geworden, und als er gehört hatte, wie meine Mutter ihren Ekel vor diesem Herd äußerte, kaufte er aus eigener Initiative einen sogenannten Osborne-All-Tile-Herd (Kostenpunkt zehn Pfund und fünfzehn Shillinge) mit schwerem Stahlrost und emaillierter Vorderfront. Wir waren hingerissen. Ich konnte es kaum erwarten, nach Hause zu kommen und dabei zuzuschauen, wie dieses wunderbare Kunstwerk an die Stelle des alten Herdes rückte, völlig fasziniert davon, daß das schwarze, schmutzige Ungetüm, das so schwer zu reinigen und pflegen war, einem leichten, hellen und vergleichsweise pflegeleichten Herd gewichen war.

Es dauerte viele Monate, das Haus herzurichten. Mein Vater konnte sich nur nach der Arbeit und an Sonntagen um die Renovierung kümmern – er machte Überstunden, um die Tapeten und die Farbe zu bezahlen –, deshalb ging es langsam voran. Er kam nach seinem Zwölfstundentag gegen sieben Uhr nach Hause, aß zu Abend, dann stieg er auf eine Leiter und kratzte im Treppenhaus Tapeten ab, aber er war so erschöpft, daß ihm übel wurde und er heruntersteigen mußte – es war zuviel. Meine Mutter blieb Tag für Tag in dem ganzen Durcheinander zurück, das sie überhaupt nicht ausstehen konnte, und bekam das Grausen, daß nichts adrett oder hübsch aussah. Sie war deprimiert, aber ich war es auch, und am meisten deprimierten mich ihr Leben und die Angst, daß mein Leben trotz meiner Anstrengungen genauso wie ihres werden könne. Das war keine neue Erkenntnis. Ich hatte schon vor einer Ewigkeit gemerkt, daß ihr Leben eine Schinderei war, aber jetzt machte es mir mehr angst als zuvor. Warum sollte ich mich einlassen auf das Leben meiner Mutter, das Leben all der Frauen, die ich um mich herum sah? Sie sprach oft darüber, wie schwer das Leben ihrer Mutter gewesen war, ohne Einzelheiten zu nennen, aber ich verstand nicht, in welcher Hinsicht ihr Leben leichter war. Wenn sie verbittert sagte, und es war eine verzweifelte Zeit: »Was für ein Leben!«, brach es aus mir heraus: »Warum hast du dich dann dafür entschieden?« Sie sagte, sie habe sich nicht dafür entschieden, es sei einfach so gekommen. Das konnte und wollte ich nicht hinnehmen. Ich sagte, sie hätte nicht heiraten sollen, denn erst durch die Heirat sei es doch zu dem Leben gekommen, das sie jetzt führte. Als ich sie fragte, warum sie geheiratet habe, war der schlimmste Augenblick da: Sie sagte, sie habe sich Kinder gewünscht, deshalb. Was für ein miserabler Tauschhandel. *Kinder,* im Tausch wogegen? Gegen eine Arbeit, die sie liebte. Sie verurteilte sich zur Plackerei. Kein einziges Mal sagte sie, es habe sich gelohnt, sie habe drei Kinder, und nichts sonst zähle.

Ich wußte, daß ich mich nicht auf diesen Handel einlassen konnte. Und sogar bei Nans war ich mir nicht sicher, denn es wirkte nur an der Oberfläche anders. Nan führte nicht das schwere Leben meiner Mutter. Sie besaß inzwischen ein hübsches Haus, ein Auto (gut, Jacks Auto), schöne Kleider und Schmuck, aber ich hatte bemerkt, daß auch ihr Leben trist war, obwohl bequem und leicht, und das stieß mich ab. Nan tat buchstäblich gar nichts. Sie hatte immer eine Zugehfrau (selbstverständlich treu ergeben), die ihr ohnehin schon sauberes Zuhause putzte, ein Haus, in dem meistens nur zwei Erwachsene wohnten und das deshalb kaum Arbeit machte. Sie stand gegen zehn Uhr auf, nachdem sie gemächlich im Bett gefrühstückt hatte (Jack brachte ihr das Tablett, bevor er zur Arbeit fuhr), dann nahm sie ein Bad. Danach kleidete sie sich an und begann mit ihrer Gesichtspflege. Die nahm viel Zeit in Anspruch – das Schminken war ein langwieriges Ritual, zu dem viele Cremes, Lotions und Puder gehörten –, wahrhaftig, das strengte an. Sie sah immer hervorragend aus. Gegen Mittag verließ die Zugehfrau das Haus, und Nan nahm einen Imbiß zu sich, dann kam ihr berühmtes Nickerchen, bevor sie etwa hundert Meter weit mit ihrem Pekinesen spazierenging. Daran schloß sich der Höhepunkt des Tages an: das Einkaufen. Sie kaufte sich Kleider. Und zu ihrer größten Zufriedenheit sagten die Leute zu ihr, sie sehe aus wie ein Mannequin. »Ich hätte Mannequin werden sollen«, murmelte sie lächelnd, und ich sagte unhöflich: »Wozu? Was für ein dummes, nutzloses Dasein. Bloß als Kleiderständer, grauenhaft.«

Nein, mir gefiel Nans Leben nicht, obwohl es eindeutig dem meiner Mutter oder dem Jeans vorzuziehen war – bis auf einen Aspekt. Nan liebte Jack und wurde von ihm geliebt, und neuerdings interessierte ich mich für die ganze Geschichte mit der Liebe. Wenn Nan gefragt wurde, warum sie geheiratet habe, gab sie zur Antwort, sie habe sich leidenschaftlich in Jack verliebt. Um so schöner für eine neugierige Fünfzehnjährige. Und sie war durchaus bereit, sich noch weiter über die Leidenschaft auszulassen. Sie redete über nichts lieber als über die »Glückseligkeit«, verliebt zu sein, über die »Verzückung« in Jacks Armen … »Oh!« erschauerte sie. »Oh! Es ist himmlisch, wunderbar. Wart's nur ab.« Dann fügte sie etwas hinzu, was sie besser unterlassen hätte. »Deine Mutter ist da anderer Meinung, wohlgemerkt«, sagte sie mit einem so bedeutungsvollen Unterton, daß es mir peinlich war, obwohl ich nicht genau wußte, warum, und zugunsten meiner Mutter Verteidigungshaltung annahm. Aber ich zweifelte nicht an der Wahrheit dessen, was sie über sich und ihre Schwester gesagt hatte. Ich sah den Beweis für Nans und Jacks Leidenschaft. In meinen Augen waren sie eigentlich zu alt, um sich ständig zu berühren – Küsse, Umarmungen, Streicheln –, und manchmal kam Jack zum Mittagessen nach Hause und sagte zu Nan, sie könne ihr Nickerchen doch oben mit ihm halten, das sei gemütlicher, und erst zierte sie sich und sagte, was mit den Kindern sei, und er sagte, die Kinder könnten draußen im Garten spielen, und sie verschwand kichernd mit ihm und kam eine Stunde später ganz rot im Gesicht zurück. Das Wissen, daß wenigstens eine Frau aus Leidenschaft geheiratet hatte und nach so vielen Jahren immer noch Leidenschaft empfand, war wirklich tröstlich. Was ich nicht wußte (und Nan auch nicht), war, daß Jack mit seiner Leidenschaft großzügig umging. Er hatte viele Liebschaften, darunter eine mit seiner jungen Sekretärin, zu der Nan ein sehr gutes Verhältnis hatte, aber diese Affären wurden erst später bekannt, und dann behauptete er, sie änderten nichts an seiner leidenschaftlichen Liebe zu Nan.

Schon als ich dreizehn war, begann Nan, mich zu fragen, ob ich einen Freund habe, und fragte seither immer wieder. Erst machte es mir Sorgen, daß ich erwidern mußte, nein, ich hätte keinen Freund. Es schien ein Zeichen von Versagen zu sein, aber dann ärgerte mich das Herumhacken auf dem Thema Freund, und ich fuhr sie an, wenn sie mich danach fragte. Es war beleidigend, danach beurteilt zu werden, ob ich einen Freund hatte, und am schlimmsten war, daß mir nicht geglaubt wurde, wenn ich sagte, ich wolle keinen. Aber Nans Neugier und ihr Glaube, ein Freund sei lebenswichtig für den Status eines Mädchens, wurden von fast allen geteilt. Jedenfalls waren alle in der Schule ihrer Meinung. Mit ihren fünfzehn Jahren hatten fast alle in unserer Klasse einen Freund, und was diese Jungen taten und was mit ihnen anzufangen war, wurde zum Hauptgesprächsthema. Eine Klasse über uns hatten wir ein abschreckendes Beispiel vor Augen, wohin es führen konnte, einen Freund zu haben. Vier Wochen lang wurde über nichts anderes gesprochen als über die Schwangerschaft eines der klügsten und hübschesten Mädchen in der fünften Klasse – sie mußte heiraten. Es gab hitzige Diskussionen über Recht und Unrecht, über Freude und Schrecken des Ganzen. In jeder Mittagspause sah man das Mädchen am Schultor engumschlungen mit dem Jungen, den sie heiraten mußte, und wir liefen hin und starrten sie an, fasziniert von ihrer Verwegenheit, ihrem Mangel an Scham, bis eine Lehrerin vorbeikam und den Jungen aufforderte, sofort zu verschwinden.

Ich hielt dieses Mädchen für verrückt, für wahnsinnig. Ich zitterte bei dem bloßen Gedanken, im Alter von sechzehn mit einem Kind in der Falle zu sitzen. Warum hatte sie das getan? Warum hatte sie nicht dafür gesorgt, daß sie nicht schwanger wurde? Im selben Augenblick, in dem ich mich das fragte, fragte ich mich auch, wie man es überhaupt machte. Wie paßte man auf, wie ließ sich eine Schwangerschaft verhüten? Etliche besserwisserischen Mädchen behaupteten, sie wüßten Bescheid über Verhütungsmethoden, aber sie gaben immer nur an und waren nicht bereit, ihr geheimnisvolles Wissen mitzuteilen. Ich begriff nicht, wie ein Mädchen sich auf Sex einlassen konnte, wenn das Risiko einer Schwangerschaft bestand, und obwohl ich damals nicht das geringste Bedürfnis hatte, etwas über Empfängnisverhütung zu wissen, empfand ich den heftigen Drang, es herauszufinden, lange bevor es notwendig war. Bücher waren die einzige Möglichkeit. Ich blätterte in medizinischen Büchern in der Bibliothek – verstohlen, obwohl ich mich dieser Verstohlenheit schämte –, aber sie taugten nicht viel. Ein Buch von Marie Stopes, das zwar nicht annähernd deutlich genug war, aber machte mir Hoffnung. Irgendwo gab es Zentren für Familienplanung, irgendwo gab es Mittel, die zur Verhütung eingesetzt werden konnten. Gut. Ich war entschlossen, sie aufzutreiben, sobald ich sie brauchte. Kein Junge, kein Ausmaß an Leidenschaft à la Nan würde mich schwängern und meine ehrgeizigen Pläne zunichte machen. Meine Mutter wie meine Tanten hatten den fatalen Fehler begangen, durch Kinder in die Falle zu tappen, und das hatte ich nicht vor.

XIV

Endlich hatte ich tatsächlich ein Ziel. Ich wünschte mir, dieses Ziel wäre gleichzeitig ein richtiger Beruf, eine Karriere. Ich wünschte mir, sagen zu können, ich wollte Ärztin oder Rechtsanwältin werden, etwas Bestimmtes und Erkennbares, das dem Hintergrundgemurmel zu Hause, Bildung sei für Mädchen Zeitverschwendung, ein Ende setzte. Aber das konnte ich nicht. Ich konnte nur sagen, mein Ziel sei, auf die Universität zu gehen, wenn möglich Oxford oder Cambridge.

Natürlich war die Universität kein Ziel, das ich mir selbst gesteckt hatte, sondern meine Lehrer hatten mir das schon lange, bevor ich eine richtige Vorstellung von der Universität hatte, in den Kopf gesetzt. Für mich war sie eine Verlängerung meiner geliebten Schule, nur besser, weil man die ganze Zeit dort sein konnte und gewissermaßen sogar noch Geld dafür bekam. Miss Wynne, meine Englischlehrerin, gab mir Broschüren über Oxford und Cambridge, und ich war gebannt von den Fotos – sie sahen in meinen Augen wie Märchenschlösser aus, so schön, so ungeheuer anziehend, daß es sich ihretwegen lohnte, auf Freunde zu verzichten. Ein Entkommen von zu Hause und aus dem Leben meiner Mutter rückte plötzlich verlockend näher – ich mußte nur fleißig arbeiten und bei den Prüfungen gut abschneiden, dann konnte ich an diesen erstaunlichen Ort namens Universität gelangen. Er war greifbar und solide, dieser Weg aus Carlisle heraus, er war kein vager Traum mehr. Ein Anlauf, ein Sprung, ein Satz, und ich war dort. Immer wieder fragte ich nach, ob der Geldmangel kein Hindernis für mich sein würde, und immer wurde mir versichert, selbst ohne Stipendium könnte ich Fördermittel erhalten, die alle Kosten deckten. Meine Mutter glaubte das nicht, ebensowenig mein Vater, aber ich ließ mich schließlich davon überzeugen.

Ich sparte jedoch fleißig, damit ich mich ausstatten konnte, wenn die Zeit gekommen war. Samstags arbeitete ich bei Marks & Spencer, in den Weihnachtsferien bei der Post und in den anderen Ferien in der Dampfwäscherei. Die Arbeit in der Wäscherei zeigte mir, daß es ein noch härteres Leben gab als das meiner Mutter als geplagter Hausfrau, ein Leben, vor dem mir sehr viel mehr graute. Ich stand jeden Morgen um halb sieben auf, zur gleichen Zeit wie mein Vater. Ich konnte nicht fassen, wie kalt das Haus war. Ich stand fröstelnd da, schaute zu, wie er Feuer machte, was er seit der Operation meiner Mutter stets tat, damit wir alle, wenn er zur Arbeit geradelt war, behagliche Wärme vorfanden. Er briet sich das Frühstück selbst, aber ich ging los, bevor mir von dem Geruch übel werden konnte, holte mein Rad aus dem Schuppen und fuhr quer durch Carlisle zur Dampfwäscherei. Wir mußten die Stechuhr benutzen – für jede Minute Verspätung wurde etwas vom Lohn abgezogen –, und dann ging es in den riesigen, zugigen Raum, in dem die schmutzige Wäsche sortiert wurde und der einen direkten Zugang zur Wäscherei hatte. Der Lärm war jedesmal ein Schock, das laute fürchterliche Poltern, Zischen und Scheppern, das jede Unterhaltung unmöglich machte (obwohl mir auffiel, daß die Frauen um mich herum sich ständig unterhielten und irgendwie verständigten). Diesen Krach haßte ich mehr als den Geruch: ein scharfer, stickiger, klebriger Gestank nach Seife und Desinfektionsmitteln, der sich in den Overalls, die wir tragen mußten, und in den Haaren festsetzte, die theoretisch ganz unter Mützen versteckt waren. Zuerst wurde ich dazu eingeteilt, die angelieferte Schmutzwäsche zu sortieren, bevor ich dazu befördert wurde, die zum Versenden bestimmten Pakete zusammenzustellen. Die Wäsche kam in Säcken, die auf dem Boden ausgeleert wurden, dann wurde jedes Stück etikettiert und für die verschiedenen Waschgänge sortiert. Es war mir äußerst zuwider, besonders verschmutzte Stücke anzufassen. Meine Finger zupften voller Verachtung die blutverfleckten Schlüpfer heraus, und die anderen Frauen bekamen hysterische Lachanfälle, weil ich dabei ein Gesicht zog. So erledigte man das nun wirklich nicht – sie machten sich lustig darüber, witzelten, tagein, tagaus für magere Löhne und waren immun gegen die Flecken und den Gestank. Sie wirkten ihrer ganzen Umgebung gegenüber immun, aber wie war das möglich? Und woher wollte ich wissen, daß sie immun dagegen waren? Die Waschräume waren ekelhaft. Es war eine Qual, sie zu benutzen. Der rissige Betonboden war glitschig und naß von dem stinkenden Wasser aus kaputten Becken, und ich schaffte es kaum, die dunkelbraunen, verdreckten Kloschüsseln auch nur anzusehen, ganz zu schweigen von den überquellenden Behältern für Hygienebinden. In den Waschräumen war es noch kälter als in der Wäscherei, aber die Frauen lehnten sich gegen die

Wände, rauchten und versuchten, ihre Teepause auszudehnen.

Verglichen mit der Wäscherei war Marks & Spencer der Himmel. Der Lohn in der Wäscherei für einen aufreibenden Achtstundentag, sechs Tage in der Woche, betrug zehn Shillinge, während Marks & Spencer fast doppelt soviel für eine Arbeit bezahlte, deren einzige Mühsal in totaler Langeweile bestand. Es war einfach, hinter einem Tresen zu stehen und Socken zu verkaufen – eine saubere, anspruchslose, fast angenehme Art, den Tag zu verbringen und dafür bezahlt zu werden. Jedenfalls einen Tag lang. Danach wurde die Langeweile immer größer. Endlose Versuche, das Gähnen zu unterdrücken, die Ungläubigkeit, daß entgegen aller Wahrscheinlichkeit erst eine halbe Stunde verstrichen war. Aber es gab Vergünstigungen: billige Mahlzeiten in einer ordentlichen Kantine, Sonderrabatt auf Kleidung und einen Frisiersalon, der in der Mittagspause zugänglich war. Die Frauen, die dort arbeiteten, hatten Glück und wußten es; doch obwohl ich die Wäscherei als Maßstab hatte, begriff ich trotzdem nicht, wie man ein Leben lang eine solche Arbeit tun konnte. Man hätte den ganzen Tag rein automatisch handeln können, denn es erforderte kaum geistige Anstrengung, Preise zu nennen und Waren in eine Tüte zu stecken. Aber mir war klar, daß keine der Frauen sich diese Art von Luxus leisten konnte – den Luxus, darüber nachzudenken, was sie taten, und es als langweilig zu bezeichnen. Langeweile spielte bei der Gehaltsabrechnung keine Rolle. Zum Leben brauchten sie Geld. Um Geld zu verdienen, mußten sie arbeiten, und sie nahmen jede Arbeit an, die sie bekommen konnten, und wenn sie bei Marks & Spencer arbeiten durften, waren sie privilegiert.

Das Leben meiner Mutter lehnte ich ab, aber ich wollte auch kein Arbeitsleben in der Wäscherei, nicht einmal bei Marks & Spencer. Ich wollte nicht zu stumpfsinniger Routinearbeit verurteilt sein. Was ich um mich herum sah, stachelte meinen Ehrgeiz nur noch mehr an, und es war mir ein Rätsel, warum nicht alle anderen in der Schule dasselbe Gefühl hatten. Warum waren sie nicht alle wie ich leidenschaftlich darauf versessen, ein anderes Leben zu führen als die Frauen, die wir kannten? Aber die meisten hegten keine großen Erwartungen. Viele Mädchen wollten nur irgendeinen angenehmen Job für ein paar Jahre, bis der Richtige kommen und sie nehmen würde. Für die Panik des Entkommens, die ich empfand, sahen sie keinen Anlaß. Soviel zu wollen wie ich galt als hart, egoistisch und komisch. Es war nicht normal, derart umgetrieben, aufbegehrend und anspruchsvoll zu sein. Oxford oder Cambridge anzustreben war Angeberei. Ich glaubte das sogar selbst und fürchtete mich davor, für alle sichtbar zu scheitern. Ich konnte mit niemandem über meinen Mangel an Selbstvertrauen sprechen, weil ich wußte, daß ich auf alle überaus selbstbewußt wirkte. Zu Hause stand mein Vater jedem Gedanken an ein Universitätsstudium feindselig gegenüber – so ein Quatsch, ich war ein Mädchen, ich würde sowieso heiraten. Es wäre besser gewesen, wenn ich gearbeitet und zum ewig niedrigen Familieneinkommen beigetragen hätte. Meine Mutter war meinem Ehrgeiz nicht feindlich gesinnt, aber er verwirrte sie. Es war beunruhigend, anstößig, eine Tochter zu haben, die ewig zur Schule (die Universität war nichts anderes) gehen wollte. Sie war stolz auf meine bisherigen armseligen Leistungen, auf meine kleinen schulischen Erfolge, aber wohin sollte das führen?

Doch nur dahin, wo sie selbst war, glaubte sie, zu einer Niederlage durch Heirat. Was bis jetzt für die Frauen in der Familie gut genug gewesen war, mußte schließlich auch für mich reichen. Falls ich Glück hatte und ein anderes Leben führen könnte, wäre der Preis die Trennung von ihr gewesen – eine Art Ablehnung. Und der Gedanke daran tat ihr schon im voraus weh.

Nan und Jean fragten ständig, wann ich arbeiten und selbst Geld verdienen würde. Vor allem Nan war bei ihren regelmäßigen Besuchen hartnäckig. »Achtzehn?« rief sie. »Du bist achtzehn und gehst immer noch zur Schule? Du meine Güte, mit achtzehn hatte ich schon ein eigenes Geschäft.« Ich erwiderte nichts, weil ich wußte, was als nächstes kam. »Und ich verstand mich auch darauf, mich zu amüsieren. Was hast du heute abend vor? Oh, wie ich die Freitagabende geliebt habe! Mit achtzehn habe ich ganze Nächte durchgetanzt. Wohin gehst du?« Ich sagte, zum Garret-Diskussionsclub. Sie wäre an ihrer Mißbilligung fast erstickt. »Diskutieren? *Diskutieren?* Ein so junges Mädchen wie du? An einem Freitagabend? Was soll aus dieser Welt nur werden?« Meine ausbleibende Reaktion stachelte sie nur weiter an. »Wo bleibt dein Spaß?« fragte sie. »Wo bleibt das Vergnügen? Was hat es für einen Sinn, ein Mädchen zu sein, wenn du die Freitagabende bei Diskussionen verbringst, hm?« Ich fühlte mich verpflichtet, die Freuden einer rigorosen Diskussion über die Wasserstoffbombe gegenüber ihrer Ausgelassenheit beim Charlestontanzen hervorzuheben, aber je hochtrabender ich klang, desto mehr schüttelte sie den Kopf. Ich ließ es mir Nan gegenüber nie anmerken, aber ihre Verachtung machte mich klein und kläglich. Sie malte ein so beneidenswertes Bild ihres Lebens als

Achtzehnjährige in den zwanziger Jahren, wirbelnd in einem Tanz ohne Pause, ein glitzerndes, schönes Mädchen, das nur allzugut wußte, was Spaß war. Meine Art des Vergnügens zeigte sich durch sie plötzlich als das, was es tatsächlich war: spießig, ernst und zu bleiern, als daß es den Namen Vergnügen verdiente. »Wenn ich eine Tochter hätte«, schloß sie immer, »ginge *sie* an Freitagabenden nicht zu solchen Diskussionen. Sie wäre ein richtiges Mädchen.«

Aber sie hatte keine Tochter, obwohl sie sich nach einer sehnte, genau wie Jean. Meine Mutter hatte die Töchter. Zu beider Verdruß und Überraschung war schließlich sie diejenige gewesen, die Glück gehabt hatte. Mich anzugreifen, weil ich kein »richtiges« Mädchen sei, war ein derber Versuch, meine Mutter anzugreifen, und vage verstand ich das. Nan war neidisch. Sie wollte mit mir etwas wiederbeleben, was sie in der besten Zeit ihres inzwischen enttäuschenden Lebens gewesen war. Aber ich taugte nicht mehr als Ersatztochter. Sie und Jack konnten mich nicht mehr herausputzen und vorführen, wie sie es früher getan hatten. Jack war überzeugt, ich sei Kommunistin. Meine Aufsässigkeit, meine lauten Reden über Ungerechtigkeit regten ihn auf. Seine Tochter hätte sich nicht so entwickelt. Sie wäre das Abbild von Nan geworden, aber mit allen Vorzügen, die Nan nie besessen hatte, und es wäre Spaß, Spaß, Spaß gewesen. Es brachte ihn zur Verzweiflung, wenn er sah, daß ich in meinen lächerlichen Diskussionsclub ging.

Das Ganze war wirklich ziemlich lächerlich. Der Garret-Club, der »Turmstubenclub« war ein kleiner Dachboden am Ende einer wackligen Treppe in einer der mittelalterlichen Gassen von Carlisle. Ende der fünfziger Jahre befanden sich diese Gassen in einem verwahrlosten Zustand, und die Häuser waren baufällig. In dieser Turmstube traf sich ein Jugendclub, den Jungen aus der sechsten Gymnasialklasse und Mädchen aus der sechsten High-School-Klasse kurz nach dem Zweiten Weltkrieg gegründet hatten. Dieser Raum war außerdem als Ort gedacht, an den sich Schüler zum Lernen zurückziehen konnten, aber das Lernen bestand vor allem darin, sich kennenzulernen und zu verabreden. Hin und wieder kam es tatsächlich zu einer Diskussion, rein pro forma; aber normalerweise gab es soviel Gejohle, sobald über das Thema des Abends abgestimmt werden sollte, daß sich niemand mehr daran erinnern konnte, was gesagt worden war. Ich war gut im Diskutieren und hatte mich deshalb dazu überreden lassen, dem Garret-Club beizutreten, aber ich hatte schon lange durchschaut, was für eine Farce diese Diskussionen waren, zu denen ich ging. Es hatte etwas Heimliches und sogar Hoffnungsvolles, in die schmale Gasse einzubiegen und die kopfsteingepflasterte Passage entlangzugehen bis zum dunklen, kleinen Eingang des Garret-Clubs. Der ganze Sinn dieses schäbigen Raums bestand darin, einen Treffpunkt abzugeben, einen Ort, sich die Zeit zu vertreiben, denn in einem Carlisle, wo nach fünf Uhr kein Café mehr offen hatte, wenn man die Milchbar nicht mitzählte, gab es sonst nichts dieser Art. Es gefiel mir, einen Ort außer Haus zu haben, und es kam mir wunderbar gelegen, so zu tun, als wäre der Garret-Diskussionsclub eine respektable intellektuelle Institution. Meine Mutter war beeindruckt, auch wenn Nan es nicht war. Andere Mädchen gingen zum Tanzen oder auf Parties, aber ich ging zum Diskutieren aus, und ausnahmsweise war sie zufrieden.

Wenn ich nach Hause kam, erhielt ich diese Illusion aufrecht, indem ich die geselligen Abende unerwähnt ließ. Sie fanden in einem größeren Raum auf der anderen Seite der Treppe statt und bestanden vor allem im Abspielen von Schallplatten (bevor Skiffle in Mode kam). Ich machte mir nichts aus der Musik. Für mich war das nur Lärm, und ich tanzte auch nicht. In dem Zimmer steckten so viele Teenager, daß niemand merkte, wer tanzte und wer nicht, und der Platz reichte nicht aus, um jemanden eindeutig als Mauerblümchen auszumachen. Nan wäre im Garret-Club eine Verschwendung gewesen.

Einige Jungen, die zum Garret-Club gehörten, waren intelligent, aber nicht einschüchternd. Ich versuchte, sie in den Diskussionen zu überbieten, aber darin erschöpfte sich mein Interesse auch schon. Ich hatte nicht vor, mich ablenken zu lassen. Ich hatte ein Ziel im Leben. Es war mir immer noch völlig gleichgültig, daß alle anderen einen Freund hatten und ich nicht.

Im Dezember 1956 wurde ich sowohl nach Oxford als auch nach Cambridge zu einem Gespräch eingeladen. Schon die Reise war ein Abenteuer, weil ich nie weiter nach Süden gekommen war als bis nach Nottingham, und auch dorthin niemals allein. Meine Mutter machte sich Sorgen – worum sonst? – um meine Kleidung. In letzter Zeit hatte ich so seltsame Angewohnheiten entwickelt. Ich wollte keine Nylonstrümpfe tragen. Ich sagte, ich würde Strumpfhalter verabscheuen. Sie seien wie ein Pferdegeschirr, und ich sei kein Pferd. Da war ich also, gerade achtzehn Jahre alt, und ging entweder ohne Strümpfe oder trug Socken, wenn es sehr kalt war. Für meine Mutter war das unanständig. Sie trug ein

Korsett, von Strumpfhaltern mit sechzehn ganz zu schweigen, das war für sie untrennbar mit dem Frausein verknüpft. Kam man in das Alter, ein Korsett zu tragen, wurde man eine richtige Frau. Es entsetzte sie, daß ich mit achtzehn meine albernen Socken und flache Schuhe trug. Das war auch so etwas. Ich wollte keine ordentlichen Ausgehschuhe tragen, überhaupt keine Schuhe mit hohen Absätzen. Andere Mädchen konnten es nicht abwarten, hochhackige Schuhe zu tragen, sie gehörten zum Ritual des Erwachsenwerdens, aber ich haßte sie. Dazu kam außerdem, daß mein Haar immer noch eine Schande war, nach wie vor kurz gestutzt. Socken, flache Schuhe, übel zugerichtetes Haar ... und die schwarzen Klamotten, in die ich vernarrt war. Meine Mutter war verzweifelt.

Sie wußte nicht, was sie sagen sollte, als ich zu diesen Gesprächen aufbrach. Viel Glück, wünschte sie mir, aber was bedeutete das in diesem Zusammenhang? Daß mir ein Studienplatz in Oxford oder Cambridge angeboten würde? Schön, mir zuliebe konnte sie das hoffen, weil sie merkte, wie sehr ich es mir wünschte, aber nicht um ihretwillen. Sie wünschte nur, sie könne sich vorstellen, wohin ich fuhr, aber trotz der Fotos, die sie gesehen hatte, gelang es ihr nicht. Sie konnte sich kein Bild von Girton oder von Somerville machen. Sie konnte sich nicht vorstellen, wie die weiblichen Dozenten sein mochten, nur daß sie nicht waren wie sie, das stand fest. Das waren alte Jungfern, nahm sie an, alleinstehende Frauen, die sich dem Lehren verschrieben hatten, ohne jede Ahnung von Waschküchen oder Kohleöfen. Ein von der Wirklichkeit abgeschnittenes Leben, sehr schön, sehr angenehm, und doch konnte sie es sich im Grunde nicht vorstellen.

Ich konnte es mir auch nicht vorstellen. Girton war der erste Schock. Es war häßlich, riesig, kalt und düster. Als ich an einem Dezembernachmittag im Regen dort ankam, hatte ich das Gefühl, ein Gefängnis zu betreten. Die Flure wirkten endlos, die geschlossenen Türen bedrohlich, und obwohl die Eingangshalle eine gewisse Großzügigkeit ausstrahlte, stieß sie mich ab. Die Gespräche verliefen bestens, die Prüferinnen machten mir keine angst, und ich hatte keinerlei Mühe mit den Fragen. Aber als ich wieder in dem trostlosen Zimmer war, in dem man mich untergebracht hatte, fragte ich mich, wie ich mit Erfolg vortäuschen könne, ich wolle hierher, falls ich einen Studienplatz bekäme. Oxford war besser. Am nächsten Morgen fuhr ich weiter nach Somerville, und als ich an St. Giles entlangging, hatte der Regen aufgehört, die Sonne brach durch, und alles funkelte. Somerville hatte nichts von einem Gefängnis an sich, es sah lediglich auf enttäuschende Weise modern aus, aber wenigstens ganz unbedrohlich. Bei den Gesprächen gab es keine großen Unterschiede, aber beim Essen und in der Umgebung. Hier war alles heller und fröhlicher, überall gab es Blumen und Gemälde, die Stimmung war heiter. Falls ich von beiden angenommen werde, falls ich überhaupt angenommen werde, dann komme ich hierher, dachte ich, wenn auch aus den falschen Gründen. Das war vor dem letzten, entscheidenden Eindruck, dem Gespräch mit der Rektorin Janet Vaughan.

Als ich vor dem Dienstzimmer von Janet Vaughan saß, dachte ich schon, etwas stimme nicht mit mir. Ich schien nicht in der Lage zu sein, mich mit den Frauen, die mich bis jetzt befragt hatten, zu verständigen. Ich konnte ihre Fragen beantworten, aber ich schien zu den Fragestellerinnen keinen Kontakt finden zu können. Diese Dozentinnen waren so anders als die Art von Frauen, die ich kannte. Ihre Stimmen waren anders – der Akzent, das Vokabular, die Intonation –, und mit ihrer Kleidung und ihren Zimmern verhielt es sich ebenso. Sie hatten auch mit meinen Lehrerinnen nichts gemein, sie waren eine völlig fremde Spezies für mich. Keine schien sich für mich zu interessieren, nur für das, was ich wußte. Doch Janet Vaughan *interessierte* sich für mich. Ich bemerkte ihre Neugier sofort. Sie saß am Ende ihres langen Zimmers, und es wirkte wie eine Haltungsprüfung auf mich, bis zu dem Stuhl ihr gegenüber zu gelangen, auf den sie deutete. Aber als ich dort ankam, fühlte ich mich zum erstenmal wohl. Sie war eine schlanke, feingliedrige Frau mit dunklem, in der Mitte gescheiteltem Haar, zurückgebunden zu einem Knoten. Sie war nicht schön, aber sie strahlte eine anziehende, wache Vitalität aus. Sie hatte einen gewinnenden Blick, der dennoch leicht nervös war, und ein flackerndes Lächeln ließ sie schüchtern erscheinen. Sie trug ein braunes Tweedkostüm und eine cremefarbene Seidenbluse mit einer großen Kameebrosche am Kragen – auf dezente Weise elegant, möglicherweise eine Frau, die sich ebensosehr für Kleider interessierte wie meine Mutter.

Meine Geschichtslehrerin hatte mir ein wenig über Janet Vaughan erzählt. Ich wußte, daß sie fast im Alter meiner Mutter war, daß sie verheiratet war und zwei Töchter hatte, die etwas älter waren als ich. Sie war mit medizinischen Recherchen in Bergen-Belsen nach der Befreiung bekannt geworden, und das flößte mir Ehrfurcht ein. Das hier war keine Frau, die in irgendeinen Elfenbeinturm eingesperrt lebte – sie hatte die Welt von ihrer schlimmsten Seite gesehen, sie war Zeugin eines Grauens gewesen. Als ich diese mageren Informationen weitergab, hatte meine Mutter traurig und neidisch gesagt: »Also eine Frau, die etwas aus ihrem Leben gemacht hat.« Ich verehrte sie schon, bevor ich sie kennenlernte, und jetzt warf mich um, wie normal sie wirkte. Aber ihr Blick wurde scharf und durchdringend, als er sich auf mich legte. Sie sprach seltsam abrupt. Sie fragte mich, warum ich nach Somerville kommen wolle, und ich sagte, ich sei mir nicht sicher, ob ich das wolle. Dann brach aus mir heraus, daß Oxford und Cambridge seit langer Zeit das höchste Ziel für mich gewesen seien, daß ich gar nicht darüber nachgedacht hätte, wie es sein würde, dort zu studieren – wichtig war nur, dorthinzukommen. Ich wolle nur aus dem Leben heraus, in das ich hineingeboren worden sei, und die Universität sei der beste Ausweg. Sie fragte mich, welcher Art von Leben ich entkommen wolle, und ich skizzierte das Schicksal meiner Mutter. Natürlich wußte ich nicht, daß auch ihre Mutter eine enttäuschte Frau gewesen war, wenn auch aus ganz anderen Gründen, und daß Janet Vaughans Ehrgeiz genauso von der Melancholie ihrer Mutter geschürt worden war wie der meinige von der Niedergeschlagenheit meiner Mutter. Ich wußte außerdem nicht, daß sie Sozialistin war und entschlossen, zu gesellschaftlichen Veränderungen beizutragen, zu strukturellen Veränderungen. In vielerlei Hinsicht war ich genau das Mädchen aus der Unterschicht, das sie in Somerville haben wollte. Sie stellte mir sonst nur noch eine einzige Frage: Was ich nach dem Universitätsabschluß machen wolle? Ich sagte, ich würde gern Biographien schreiben, und wir unterhielten uns über den Wert und das Wesen von Biographien im allgemeinen. Sie fragte mich, über wen ich am liebsten schreiben würde, und ich antwortete, über Christabel Pankhurst. Sie sagte: »Eine gute Idee.« Das war alles.

Ich wußte nicht genau, was ich sagen sollte, als ich nach Hause zurückkam. Jedenfalls nicht die Wahrheit. Deshalb sagte ich sehr wenig. Volle fünf Tage verstrichen. Es sah danach aus, als wäre ich weder in Oxford noch in Cambridge angenommen worden. Meine Mutter regte sich meinetwegen auf – ich hatte mir solche Mühe gegeben, und im Endeffekt war all mein Eifer vergeblich gewesen. Als ich mein Fahrrad in der Düsternis und im Regen eines Freitagnachmittags im Dezember bergauf schob, fühlte ich mich wie meine Mutter: pessimistisch, müde und hoffnungslos. Aber als ich ans Tor kam, ging sofort die Haustür auf, und meine Mutter stand wie ein Schattenriß vor dem Flurlicht und hielt zwei Telegramme hoch. Das erinnerte mich an die elende Merit-Prüfung, aber dieses Mal hatte ich mich besser im Griff. Somerville bot mir ein Stipendium für Geschichte an, Girton ein Stipendium für ein Fach meiner Wahl. Ich konnte es gar nicht glauben, nur scheußlich, daß sich in mein Hochgefühl so viele Zweifel mischten. Wollte ich wirklich nach Oxford (denn ich hatte mich für Somerville entschieden)? Falls ja, warum? War es nur ein Fluchtweg? War das ein akzeptabler Grund?

Die jähe Unsicherheit verdarb mir die Freude, aber das behielt ich für mich.

Im März 1957 ging ich von zu Hause fort, wie ich es mir immer gewünscht hatte, aber nicht in Richtung Oxford, sondern als Au-pair-Mädchen nach Bordeaux. Ich war dazu gezwungen, um mein miserables Französisch zu verbessern. Ich begriff nicht, warum schlechtes Französisch ein Hindernis für eine Geschichtsstudentin sein sollte, aber in Somerville dachte man anders darüber, und jedenfalls füllte der Frankreichaufenthalt die Monate bis zum Studienbeginn in Oxford aus.

Die Au-pair-Stelle wurde von meiner Französischlehrerin über eine Anzeige in einer Universitätszeitung vermittelt. Meine Mutter war bestürzt. Was war ein Au-pair? Ich wußte es selbst kaum. Eine Art Dienstmädchen, sagte ich. Das gefiel ihr überhaupt nicht – schon wieder ein Dienstmädchen in der nächsten Generation. Ich versuchte es erneut, nicht eigentlich ein Dienstmädchen, mehr eine Aushilfe für die Mutter, ein Familienmitglied, das sich vor allem um die Kinder kümmerte. »Aber du hilfst nicht gern im Haushalt und machst dir auch nichts aus Kindern«, entgegnete meine Mutter. Nur allzu wahr. Aber das spielte keine Rolle, die Stelle als Au-pair war nur ein Mittel zum Zweck. Die Familie, zu der ich kommen sollte, schickte einen Schnappschuß. »*Fünf* Kinder!« rief meine Mutter. »Das sind bestimmt Katholiken«, sagte mein Vater und schüttelte den Kopf. Die Mutter schrieb, sie sei Lehrerin gewesen, führe jetzt aber eine Buchhandlung, und der Vater sei Universitätsdozent. Das gefiel mir. Meine einzige Sorge bestand darin, dorthinzukommen.

Die Reise von Carlisle nach Bordeaux war sehr einfach – schließlich brach ich nicht zum Amazonas auf –, aber sie schüchterte mich ein. Niemand in meiner Familie war je im Ausland gewesen. Die gewagteste Reise von allen hatte mein Vater unternommen, als er als junger Mann einen Tagesausflug nach London machte. Er fuhr zur King's Cross Station, ging um sie herum, hielt nicht viel davon, fuhr zurück und prahlte ewig damit, daß er in London gewesen sei. Ich kaufte einen neuen Koffer. Nan sagte, gute Reiseutensilien seien wichtig, sie hielten ein Leben lang, und ausnahmsweise hörte ich auf sie. Ich kaufte einen großen Koffer aus echtem Leder, und er wurde zum Fluch dieser Reise. Er wog schon leer eine Tonne. Gepackt konnte ich ihn kaum heben und ihn auf keinen Fall weiter als einen Meter tragen. Er sah jedoch prächtig aus, poliertes hellbraunes Leder, mit festen Riemen und Schlössern. Zur Freude meiner Mutter sah ich in dem neuen blauen Kostüm auch recht gut aus – sie wäre entsetzt gewesen, wenn ich in meinen grauenhaften Hosen und Dufflecoat abgereist wäre (was viel besser gewesen wäre). »Du bist die Ruhe selbst«, sagte meine Mutter bewundernd, als wir auf das Taxi warteten. Das stimmte nicht. Ich wirkte vielleicht selbstbewußt, war es aber nicht, doch das hätte sie nur ungern zur Kenntnis genommen.

Meine innere Panik fiel einem weltgewandten Rumänen auf, der sich im Zug zur Fähre mit mir unterhielt. Nach einer katastrophalen Irrfahrt durch London – ich war statt zur Victoria Station zur Waterloo Station gefahren und hätte fast den Zug verpaßt – war ich dem Zusammenbruch nahe. Er hatte vermutlich gesehen, wie ich, behindert von meinem »guten Gepäck«, den Bahnsteig entlangwankte, aber er sprach mich erst an, als wir fast in Dover waren. »Fahren Sie nach Paris?« fragte er, und ich sagte, nein, nach Bordeaux über Paris. »Ah«, sagte er, »das ist auch mein Zug.« Er war sehr attraktiv, ganz anders als die Männer in Carlisle. Er kümmerte sich um mich, als wir in Calais ankamen. Als er pfiff, kam ein Gepäckträger und legte mein »gutes

Stück« auf den Stapel von Sachen, die ihm gehörten. In Paris sagte er, wir hätten vier Stunden Aufenthalt, und ob ich ihm gestatte, mir ein bißchen von der Stadt zu zeigen, die er so gut kenne. Wir nahmen ein Taxi, gingen dann an der Seine entlang und weiter zur Ile St. Louis. Wir aßen im Freien zu Mittag und tranken dann anderswo im Freien Kaffee. Mein Leben hatte angefangen, das meiner Mutter lag schon hinter mir.

Wir stiegen in den Nachtzug nach Spanien, das sein Ziel war. Erst unterhielten wir uns über meine Geschichte, schnell erzählt, und über seine, die langwierig war. Er hieß mit Vornamen Serge und sprach vierzehn Sprachen. Er träumte auf französisch. Er war Geschäftsmann – das Geschäft blieb unerwähnt – und fuhr nach Madrid. Es wurde dunkel, und er zog die Rollos in unserem Abteil nach unten. Ich war unsagbar müde. Fünf Stunden nach London, weitere fünf Stunden nach Paris, dann die Aufregung der Stadtbesichtigung – ich war erschöpft. Er war es nicht. Er beobachtete, wie ich gähnte, und sagte, ich hätte eine Schulter zum Anlehnen nötig; dann setzte er sich neben mich. Er legte den Arm um meine Schulter, der Zug schaukelte, die Lichter wurden schwächer – und ich sprang auf und setzte mich auf seinen vorherigen Platz. Wir waren nur zu zweit in dem Abteil, einem der altmodischen Art mit Türen zum Gang. Seit Paris hatte niemand auch nur nach uns gesehen. Trotzdem hatte ich nicht das Gefühl, in Gefahr zu sein – ich war nur verärgert. Ich funkelte ihn böse an und sagte, ich sei enttäuscht von ihm, ich hätte ihn für einen Freund gehalten, und jetzt benehme er sich daneben. Plötzlich brach er in Gelächter aus, brüllte und brüllte vor Lachen, sagte, ich sei wundervoll naiv, so lieb, aber ich solle nie wieder mit fremden Männern reisen, denn vielleicht seien sie nicht so verständnisvoll und amüsiert wie er. Dann sagte er, ich solle mich hinlegen, deckte mich mit seinem beigefarbenen eleganten Mantel zu, legte sich auf die andere Sitzbank, und wir schliefen beide bis Bordeaux.

Ich war immer noch müde, und alles tat mir weh, als wir um sechs Uhr morgens ankamen. Als ich ausstieg, war es bitterkalt auf dem Bahnsteig und so gut wie menschenleer. Monsieur Blanc war nicht wie versprochen da, um mich abzuholen. Es gab keinen Gepäckträger. Ich schleppte meinen blöden Koffer stückweise bis zum Ausgang. Immer noch kein M. Blanc. Ich setzte mich auf den Koffer – wenigstens für etwas war er gut, er ergab einen stabilen Sitzplatz, auf dem eine ganze Familie hätte sitzen können – und wartete. Ich dachte an zu Hause, die Wärme und Vertrautheit. Ich fragte mich, ob M. Blanc vielleicht eine Autopanne hatte, aber dann sah ich einen mageren, einen sehr mageren wie von Picasso (in seiner blauen Periode) gemalten Mann auf mich zukommen, mit einem Foto in der Hand. Er verglich mich mit dem Foto und stellte sich dann vor.

Kein Auto. M. Blanc hatte kein Auto. Wir nahmen den Bus. Ich konnte meinen Koffer nicht hinaufwuchten, und er konnte es auch nicht. Er hustete, legte die Hand auf die Brust, entschuldigte sich. Ein Arbeiter half mir. Zum Glück war es nicht mehr weit, als wir aus dem Bus ausstiegen. Die Familie Blanc wohnte oberhalb eines Ladens, ihres Ladens. Madame Blanc stand am Eingang und wartete auf uns. Sie sah genauso ausgemergelt aus wie ihr Mann, aber sie hatte ein wunderschönes Lächeln und umarmte mich, hieß mich überaus herzlich willkommen. Sie geleitete mich über mehrere steinerne Treppenabsätze hinauf in ihre Wohnung (der Koffer blieb unten stehen). Die Wohnung war ein Schock. Zwei Zimmer auf der Vorderseite, mit Blick auf die Straße, und zwei hinten ohne Fenster, nur mit Oberlichtern. Mein Zimmer lag auf der Rückseite. Im Vergleich dazu wirkte mein Zimmer in dem städtischen Haus in Carlisle wie ein Luxusappartement. Mme. Blanc zeigte mir die Toilette. Zu denken, daß ich früher unsere Toilette verachtet hatte ... Das hier war lediglich ein kleines Kabuff, ohne Fenster und Belüftung, und es funktionierte so, daß alle Exkremente ohne Spülung im Fallrohr verschwanden. Ein Bad gab es nicht. In der Küche war ein Spülbecken mit Vorhang. Warum hatte ich uns je für arm gehalten? Warum hatte ich je geglaubt, meine Mutter habe ein schweres Leben? Wenn meine Mutter nur hätte sehen können, wie diese Frau lebte ...

Sie lebte und kam hervorragend zurecht. Alles ruhte auf Marthe Blancs zarten Schultern, und sie beklagte sich nie. Sie führte den Laden – mehr ein Papierwarenladen als eine richtige Buchhandlung –, außerdem eine Wäscherei, die ihrem Vater gehörte, und versorgte ihre Familie ohne Hilfe, bis auf meine. Ich war das »kleine Himmelsgeschenk«, gesandt vom lieben Gott, damit ihre Tage leichter wurden. Als kleines Geschenk weckte ich jeden Morgen die fünf Kinder, gab ihnen zu essen und zog sie an, dann brachte ich die beiden Ältesten zur Schule, schob die Zwillinge im Kinderwagen mit, ließ aber das Baby im Bettchen. Wenn ich zurückkam, machten die Zwillinge ein Nickerchen, und ich nahm das Kleine mit zum Einkaufen. Wir aßen zu Mittag, dann hatte ich zwei Stunden frei, bis ich die Schulkinder wieder abholte. Nach der Schule tobte das Chaos, bis die Kinder spät am Abend zu Bett gingen. Für Marthes kleines Geschenk war es die Hölle.

Ich hätte nach Hause fahren können. Ich hätte es tun sollen. Ich fand bald heraus, daß andere Au-pairs nach wenigen Tagen abgereist waren. Aber ich blieb nicht nur aus Stolz und aus Bewunderung für Marthe Blanc, sondern auch, wie ich erkannte, weil ich zu gut programmiert war. Trotz meiner pubertären kämpferischen Reden, ich sei *nicht* bereit, alles zu ertragen, was auf mich zukam, fiel es mir schwer, nach diesen Überzeugungen zu handeln. Ich glaubte, Frauen dürften nicht zulassen, daß sie zu Arbeitstieren entwürdigt wurden, und doch wurde ich jetzt auch zum Arbeitstier, nahm die ganze schwere Arbeit auf mich für fünf Shillinge *pro Woche* plus Kost und Logis. Aber es war ja nur für ein halbes Jahr. Ein halbes Jahr konnte man durchstehen. Marthe mußte ihr Schicksal ein Leben lang ertragen. Ihr Mann taugte nichts. Er hatte kurz vor meiner Ankunft seine Stelle verloren und gab Privatunterricht – bei drei Schülern je eine Stunde –, was ihm jede Menge Zeit ließ zu rauchen und elend auszusehen. Er war depressiv und deprimierend, während Marthe ein sonniges Gemüt hatte. Sie liebte ihre Kinder, ihre kleinen Engel, und war nicht bestürzt darüber, daß sie schon wieder schwanger war. Ich konnte ihre gute Laune und ihren Optimismus einfach nicht verstehen. Niemals würde ich wie Marthe sein können. Der Gedanke, fünf Kinder zu haben und für sie sorgen zu müssen, war entsetzlich.

In der Halbzeit meines Aufenthalts fuhren wir alle nach Salaunes, wo Marthes Vater ein Landhaus in den Kiefernwäldern gehörte. Es war ein baufälliges, primitives Haus, aber wunderschön gelegen. Vor der Tür stand ein Kirschbaum, und als wir ankamen, hing er voller Kirschen, so riesig, daß sie wie dunkelrote Pflaumen aussahen. Wir aßen unter diesem Baum an einem wackligen, rohen Holztisch mit einer Bank. Wasser mußte aus dem Brunnen geholt werden, und der Wald wurde als Toilette benutzt. Ich schlief bei den fünf Kindern, hatte aber ein eigenes Bett. Nach ein paar Tagen fragte Marthe, ob ich mit vier Kindern noch hierbleiben wolle. Sie und ihr Mann mußten zurück nach Bordeaux und würden das Baby mitnehmen, falls ich mit den anderen zurechtkäme. Ich war sofort einverstanden. Das Wetter war herrlich, und ich mußte nur meine Schützlinge im Auge behalten. Einfach. Einfach, aber auch langweilig. Mütter müssen sich furchtbar langweilen, dachte ich, es sei denn, die eigenen Kinder machten den Stumpfsinn erträglich. Den Kindern zu essen zu geben, sie zu waschen, machte mir nichts aus, dieses Organisieren und Aufpassen brachte sogar Spaß, aber das endlose Geplapper, das Verlangen nach Aufmerksamkeit trieben mich zum Wahnsinn. Der Älteste, ein siebenjähriger Junge, war am anspruchsvollsten und außerdem der Liebling seiner Mutter. Mütter waren blind.

Als ich nach England zurückkehrte, bedauerte das die ganze Familie überschwenglich. Ich wünschte mir, ich hätte das Gefühl erwidern können, aber das konnte ich nicht – ich war einfach froh, daß ich fortkam. Ich war nie als kleines Himmelsgeschenk gedacht gewesen. Diese ganze Erfahrung war wie ein Probelauf für die schlimmstmögliche Zukunft gewesen: Mutter von fünf Kindern zu werden, mit einem Taugenichts als Ehemann. Wenn das Leben meiner Mutter mich zu der Überzeugung gebracht hatte, Ehe und Mutterschaft seien eine Vergeudung von Chancen, dann brachte mich das Leben von Marthe Blanc zu der Überzeugung, es sei die totale Katastrophe. Marthe hatte einen Abschluß, sie war Lehrerin gewesen. Nach meiner beharrlichen kleinen Meinung hätte sie es besser wissen müssen. Es war vor allem die Religion, die sie in die Falle hatte tappen lassen. Sie erzählte mir, als fromme Katholikin praktiziere sie keinerlei Form von Empfängnisverhütung, bis auf Abstinenz, und in ihrem Fall hatte das nicht besonders gut geklappt.

Welch ein Schicksal, welch ein Leben.

XV

Mein Zimmer in Somerville lag im Erdgeschoß des Bibliotheksgebäudes, ein großes, rechteckiges Zimmer mit hoher Decke und Sprossenfenstern mit Blick auf einen Rasen, der von einer riesigen Zeder überschattet wurde. Es war mindestens viermal so groß wie jedes Zimmer zu Hause, und allein so viel Platz zu haben war aufregend für mich. Es gab ein Bett, einen Tisch, zwei Stühle und ein Bücherregal. Der Bettüberwurf war von verwaschenem Beige, die Vorhänge, lappig und lang, waren beige und weiß gemustert. Ich stürzte los und gab meine erste Stipendiumsrate für Kissen und Stoff für neue Vorhänge aus, dann ging ich ungeduldig und wie üblich ungeschickt ans Nähen, um den farblosen Raum zu verwandeln und zu meinem Zimmer zu machen. Ich wollte meinen Geschmack walten lassen, und das tat ich auch. Es war nur ein Jammer, daß ich damals einen solchen Geschmack hatte. Schwarz hatte ich mir abgewöhnt und ließ jetzt nur noch Primärfarben gelten, vor allem Blau und Gelb. Ich hatte einen Picasso-Druck mitgebracht, und dessen Farben sollten sich im Raum wiederfinden. Große Bahnen aus knallblauer Baumwolle verdunkelten jetzt die Vorhänge – es war viel zu schwierig, neue zu nähen, deshalb heftete ich einfach den neuen Stoff an den alten –, und mit noch mehr blauem Stoff drapierte ich mein Bett, auf dem die leuchtendroten und gelben Kissen an der Wand entlang aufgereiht lagen. Nichts hätte weniger zu diesem gedämpften alten Zimmer gepaßt, aber ich war höchst zufrieden: endlich ein eigenes Zimmer, dem ich meinen Stempel aufgedrückt hatte.

Aber anfänglich war es ein sonderbares Gefühl, in diesem Zimmer zu wohnen. Da gab es etwas, das mich unruhig machte. Es war ein gutes Gefühl, einzutreten, die Tür hinter mir zu schließen, mich an den Tisch zu setzen und für mich allein, aus allem heraus zu sein. Es war auch ein gutes Gefühl, einfach durch das Zimmer zu gehen, auf dem Bett zu liegen und mir selbst einen Kaffee zu kochen. Ich mochte die Stille, die Leere, es gefiel mir, mich nicht mit anderen abgeben zu müssen. Aber etwas kam mir nicht richtig vor, etwas setzte mich immer noch unter Druck: die anderen Menschen in den Zimmern um mich herum. Ich hatte immer geglaubt, Internate seien genau das Richtige für mich, und ich würde liebend gern in einem solchen Institut leben, aber jetzt entdeckte ich, daß es sich anders verhielt. Ich konnte nicht ständig in meinem Zimmer bleiben, und sobald ich es verließ – zum Essen, zum Unterricht, zum Zeitungslesen im Gemeinschaftsraum –, gefiel mir die Schule überhaupt nicht mehr. Das Leben in der Gruppe kam mir genau so schlimm vor wie das Leben in der Familie. Es gab so viele Fremde, zu denen ich höflich sein mußte, und genau wahrzunehmen, wie andere junge Frauen sich unterhielten, lachten und beschäftigt waren, bedrückte mich; ich verabscheute das alles und konnte mich nicht anpassen.

Ich konnte mich auch als Studentin nicht anpassen. Die Arbeit langweilte mich zu Tode, obwohl ich sie pflichtbewußt erledigte. Wie konnten Frauen, oder was das betraf, auch Männer (aber für Frauen galt das noch mehr), ihr Leben damit verbringen, Referate über mittelalterliche Geschichte zu schreiben? Es war eine so unrealistische Aufgabe, so weit weg vom Leben meiner Mutter oder dem von Marthe Blanc, und obwohl es genau diese Realitätsferne war, nach der ich mich gesehnt hatte, kam sie mir jetzt, als ich sie hatte, unerträglich feige und steril vor, wie eine anstößige Form von Luxus. Aber hatte ich nicht genau davon geträumt? Ein Leben, in dem ich Gebrauch von meinem Verstand machen wollte, so weit wie möglich davon entfernt, Sklavin für Männer oder Kinder zu sein. Seltsam, daß es mir damals so falsch schien, und sicherlich bezeichnend, daß ich nicht herausfand, warum. Ich fing an, das Collegeleben zu meiden, zog mich lieber in mein Zimmer zurück oder floh aus dem Gebäude.

Sobald ich aus der Collegetür auf die Straße trat, fühlte ich mich besser. Manchmal machte ich nur einen Spaziergang durch Oxford, aber oft besuchte ich meine Freundin Theodora Parfit zu Hause in der Northmoor Road. Theos Mutter, eine Ärztin, die unter der Woche in London arbeitete (für das Gesundheitsministerium), faszinierte mich sogar noch mehr als Janet Vaughan. Jessie Parfit war hochintelligent und bekleidete eine einflußreiche Position, außerdem war sie Mutter von drei Kindern und Ehefrau, zwar nicht häuslich im herkömmlichen Sinn, doch sie beeinflußte das Leben ihres Mannes und kümmerte sich um ihre Familie. Janet Vaughans Kinder waren erwachsen, und ich erlebte sie nie in familiärer Umgebung, aber Jessies Kinder waren noch klein, und ich betrachtete ihre Familie mit Staunen. Sie war die erste Frau, die ich je kennenlernte, die alles zu haben schien – Ehe, Kinder, Berufskarriere – und damit zurechtkam. Ihr Haushalt war chaotisch, aber er funktionierte. Sie kochte und nähte gerne und ging ganz in ihren Kindern auf (obwohl mir nicht entging, daß sie das Internat besuchten). Jessie machte mir Hoffnung. Vielleicht mußten so strikte Entscheidungen, wie ich sie für unausweichlich gehalten hatte, schließlich gar nicht getroffen werden, vielleicht konnte eine Frau berufstätig sein, ohne daß sich Ehe und Kinder als unüberwindliche Hindernisse erwiesen. Jessies Erfolg, im Gegensatz zum Scheitern meiner Mutter, hatte etwas mit ihrer gesellschaftlichen Schicht zu tun, aber noch mehr mit Geld. Geld für Hilfskräfte, Geld, um die Kinder aufs Internat zu schicken, Geld, um den bisweilen steinigen Weg zu ebnen. Und so sagte ich mir, daß vielleicht auch ich, wenn ich genug Geld verdiente, all das haben und jeden Aspekt eines Frauenlebens genießen könnte, wenn ich feststellte, daß ich das wollte.

Ich lernte die Mütter anderer Somerville-Freundinnen kennen und Beispiele, die mich sogar noch mehr beeindruckten als das Jessies. Ihr Jonglieren zwischen Beruf und Ehe war weder so erfolgreich noch so glücklich, wie ich zuerst angenommen hatte, aber bei anderen Frauen war es so. Viele dieser professionell intellektuellen Frauen aus der Mittelschicht, mit denen ich nun Bekanntschaft machte, waren hervorragende Hausfrauen und gleichzeitig Karrierefrauen. Und obwohl sie eine kleine Armee aus Putzfrauen beschäftigten, damit ihre Häuser blitzblank blieben, fanden sich jede Menge Beweise liebevoller Pflege, genau in der Art, wie meine Mutter sie unserem Haus angedeihen ließ – lauter Anzeichen dafür, daß ein Beruf mit viel Macht für eine

Frau nicht bedeuten mußte, ihre nahe Umgebung würde ihr gleichgültig. Was mir gefehlt, was ich immer gebraucht hatte, waren Vorbilder, und in diesen Frauen fand ich sie. Sie kreuzten meinen Weg genau zur richtigen Zeit, nämlich gerade als zu meinem eigenen Erschrecken und Erstaunen Liebe und Sex mich allmählich zu interessieren begannen.

Das Beste an meiner Zeit in Oxford war der Kontakt mit Mädchen, die sich mit Empfängnisverhütung und Abtreibung auskannten. Du meine Güte, was für ein Spaß und wie süß, daß sie alle eine kleine, ach, so ahnungslose Freundin aus dem Norden hatten! Sobald ich meine geheime Leidenschaft gebeichtet hatte, machten sie einen Termin für mich bei Helena Wright, einer Gynäkologin in London. Mir war es zuwider, ihre Praxis aufzusuchen, obwohl halb Somerville schon dort gewesen war und Witze über das Erlebnis machte, um die Angst abzubauen. Frau Dr. Wright wirkte nicht weniger einschüchternd als der alte Dr. Stephenson in Carlisle, und sie war auf keinen Fall freundlicher. Sie war schroff, geschäftsmäßig und ein bißchen derb, und ich war froh, als ich mit einem Rezept für ein Pessar, das ich in einem nahegelegenen Zentrum für Familienplanung abholen mußte, ihrer Praxis entkommen war. In meiner Unschuld war ich nicht davon ausgegangen, daß ich die Ärztin bezahlen mußte, und ich hatte nicht genug Geld dabei. Ich war kaum wieder in der Wohnung, in der ich übernachtete, als sie anrief und mich daran erinnerte, ihr das Honorar mit der Post zu schicken. Aber wenigstens berechnete die Praxis für Familienplanung nichts. Die Frau fragte mich, wann ich heiraten wolle, und ich erwiderte triumphierend, nachdem ich das Verhütungsmittel sicher in der Tasche hatte, ich müsse nicht heiraten. Ich hatte das Geheimnis, wie man die Zeugung von Kindern verhinderte, entdeckt, warum sollte ich also heiraten? Das war nicht mehr nötig. Ich konnte soviel Sex haben, wie ich wollte, und brauchte mich nicht den oft furchtbaren Folgen zu stellen, die bis jetzt das Schicksal der Frauen in meiner Familie bestimmt hatten. Für mich würde es keine unehelichen Kinder geben (wie es bei meiner Urgroßmutter und meiner Großmutter der Fall gewesen war); keine Kinder, die mich zu einer überstürzten Heirat zwangen (wie es meiner Tante widerfahren war). Warum, fragte ich mich auf dem Rückweg nach Oxford, betonte alle Welt das Frauenwahlrecht, wenn die Kontrolle über den eigenen Körper soviel wichtiger war?

In meinem zweiten Jahr zogen Theo und ich aus Somerville in zwei Zimmer im ersten Stock eines kleinen Häuschens in der Winchester Road. Unter uns wohnten Mrs. Brown und ihre Schwester Fanny, und über uns, auf dem Dachboden, hauste ein alter Mann namens Reg, der Untermieter. Hier hatte ich bei weitem nicht soviel Platz wie in meinem Zimmer in Somerville – unsere beiden Zimmer hätten bequem hineingepaßt –, aber es war befreiend. Theo und ich konnten nach Belieben kommen und gehen – zu einer Zeit, da in Somerville um zehn Uhr abends Sperrstunde herrschte und alle Männer um sieben das College verlassen mußten. Mein Freund, Hunter Davies, kam immer, wenn er eine Mitfahrgelegenheit fand, von der Durham University in den Süden, und wir verbrachten manchmal das ganze Wochenende in meinem Zimmer beim Kohlenfeuer … Meine Mutter hätte einen Anfall bekommen. Doch den hatte sie ohnehin, als ich im

Sommer vor der Aufnahmeprüfung zur Universität anfing, mit Hunter auszugehen, und damit die hohen Ideale zum Einsturz brachte, die ich mir selbst gesetzt hatte und an die auch sie inzwischen glaubte – vielleicht *war* ihre Tochter ja anders, vielleicht *war* sie so zielstrebig, daß sie das gesamte männliche Geschlecht vergaß. Aber nein. Die niederschmetternde Nachricht wurde von meinem Vater überbracht. Eines Tages kam er wutentbrannt nach Hause und sagte: »Ich habe sie gesehen, deine Tochter, wie sie sich auf einer öffentlichen Straße danebenbenommen hat, und er sieht wie ein *Ausländer* aus.« Meine verzweifelte Mutter brauchte eine Ewigkeit – weil eine direkte Frage an meinen Vater, was er damit meine, natürlich zu einfach gewesen wäre –, bis sie herausfand, daß dieses widerwärtige Verhalten lediglich darin bestanden hatte, daß Hunter und ich uns beim Abschied an der Ecke Händchen gehalten und uns umarmt hatten, aber selbst das war ein Schlag. Ich hatte sie enttäuscht. Ich ging den Weg allen Fleisches.

Das stimmte zwar, aber zu meinen Bedingungen und ohne Risiko – was ich ihr nie hätte erklären können, selbst wenn ich es versucht hätte. Schließlich konnte ich ihr nicht zumuten, daß meine Freundinnen in Oxford nicht nur wußten, an wen sie sich wegen Empfängnisverhütung wenden mußten, sondern auch, wo eine Abtreibung möglich war. 1957 war die Abtreibung noch illegal, doch meine Freundinnen setzten sich darüber hinweg. Falls ich trotz der Bemühungen von Frau Dr. Wright schwanger werden sollte, würde ich abtreiben lassen. Es war phantastisch, in Somerville zu sein und mit diesem entscheidenden Wissen in Berührung zu kommen; dafür lohnte sich sogar die größte Langeweile bei den Referaten. Meine neuen Freundinnen, nicht nur Theo, gehörten einer ganz anderen Welt an, und ich ließ mich mit Freuden hineinziehen. Sie waren Sozialistinnen und Mitglieder der Labour Party. Das verwirrte mich ungeheuer. Ich hatte geglaubt, politische Überzeugungen hingen von Geld und Klassenunterschieden ab, und jetzt merkte ich, daß das nicht stimmte. Merkwürdig, daß meine Mutter aus der Unterschicht die Konservativen wählte, während meine Freundinnen in Somerville für Labour stimmten. Sie stammten alle aus der oberen Mittelschicht, aus (in meinen Augen) wohlhabenden Familien, und doch wollten sie sich alle leidenschaftlich mit der Arbeiterschaft solidarisieren. Während ich dazugehörte und nicht Mitglied der Labour Party war. Ich trat ihr schnellstens bei. Ich besuchte die Versammlungen der Labour Party und langweilte mich zu Tode, konnte die Aufregung meiner Freundinnen nicht teilen. Ich erwies mich als äußerst passives Mitglied, taugte fast nur zu Auftritten beim Arbeitertheater der Party und zu wenig sonst.

Aus meinen Briefen erfuhr meine Mutter zu ihrem Leidwesen, daß ich Theater spielte. Es war nicht der Sinn meines Studiums in Oxford, daß ich mich in Kostümen lächerlich machte – wieder ein Punkt, in dem ich sie enttäuscht hatte –, und schon gar nicht für eine politische Organisation. Das Stück, in dem ich in meinem zweiten Jahr auftrat, war Brechts *Kaukasischer Kreidekreis*. Sie wollten ein authentisches Mädchen aus der Unterschicht für die Magd Grusche, deshalb bekam ich die Rolle. Bei der Aufführung ging es etwas drunter und drüber, es fehlte uns an der Professionalität der Dramatischen Gesellschaft der Universität Oxford (die als Teil des Establishments natürlich verpönt war), aber dem Stück wurde politische Bedeutung zugeschrieben, und außerdem standen hier überzeugte Sozialisten auf der Bühne, was ihm größeren Glanz verleihen sollte. Dennis Potter spielte den Richter, seine Freunde führten Regie, waren die Produzenten, kümmerten sich um alles. Wir spielten im Rathaus, und da die Gaitskells persönlich im Publikum saßen, erlangten wir Bekanntheit. Mir kam das Stück bleiern vor – ich stolperte nur herum und spielte das, was sich der Produzent unter einer Bauernmagd vorstellte, während Dennis, fabelhaft wortgewandt in der Rolle des Richters, alle anderen an die Wand spielte. Hinterher wurden Dennis und ich den Gaitskells vorgestellt. Mrs. Gaitskell schaute mich streng an und sagte: »Ihre Darstellung der Grusche entspricht nicht Brechts Absichten, da bin ich mir sicher. Ich glaube, er wäre damit nicht einverstanden.« Brecht war mir egal, genau wie meinem Vater, obwohl er das Stück nie zu sehen bekam. Es reichte ihm, als er hörte, mit welchen Leuten ich zu tun hatte. »Sei vorsichtig«, warnte er mich, »wenn du dich mit den Roten einläßt. Die haben nicht alle Tassen im Schrank. Bleib auf Distanz.«

Die Hauptsache in meinem neuen Leben aber war, sogar in den Ferien, ja, vor allem dann, auf Distanz zu meinem Zuhause zu gehen. Das erforderte Geheimhaltung in komplizierten Abstufungen. Ich mußte meine Mutter in gewisser Weise schützen. Es wäre garstig gewesen, mit meinem Liebesleben aufzutrumpfen; es hätte sie betrübt und erschreckt, wenn sie entdeckt hätte, daß ich es Nan nachtat und in Sünde lebte (auch ohne den zusätzlichen Greuel, daß der Liebhaber verheiratet war). Sie hätte niemals eingeräumt, daß Sex ohne Ehe moralisch vertretbar sei. Sobald die großen Ferien nahten, schmiedete ich also sorgfältig Pläne. Ich zog zu Hunter, zunächst nach Manchester, wo er eine Volontärstelle als Journalist hatte, und dann nach London, wo er die erste feste Anstellung bekam, aber aus ganz Europa trafen Briefe an meine Mutter zu Hause ein, die schilderten, was ich Herrliches erlebte. Meine angeblichen Reisen führten mich in einem Jahr durch Frankreich nach Spanien, im nächsten durch Deutschland nach Italien, je nachdem, wohin meine Freundinnen aus Somerville fuhren. Ich wälzte Reiseführer und schrieb lyrische Hymnen auf Orte, die ich nie gesehen hatte, ich erfand Anekdoten über die Leute, mit denen ich unterwegs war. Das machte meine Mutter froh und bewahrte sie vor einer angenommenen Schande. Ich empfand keine Reue darüber, sondern war nur traurig, daß solche Täuschungsmanöver nötig wurden, daß die Beziehung zu meiner Mutter solche Lügen erforderte.

Auch Vermieter mußten angelogen werden. Weil es mir nicht das geringste ausmachte, solchen Leuten die Wahrheit zu sagen, hatte ich genau das getan, als wir in Manchester eine Wohnung suchten. Das Ergebnis war katastrophal. Jedesmal stellte man uns die Frage, ob wir verheiratet seien – wir sahen beide mit neunzehn und einundzwanzig Jahren sehr jung aus –, und wenn wir nein sagten, ging die Tür wieder zu. Schließlich mußten es also Ringe von Woolworth sein und die Lüge, ich sei Mrs. Davies, was ich haßte. Mir gefiel nicht, wie das klang, und mir gefielen auch die Worte »Ihre Frau« nicht. Und dann, als das Ende meiner Zeit in Oxford näherrückte, schien sich das Lügen plötzlich nicht mehr zu lohnen. Wenn wir vorhatten, immer zusammenzubleiben, und das hatten wir vor, warum sollten wir dann unseren Müttern zuliebe so tun, als lebten wir nicht zusammen? Das war lächerlich. Wenn uns die Ehe nichts, unseren Müttern aber alles bedeutete, warum sollten wir dann nicht einfach heiraten? Also heirateten wir.

Wir heirateten am 11. Juni 1960, als ich mit meiner letzten Prüfung fertig war, aber es gab keine Hochzeit. Ich enthielt sie meiner Mutter ohne Gewissensbisse vor. Wir ließen uns ihr zuliebe trauen, und ich sah nicht ein, warum ich mich auch noch einer Zeremonie aussetzen sollte, die für mich nicht nur eine Qual, sondern auch den Gipfel der Heuchelei bedeutete. Sie wollte eine kirchliche Hochzeit, im weißen Kleid, mit Blumen, einem Empfang für die ganze Familie, und ich konnte nicht einmal den Gedanken an eine solche Farce ertragen. Also keine Hochzeit. Nur wir beide mit Theo und einer anderen Freundin als Trauzeugen auf dem Standesamt in St. Giles. Als ich meiner Mutter dieses Vorhaben verkündete, sagte sie, sie werde den Morgen allein in der Kirche verbringen und für mich beten. Mein Vater ließ mich durch sie wissen, er wolle mit mir nichts mehr zu tun haben. Offenbar hatte ich ihn zum Narren gehalten, indem ich heiratete. *Allein* durch diese Heirat. Sie war ein Verrat; nun bewies ich ihm, daß ich wie jedes andere Mädchen war, obwohl ich geschworen hatte, ganz anders zu sein. Geschenke, nein, auf keinen Fall, soviel stand fest. Meine Unter-der-Hand-Hochzeit hatte keine Geschenke verdient, und die Leute würden ohnehin nur eines denken. Die weitere Verwandtschaft war konsterniert: Geschenke oder nicht? Nach langem Grübeln schickten die freundlicheren Verwandten Tischtücher und Kissenbezüge, für diese Gelegenheit mehr als genug – als ob mir etwas daran gelegen hätte. Aber mir lag etwas daran, daß meine Mutter sich so aufregte, weil sie kein eigenes Geld hatte (ihre kleinen Erbschaften von ihrer Mutter und Tante Jessie waren seit langem aufgebraucht), um meinem Vater zu trotzen und mir ein Geschenk zu machen. Sie sparte vom Haushaltsgeld etwas ab und kaufte mir ein halbes Jahr später ein Tafelservice von Denbyware, das ich nie benutzen konnte, ohne daß Schuldgefühle mir den Appetit verdarben.

Am Abend des Tages, an dem ich heiratete, so war es vereinbart, wollte meine Mutter zu meinem Bruder gehen (er war schon verheiratet), und ich würde sie dort anrufen (sie hatte noch kein Telefon). Es wurde ein scheußliches Gespräch, unterbrochen von tiefen Seufzern ihrerseits und jähen Schweigepausen meinerseits. Ob das Wetter gut gewesen sei? Ziemlich gut, aber sehr windig. Was für ein Kleid hast du getragen? Du hast doch wohl ein Kleid getragen, hast dir bestimmt ein neues gekauft. Ja, hatte ich, ein weißes Baumwollkleid. Aber nicht etwa so ein kurzes? Na ja, ein ziemlich kurzes. Und wenigstens Strümpfe an den Beinen? Nein, keine Strümpfe. Und Hunter, hatte er einen neuen Anzug? Keinen neuen, nein, seinen billigen italienischen. Er sah ganz ordentlich aus, aber ein neues Hemd und eine neue Krawatte hatte er getragen. Und danach, nach dieser Standesamt-Geschichte, oder was das gewesen sein mag, was habt ihr dann gemacht? Wir haben im Bear in Woodstock zu Mittag gegessen und sind dann im Park von Blenheim spazierengegangen und haben uns auf den Rasen gesetzt. Auf den Rasen gesetzt? In deinem weißen Kleid? Nein, ich hatte zwischendurch einen Rock angezogen. Wann seid ihr in London angekommen? Vor etwa einer Stunde. Gut. Na dann …

Na dann, weiß Gott. Sie war deprimiert, aber wenigstens war ich verheiratet. Und ich hatte ein Zuhause, eine Wohnung im Vale of Health, in Hampstead. Aber eine Arbeit hatte ich noch nicht, obwohl ihr das merkwürdigerweise keine Sorgen zu machen schien – ich war jetzt eine verheiratete Frau, und verheiratete Frauen brauchten keine Arbeit, nicht wahr. Ich sagte, im Herbst wolle ich mir Arbeit suchen, wenn wir uns eingerichtet hätten, aber sie interessierte sich nicht dafür. Sie nahm es hin, daß ich meine hervorragende Ausbildung wegwarf, genau wie mein Vater immer behauptet hatte, weil ich ein Mädchen war. Sie hatte sich damit abgefunden. Ich wollte ihr nicht sagen, daß ich mir ein Vierteljahr Zeit gab für den Versuch, einen Roman zu schreiben. Das war zu peinlich. Ich war nicht bereit, mich als Schriftstellerin zu bezeichnen, bevor etwas, das ich geschrieben hatte, veröffentlicht worden und bewiesen war, daß Schreiben ein Beruf sein konnte, eine Möglichkeit, meinen Lebensunterhalt zu verdienen und mich zu bestätigen. Ich war entschlossen, meiner Mutter zu zeigen, daß die Ehe nicht das Ende für meine Ambitionen bedeutete, daß ich immer noch vorhatte, ein ganz anderes Leben zu führen als sie und ihre Mutter.

Im ersten Sommer unserer Ehe kam sie zu Besuch, ein befangener Gast in einer Wohnung mit nur einem Schlafzimmer. Die Räume waren ihr fremd – ein bißchen wie Jeans Wohnung in der Siedlung von Motherwell, aber dennoch nicht vergleichbar, das nahm sie wahr. In dem Haus, in dem unsere Wohnung lag, wohnten nur noch zwei weitere Menschen: Mr. Elton, der Besitzer, im obersten Stock, und Mrs. Woodcock, eine ältere Witwe, im Souterrain mit einem weiteren Zimmer im Erdgeschoß. Wir teilten uns das Bad mit Mr. Elton, was meine Mutter anfangs beunruhigte, bis sie sich davon überzeugte, daß auf seine Gewohnheiten Verlaß war. Die Leere der Wohnung schreckte sie ab. Im Wohnzimmer standen nur zwei Einzelbetten. Sie standen längs an einer Wand und waren mit lila Stoff zugedeckt, einfach darübergeworfen. Meine Mutter hielt diese Liegen nicht für richtige Betten – Betten hatten Kopf- und Fußteile und waren aus massivem Holz. Wir hatten nur einen Kocher in der Küche, als sie ankam, aber bald gab es auch einen Holztisch und zwei Hocker. Dann wurde der Kühlschrank geliefert. Meine Mutter war an dem großen Tag dabei, als der glänzende Elektrolux mit der weich abgerundeten Tür und der hellblauen Innenausstattung gebracht wurde. Ich war sofort davon begeistert. Das war nicht nur ein lebloser Gegenstand, er war mit Bedeutung aufgeladen. Ich erklärte meiner Mutter feierlich, daß ich dank dieses Kühlschranks nicht täglich einkaufen mußte, wie sie es immer getan hatte. Ich würde einmal in der Woche einkaufen, und der geliebte Kühlschrank würde alles frischhalten. Meine Mutter schwieg. Schließlich sagte sie, die Taschen seien zu schwer, wenn Essen für eine Woche darin sei und die Läden so weit entfernt lagen, wie es ihr schien. Ich sagte, ich hätte nicht vor, Taschen zu schleppen. Sie kämen in unser Auto. Ich würde Hunter eine Liste geben, und er würde einkaufen. Ein noch längeres Schweigen. Ich fügte hinzu, Hunter würde nicht nur einkaufen, sondern gleichzeitig auch unsere Wäsche in den Waschsalon bringen – und dann explodierte sie, sagte, das sei nicht *richtig*, ein Mann hätte nicht einzukaufen und in den Waschsalon oder was das sein sollte zu gehen. Die Welt sei verrückt geworden.

In gewisser Weise stimmte das. Ihre Welt war verrückt geworden. Je mehr meine Mutter Einblick gewann in mein Leben als frischverheiratete Frau, desto mehr staunte sie. Vor allem die Mühelosigkeit verblüffte sie. Was mußte ich beispielsweise putzen? Ich schob einen Hoover über einen grünen Teppichboden, fuhr mit einem weichen Mop über glattes Linoleum, wischte meinen kostbaren Kühlschrank und meinen gleichermaßen makellos sauberen Kocher ab – es gab keine Plackerei, kein Scheuern, kein Schnaufen und Keuchen im verzweifelten endlosen Kampf gegen den Schmutz von Kohleöfen und Kaminen. Und die monströse Last des Waschens war so gut wie verschwunden. Für mich gab es keine Waschküche. Ich hatte zwar keine eigene Waschmaschine, aber dank der neuen Waschsalons brauchte ich auch keine. Die Hausfrau zu spielen – denn es war wie ein Spiel – machte mir großen Spaß, und wenn meine Mutter mich dabei beobachtete, wie ich Schalter drückte und Reinigungsmittel benutzte, wuchs ihr Neid.

Aber der Wahnsinn der neuen Welt bestand nicht nur in Geräten und im Besitz von Geld für ein Auto und für den Waschsalon. Am meisten trieb meine Mutter die Gleichberechtigung in unserer Ehe um. Als sie im September zu uns kam, hatte ich gerade mit der Arbeit als Lehrerin angefangen. Das freute sie ungeheuer (sie wußte nichts von meiner Schriftstellerei, die zur Zeit ruhte, und dem Roman, der von einem Agenten abgelehnt worden war). Sie begriff, daß wir, weil wir beide arbeiteten, Hunter als Journalist und ich als Lehrerin, uns die notwendigen Hausarbeiten teilen mußten. Der Montag war Hunters freier Tag, deshalb kaufte er ein und kümmerte sich um die Wäsche. Am Samstag hatte ich frei; also putzte und bügelte ich. Am Sonntag hatten wir beide frei, also kochte ich und Hunter spülte das Geschirr. Meine Mutter beobachtete das und räumte ein, das sei eine gerechte Arbeitsteilung; aber ganz schien sie das nicht gutheißen zu können. War ihre leise Mißbilligung im Grunde ein Bedauern, daß diese Veränderungen für sie zu spät gekommen waren? Darüber wurde nicht gesprochen. Sie fuhr jedoch widerstrebend zu meinem Vater zurück, zurück zu dem, was sie für ihre Pflicht hielt, dem Kochen für ihn, dem Putzen, dem Waschen und den anderen für sie immer noch beschwerlichen Alltagsarbeiten, mit ihrer schlechten Ausstattung und den mangelnden Möglichkeiten, während mir das alles leichtfiel.

Aber vor allem zu ihrer freien Zeit wollte sie nicht zurück. Neuerdings hatte sie davon jede Menge, weil wir alle erwachsen und aus dem Haus waren. Pauline, meine Schwester, wurde jetzt in Liverpool zur Lehrerin ausgebildet, und meine Mutter litt unter ihrem Auszug mehr als unter meinem. Ich war immer schwierig gewesen, während Pauline herzlich, häuslich und lieb war – das Fehlen einer solchen Tochter war schwerer zu verkraften. Sie hätte jetzt eigene Interessen gebraucht, so etwas kannte sie aber nicht. Eigentlich hatte sie nur die Kirche. Das war jetzt St. James's, weil sie aus Raffles und von St. Barnabas's weggezogen waren. St. James's war eine Kirche nach ihrem Herzen. Sie sah so aus, wie eine Kirche aussehen sollte, mit einem Turm und Buntglasfenstern, und obwohl sie zwischen 1860 und 1870 für den Industrievorort Denton Holme gebaut worden war, lag sie oberhalb des Industriegebietes mit einem Einzugsbereich, zu dem mehrere wohlhabende Wohngebiete gehörten. Meine Mutter besuchte St. James's viel lieber als St. Barnabas's, und am liebsten waren ihr die Versammlungen des Frauenkreises.

Dieser Frauenkreis war fromm, ähnelte nicht annähernd Müttervereinen oder Frauenverbänden. Jeden Montag versammelten sich zwischen sechzig und achtzig Frauen in der Blencowe Street Mission Hall, wo sie in Sechserreihen saßen und Choräle und Hymnen sangen. Alle besaßen eine Ausgabe dieser Choräle, herausgegeben von der Kindermission, einer Unterabteilung der Bibelgesellschaft, und dieses Büchlein war eine Art Sammlung frommer Klischees in »Lobgesängen«, abgeleitet aus den Psalmen und aus der Bibel. Es waren 709 Lieder, im Inhaltsverzeichnis hilfreicherweise unterteilt in Kategorien von »Vergebung« bis »Kraft«. Das Lieblingslied meiner Mutter war Nummer 406, das zur Abteilung Trost und Zuversicht gehörte.

Gib denen, Herr, die mit Dir sind,
den schönsten Seelenfrieden –
Wenn Dunkelheit und Nacht einbricht
gib Deinen Treu'n hienieden
den teuren Seelenfrieden,
O Herr, Du einzig sicherer Hort,
halt unsre Seelen bei Deinem Wort
und denen, Herr, die mit Dir sind
gib Deinen teuren Frieden.

Eine Frau leitete die Versammlung; sie war die einzige, die aufstand. Zuerst begrüßte sie die Anwesenden, dann wurde ein Eingangschoral gesungen und ein – improvisiertes – Gebet gesprochen, ehe alle sich den Hymnen zuwandten. Ein Bibeltext wurde vorgelesen, noch ein Choral gesungen, und dann hielt der jeweilige Sprecher des Tages (möglicherweise ein Missionar auf Durchreise) einen Vortrag von einer Dreiviertelstunde. Im Anschluß gab es Tee und Kekse.

Das klingt langweilig, aber es war der Höhepunkt in der Woche meiner Mutter. Mit den anderen Frauen verband sie echtes Kameradschaftsgefühl, aber die Versammlung erregte sie auch spirituell, und sie kam mit gerötetem Gesicht und in Hochstimmung nach Hause, hatte immer noch einen Lobgesang auf den Lippen. Ansonsten beschränkte sich ihr geselliges Leben auf Treffen mit Ruby Gillespie in Binn's Café. Ich machte sie darauf aufmerksam, daß sie die Eintönigkeit selbst durchbrechen könne, mit Besuchen bei ihren Schwestern, und gelegentlich fuhr sie für eine Woche zu einer der beiden. Nan und Jean wohnten inzwischen in Nottingham. Dave, der sich schließlich in Abendkursen zum Optiker qualifiziert hatte, bekam von Jack eine Stelle angeboten und nahm sie an. Jean war nicht sehr glücklich darüber – sie hatte inzwischen viele Freunde in der alten städtischen Siedlung von Motherwell und kannte in Nottingham nur Nan, mit der sie sich oft stritt. Meine Mutter empfand ihre Kurzurlaube bei diesen beiden Töchtern als recht anstrengend, weil es ständig nötig war, um den Frieden zu wahren. Außerdem betrübten sie ihre Bemerkungen über mich. Ebenso wie mein Vater sorgten sie dafür, daß meine Mutter nie vergaß, wie sehr ich nach meinen schönen Reden alle enttäuscht hatte. Gut, ich war anständig verheiratet, ich war jetzt eine respektable Lehrerin, aber ich hatte mich genau wie alle anderen entwickelt, und meine Mutter sollte in dem Gefühl bestärkt werden, ich hätte ihr gegenüber versagt.

XVI

Kurz nach unserer Rückkehr aus Sardinien, wo wir unsere Flitterwochen verbracht hatten, mußte ich einen Arzt aufsuchen. Entweder hatte ich mir die Ruhr geholt oder irgendeine Lebensmittelvergiftung. Wie fand man einen Hausarzt? Meine Erinnerungen an Dr. Stephenson in Carlisle bewogen mich dazu, in London mit einem mitfühlenderen Mediziner den Anfang zu machen, doch ich wußte nicht, wie ich das bewerkstelligen sollte. In Carlisle wurden Ärzte, auch wenn man sie nicht ausstehen konnte, einfach in der Familie weitergereicht. Ich kannte niemanden, den ich hätte fragen können, also wankte ich auf das Postamt von Hampstead, bat um eine Liste der ortsansässigen Ärzte und entschied mich für den nächsten, eine Frau Dr. Day in der Thurlow Road.

Das Wartezimmer sah einigermaßen ermutigend aus. Nichts Trübseliges haftete den bequemen, mit Chintz bezogenen Sesseln an, den Kissen auf der Fenstersitzbank, den frischen Blumen und dem Stapel neuer Zeitschriften – meine Mutter hätte abgestritten, daß es sich um ein Wartezimmer handelte. Auch die Ärztin war eine Überraschung. Sie war jung, attraktiv, freundlich und plauderte unbefangen drauflos. (»Aber ist sie auch eine *richtige* Ärztin?« hörte ich meine Mutter mißtrauisch fragen. Und ob sie das war; sie heilte mich schnell.)

Es gab auch keinen Grund, sich davor zu fürchten, sie um einen Hausbesuch zu bitten. Ich rief sie um sechs Uhr morgens an, nachdem Hunter die ganze Nacht über mit einem schweren Asthmaanfall gekämpft hatte, und sie kam nicht nur sofort, sondern sagte, nächstes Mal solle ich sie gleich anrufen, wie spät auch immer. Ich hatte endlich die Angst vor Ärzten verloren, diese Angst, die meine Mutter ihr Leben lang verfolgt hatte. So wußte ich, noch bevor ich Kinder hatte, daß sie nicht aufwachsen und mitansehen würden, wie ihre Mutter einem anmaßenden Arzt gegenüber unterwürfig wurde und sich gleichzeitig über seine Macht ärgerte. Das war wiederum eine Frage von Standesunterschieden und Bildung, aber die Zeiten hatten sich geändert, und meine Ärztin war eine junge Frau und Mutter und längst keine Seltenheit mehr.

Meine Mutter wartete darauf, daß meine vorerst nur vermuteten Kinder kamen. Anfangs wartete sie nervös, aber als nach meiner Heirat neun Monate verstrichen waren und sie sich sicher sein konnte, daß ich nicht hatte heiraten müssen (trotz spöttischer Versicherungen des Gegenteils hatte diese Sorge in ihr gelauert), veränderte sich ihr Warten. Meine Schwägerin hatte einen Sohn bekommen, Paul, und dieser eine Enkel hatte ihrem Leben wieder Sinn gegeben. Paul zu füttern, Paul zu baden, Paul spazierenzufahren, Paul zu Bett zu bringen – sie war hingerissen. Shirley, Pauls Mutter, arbeitete nicht. Sie war eine richtige Mutter. Sie wußte, daß ihr Platz zu Hause war, und fand ihr Glück darin. Meine Mutter war zu der festen Überzeugung gelangt, daß mein leichtes Leben als arbeitende Frau noch nicht auf die Probe gestellt worden war. Was sollte werden, wenn Kinder kamen? Dann wäre es bestimmt vorbei mit der Gleichberechtigung. Ich würde werden wie jede andere Frau, die Mutterschaft würde meine Laufbahn beenden und ich wäre gezwungen zu dem Eingeständnis, daß sich die Dinge für Frauen nur an der Oberfläche geändert hatten. Aber es kamen keine Kinder, nach drei ganzen Jahren nicht. Ich sagte, ich wolle noch keine, aber sie schaute skeptisch drein, als sie das hörte. Wie konnte sie sich so sicher sein? Vielleicht konnte ich keine Kinder bekommen, was alles geändert hätte. Wenn eine Frau keine Kinder hatte, war sie nach Meinung meiner Mutter nicht nur keine »richtige« Frau, sondern sie war auch nie ernsthaft gefordert worden. Kein Wunder, daß ich ein leichtes Leben hatte.

Tatsächlich war es damals für mich nicht gerade leicht. Ich hatte mit einem neuen Roman angefangen, schrieb abends nach dem Unterricht. Der Unterricht war anstrengend. Ich schien die schwierigsten und unartigsten Klassen in der Barnsbury School (in Islington) bekommen zu haben, und die Mühe, sie für den Unterricht zu gewinnen, erschöpfte mich. Die Mädchen waren alle bei den Aufnahmeprüfungen zu weiterführenden Schulen durchgefallen und hatten geringe Zukunftschancen. Ich verwandte meine Zeit darauf, sie zu steigern. Ich schleppte mich am Ende eines jeden Tages nach Hause und dachte oft, wenn meine Mutter mich so sehen könnte, würde das Bild zerstört, das ich ihr vermittelt hatte, als sie zu Besuch gekommen war. Aber ich mußte durchhalten und in meiner Freizeit schreiben, weil wir das Geld brauchten, um ein Haus zu kaufen. Ich wünschte mir leidenschaftlich ein Haus. Es schien unglaublich wichtig, daß wir etwas Eigenes hatten und nicht wie unsere Eltern in einem städtischen

Haus oder zur Miete wohnten. Ich träumte davon, ein ganzes Haus zu besitzen, und jeden Tag auf dem Weg zum Bahnhof strich und tapezierte ich Zimmer, die nicht existierten, suchte Möbel aus, hängte Bilder auf ... Mein ganzes Gehalt wurde für das Haus gespart, und wir lebten gut von dem, was Hunter verdiente. Der Gedanke an Kinder kam mir nie, solange ich kein Zuhause für sie hatte, und es machte mir nichts aus, wenn irgend jemand dachte, eine solche Einstellung sei auf traurige Weise pragmatisch und herzlos.

Im März 1963 zogen wir in unser Haus ein (in dem wir heute noch wohnen), ein spätviktorianisches Haus in Dartmouth Park, in der Nähe von Hampstead Heath, auf der anderen Seite vom eigentlichen Hampstead, wo unsere Wohnung gewesen war. Es kostete 5200 Pfund, im obersten Stock wohnte ein unkündbarer Mieter, und es befand sich in einem entsetzlichen Zustand. Das störte uns nicht. Mit einem Hochgefühl zogen wir ein – es war großartig: so viele große Zimmer, so ein ausgedehnter Garten auf der Südseite, auch wenn er verwildert war. Für ein halbes Jahr bewohnten wir nur ein Zimmer, und die erschöpfende Arbeit verdoppelte sich, die zusätzliche Anstrengung, Wände abzukratzen, neu zu streichen und Dreck und Chaos in einem weit größeren Ausmaß zu ertragen, als es meine Mutter je erlebt hatte. Aber das alles lohnte sich. Was für eine Freude, schließlich in die kühlen, in hellen Farben gestrichenen Zimmer nach Hause zu kommen, zu den abgeschliffenen Dielen und hübschen Läufern, zu dem grauweiß gekachelten Küchenfußboden, zu dem großen Kieferntisch – ich liebte jeden Quadratmeter des Hauses und jede Kleinigkeit in ihm. Daß ich ein eigenes Haus hatte, war mir auf seltsame Weise eine Erfüllung, mit der ich nie gerechnet hatte. Es bedeutete mir sogar mehr als die Annahme meines ersten Romans bei Jonathan Cape kurz nach unserem Einzug.

Es war kein guter Roman, aber immerhin ein Anfang und gab mir den Mut, nicht nur mit dem Unterrichten aufzuhören und das Schreiben zum Beruf zu machen, sondern auch ein Kind zu bekommen. Eine kuriose Verknüpfung, aber so war es. Ich fühlte mich tapfer und mutig bei dem Gedanken, Kinder haben zu wollen. So viele Jahre hatte ich damit verbracht, erfolgreich Schwangerschaften zu verhüten, und jetzt ließ ich diesem gefährlichen Impuls die Zügel schießen – gefährlich, weil ich willentlich ein weiteres menschliches Wesen in die Welt setzen und die Verantwortung auf mich nehmen würde, die dazu gehörte. Meiner Großmutter und meiner Mutter waren Kinder aufgedrängt worden, sie hatten kaum eine andere Wahl, aber ich entschied mich absichtlich, wissentlich. War es richtig, ein Kind zu bekommen? Warum tat ich es? Weil ich es wollte. Aber war das ein Grund für eine intelligente, emanzipierte Frau im Jahr 1963? Es war überhaupt kein Grund. Es war reine Selbstsucht. Ich glaubte nicht einmal, daß ich eine gute Mutter abgäbe. Ja, die Pflege würde ich hervorragend erledigen, aber was war mit allem übrigen? So wie ich mich kannte, konnte ich es da überhaupt wagen, ein Kind zu bekommen?

Meine Mutter war begeistert, als sie erfuhr, daß ich schwanger war und das Kind im März 1964 erwartet wurde. »Jetzt wird sich alles ändern«, sagte sie. »Schluß mit der Arbeit.« Sie konnte oder wollte nicht begreifen, daß Schreiben auch Arbeit war. Unsinn. Schreiben war ein *Hobby*. Obwohl ich 150 Pfund Vorschuß bekommen hatte, war das nichts Ernsthaftes. Sie fragte sich, ob es gut für das Kind sei, das ich im Leib trug, wenn ich mich bei der »Kritzelei« ständig über den Schreibtisch beugte, und es machte keinen Eindruck auf sie, daß mit dem Gekritzel noch vor der Geburt des Kindes ein zweiter Roman abgeschlossen wurde (für den ich 250 Pfund bekam und der Gerüchten nach verfilmt werden sollte). Sie war davon überzeugt, daß mit der Schriftstellerei Schluß sein mußte, sobald das Kind geboren war.

Anfangs schien sie recht zu behalten. In dem Augenblick, in dem Caitlin auf die Welt kam, war das Schreiben völlig unwichtig geworden. Ich spürte, wie mein kleinlicher Ehrgeiz schwand, und war glücklich darüber. Da lag mein Kind, ein richtiger Mensch und ein viel größeres Schöpfungswunder, unser Geschöpf, und war so völlig hilflos, so herzzerreißend verletzlich. Ich konnte es kaum ertragen, wenn mir Caitlin auch nur für einen Augenblick weggenommen wurde, so stark war mein Beschützerinstinkt. Wie konnte ich sicher sein, daß jemand anders so zärtlich und liebevoll mit ihr umging als ich? Sobald wir zu Hause waren, wandte ich mich jeden Augenblick ihren Bedürfnissen zu. Meine Mutter, die zu uns gekommen war, um ihre erste Enkelin zu sehen, lächelte triumphierend: Es war genau so gekommen, wie sie immer gewußt hatte. Kinder veränderten Frauen. In meiner Besessenheit von meinem Kind kehrte ich zu den uralten Mustern zurück. Trotz des äußeren Anscheins hatte sich nichts verändert.

Eine Zeitlang gab ich ihr recht, ich wollte nicht schreiben, wollte keinerlei Karriere mehr anstreben. Das Kind war soviel wichtiger als alles und jeder andere, sogar Hunter. Er liebte Caitlin auch – er war ein moderner Vater, der Windeln wechselte und stolz den Kinderwagen schob –, aber er arbeitete viel, und unsere Partnerschaft war nicht mehr so gleichberechtigt wie früher. Er kaufte nicht mehr ein. Warum sollte er auch, da ich nun die Frau zu Hause war? Ich trottete jeden Tag in die Läden, genau wie meine Mutter. Mit der Herrlichkeit des Kühlschranks, der Nahrungsmittel eine Woche lang frischhielt, war Schluß. Nun gab es ein Hühnchen vom Metzger, grüne Bohnen vom Gemüsehändler, Brot vom Bäcker – und das Einkaufen paßte so gut dazu, Caitlin durch die Gegend zu schieben. Ich hatte eine Waschmaschine, deshalb gab es keinen Grund, den Waschsalon aufzusuchen. Und wenigstens in dieser aufreibenden Hinsicht mußte ich auch nicht wie meine Mutter sein (die immer noch alles mit dem Waschbrett und der Mangel erledigte). In jenem langen Sommer war ich völlig damit zufrieden, ganz als Mutter und Ehefrau zu leben. Doch dann kam der Winter, Caitlin schlief länger, und plötzlich, zu meiner eigenen Überraschung, genügte es mir nicht mehr, mich um ein Kleinkind zu kümmern, zu kochen und einzukaufen. Ich empfand keine Langeweile, sondern Ruhelosigkeit. Nicht das Umgetriebensein aus einer Unzufriedenheit heraus, sondern die nicht eingesetzten Energien, so einfach war das. Also fing ich wieder an zu schreiben, abends an den Wochenenden, obwohl ein Schrei von Caitlin genügte, daß ich den Stift weglegte. Ich schrieb sehr schnell zwei Romane, beide leichter Lesestoff, aber annehmbar. Ich sagte gern, es sei im Grunde wie Stricken, einfach ein angenehmer Zeitvertreib, ganz ohne Mühe. Doch obwohl die Ergebnisse nicht viel taugten, wußte ich, daß das Schreiben wichtig war. Es unterschied mich von meiner Mutter. Es machte aus mir etwas anderes als eine Ehefrau und Mutter. Mir fiel auf, daß ich oft müde mit dem Schreiben anfing und seltsamerweise erfrischt war, wenn ich aufhörte. Es war verhängnisvoll, daß ich darum gebeten wurde, das Drehbuch für meinen zweiten Roman, *Georgy Girl,* zu schreiben, während ich schon im vierten Monat mit meinem ersehnten zweiten Kind schwanger war, aber andererseits ersparte mir die Schwangerschaft mehr Engagement, als ich hätte bezeugen können. Es war eine Sache, zu Hause und für mich zu schreiben, eine ganz andere, nach Auftrag zu schreiben, im Auftrag anderer Leute, und an Besprechungen teilnehmen zu müssen. In der Teamarbeit war ich eine Katastrophe. Diese Episode zeigte mir sehr deutlich die Grenzen meiner Energie. Romanschriftstellerin und Mutter zu sein paßte zusammen, Drehbuchschreiben paßte nicht. Die Leute vom Film erwarteten von mir, daß der Film stets an erster Stelle kam – Dummköpfe. Dadurch begriff ich, was ich von jeher geahnt hatte: Jede Berufstätigkeit, die mich zwang, das Haus zu verlassen, war nicht zu bewältigen. Sie hätte mich vor eine unmögliche Wahl gestellt, mir unerträglichen Streß auferlegt. Sie hätte, wenn es hart auf hart gegangen wäre, bewiesen, daß ich genau wie meine Mutter und Großmutter war: An erster Stelle kam die Familie, keine Frage. Es war ein Balanceakt, Ehefrau, Mutter und Schriftstellerin zu sein, und obwohl ich das Gleichgewicht gut hielt, hätten ein Stoß, eine weitere Forderung bewirkt, daß ich vom Seil gestürzt wäre. Die Lektion kam gerade rechtzeitig. Mit dem Drehbuch wurde Peter Nichols beauftragt. Die Besprechungen hörten auf. Die Erleichterung war gewaltig. Als ich etliche Monate später, kurz vor Jakes Geburts, die Dreharbeiten besuchte und den

Star, James Mason, kennenlernte, empfand ich kein Bedauern. Es war aufregend, an der Entstehung eines Films beteiligt zu sein, aber es war auch beunruhigend, weil ich mich während dieser kurzen Zeit wie eine gespaltene Persönlichkeit fühlte, unsicher, wer ich wirklich war.

Charlotte Rampling, die in dem Film eine Frau spielte, die ein Kind bekommt, das sie nicht will und für das sie bei seiner Geburt nichts empfindet, besuchte mich. Sie begriff diese Figur, Meredith, nicht und wollte sie verstehen lernen. Und da fand sie mich nun völlig im Muttersein aufgegangen vor; ich stillte Jake, während Caitlin zu meinen Füßen spielte, und sie verstand nicht, wie ich mir eine Frau ohne Muttergefühle hatte ausdenken können. Ich versuchte zu erklären, Meredith sei die Mutterschaft aufgezwungen worden, sie habe keinem mütterlichen Drang nachgegeben, und unter solchen Umständen sei es für Frauen durchaus möglich, ein Kind nicht zu wollen, das ihnen soviel Sorgen und Schmerz bereitet habe. Muttergefühle seien nicht mechanisch mit der Geburt verknüpft, sagte ich. Charlotte hatte damals nichts für Kinder übrig, während Lynn Redgrave, die Georgy spielte, Kinder mochte, aber Charlotte war davon ausgegangen, wenn ein Kind erst einmal geboren sei, ändere sich alles wie von Zauberhand: Ich bin Mutter, deshalb fühle ich mich als Mutter. Bevor sie ging, zeigte sie auf Jake und Caitlin und sagte: »Aber die hier lieben Sie, nicht wahr?« Das stimme, antwortete ich. »Also sind Sie Georgy, stimmt's?« Irrtum. Für Georgy waren ihre Kinder alles, ihr ganzer Existenzgrund. Georgy war meine Mutter in einer anderen Zeit, einer anderen Umgebung, mit einem anderen Aussehen und einer anderen Persönlichkeit – aber sie war dennoch meine Mutter, die notfalls alles hergab – für Kinder.

Ich bekam Jake, mein zweites Kind, zu Hause. Ich glaubte, meine Mutter würde das billigen, aber dem war nicht so. Sie meinte, Kliniken seien bestimmt sicherer, und was mir nur einfalle, die Zeit zurückdrehen zu wollen. Aber ich haßte Krankenhäuser und war mir sicher, daß ich zu Hause besser zurechtkäme. Es wurde eine leichte Geburt. Hunter entband seinen Sohn so gut wie allein, was meine Mutter schockierte. Ihr war schon bei dem Gedanken nicht wohl, daß Ehemänner bei einer Geburt zuschauten. Das hatte etwas Unanständiges. Noch unanständiger war der Gedanke an diese abstoßende neue Angewohnheit, bei der Geburt Fotos zu machen. Eine Freundin, die ihr Kind ein paar Tage vor mir zur Welt gebracht hatte, kam zu Besuch, während meine Mutter bei uns war (sie war, nach alter Gepflogenheit, zu uns gekommen, um sich um mich zu kümmern, obwohl ich gar nicht darum gebeten hatte), und fragte, ob wir Fotos von Jasons Geburt sehen wollten. Meine Mutter, die sich auf Aufnahmen von einem Neugeborenen in den Armen seiner Mutter eingestellt hatte, noch ganz faltig von der Geburt und zauberhaft, warf eifrig einen Blick auf die Schnappschüsse und rang dann nach Luft. Die Bilder, die zeigten, wie das Kind zwischen den Beinen seiner Mutter herauskam, wirkten pornographisch auf sie – die gespreizten Beine, die klaffende, blutige Vagina, der Kopf ein schwarzer, obszön herausquellender Klumpen, und das alles in prächtiger Technicolor. Sie war sprachlos, konnte ihren Ekel nicht verbergen. War es mit den Frauen wirklich soweit gekommen?

Manche Dinge sollten, ihrem Gefühl nach, geheim bleiben. Die Schicklichkeit war auf der Strecke geblieben. Weil sie oft erzählt hatte, zu ihrer Zeit sei die Geburt etwas Geheimnisumwobenes gewesen und der Schock der Realität gewaltig, versuchte ich, sie davon zu überzeugen, daß Filme und Fotos von Geburten eine Möglichkeit waren, Männer und Frauen richtig zu informieren. Nein. Sie war nicht dieser Meinung. Das ging zu weit, war nicht nötig. Sie billigte auch nicht ganz, daß ich meine Kinder stillte. Ihr war nie wohl, wenn sie mich dabei sah, und sie meinte, ich solle das immer im Schlafzimmer erledigen, »wo es ruhig ist«. Sie hatte uns alle mit dem Fläschchen ernährt. Das Stillen war für sie mit Armut verbunden, und sie begriff nicht, wie eine gebildete Frau das tun konnte. Das war ein weiterer Rückschritt, ein weiterer Beweis dafür, daß sie die moderne Generation nicht verstand.

Sie sah auch keinen Sinn darin, die Kinder dann zu stillen, wenn sie danach verlangten. Sie hatte nie etwas von Truby King gehört, sondern stets an strenge Zeitpläne geglaubt und sie eingehalten. Sie beobachtete mich beim Stillen zum zweitenmal innerhalb von drei Stunden und bemerkte, sie habe immer die »korrekten« vier Stunden zwischen den Fütterungszeiten eingehalten und dafür gesorgt, daß meine Kinder gediehen und zunahmen, obwohl sie viel schrien und Jake so gut wie gar nicht schlief. Aber trotz der zwei Kinder brachte mich das meiner Mutter nicht näher. Daß ich selbst Mutter geworden war, schuf kein neues Band zwischen uns. Eher im Gegenteil. Als mir klar wurde, wie leidenschaftlich ich meine Kinder liebte, kam es mir ausgeschlossen vor, je den Zustand höflicher Zuneigung zu erreichen, der zwischen mir und meiner Mutter herrschte.

Die Mutterschaft war noch geheimnisvoller geworden, nicht weniger geheimnisvoll.

Als meine Mutter nach Jakes Geburt wieder nach Carlisle zurückfuhr, stellte sie fest: »Jetzt hast du alle Hände voll zu tun, jetzt wirst du nicht mehr zum Schreiben kommen.« Beinahe stimmte das. Die Familie kam an erster Stelle, das Schreiben belegte einen abgeschlagenen zweiten Platz. Als dieses Mal der Winter kam, gab es wenig Erholung von schlaflosen Nächten, und der alte Trick, mich erschöpft zum Schreiben hinzusetzen und erfrischt wieder aufzustehen, verfing nicht mehr. Wie konnte es angehen, daß ich genauso müde war wie meine Mutter, als sie kleine Kinder hatte, obwohl mein Leben so leicht war? Angesichts der Zentralheizung, der Waschmaschine und dem völligen Mangel an Geldsorgen hatte ich keine Ausrede für meine Erschöpfung. Es war lächerlich, daß ich mich so ausgelaugt fühlte, und ich rief mir immer wieder das Leben meiner Mutter in Erinnerung, das in der Phase, in der ich jetzt war, so viel schwerer war, bis es mir wie ein Gruselkabinett vorkam. Alle Frauen um mich herum hatten das, was man »ein bißchen Hilfe« nannte: Putzfrauen, Au-pair-Mädchen oder Kindermädchen. Aber ich wollte nichts von alldem, und das lag nicht nur daran, daß ich es verabscheute, Leute im Haus zu haben, mit denen ich in Beziehung treten mußte – es lag auch daran, daß ich *gerne* alles selbst tat. Ich genoß die tägliche Hausarbeit, die alle anderen als stumpfsinnig zu empfinden schienen.

Doch etwas mußte geschehen. Es hatte keinen Zweck, daß ich herumjammerte, ich habe gar kein Recht, so erledigt zu sein, obwohl ich es eindeutig war, es war dumm, mich wegen meiner Schwäche zu beschimpfen. So kam dann ein Plan zustande. Am Montag, Hunters freiem Tag, übernahm er das Kommando, und ich hatte den ganzen Tag frei. Samstags und sonntags badete er die Kinder und brachte sie zu Bett, und ich konnte zwischen sechs und neun Uhr abends schreiben. In gewisser Weise funktionierte das, obwohl ich bald begriff, daß ich an den Montagen tatsächlich das Haus verlassen mußte, damit sie meine freien Tage blieben, und daß ich an Samstag- und Sonntagabenden so tun mußte, als verließe ich das Haus. Es schien mir wie ein Wunder, wenn das, was ich schrieb, auch nur grammatikalisch korrekt war, aber ich war dankbar dafür, wenigstens Worte zu Papier zu bringen.

Als Jake ein Jahr alt wurde und immer noch sechsmal pro Nacht aufwachte, brauchten wir dringend einen Urlaub. Uns verließ der Mut bei der Aussicht, ihn in Carlisle zu verbringen, aber wir schienen keine andere Wahl zu haben. Hunters und meine Mutter jammerten ständig, wie sehr sie sich wünschten, daß wir nach Hause kämen; es wäre grausam gewesen, ihnen abzusagen. Als wir erst einmal in Carlisle waren, wohnten wir in verschiedenen Häusern. In keinem der beiden Elternhäuser war Platz für uns alle, dazu kam noch die Eifersucht. Hunter und Caitlin wohnten bei seiner Mutter, Jake und ich bei meinen Eltern. Es wurde alles andere als ein glücklicher Familienurlaub. Außerdem hatten wir scheußliches Wetter, obwohl es Juni war. Ausflüge ans Meer und an die Seen, bei denen wir vier und drei Elternteile sich in unser Auto zwängten, bestanden aus Fahrten im strömenden Regen auf der Suche nach Lokalen, in denen wir essen konnten. Darüber hinaus stellte der Besuch beide Mütter nicht zufrieden: »Nur *zwei*

Wochen?« riefen sie im Chor. Carlisle war immer noch voll von erwachsenen Kindern, die mit ihren Familien gleich um die Ecke wohnten, wie mein Bruder Gordon. »Wir werden eure Kinder nie richtig kennenlernen«, sagten die Mütter traurig. »Wir werden Fremde für sie bleiben.« Wir wiesen darauf hin, daß sie uns jederzeit besuchen könnten, aber abgesehen von einem vierzehntägigen Aufenthalt, der unserem Besuch bei ihnen entsprach, wurde dieses Angebot nie angenommen. Und wie auch immer, es war nicht das Gewünschte. Sie wollten ihre Enkel in der Nähe haben, ständig.

Vor allem meine Mutter wünschte sich das. Ihr graute davor, daß Gordons Firma ihn nach Süden versetzen und sie Paul verlieren würde (was schließlich eintrat) und daß ihr Leben dann wieder leer sein würde. Sie erzählte mir, daß sie in letzter Zeit, wenn sie sich nicht um Paul kümmerte, dazu übergegangen sei, alleine in Parks spazierenzugehen. Mein Vater, jetzt pensioniert und trotz seiner Gartenarbeit auch nicht ausgefüllt, sagte, er komme mit. Schließlich war er derjenige, der Spaziergänge immer gerne gemocht hatte, aber sie erklärte ihm, sie wolle seine Begleitung nicht, sie brauche etwas für sich allein. Also fuhr sie mit dem Bus zu verschiedenen Parks in der Stadt und spazierte umher, setzte sich dann auf eine Bank und kam sich töricht vor. Sie war mit fünfundsechzig so frustriert und rastlos wie ein Teenager mit fünfzehn, gab im Grunde nichts auf die Kirchenorganisationen, denen sie angehörte, die Basare, bei denen sie half, das Erfrischungswägelchen, das sie durch das Krankenhaus schob. »Ich habe nichts aus meinem Leben gemacht«, sagte sie oft, und wenn ich erwiderte, sie habe drei gesunde und erfolgreiche Kinder aufgezogen, tat sie das ab.

Es war eine große Erleichterung, wieder fortzukommen aus unseren Elternhäusern und in unser eigenes Leben zurückzukehren. Manchmal, oder besser, oftmals wünschte ich mir schuldbewußt, viel weiter entfernt vom Unglück meiner Mutter zu leben, damit das Gefühl, ich ließe sie im Stich, nicht so stark würde. Vielleicht hätte es nachgelassen, wenn Tausende von Kilometern, mehrere Ozeane und ein paar Gebirge zwischen uns gelegen hätten. Die Chance kam 1967. Hunter wurde ein Jahr freigestellt, nachdem er eine Biographie über die Beatles geschrieben hatte. Wir würden verreisen, das Jahr im Mittelmeerraum verbringen und leben wie die Schweizer Robinson-Familie. Es war schwer, meiner Mutter das beizubringen. Für sie bedeutete dieses Jahr eine weitere Erinnerung daran, daß sich ihr solche Gelegenheiten nie geboten hatten, daß ich einer anderen Gattung angehörte, einer Gattung mit allem Glück, der Mühsal so gut wie unbekannt war und die eine neue Frauengeneration ausmachte, für die das Leben als Ehefrau und Mutter etwas bedeutete, was sie nie kennengelernt hatte.

XVII

Dummerweise beschlossen wir, unser Jahr im Süden auf den Maltesischen Inseln zu verbringen – ein kläglicher, schwacher Entschluß, den wir unter anderem deshalb gefaßt hatten, weil unsere Fremdsprachenkenntnisse miserabel waren und wir in eine englischsprachige Gegend wollten. Gozo wirkte interessant, und ein Krankenhaus lag nicht allzuweit entfernt. Das war wichtig, weil beide Kinder Unfälle gehabt hatten und mich der Gedanke entsetzte, womöglich am Ende der Welt zu sitzen, wo eine sofortige Behandlung nicht möglich war. Weil ich im Dunst des Pessimismus meiner Mutter aufgewachsen war, rechnete ich immer mit dem Schlimmsten.

Das Schlimmste hatte uns nicht getroffen, nicht annähernd, nichts, was sich mit dem Schlimmsten vergleichen ließ, lediglich den leichten Vorgeschmack einer Katastrophe hatten wir kennengelernt, der die düsteren Prophezeiungen meiner Mutter zu bestätigen schien. »Niemand kennt den Tag und die Stunde«, munkelte sie meist. Als Caitlin zwei Jahre alt war, schluckte sie ein ganzes Röhrchen Kinderaspirin, und in der Notaufnahme des Royal Free Hospital wurde beschlossen, ihr sicherheitshalber den Magen auszupumpen. Ich sagte, ich wolle bei Caitlin bleiben, was auch immer sie unternehmen würden. Sie sagten nein, ihrer Meinung nach sei es besser, wenn Mütter nicht dabei seien. Ich bestand darauf, und sie zuckten die Schultern und meinten, ich würde es bereuen. Ich ging mit der ernsten, aber recht gefaßten Caitlin in einen Raum, wo ich den letzten Versuch machen sollte, ihr ein widerlich schmeckendes Gebräu einzuflößen, damit ihr schlecht wurde und das schlimme Magenauspumpen nicht mehr nötig war. Sie saß auf einem Tisch, ließ die dicken kleinen Beine baumeln, sah mich aus ihren großen, dunklen Augen vertrauensvoll an und schüttelte langsam den Kopf. »Zwingen Sie sie«, drängte eine Schwester. Sie zwingen? Wie sollte ich das machen? Ich redete und redete, versuchte es mit Bestechungen, erklärte, warum sie die Flüssigkeit trinken müsse, was passiere, wenn sie das Zeug getrunken habe, bettelte und flehte, als das Überreden nichts nützte. Aber ich konnte sie nicht *zwingen,* ohne körperliche Gewalt anzuwenden. Mein Magen verkrampfte sich vor Angst, als die Schwestern, zwei waren es, ungeduldig mit der Zunge schnalzten und die Magenpumpe brachten. Ich hätte genausogut meine Mutter sein können, so völlig machtlos, völlig feige und gehorsam, wie ich hier saß. Nur: Hier war wirklich *ich,* mit meinem eigenen Kind. Ich hielt Caitlin fest, strich ihr immer wieder das schöne schwarze Haar glatt, während der Schlauch zwischen ihren hübschen kleinen Zähnen weiter nach unten geschoben wurde, grausam weit nach unten, in ihren Bauch. Sie wand sich, klammerte sich an mich, und Panik und Angst verzerrten ihr sonst friedliches Gesicht. Die Salzlösung wurde eingeführt, der Schlauch herausgezogen, und Caitlin übergab sich heftig. »So ist es richtig«, sagte eine Schwester.

So war es nicht richtig, aber ich wußte nicht, was richtig gewesen wäre. »Jetzt geht es ihr gleich viel besser«, sagten sie, aber sie irrten sich. Sie wurde nicht gleich wieder »quicklebendig«, wie sie behauptet hatten. Sie schluchzte die ganze Nacht lang, war am ganzen nächsten Tag wie ein Zombie, und wir brauchten uns wochenlang dem Royal Free nur auf eine Entfernung von hundert Metern zu nähern, schon zitterte sie. Ich fragte mich, ob es falsch gewesen war, daß ich darauf bestanden hatte, bei ihr zu bleiben – vielleicht hielt sie mich jetzt für einen ihrer Quälgeister. »Diese Mütter«, hörte ich eine Schwester in einem entnervten Ton sagen, »immer glauben sie, alles besser zu wissen.« Sie wären begeistert von meiner Mutter gewesen, die nur allzu bereitwillig hinnahm, daß sie es nicht besser wisse.

Jakes Unfall war genauso furchterregend, doch mehr wegen des Blutes. Mit achtzehn Monaten hätte er sich fast den Daumen abgeschnitten, als er auf den scharfen Rand einer Blechdose fiel. Hunter war zu Hause, und wieder rasten wir los, dieses Mal ins Whittington Hospital, während Jake schrie, überallhin Blut verspritzte und sein Daumen herunterhing. Jetzt war es Hunter, der darauf bestand, bei seinem Sohn zu bleiben, und das tat er auch. Er saß neben ihm und redete mit ihm, als der Daumen wieder angenäht wurde. Als meine Mutter von diesem Unfall erfuhr, sagte sie, nach ihrem obligatorischen »Niemand kennt den Tag und die Stunde«: »Und ihr wollt mit diesem Kind ins Ausland fahren? Ist es dort sicher? Und wenn irgend etwas passiert?«

Also entschieden wir uns für Gozo, wo Englisch gesprochen wurde und in der Nähe ein hervorragendes Krankenhaus lag (obwohl der Weg von dem Bauernhaus, das wir gemietet hatten, bis dorthin recht weit war, aber zum Glück mußten wir nie hinfahren). Bevor wir

England verließen, kauften wir meinen Eltern einen Bungalow. Meine Mutter zog fort aus dem städtischen Siedlungshaus mit den kleinen, dunklen Zimmern und der eiskalten Küche, richtete sich ein in dem in hellen Farben gestrichenen Bungalow mit großen Fenstern, in dem ersten Zuhause, das ihr gehörte. Aber der Umzug bedeutete mehr, als ein Haus gegen ein anderes einzutauschen, er war symbolisch. Sie hatte das Gefühl, sie ziehe in eine andere Welt, nehme eine Stellung ein, die sie sich immer gewünscht hatte. Der Bungalow lag ganz in der Nähe der städtischen Siedlung Longsowerby, aber er gehörte zu einer landschaftlich schön gestalteten Privatsiedlung und hatte dementsprechend einen viel höheren gesellschaftlichen Status. Der Umzug bedeutete auch, den Garten zu verlassen und neu anzufangen. Mein Vater fragte sich, ob die Rosen und Büsche, die er gepflanzt und gepflegt hatte, der Stadt gehörten, weil es städtischer Boden war, aber er beschloß, das Risiko einzugehen. Er grub seine Lieblingspflanzen aus und transportierte sie mitten in der Nacht in seinen neuen Garten.

Als wir abreisten, war meine Mutter eine Zeitlang zufrieden, richtete mit Freuden ihr neues Zuhause ein, eines, das tatsächlich ihr gehörte. Und sie hatte jetzt ein Telefon, ein wunderbares neues Spielzeug, konnte also regelmäßig mit Gordon sprechen (in Twyford, was hieß, daß ihr der geliebte Enkel Paul weggenommen worden war) und mit Pauline, die verheiratet war (eine wunderschöne Hochzeit in Weiß, eine Entschädigung für mein schändliches Verhalten), in Cornwall wohnte und zwei Kinder hatte. Wir hatten einen guten Zeitpunkt gefunden, ein Jahr im Ausland zu verbringen; die Briefe meiner Mutter spiegelten die Freude wider, die sie an dem neuen Heim hatte. Plötzlich gab es viel zu tun, und ein Haus wohnlich zu machen war immer eine ihrer Lieblingsbeschäftigungen gewesen. Sie schrieb einmal in der Woche, ich schrieb in der darauffolgenden, schilderte in meinen Briefen das alte Haus im arabischen Stil, in dem wir wohnten, erzählte, daß wir die Hälfte eines jeden Tages am Strand verbrachten und welches Abenteuer es war, auf den Märkten einzukaufen. Was ich gehofft hatte, war eingetreten: Die Last der Unzufriedenheit meiner Mutter mit ihrem Leben war von mir genommen worden, und wie auch immer, sie war nicht mehr ganz so unzufrieden. Es war einfach, mir etwas vorzumachen, ihre Briefe für bare Münze zu nehmen und sie mir als zufriedene Siebenundsechzigjährige vorzustellen, vollauf beschäftigt mit ihrem neuen Haus und ihrer Kirche, gesegnet mit drei Kindern und fünf Enkeln. Ich sah ihr Gesicht nicht, ich hörte die Nuancen in ihrer Stimme nicht.

Wir trafen Ende März auf Gozo ein, und meine Eltern kamen Mitte Mai zu Besuch. Ich hatte im Grunde nie geglaubt, daß sie es wahrmachen würden, als ich sie so fröhlich einlud, aber meine Mutter zögerte keinen Augenblick: Das war die Gelegenheit, die sie sich immer gewünscht hatte, die Gelegenheit, etwas zu tun, das sie für verwegen hielt. Mein Vater war entsetzt. Was war nur in sie gefahren? So eine Reise, das hieß, sich in ein Flugzeug setzen, überhaupt zunächst einmal, zu einem Flughafen fahren, was an sich schon einschüchternd genug war. Er fand, er könne seinen Garten nicht verlassen, nachdem er gerade erst die Zuckererbsen gesät hatte, im Mai. Meine Mutter sagte, bestens, dann reise sie allein. Das kam in ihrem Alter überhaupt nicht in Frage, er werde sie begleiten. Er sei dazu gezwungen, alles mögliche könne passieren. Meine Mutter war außer sich vor Erwartung und Freude. Sie übte das Kofferpacken, wickelte jedes Stück in Seidenpapier, verstaute alles so wunderschön, so geschickt, daß das Ergebnis eine Augenweide war. Sie erzählte ihren Schwestern Nan und Jean liebend gern, daß sie ins Ausland reisen, nach Malta fliegen würde. Beide waren noch nie geflogen, und Nan war zwar in Paris gewesen, aber Jean hatte Großbritannien noch nie verlassen. »Ich kann es kaum fassen«, schrieb meine Mutter, »daß ich in meinem Alter ein Flugzeug besteige. Es ist wunderbar.«

Im Rückblick bin ich mir nicht sicher, ob diese Reise so wunderbar war. Wunderbar war das Wissen, daß ihr ein solches Abenteuer bevorstand, aber nicht das Erlebnis selbst, nicht für sie. Mein Vater war derjenige, der es tatsächlich als wunderbar empfand. Als er aus dem Flugzeug kam, schwärmte er vom Sonnenaufgang über dem Montblanc, und er hatte es eilig, die eigens bei Marks & Spencer gekauften weißen Hosen anzuziehen und den Panamahut aufzusetzen. Er spielte am Strand mit den Kindern, gab zu, er sei vielleicht doch etwas schöner als der von Silloth, und das Wasser sei wärmer, keine Frage. Als er herausfand, daß jeder Laden eine Bar hatte und jede Bar den ganzen Tag lang offen war, nahm ihn das sofort ganz für das Ausland ein. Aber meine Mutter? Sie machte sich nichts aus dem Strand von Ramla. Zu heiß, zu unbequem, ohne Windschutz zum Anlehnen. Sie machte sich auch nichts aus unserem Bauernhaus: zu dunkel, zu viele Insekten, keine richtigen Möbel. Sie liebte die Kinder, aber sie empfand es als anstrengend, sie den ganzen Tag um sich zu haben – sie waren so wild, durften ihrer Meinung nach tun, was sie wollten, und am liebsten rannten sie herum und kreischten. Es lag ihnen nicht, ruhig dazusitzen, was ihrer Ansicht nach die Lieblingsbeschäftigung von Kindern sein sollte. Die Läden waren ihr ein Greuel, vor allem die Metzgerläden. Ihr Vater hätte einen Anfall bekommen, sagte sie, wenn er gesehen hätte, wie das Fleisch aufgehängt wurde, und sie könne kein einziges Stück erkennen.

In Wahrheit fühlte sie sich meistens nicht wohl, und das lag zu einem Gutteil an ihrer unbequemen Kleidung. Sie kam sich zu elegant gekleidet und zu dick vor, was nicht erstaunlich war. Sie trug bei über dreißig Grad immer noch ein Unterhemd, wenn auch aus dünner Baumwolle, ihr Korsett und ihre langen Unterhosen (obwohl sie als Zugeständnis an die Hitze aus Seide waren), den langen Unterrock und die Strümpfe – sie wollte sie nicht ausziehen, weil sie ihre Beine »unansehnlich« fand. Dabei waren die Strümpfe die unbequemsten Kleidungsstücke von allen. Nichts konnte sie davon überzeugen, daß es am Strand, wo außer uns nur selten Familien hinkamen, doch bestimmt zulässig sei, ihre armen Beine von dieser Nylonfolter zu befreien. Nein. Sie verabscheute ihre Beine, sie seien voller gräßlicher Adern, sie habe nicht vor, sich »zur Schau zu stellen«. Also schwitzte sie vor sich hin und war erleichtert, wenn es an manchen Tagen etwas kühler wurde, wenn eine Brise vom Meer her wehte. Oft schwammen wir hinaus, und wenn ich mich umschaute, saß da diese starre kleine Gestalt, korrekt gekleidet, unter einem Sonnenschirm; und es wirkte grotesk, daß sie in diese Kleidung eingesperrt war, Kleider, die einer anderen Epoche angehörten. Ich hoffte, ich würde niemals ein Unterhemd, ein Korsett, lange Unterhosen oder auch nur Strümpfe tragen, auch wenn ich nicht mehr jung und schlank wäre und mit Freuden so gut wie nichts trug außer einem Bikini und Shorts.

Nebenan – obwohl dies hier nicht bedeutete, daß das Haus an unseres grenzte – wohnte ein pensionierter Gentleman, der sehr nett zu meiner Mutter war. Ein Stück weiter entfernt lebten zwei befreundete Männer, die ebenfalls nett mit ihr sprachen. Sie waren Homosexuelle und sie hatten die Flucht ergriffen vor den absurden britischen Gesetzen, die bald abgeschafft wurden. Meine Mutter fand sie reizend und ahnte nicht, was die beiden überhaupt nach Gozo geführt hatte, doch mein Vater grummelte etwas über »warme Brüder«, und von wegen angenehm, vor allem mit Kindern in der Nähe. Meine Mutter überhörte ihn, genau wie wir (obwohl es feige von uns war, nicht gegen seine Vorurteile anzugehen), und genoß die kultivierten Nachmittagstees, zu denen sie von »den Jungen« eingeladen wurde. »Sie backen den Kuchen selbst«, rief sie, und zu meinem Vater sagte sie: »Dich möchte ich mal beim Kuchenbacken erwischen, Arthur.« Es entging ihr völlig, worauf er mit seiner Antwort anspielte: »Hasch mich, ich bin's Muttchen im Kittelschürzchen.«

Es sei seltsam, bemerkte meine Mutter, auf dieser felsigen Insel mitten im Nichts zu wohnen, den ganzen Tag lang zu schwimmen, sich in der Sonne zu aalen. Ihrer Meinung nach war es wie ein Spiel, aber sie konnte sich nicht schlüssig werden, worin dieses Spiel eigentlich bestand. Leben? Und wenn bloßes Leben ein Spiel war, war es dann beneidenswert? Wünschte sie sich, daß sie mit dreißig auch so hätte spielen können? Erstaunlicherweise wünschte sie sich das nicht. Wissen, wo man hingehört und was man zu tun hat, das war ihre Lösung, nicht dieses Sichtreibenlassen ohne jeden

Ernst. Sie erzählte mir, manchmal schließe sie am Strand die Augen und versuche, sich selbst mit dreißig vorzustellen, in meinem damaligen Alter, und sie könne den Gegensatz nicht fassen, aber sie sagte das ohne ihren üblichen neidischen Unterton, eher im Tonfall neugierigen *Zweifels* – daran, daß das, was wahr zu sein schien, tatsächlich wahr war, daß die Dinge so waren, wie sie wirkten.

Eines der größten Rätsel war für sie ihr Schwiegersohn. Hunter war kein Arthur. Er paßte überhaupt nicht zu ihrer Vorstellung von einem Ehemann. Er war nicht dominant, er erwartete nicht, bedient zu werden, hatte auch nicht das Verlangen, daß sein Wort im Haus galt. Er stellte nie eine Rangordnung her, und manchmal meinte sie, er müsse das tun. Sie machte mir und den Kindern Vorhaltungen: »Du sprichst mit deinem *Mann*«, oder: »Das ist euer *Vater,* der mit euch spricht.« Aber weil Hunter nichts daran zu liegen schien, das auszuüben, was sie für seine rechtmäßige Autorität hielt, war nicht viel auszurichten. »Hier weiß man nie, wer Herr im Hause ist«, sagte sie gelegentlich, und ich lachte schnell und erklärte, es gebe keinen Herrn, die Vorstellung, der Ehemann sei der Herr, stamme daher, daß er das Geld verdiene, und weil jetzt die Ehefrauen ebenfalls Geld verdienten, hätten beide Macht.

Sie wollte dennoch unseren unordentlichen Haushalt nicht verlassen und nach Hause zurückkehren. Als es am Morgen der Abreise danach aussah, als würde die Fähre ausfallen und meine Eltern würden das Flugzeug verpassen, sagte sie, sie sei froh. Mein Vater war es nicht, obwohl der Urlaub für ihn schöner gewesen war. Aber die Fähre fuhr schließlich doch, und sie traten die lange Heimreise an. »Großartig«, lautete das Urteil meines

Vaters über das Ausland, bevor sie ablegten, »erstklassig«. Meine Mutter ärgerte sich, daß sie seine Zusammenfassung in zwei Worten nicht überbieten konnte, obwohl sie Tagebuch geführt hatte. Jede Einzelheit über das, was sie unternommen hatte, wo sie gewesen war, wen sie kennengelernt hatte, war darin festgehalten, zusammen mit Namen, Preisen und Wetterberichten, und trotzdem vermittelte nichts davon die Aufregung, die sie empfunden hatte, und auch jegliche Andeutung einer Enttäuschung fehlte. »Das war's«, sagte sie, als sie abfuhren, »wir werden nie mehr ins Ausland fahren, nie wieder.« Sie hatte sich gewünscht, daß die Reise nach Gozo ein Auftakt zu Abenteuern sein würde, nicht Anfang und Ende in einem. Reisen, ob es ihr gefiel oder nicht, bedeutete sehen, und sie hatte eben erst angefangen, die Augen zu öffnen. Sie hatte das Gefühl, daß das Tor scheppernd hinter ihr ins Schloß fiel, nachdem es sich eben erst wie von Zauberhand geöffnet hatte, und ihr war nicht mehr gelungen als ein kurzer Blick auf ein anderes Leben. Die Tatsache, daß sie sich nicht sicher war, ob es ihr vielleicht doch gefiel, war belanglos.

Nach fünf Monaten auf Gozo packten wir unsere Sachen und reisten weiter an die Algarve. Inzwischen interessierte es uns nicht mehr, in einem Land zu bleiben, in dem man Englisch sprach, und uns wurde klar, wie dumm wir gewesen waren, weil wir uns kein reizvolleres Ziel ausgesucht hatten. Die Algarve war eindeutig reizvoller, aber meine Eltern ließen sich nicht dazu überreden, uns zu besuchen und die Wintersonne zu genießen. Meine Schwester, ihr Mann und ihre beiden kleinen Söhne kamen, was meine Mutter freute. Pauline war schwer krank gewesen und brauchte Erholung. Es war nicht nur eine Erleichterung für meine Mutter, daß Pauline etwas Wintersonne bekam, sondern es war auch ein erwünschter Beweis für das Weiterleben schwesterlicher Solidarität, wie sie in schweren Zeiten zwischen ihr, Jean und Nan bestanden hatte. Beinahe ein Jahr verging, bis ich meine Mutter wiedersah, und in dieser Zeit hatte sie eine schwere Augenkrankheit, mit der Folge, daß ihr Lid wochenlang genäht bleiben mußte. Sie trug die dazugehörigen Schmerzen mit großer Tapferkeit, aber als ich sie das nächste Mal zu Gesicht bekam, erschien sie mir plötzlich viel älter und ziemlich gebrechlich, und mein Vater hatte sich bereits zu einem aufmerksamen Pfleger gewandelt, was sie zu schätzen wußte, ihr aber überhaupt nicht gefiel.

Das Auge heilte, und im Sommer 1969 kam sie zu einem Besuch. Sie hatte wieder mehr Ähnlichkeit mit ihrem alten Ich. Ich war inzwischen eine Hausfrau und Mutter mit einer gewissen Erfahrung, und ich merkte, daß sie mich beurteilte. Sie war nicht im geringsten kritisch, aber es gab Dinge, die ihr auffielen, und mir fiel auf, daß sie ihr auffielen. Meine Maßstäbe waren nicht die ihren. Ihre Maßstäbe waren die ihrer Mutter (und niemand weiß, von wem ihre Mutter diese Maßstäbe hatte). Zum Beispiel staubte ich nicht viel ab. Meine Mutter staubte ständig ab, aber andererseits gab es in ihrem Haus jede Menge abzustauben (und sie hatte sich nie daran gewöhnt, daß es nur noch halb soviel Staub gab, seit sie keinen schmutzigen Kohleofen mehr hatte). Sie fragte mich, wo mein Staubtuchsack sei. Ich sagte, ich hätte keinen. Ihre Staubtücher waren von der üblichen Sorte, gelb und flauschig, und wurden nach jedem gründlichen Abstauben gewaschen, dann an die

Wäscheleine gehängt und schließlich zusammengefaltet und in einem Sack aufbewahrt, der hinter einer Schranktür hing. Ich bot ihr einen feuchten Lappen an, wies darauf hin, daß unsere Regale und alle anderen Oberflächen aus Kiefernholz seien und besser abgewischt als abgestaubt würden. Ich hatte weder Ziergegenstände noch Fotorahmen oder Nippes. Aber, wie meine Mutter sagte, gab es Hunderte von Büchern, die alle danach schrien, gründlich abgestaubt zu werden. Das stimmte. Bücher staubten ein. Ich sagte, ich staubte diejenigen ab, die ich je nach Gebrauch aus dem Regal nähme, aber das war meiner Mutter nicht genug, die mühselig jedes einzelne Buch für mich abstaubte. Auch unter den Betten lag Staub, aber ich war damit zufrieden, ihn nur in unregelmäßigen Abständen wegzusaugen – ich hatte nicht vor, jede Woche die Betten zu verrücken und gewissenhaft sauberzumachen. Die Türen trugen mir eine weitere schlechte Note ein. Ich wischte nur selten schmuddelige Fingerabdrücke ab – und was die Fußleisten betraf, fiel mir überhaupt nicht auf, daß sie Pflege brauchten. Wie niedrig meine Maßstäbe auch sein mochten, mein Haus sah in meinen Augen immer vollkommen sauber aus. Ich würde mich nie von ihm versklaven lassen. Wenn die Hausarbeit schon mit der Hilfe aller erhältlichen Geräte erledigt und als angenehm empfunden werden konnte, in einem Viertel der Zeit, die meine Mutter dafür gebraucht hatte, so war ich nicht erpicht darauf, mir zusätzliche Aufgaben im Haus zu suchen und dadurch den gewonnenen Vorteil einzubüßen.

Meine Mutter wollte immer herausfinden, warum wir, obwohl wir doch eindeutig ein wohlhabendes junges Paar waren, so lebten, wie wir es taten. Warum aßen wir in der Küche? Warum hatten wir kein Eßzimmer mit einem Tisch aus Eiche oder Nußbaum, der auf Hochglanz poliert werden konnte? Warum hatten wir diese unstabilen Habitat-Stühle mit hellgelben weichen Kissen, die keinen Halt gaben, und diese sogenannten Liegen, die nur aus einem Holzgestell mit Matratze bestanden? Warum abgeschliffene Holzböden, obwohl wir uns doch mühelos gute Auslegeware von Wilton oder Axminster hätten leisten können? Sie wollte darauf hinaus, daß wir ein gutes Einkommen hatten, daß das aber niemandem je auffallen würde. Sie hielt diese Entscheidungen, die nur mit Geschmack und Mode zu tun hatten, für verkehrt. Sie wollte das ideale Haus für mich, das sie nie gehabt und nach dem sie sich immer gesehnt hatte. Unser altes, gebeuteltes Haus in einer typischen Londoner Straße gefiel ihr nicht. Sie hätte mich gern im grünen Surrey gesehen, in einem modernen Doppelhaus mit einer Zufahrt und einem Rosengarten.

Auch das Leben, das ich in meinem Haus führte, verwirrte sie. Ich verbrachte viel Zeit mit dem Kochen, und sie beobachtete das mit einem gewissen Staunen. Für sie war das Kochen immer eine Last gewesen, ein notwendiges tägliches Ritual, an dem sie wenig Freude hatte. Die Familie brauchte etwas zu essen, die Mahlzeiten mußten zubereitet werden, und es war lästig, über den Speiseplan nachzudenken (obwohl er von den Wochentagen diktiert wurde, so streng waren die kulinarischen Regeln). Aber ich hatte Kochbücher, vor allem von Elizabeth David, und ich vertiefte mich in sie und experimentierte. Außerdem hatte ich eine sonnige, hübsche Küche, nicht die häßliche, schlecht ausgestattete Nische, in die sie sich ihr Leben lang zum

Kochen geschleppt hatte. Sie schaute zu, während ich Gemüse hackte, von dem sie noch nie etwas gehört hatte und das damals in Carlisle noch nicht erhältlich waren, und großzügig mit Wein und Kräutern umging. Sie sah, daß es mir Spaß machte, während für sie das Zubereiten von Mahlzeiten nicht nur eine Bürde, sondern auch ein Grund ständiger Besorgnis gewesen waren. Ich schlug fröhlich sechs Eier in eine Schüssel, und merkte, daß sie nach Luft schnappte, den Kopf voller Erinnerungen an Eipulver. »Das muß ein Vermögen kosten«, sagte sie leicht vorwurfsvoll, weil soviel Geld für Essen ausgegeben wurde. Darauf gab es keine angemessene Antwort. Verglichen mit dem, was sie damals für Essen übrig gehabt hatte, gab ich ein Vermögen aus.

Nach unserer Rückkehr von der Algarve gewöhnten wir uns an, Wein zum Essen zu trinken, und meiner Mutter gefiel das gar nicht. Die allzu oft gehörten Worte: »Gott, ich könnte was zu trinken brauchen«, alarmierten sie, obwohl sie sah, daß es uns nichts schadete. Wir wankten nicht herum, als ob wir eben aus dem Horse and Farrier in Raffles kämen. Weil wir wußten, wie es ihr vor Alkohol graute, vor Alkohol in jeder Form, und vor Pubs, war es gemein von uns, daß wir sie in ein Pub mitnahmen, ohne daß sie es merkte. Damals gab es in Carlisle keine Pubs mit Gärten und schon gar nicht mit solch unerhörtem Mobiliar wie hübschen Bänken, Tischen und Sonnenschirmen. Als wir also quer durch die Heath gingen und den Garten des Spaniers durch den Hintereingang betraten, war sie entzückt. Sie saß ganz zufrieden über ihrem Glas Tonic und schaute zu, wie die Kinder Orangensaft tranken und wir Weißwein. Es gab keine betrunkenen Rüpel, die ihr den Spaß verdarben (jedenfalls nicht, wenn wir dort waren), und der Besuch in einem Pub bekam jetzt einen ganz anderen Charakter. Wenn es in Pubs solche Gärten gab, wenn sie unter einem Rosenspalier sitzen konnte, wenn alles kultiviert und ordentlich war, dann war sie bereit, sich zu entspannen. Mein Vater, der schon lange wieder zu sich selbst gekommen war und uns ebenfalls besuchte, haßte den Spanier und ähnliche Pubs. Frauen und Kinder hatten in Pubs nichts verloren. Man durfte aus einem Pub keinen Laufstall machen, das wäre sein Ruin. Ein Pub war für Männer da, und dort wurde ernsthaft getrunken.

Am besten gefiel meiner Mutter der Teil meines Lebens, der ihrer Rolle als junger Ehefrau ähnelte. Ich holte meine Kinder immer von der Schule ab. Beim Hinbringen wechselten Hunter und ich einander ab, das Abholen übernahm ich, und es war eine Erleichterung für meine Mutter, sich über diese Ähnlichkeit zu freuen, während alles andere an meinem Leben so anders wirkte. Früher hatte sie mich immer zur Schule gebracht und mich abgeholt, bis ich mir das, im Alter von acht Jahren, verbat. Bis dahin kam ich jeden Tag aus der Schultür und konnte sicher sein, daß meine Mutter da war und einen Regenmantel bereithielt, falls es naß war, daß sie geduldig dastand, ganz gleich, wie kalt es war. Ich war froh, wenn ich sie sah. Ich flog in ihre Arme und umarmte sie. Und jetzt tat ich auch, was sie getan hatte, und sie kam mit und beobachtete, wie meine Kinder mich erkannten und auf mich zustürzten. Dazu waren Mütter da, und trotz meiner ausgefallenen Art in anderer Hinsicht beugte ich mich der Erziehung und der Konvention. Ebenso verhielt es sich, wenn ich die Nachmittage auf der Heath verbrachte, bevor die Kinder in die Schule kamen. Es gefiel ihr, wenn ich sie zum Entenfüttern oder zum Spielen im Sandkasten brachte. Sie sah es mit Anerkennung, und dennoch schuf der Beweis, daß ich in solchen Momenten genau die Mutter war, die sie gewesen war, keine echte Harmonie zwischen uns.

Oft langweilte sie sich trotz aller Billigung, eine Langeweile, die daher rührte, daß sie sich mit sich selbst langweilte. Einmal, als wir auf einer Bank in der Nähe der Schaukeln saßen und den Kindern beim Spielen zuschauten, sagte ich, ich ginge kurz hinüber zur Rutsche, um eine Freundin zu begrüßen, die gerade ihr Kind darauf gesetzt hatte. »Was?« sagte meine Mutter, ziemlich scharf für ihre Verhältnisse. »Und mich läßt du hier sitzen wie bestellt und nicht abgeholt?« Ich mußte lachen – es war eine so altmodische Formulierung –, setzte mich wieder und sagte, schön, es sei nicht wichtig, ich könne mich später mit meiner Freundin unterhalten. Nach einer Weile bemerkte meine Mutter, es tue ihr leid, sie wisse nicht, was in sie gefahren sei, und selbstverständlich solle ich mit meiner Freundin reden. Folglich tat ich es, brachte sie mit, stellte sie meiner Mutter vor, die reizend war, lächelte, plauderte und den Eindruck erweckte, als sei sie völlig glücklich und fühle sich wohl. Aber das war eine Täuschung, die scheinbare Lockerheit, die Nähe zwischen Mutter und Tochter, die vereinte Front. Wir waren nicht vereint. Wir waren im Denken und Fühlen meilenweit voneinander entfernt, während wir tiefe Gefühle füreinander hegten. Wir brauchten die Kinder als Band. Solange sie unsere Aufmerksamkeit in Anspruch nahmen, war jede echte Verständigung vermieden. Sobald sie im Bett lagen, wußte meine Mutter nicht, was sie tun sollte. Wir aßen, wir plauderten, aber sie wirkte erwartungsvoll, und wie üblich wußte ich weder, worin ihre Erwartungen bestanden, noch wie ich sie befriedigen sollte. Ich wollte lesen, aber mir war klar, daß sie sich darüber geärgert hätte. Die beste Lösung, obwohl das natürlich nicht jeden Abend möglich war, bestand darin, mit ihr ins Theater oder ins Kino zu gehen. Sie war hingerissen von dem Musical *Oliver!* und kam freudig erregt und völlig verwandelt nach Hause, und als wir den Film *Ein Mann für jede Jahreszeit* anschauten, nahm die Handlung sie so gefangen, daß sie nicht einmal wahrnahm, wie ein Mann in unserer Nähe einen Herzinfarkt bekam, trotz des ganzen Wirbels, den das verursachte. Aber die Abende zu Hause waren schal. Ich fragte mich, wie sie in dem winzigen Haus in Raffles mit ihrer Mutter gelebt haben mochte. Wie hatten sie die gemeinsamen Abende verbracht? Sie war jetzt älter als ihre Mutter zum Zeitpunkt ihres Todes, und ich war jünger als sie damals, während ihre Mutter bei ihr wohnte. Ich fragte mich, ob sie und Margaret Ann glücklich und vertraut miteinander umgegangen waren und ob sie das nun von der eigenen Tochter erwartete und nicht bekam. Ich bezweifelte das.

Aber es gab keine Gespräche darüber, weder grundsätzliche noch sonst irgendwelche. Wir redeten über Kinder, Kinder, Kinder, und wenn nicht über Kinder, dann über Gesundheit. Ich hatte meine Mutter nie für ungesund gehalten, bis auf das Augenproblem, aber plötzlich fiel mir in den Wochen, in denen sie bei uns wohnte, auf, daß sie nicht gesund war. Sie war nur ein Meter zweiundsechzig groß, wog jedoch siebzig Kilo. Ich maß einszweiundsiebzig, wog aber siebenundfünfzig Kilo. Sie war füllig geworden, mehr als füllig, dick, und das machte sie kurzatmig, dieses Gewicht mit sich herumzuschleppen. Sie hatte ihr Leben lang nie Sport getrieben, sondern stand unter dem Eindruck, die Hausarbeit, das Einkaufen und der Kirchgang verhelfe ihr zu ausreichend Bewegung. Du meine Güte, wer hatte schon Zeit für *Sport,* das war doch lächerlich. Sie hatte nie eine Sportart betrieben, nicht einmal als junge, unverheiratete Frau, obwohl in den zwanziger Jahren Tennis, Radfahren und Gymnastik mit Musik in Mode gekommen waren. Sport war ein Luxus und nichts, worauf sie neidisch war. Ich verabscheue Sport und Spiel genauso, sehe darin vor allem eine Zeitverschwendung, die mich vom Lesen abhält, aber andererseits habe ich immer Bergwanderungen gemacht, bin geschwommen und war eine Zeitlang eine fanatische Radlerin. Ich merkte, daß ich im Vergleich zu meiner Mutter äußerst fit war, von Jugend an. Jetzt war sie entsetzt und litt unter ihrer Gewichtszunahme und wiederholte immerzu, sie verstehe das nicht, sie esse nicht viel. Aber es war leicht zu verstehen. Sie verbrauchte nicht mehr annähernd soviel Energie wie früher, seit sie in ihrem pflegeleichten Bungalow wohnte, aß aber trotzdem soviel und dasselbe wie früher – Kuchen, Hörnchen, Kekse, süße Aufläufe und immer noch Kartoffeln zu den Hauptmahlzeiten. Jetzt hatte sie das Geld, ihrer Vorliebe für Blätterteig, Sahne, Johannisbeermarmelade und alles, was dick macht, zu frönen. Sie mochte kein Obst, bis auf Trauben, und hatte nichts übrig für Salate oder irgendein Gemüse, mit Ausnahme von Blumenkohl. Ihr Tee war ebenso wie ihr Kakao stets stark gezuckert. Jeder Vorschlag, sie solle Diät halten, machte sie unglücklich. Die einzige Änderung in Richtung Diät bestand darin, daß sie Terry's-All-Gold-Pralinen aufgab, die sie so sehr liebte. Ihr Gewicht stieg und außerdem ihr Blutdruck, und das zwang sie schließlich, ihren Hausarzt aufzusuchen.

Ihr Arzt war selbst dick und ging recht verständnisvoll mit ihrem Übergewicht um. Er sagte ihr, sie solle die Süßigkeiten reduzieren, gab ihr aber keine weiteren Diätratschläge. Sie ging mit dem Gefühl nach Hause, gegen ihr Gewicht könne nichts unternommen werden, und war wütend über den Scherz des Arztes, sie solle sich einem Fitneßclub anschließen. Schon der Gedanke daran war ihr äußerst peinlich – in ihrem Alter, was für eine Idee.

Ihr erster Schlaganfall kam im Grunde nicht überraschend.

XVIII

Die schlimme Zeit fing in den frühen siebziger Jahren an und dauerte ein Jahrzehnt. Erst folgten weitere Augenoperationen, diesesmal wegen grauem Star, dann die Schlaganfälle, jeder schwerer als der vorangegangene, bis meine Mutter den linken Arm nicht mehr bewegen konnte und ihr linkes Bein schwach war, dann eine Darmverschlingung, danach Gürtelrose und schließlich Herzversagen. Zehn Jahre lang schwere Krankheiten, die sie jeder Selbständigkeit beraubten und in tiefe Depressionen stürzten, bis sie erfüllt war von dem Wunsch, es hinter sich zu bringen und zu sterben.

Mein Vater war großartig. Er sorgte hingebungsvoll für meine Mutter, wachte in jeder Hinsicht über sie. Im Alter von zweiundsiebzig Jahren lernte er, einzukaufen, zu kochen und sauberzumachen. Aber obwohl sie ihm dankbar war, verlangte meine Mutter nach ihren Töchtern; für uns gab es keinen Ersatz. Sie hatte sich um ihre Mutter und ihre Schwiegermutter gekümmert, sie hatte ihnen die liebevolle Pflege einer Tochter angedeihen lassen, die Art von Pflege, die kein Mann leisten konnte, wie ergeben er auch sein mochte. Ihre Töchter wohnten zu weit entfernt, als daß sie täglich mit Leckerbissen oder sauberer Wäsche vorbeikommen konnten, oder um kleine weibliche Handreichungen zu leisten. Bei einer akuten Krise, und es gab viele Krisen, fuhren meine Schwester und ich selbstverständlich zu ihr hin, häufig gemeinsam. Wir wechselten uns ab, machten nie auch nur den Vorschlag, unser Bruder sei auch einmal an der Reihe – das war Frauenarbeit. Von ihm wurde nicht erwartet, daß er sich wie seine Schwestern verhielt. Er war ein Mann und hatte Männerarbeit zu tun. Pauline war Lehrerin, Ehefrau und Mutter von zwei Jungen. Aber das war etwas anderes, lieber Himmel, ja, und ich war nur Schriftstellerin, und das konnte man doch nicht Arbeit nennen, nicht? Es war nicht nötig zu fragen, ob ich mich freimachen könne. Ich konnte mir einfach freinehmen.

Es stimmte. Ich konnte es und tat es: Die Familie kam an erster Stelle. Doch als 1972 die Krankheiten meiner Mutter nicht mehr abrissen, hatte ich gerade ein weiteres Kind bekommen, Flora, und obwohl ich sie in eine Tragetasche packte, als sie erst ein paar Wochen alt war, und in den Zug stieg, wenn es nötig wurde, war das eine zusätzliche Belastung. Wie oft würde ich das tun müssen? Sehr oft. Noch neun Jahre lang. Während dieser Zeit starb Jean, einfach so, an einem Herzinfarkt, im selben Alter und ganz ähnlich, wie ihre Mutter gestorben war. Meine Mutter war verzweifelt, nicht nur aus Trauer, sondern auch aus Neid – *sie* war die Älteste, warum hatte sie nicht als erste gehen dürfen? Und auch Nan fiel vor Kummer in einen bedenklichen Zustand, aber das lag mehr an der erschreckenden Erkenntnis, daß ihre Generation sterblich war – wenn Jean sterben konnte, war das bei ihr auch möglich, und das machte ihr angst. Meine Mutter konnte nicht zur Beerdigung ihrer Schwester fahren, sie war zu krank, also fuhr ich hin, eher als *Stellvertreterin* denn als liebevolle Nichte.

Bei der Beerdigung stellte ich Spekulationen über Jeans Leben an. War es erfüllter gewesen als das ihrer Mutter Margaret Ann? Sie hatte nur im Büro von Carr's gearbeitet und war gleich nach ihrer Heirat rund um die Uhr Ehefrau und Mutter geworden. Aber ob diese Rollen sie so unbefriedigt gelassen hatten wie meine Mutter, wußte ich nicht, weil ich nie ein enges Verhältnis zu Jean gehabt hatte. Gut, die schlimmen Jahre waren ihr erspart geblieben, das war wenigstens etwas. Es gab keinen langen, allmählichen Zerfall bei Jean – eine Tatsache, über die bei der Beerdigung viele Bemerkungen gemacht wurden.

Nan fand schon die Vorstellung schrecklich und konnte trotzdem an nichts anderes denken. Ihr eigenes Leben war jetzt traurig geworden. Es stimmte, sie hatte eine prächtige Villa auf einem eigenen Grundstück, wie sie es sich immer gewünscht hatte, in der Garage stand ein Rolls-Royce Silver Cloud, auch wenn sie nicht Auto fahren konnte, sie hatte einen Nerzmantel, schönen Schmuck und alle neuen Kleider, die sie wollte. Sie hatte Champagner und Räucherlachs, alles, wonach sie sich sehnte, alle irdischen Güter, von denen sie sich geschworen hatte, sie werde sie erwerben. Ihre Mutter hätte es nie geglaubt – all das edle Porzellan, die antiken Möbel, die dicken Teppiche. Sie und Jack lebten stilvoll. Doch was bedeutete dieser ganze gehobene Stil, wenn sie daran dachte, was ihrem einzigen Sohn Michael widerfahren war? Michael hatte multiple Sklerose. Er war völlig auf das Bett angewiesen, konnte nur die Arme bewegen und mit Mühe sprechen. Er war zu jedem erreichbaren Spezialisten gebracht worden, es hatte nichts genützt, und die arme Nan war untröstlich. Jeans plötzlicher und früher Tod rief ihr den ihren brüsk in Erinnerung, und was sollte dann aus Michael werden?

Als ich am Tag nach Jeans Beerdigung mit Nan zusammensaß, berührte sie mich tiefer, als ich erwartet hatte. Sie war mit Mitte Sechzig immer noch eine schöne Frau, sah mindestens zehn Jahre jünger aus. Kein Wunder mit ihrer guten, sorgfältig gepflegten Haut, ihren kräftigen Knochen, dem raffinierten Make-up und dem dezent gefärbten Haar. Eine Frau aus einer bestimmten Epoche, gewiß, aber dennoch äußerst attraktiv, weil ihr überholter Stil einen eigenen Reiz hatte. Nur der schöne Mund verriet ihre Kümmernisse, ihr Unglück und ihre Enttäuschung. Er verriet ein Schmollen und eine gewisse Verbitterung, zog ihr ganzes Gesicht nach unten und verlieh ihm einen elenden Ausdruck. Die großen blauen Augen funkelten immer noch, aber mit Tränen der Wut darüber, wie sich das Leben entwickelt hatte. Und an jenem Tag war sie wütend auf mich. Sie wollte wissen, warum ich sie ein ganzes Jahr lang nicht besucht hatte. »Nach allem, was ich für dich getan habe«, sagte sie. Ich versuchte, es ihr zu erklären – ein weiteres Kind … die Krankheit meiner Mutter … meine Arbeit … drei Kinder, um die ich mich kümmern mußte … das Haus. Alles Ausreden, sie sah darin nur Ausreden, die außerdem erfunden waren. Voller Verachtung sagte sie zu mir, ich hätte kommen können, wenn ich es gewollt hätte, ich hätte sie übel im Stich gelassen, ich hätte mich nicht verhalten wie eine Nichte, an die in ihrer Jugend soviel Geld verschwendet worden sei. »Was ist nur passiert?« fragte sie, als ich ging, und verweigerte sich meiner linkisch angebotenen Umarmung. Ich war sprachlos.

Erst später, auf dem Heimweg, fiel mir ein, daß ich

Nan nach ihrem Verhalten in meinem Alter hätte fragen sollen. Wen hatte sie besucht? Wessen Großzügigkeit hatte sie erwidert? An welchen Krankenbetten hatte sie gesessen? Und ihre Belastung war damals gering gewesen, mit nur einem Kind, das ins Internat ging, ohne Arbeit und mit einer Zugehfrau, die für sie putzte. Sie war in keiner Weise eine liebevollere, mitfühlendere Tochter oder Nichte als ich. Und sie hatte nicht die geringste Vorstellung von der Hektik in meinem Leben, nicht die leiseste Ahnung. Aber am meisten verdroß mich ihre unausgesprochene Behauptung, daß in Familien alles zurückbezahlt werden mußte. Hatte sie es nicht genossen, wenn ich zu Besuch kam, hatte ich mich als Gesellschaft für Michael nicht nützlich gemacht? Natürlich hatte sie es genossen, natürlich hatte ich mich nützlich gemacht. Und sie hatte geglaubt, sie könne mich damit auf eine Weise an sich binden, wie man es nicht tun darf, vor allem dann nicht, als sich herausstellte, wie verschieden wir trotz des ersten Eindrucks waren, daß wir, sobald ich ein eigenständiger Mensch geworden war, nichts gemeinsam hatten – weder die Maßstäbe noch den Geschmack.

Aber ich wußte, daß meine Reaktion töricht war. Nans Groll richtete sich mehr gegen das Schicksal als gegen mich. Ihr Leben war nur an der Oberfläche so verlaufen, wie sie es sich gewünscht hatte. Ein leichtes Leben, ein Leben ohne die Mühsal, die ihre Mutter erfahren hatte und dem sie hatte entkommen wollen, aber ein Leben mit weitaus weniger Zufriedenheit und ohne die geringste Fähigkeit, die zufälligen Grausamkeiten, die es mitbringt, zu akzeptieren. Sie hatte nur Michael, und sein Leben war eine Tragödie. Er hatte nicht die Zeit gehabt, zu heiraten und Kinder zu bekommen, bevor die Krankheit zuschlug. So waren ihr die Enkel versagt geblieben, die sie sich gewünscht hätte. Sie sah in meiner Mutter den Ursprung einer ständig wachsenden Familie – und eine Familie, das war ihr von Jugend an eingeprägt worden, war das Wichtigste im Leben einer Frau. Für Nan waren damit ihre Nichten die einzige Hoffnung, und wenn sie versagten, wie wir es taten, blieben ihr nur die Neffen: Jeans zwei unverheiratete Söhne lebten in ihrer Nähe und waren ihre einzigen Angehörigen. Am Tag von Jeans Beerdigung überkam sie vorwurfsvolle Panik, und ich war gerade in der Nähe, mich konnte sie beschuldigen. Es hätte nichts genützt, sie darauf hinzuweisen, daß sie selbst schuld an der Leere ihres Lebens war. Es wäre sinnlos gewesen, ihr zu sagen, daß sie eigene Interessen und Freude finden konnte, wenn sie sich weiterbildete, wie viele Frauen ihrer Generation (ihre alte Freundin Peggy Farish besuchte zum Beispiel alle möglichen Kurse, unternahm allein Reisen und machte ihre Lücken in Allgemeinbildung wett). Nan wollte sich nicht weiterbilden, sie wollte keine Interessen entwickeln. Sie wollte Menschen, sie wollte eine *Familie* um sich herum.

Auch meine Mutter war nicht mehr dazu bereit, ihren kulturellen Horizont zu erweitern. Einmal, noch vor den Augenproblemen und den Schlaganfällen, damals, als sie umgetrieben war und ihr bewußt wurde, daß ihre Tage leer waren, riet ich ihr, sie solle Volkshochschulkurse für Erwachsene besuchen – schließlich war sie klug. Sie hätte keinerlei Probleme gehabt, für welches Fach sie sich auch entschieden hätte. Ich zeigte ihr eine Broschüre, die auflistete, was in Carlisle geboten wurde. Sie überflog sie und schüttelte den

Kopf. Warum kein Französischkurs? Nein, zum Lernen war es zu spät. Es hatte keinen Sinn, Französisch zu lernen. Dann vielleicht einen Kurs über das Verstehen von Musik? Nein. Sie habe ein Radio, wenn sie Musik hören wolle, und im Grunde möge sie nur Choräle, und zu deren Verständnis brauche sie keine Nachhilfe. Was war mit Geschichte, Regionalgeschichte? Sie müsse zugeben, daß sie sich immer für Geschichte interessiert hatte. Ja, das stimmte, aber das war ihr zu mühsam. Am ehesten wollte sie zu ihren sozialen Aufgaben zurück, die ihr das Gefühl gegeben hatten, sich nützlich zu machen und gebraucht zu werden. Wenn sie Menschen nicht mehr helfen konnte, sondern selbst Hilfe brauchte, was hatte das Leben dann noch für einen Sinn? Ihr Leben hatte im Geben bestanden, in erster Linie ihrer Familie gegenüber, und ohne dieses Geben war ihr alles genommen worden.

Meine Mutter war davon überzeugt, daß ich mich keinesfalls zu irgendeiner Art von freiwilliger Arbeit herabließe. Ihrer Meinung nach war ich darüber erhaben, während Frauen wie sie dafür geschaffen waren. Das ärgerte mich. Ich verabscheute die Demarkationslinie, die sie im Kopf zog – sie auf der einen Seite, ich auf der anderen. Nach ihrem ersten Schlaganfall lag sie vierzehn Tage im Bett und konnte den Dienst im Krankenhaus nicht antreten, wo sie für die ambulanten Patienten den Teewagen schob. Sie regte sich auf, und die Aufregung rührte nur daher, daß sie mich nicht bitten wollte, für sie einzuspringen, damit ihre Partnerin auf dem Terminplan nicht allein dastünde. Ich sagte, *selbstverständlich* ginge ich an ihrer Stelle hin, und wie kam sie nur darauf, daß ich das ablehnen würde? »Na ja«, sagte sie, »so etwas tust du sonst nicht. Ich habe gedacht …« Aber ich konnte ihr nicht entlocken, was sie gedacht hatte.

Ich machte mich auf den Weg ins Krankenhaus, ganz erpicht darauf zu beweisen, daß ich eine kompetente Teewagenschieberin sein und mich meiner Mutter würdig erweisen konnte. Ich ging dorthin, versuchte, mich an die Stelle meiner Mutter zu versetzen. Sie hätte ihre schlichten schwarzen Ausgehschuhe getragen, mit den etwas flacheren Absätzen, ihrer Meinung nach gut zum Gehen, meiner Meinung nach untauglich. Ich konnte nichts an meinen Turnschuhen ändern, aber wenigstens waren sie makellos weiß. Sie hätte sich wie üblich mit Bedacht gekleidet. Sie hätte etwas getragen, das sie als passend für ein Krankenhaus erachtete, vermutlich ihr blaues, geblümtes Kleid mit dem weißen Kragen. Ich hatte kein solches Kleid, zog mich aber zurückhaltend an, mit einem schlichten grauen Baumwollrock und weißem Hemd. Sie ließ sich viel Zeit für den Weg dorthin – von Eile wurde sie rot im Gesicht und schwindlig – und nahm die kürzeste Strecke, die Stanhope Road entlang in die Granville Road, und dann stand sie dem Krankenhaus gegenüber. Es hätte nicht einfacher sein können. Sie brauchte eine halbe Stunde und freute sich über die Bewegung und die frische Luft. Ich brauchte zehn Minuten. Ich meldete mich am Empfang und traf mich mit meiner Partnerin, die meiner Mutter sehr ähnlich sah und sich über mein Erscheinen sehr freute, weil sie sich Sorgen machte, sie könne es allein nicht schaffen.

Wir schoben das Wägelchen nicht sehr weit, fuhren nur im Kreis durch die Ambulanz. Ich schenkte Tee ein, fügte auf Wunsch Milch und Zucker hinzu und überreichte die Tassen, während meine Begleiterin kassierte und Kekse anbot. Unser Angebot war beliebt. Die Leute lechzten nach Tee und waren nicht immer in der Lage, in die Cafeteria zu gehen (die ohnehin nicht immer offen hatte). Was für eine Dankbarkeit, welche Freude, welcher Trost durch den Tee. Es war offensichtlich, warum das meine Mutter glücklich machte, warum sie es als lohnend empfand. Sicherlich war sie auch mitfühlend. Ich konnte mir vorstellen, wie sie allen, die den Arm in der Schlinge trugen oder einen Gipsverband hatten, beim Teetrinken half. Ich konnte vor mir sehen, mit welchem Eifer sie beschäftigten Müttern, solange sie den Tee tranken, die heulenden Kleinkinder abnahm. Die Zeit verging im Flug. Wir machten mehrmals die Runde, vergewisserten uns, daß wir niemanden übersehen hatten, behielten den Zustrom neuer Patienten ständig im Blick. Am Ende unserer Dienstzeit gingen wir in eine kleine Spülküche und wuschen die Tassen ab – es waren richtige Tassen, nicht aus Plastik oder Polyester –, trockneten sie ab, stapelten sie und säuberten das Wägelchen. Wir hatten eigene Geschirrtücher mitgebracht, jeweils zwei (meine Mutter hatte mich vor meinem Aufbruch damit ausgestattet), und sie trieften vor Nässe, als wir fertig waren. Wir hatten gute Arbeit geleistet.

Meine Mutter war erpicht auf jede Einzelheit. War zum Beispiel Wechselgeld dagewesen? Ja, wir hatten Kleingeld im Wert von fünf Pfund gehabt. Gut. Sie lächelte befriedigt. Als sie mit der Arbeit angefangen hatte, war nie Wechselgeld dagewesen, aber sie hatte darauf bestanden, denn das sei nötig, und es oft selbst ausgelegt. Waren verschiedene Kekse angeboten worden? Nein, nur Roggenkekse. Also so was! Wie oft hatte sie darauf hingewiesen, daß eine kleine Auswahl die

Patienten soviel froher machte, und bei Gott, die Kekse waren so leicht zu beschaffen, Carr's Biskuits lag gleich nebenan. Aber wenigstens waren nicht die Schokoladenkekse, Carr's Sports, das einzige Angebot gewesen! Die waren zwar beliebt bei Kindern, aber teuer und eine Schmiererei beim Essen, während die Mütter versuchten, die Kinder für den Arzt sauberzuhalten. War es voll? Ja, sehr. Die ganzen drei Stunden über scharenweise Menschen. Meine Mutter seufzte sehnsüchtig und bedauernd. Sie hatte es gern, wenn es voll war. War ich gut zurechtgekommen? Bestens. Es hatte mich nicht gelangweilt? Nein, es hatte mich nicht gelangweilt. Ich würde es jederzeit wieder tun. Aber dazu kam es nicht. Der Name meiner Mutter mußte vom Terminplan gestrichen werden, weil sich herausstellte, daß sie nie wieder in der Lage sein würde, mit dem Teewagen die Runde zu fahren. Ich meldete mich nie freiwillig für solche Arbeiten im Krankenhaus in unserer Gegend. Ich dachte daran, meldete mich aber nie. Ich mißtraute meinen Motiven, das war das Problem. Die Motive meiner Mutter waren rein gewesen – sie wollte helfen, weil das Helfen ihr das Gefühl gab, nützlich zu sein, und sie war glücklich, wenn sie sich nützlich machte. Ich hatte mich aus einem kalten Pflichtgefühl heraus zur freiwilligen Hilfe erboten, im Glauben, ich *müsse* meine Dienste anbieten, aber ohne es im Grunde zu wollen.

Meine Mutter verließ nach dem zweiten, schweren Schlaganfall nicht mehr gern das Haus. Sie wollte nicht, daß die Leute sie anstarrten. Niemand starrte sie an, und es gab auch keinen Grund dafür. Der gelähmte linke Arm wirkte nicht entstellend, und obwohl sie den linken Fuß leicht nachzog, war ihr Gang nicht besonders unbeholfen für eine Frau Ende Siebzig. Aber sie hatte das Gefühl, bemitleidet zu werden. Sie glaubte, sie sehe »nicht gut« aus, deshalb wollte sie bis auf die Kirche nirgendwo mehr hin. Mein Vater meinte, es bekäme ihr nicht, in die Kirche zu gehen. Er äußerte sich sehr entschieden dazu, das ganze Stehen und Knien, das ganze Auf und Ab – genau das, was sie vermeiden sollte. Und allein konnte sie nicht hingehen, das kam überhaupt nicht in Frage. Deshalb brachte er sie eine Zeitlang zur Kirche und holte sie wieder ab, wie ein Kind von der Schule, bis eine Frau aus der Gemeinde sie im Auto mitnahm. Schließlich erwies sich auch das als zu schwierig, und der Pfarrer kam ins Haus und gab ihr die Kommunion. Viel besser, meinte mein Vater. Aber meiner Mutter fehlte die Kirche. Wenn sie nicht dort sein konnte, empfand sie die Heiligkeit nicht, die sie immer geliebt hatte.

Noch mehr als die Kirche fehlten ihr jedoch die Geschäfte. Schon die Freiheit, mit dem Bus »in die Stadt« zu fahren, allein herumzustreifen, meistens nur Dinge anzuschauen, nichts zu kaufen und sich mit Ruby Gillespie in Binn's Café zu treffen. Für sie war das Einkaufen eine Zeremonie. Sie machte sich liebend gern dafür zurecht und folgte ihren selbsterfundenen Ritualen. Aber sie liebte auch die Läden selbst, die Atmosphäre, die neuen Waren, den Betrieb, der dort herrschte. Sie hatte mein mangelndes Interesse am Einkaufen immer bedauert. Jedesmal, wenn ich sie als Erwachsene begleitete, wurde deutlich, daß ich keine Ahnung davon hatte, wie man das Einkaufen genoß – mit mir war es immer hektisch, rein und raus. Nie *kostete* ich Geschäfte *aus*, verweilte nie liebevoll vor den Schaufenstern. Aber jetzt, da meine Mutter nicht mehr einkaufen gehen konnte und es ihr so verzweifelt fehlte, war es an mir, sie hinzubringen. Ich begleitete sie mindestens einmal in den Schulferien, wenn wir bei ihr waren (wir wohnten jetzt in einem Cottage in Caldbeck, das wir gekauft hatten, oben auf den Hügeln, aber nur eine halbe Stunde von Carlisle entfernt). Hunter fuhr mit meinem Vater und unseren drei Kindern nach Silloth, und ich führte meine Mutter durch die Läden. Eine heikle Aufgabe. Sie mochte Binn's immer noch am liebsten, bedauerte aber die vielen Veränderungen – Binn's war nicht mehr so elegant. Die Kleider hingen zu eng zusammen. Sie konnte jetzt nicht mehr an den Ständern hantieren, deshalb mußte ich die Bügel langsam herausziehen, während sie die Kleidungsstücke endlos musterte. Es blieb nicht aus, daß sie zu dem Schluß kam, nichts gefalle ihr, und das, was sie habe, reiche bis zum Ende ihres Lebens.

Einmal fuhr ich eigens nach Carlisle, um mit meiner Mutter Weihnachtseinkäufe zu machen. Sie war in heller Aufregung, ihr Gesicht war schon rot angelaufen, ehe wir aufbrachen, und mein Vater ermahnte sie streng: »Beruhige dich, sonst bekommst du wieder einen Schlaganfall.« Wir nahmen ein Taxi in die Stadt, eine Fahrt von fünf Minuten, aber an sich schon ein Abenteuer, und fingen bei Binn's an, wo sonst. Erst Weihnachtskarten, dann Pantoffeln für meinen Vater. Pantoffeln ließen sich bequemer anschauen, im Sitzen, und es machte ihr eine Riesenfreude. Sie war ganz entspannt, als sie zwölf Paar Herrenpantoffeln musterte, die Farben, das Futter und den Wert verschiedener Sohlen verglich. Schließlich wurde ein Paar gekauft, und dann gingen wir zum Mittagessen, aber nicht in Binn's Café, das nach Meinung meiner Mutter jetzt keine

Klasse mehr hatte, sondern zu Bullough's. Wir bekamen einen Tisch mit Blick auf die Kathedrale und auf die Paternoster Row, wo Margaret Ann bei den Stephensons gedient hatte, in dem Annie Jordan gewohnt hatte. Wir aßen gegrillte Scholle. Ich trank ein Glas Weißwein dazu. Ich brauchte es. Ich hätte mit Freuden eine ganze Flasche getrunken, aber das hätte meine Mutter aufgeregt. Ich trank mein klägliches Glas in kleinen Schlucken und versuchte, nicht nur möglichst viel von dem Wein zu haben, sondern auch das Essen solange wie möglich dauern zu lassen. »Ich habe mich so sehr darauf gefreut«, brach es plötzlich aus meiner Mutter heraus, »du kannst dir gar nicht vorstellen, wie sehr.« Das klang so gefühlsbetont, daß ich erschrak. »Ich könnte ewig hierbleiben«, fuhr sie fort. »So eine schöne Aussicht, ein schöner Tisch, gutes Essen. Alles ist so schön.« Ich konnte ein Lächeln nicht unterdrücken, aber das war ein Fehler. »Natürlich«, sagte sie schnell, ziemlich heftig, »bedeutet dir das gar nichts. Du gehst in London dauernd zum Essen aus.« »Das stimmt nicht«, sagte ich. »Aber du könntest es, wenn du es wolltest«, sagte meine Mutter. »Ja«, gab ich zu, »ich könnte es. Aber ich will es nicht, und deshalb lasse ich es bleiben.« »Es ist an dir vergeudet.« Meine Mutter seufzte. »Du hast so viele Möglichkeiten, die ich nie hatte, und du machst nichts daraus. Ich wünschte mir, ich hätte dein Leben gehabt.«

Es tat weh, sie das sagen zu hören. Ich wollte nicht, daß sie sich mein Leben wünschte. Ich wünschte mir, daß sie ihr Leben genossen hätte. Das, worauf sich ihr Verlangen konzentrierte, waren nur die oberflächlichen Dinge in meinem Leben. Mit meinem Einkommen hätte meine Mutter verschwenderisch gelebt.

Wenn sie die Möglichkeit gehabt hätte, wäre für sie nur Designermode in Frage gekommen, hätte sie Nan noch übertroffen. Sie hätte im Savoy Grill zu Mittag gegessen, im Ritz. Sie wußte überhaupt nichts über mein wahres Leben, den Teil, der *tatsächlich* beneidenswert war, die Stunden, die ich mit Schreiben und Lesen verbrachte, was die Rolle als Ehefrau und Mutter in einen anderen Zusammenhang stellte. Sie hatte recht, das Leben *hatte* sich für Frauen verändert, und ich hatte von diesen Veränderungen profitiert, aber die größte Veränderung von allen nahm sie weder wahr, noch wußte sie sie zu schätzen: Ich hatte einen Beruf und dazu alles andere, und danach hätte sie sich sehnen sollen.

Meine Mutter liebte Süßspeisen und war dann am zufriedensten. Deshalb glaubte ich, es sei der richtige Zeitpunkt, sie beim Nachtisch ein wenig aufzuklären, ihre Vorstellungen geradezurücken. »Vieles in meinem Leben«, sagte ich, »ist genauso wie in deinem, als du in meinem Alter warst.« Sie stieß ein leichtes ungläubiges Schnauben aus, aber sie hatte den Mund voller Apfelkuchen und Sahne. »Nein, wirklich«, sagte ich, »mein Alltag besteht darin, mich um die Kinder zu kümmern, genau wie du, Hausfrau zu sein, zu putzen, aufzuräumen, zu kochen und einzukaufen. Für mich ist das alles einfach. Es ist keine solche Plackerei, wie sie es für dich war, und Geld macht alles noch einfacher. Aber es ist das gleiche Gefühl. Ich werde genauso müde wie du früher.« »Du solltest dir Hilfe besorgen«, sagte meine Mutter, »du bist dumm. Du solltest eine Putzfrau und ein Kindermädchen haben. Du machst dich kaputt in deinem großen Haus, und du hast das Geld, dir Dienstboten leisten zu können.« »Dienstboten?« wiederholte ich. »Du meinst, ich sollte *Dienstboten* haben?« »Unbedingt«, sagte meine Mutter. »Ich hätte Dienstboten gehabt, falls man sie heute noch so nennt. An Dienstboten ist nichts verkehrt. Du kannst nicht alles machen, weißt du. Du kannst nicht diese Schreiberei erledigen und alles andere machen, das ist doch dumm. Frauen sind nicht dazu geschaffen worden, alles zu tun. Da bin ich mir sicher.«

Ich versuchte nicht einmal, ihr zu antworten. Es war das ernsthafteste Gespräch, das wir je geführt hatten, aber ich ertrug es nicht, das Essen mit einem Streit zu ruinieren. Wie auch immer, die Mahlzeit war zu Ende. Wir konnten nicht ewig an dem Fenstertisch bei Bullough's sitzen. Das Restaurant hatte sich geleert, und wir mußten noch weitere Geschenke kaufen. »Das war wunderbar«, bestätigte meine Mutter noch einmal, als ich bezahlte. Dann: »Ich weiß nicht, wann ich wieder zum Mittagessen ausgehen werde. Vermutlich nie.« Sie sah aus dem Fenster. Ihr Blick konnte die Paternoster Row nicht verfehlen. »Aber ich sollte mich nicht beklagen«, fuhr sie fort, »meine arme Mutter hat ihr Leben lang nie in einem Restaurant zu Mittag gegessen. Das konnte niemand damals, jedenfalls keine einfachen Frauen.« Wir bahnten uns langsam den Weg durch Bullough's. Meine Mutter blieb oft stehen und faßte Sachen an, deren Anblick ihr gefiel. »Wunderschöne Sachen«, murmelte sie, »sie haben hier wunderschöne Sachen. Wenn ich nur so wunderschöne Sachen gehabt hätte.« Ihr Tonfall war wirklich unerträglich. »Was genau hättest du denn gern gehabt?« fragte ich ziemlich scharf. »Na, komm, was für wunderschöne Dinge im einzelnen?« Sie sah sich vage um. Wir gingen zu diesem Zeitpunkt durch die Wäscheabteilung. »Handtücher«, sagte sie, »wie man sie in Filmen zu sehen bekommt, große, flauschige Handtücher in wundervollen Farben.« »Mam«, sagte ich fast schreiend, »um Gottes willen, du kannst jedes Handtuch haben, das du willst.« »Nicht *jetzt*«, protestierte sie. »Ich habe nicht *jetzt* gemeint. Jetzt ist es zu spät.« Aber es war nicht zu spät. Ich war stehengeblieben und sagte zu einer Verkäuferin, sie solle mir das größte, flauschigste, schönste blaue Handtuch im ganzen Kaufhaus bringen und es für meine Mutter einpacken. »Da«, sagte ich, erschüttert und wütend zugleich, »jetzt hast du wenigstens ein Handtuch.«

XIX

Bis zum Ende ihres Lebens legte meine Mutter Wert auf ihr Äußeres – nie wurde sie eine unordentliche, schlampige alte Frau, der ihr Aussehen gleichgültig ist. Besonders wichtig war ihr das Haar, so schönes Haar, immer noch dicht und gesund, während alles andere an ihr krank war. Sie hatte es gern gepflegt, und für sie bestand der einzige Weg, das richtige Maß an Gepflegtheit aufrechtzuerhalten, in einer regelmäßigen Dauerwelle. Sonst kam nichts in Frage. Dafür war sie sogar bereit, zum Friseur zu gehen (obwohl der Friseur ins Haus kam, wenn sie sehr schwach war) und zu riskieren, wie sie sich einbildete, angestarrt und bemitleidet zu werden. Mein Vater brachte sie hin, stand draußen Wache und brachte sie wieder nach Hause. Nach der Dauerwelle sah ihr wunderschönes weißes Haar verunstaltet aus, ganz starr, aber nach etwa einer Woche wurde es weicher, und nach einem Monat waren die lockeren, sanften Wellen genau so, wie es ihr gefiel.

Sie ging einen Monat vor ihrem Tod zum Friseur, als wollte sie sich auf die große Verabredung mit dem Tod vorbereiten, von der sie noch nichts wußte. Kurz danach, als wir für die Sommerferien in Caldbeck eintrafen, bekam sie Gürtelrose. Als ich hereinkam, entdeckte ich Pusteln in ihrem Gesicht, am dichtesten um die Augen herum. Ich rief den Arzt an, der sagte, sie müsse stationär behandelt werden, und brachte sie sofort ins Krankenhaus. Sie war sehr froh, daß ich sie begleitete, und fest davon überzeugt, ich wisse, wie man mit Ärzten oder anderen Autoritätspersonen sprechen mußte, und das würde alles ändern, sie würde respektiert werden. »Wie lange hat sie das schon?« fragte der Krankenhausarzt, als wir schließlich an der Reihe waren. »Warum fragen Sie meine Mutter nicht selbst?« sagte ich. »Sie heißt Mrs. Forster. Sie hat zwar Gürtelrose, aber das heißt nicht, daß sie taub oder verblödet ist.« Ich hoffte, ich sagte das gelassen und ohne Zorn, aber vielleicht war dem nicht so. Der Arzt wurde rot. Meine Mutter drückte mir die Hand. Er stellte ihr dieselbe Frage, und sie antwortete, deutlich und würdevoll, und sichtbar nachdenklich murmelte er: »Das tut mir leid.« Er sagte meiner Mutter, es sei notwendig, sie für ein paar Tage im Krankenhaus zu behalten, denn wenn Gürtelrose sich zu den Augen ausbreite, und in ihrem Fall war das schon geschehen, könne es sehr gefährlich werden. Im Krankenhaus könne man das am besten behandeln. Meine Mutter schien nichts dagegen zu haben, daß sie dableiben mußte, solange sie nicht auf die geriatrische Station kam. Ich brachte sie hinauf zu den Stationen, und als sie feststellte, daß sie sich in der Frauenchirurgie befand, im neuen Flügel, war sie begeistert. Ich ging zurück, um ihre Sachen zu holen.

Anfangs war sie eine Musterpatientin. Sie sah so hübsch aus im Krankenhausbett, mit ihrem schönen Haar, in dem blauen Nachthemd und dem Bettjäckchen aus blauer Spitze, sie lag so ruhig und gehorsam da, auf die Kissen gestützt. Die Gürtelrose heilte ziemlich schnell ab, aber dann, als wir eben erfahren hatten, sie könne am nächsten Tag nach Hause, hatte sie wieder einen Schlaganfall. Von da an verschlechterte sich ihr Zustand täglich, obwohl nach weiteren zwei Wochen behauptet wurde, sie sei »auf dem Weg der Besserung«. Die Tage auf dem »Weg der Besserung« waren angespannt. Die Aussicht, daß meine Mutter nach Hause kommen würde und von meinem achtzigjährigen Vater versorgt werden müßte, war erschreckend – der stets liebevolle, stets hilfsbereite, stets gewissenhafte Arthur würde das nicht schaffen, nicht jetzt, nachdem ihr linkes Bein völlig gelähmt war und sie nicht mehr gehen konnte. Er war zwar immer noch kräftig, aber nicht kräftig genug, daß er sie hätte heben können. Sie würde in ein Heim müssen, aber das hätte er niemals hingenommen, wenn ihn nicht die Erkenntnis, daß er es allein nicht schaffte, dazu gezwungen hätte. Wir hatten eine qualvolle Zeit vor uns, während er diesen mitleiderregenden Entschluß faßte. Und da war noch mein Versprechen, an das ich mich erinnerte und das ich rückgängig machen mußte. Ihr Leben lang hatte die größte Angst meiner Mutter darin bestanden, sie werde in einem Heim enden. »Schau mal«, sagte sie immer zu mir, wenn wir die Norfolk Road entlanggingen und an einem Altersheim vorbeikamen, wo die Bewohner, meistens in Rollstühlen, am Fenster saßen, »schau mal. Eines Tages werde ich auch so sein.« Und ich wurde heftig, ja, beinahe hysterisch und versprach hoch und heilig, nein, *niemals* würde sie *so* sein. Sie sei meine Mutter, sie würde bei mir leben. Wenn man eine Familie hatte, blieb einem das Heim erspart – für die Familie kam man an erster Stelle, so wie früher die Familie für einen selbst zuallererst kam. Ich hätte meine arme Mutter abholen, zu mir nach Hause bringen und sie mit der

Liebe und Fürsorge überschütten sollen, mit der sie mich früher überschüttet hatte.

Am 11. August 1981, einem heißen, sonnigen Tag, besuchte ich sie wie üblich. Hunter und die Kinder waren mit meinem Vater nach Port Carlisle gefahren, ans Meer. Das Bett meiner Mutter war jetzt vergittert. Sie war keine Musterpatientin mehr. In der Woche nach dem Schlaganfall war sie gewalttätig geworden. Sie hatte sich angewöhnt, aus dem Bett aufzustehen, herumzuwandern, zu rufen und zu schreien. Es fiel mir schwer, das zu glauben, als die Schwestern mir erzählten, sie hätten sie deshalb hinter Gitter stecken müssen – Lilian, die ruhige, wohlerzogene Lilian, *schreiend?* Und noch dazu in der Öffentlichkeit? Aber die anderen Frauen auf der Station versicherten mir, es sei wahr. Meine Mutter habe geschrien, vor allem Beschimpfungen gegen mich: Wo ist Margaret, hol sie der Teufel! Warum ist sie nicht hier, das Aas? Warum bringt sie mich nicht nach Hause …? Schon die Berichte darüber waren erschütternd. Die Medikamente, es mußte an den Medikamenten liegen. Meine Mutter hatte nie Kraftausdrücke benutzt. Diese Art Sprache, das ganze Vokabular waren ihr fremd. Im Grunde war es also nicht wirklich meine Mutter, die geschrien hatte. Andererseits klang der Groll, der sich darin ausdrückte, echt. Sie hatte ihn nie ausgesprochen, aber ich konnte glauben, daß sie ihn empfand. Sie hatte ihn nie ausgesprochen, aber ihr Ton, ihre Miene, ihr ganzes Verhalten hatten mir seit vielen Jahren vermittelt, was sie schließlich in ihrem von Medikamenten betäubten Zustand herausschrie. »Sie meint es nicht so, Schätzchen«, sagte eine der Frauen gütig. »Sie weiß nicht, was sie sagt.« Mir war jedoch klar, daß sie es wußte.

Aber jetzt bewegte sie sich weder, noch schrie sie. Sie lag regungslos da und flüsterte. Ich übernahm das Reden, versuchte, sie mit Geschichten über die Kinder zu zerstreuen. Es war schwer, das durchzuhalten, weil die einzigen Reaktionen aus »wirklich« und »o ja« bestanden. Außerdem hatte ich das Gefühl, es sei nicht richtig, dieses belanglose Geplapper fortzusetzen, wo es doch so viele wichtigere Dinge gab, die gesagt werden mußten. Wenn ich nur erraten hätte, was es war. Dann, mitten in einem meiner weitschweifigen Sätze, sagte meine Mutter: »Ich fühle mich wie in einem Wartezimmer. Das Warten, Warten macht mich so müde. Wenn ich nur endlich an der Reihe wäre. Wenn ich nur nicht mehr warten müßte. Ich will weg. Ich will an einen Ort, an dem es schön ist.«

»Wohin? Wo wäre es schön?«

»Oh, in Silloth natürlich. Ich wäre gern im Park von Silloth. Wunderschön.«

»Mit wem?«

»Mit Jean, Nan und Peggy Farish.«

»Was würdet ihr machen? Picknicken?«

»Nein, nein, das Gras ist zu feucht.«

»Was also würdest du tun?«

»Oh, ich würde eine Zeitlang auf einer Bank sitzen, dann würde ich einen Spaziergang auf der Hafenmauer machen, ein Eis essen, den Männern beim Angeln zuschauen. Zu tun gäb's genug.«

»Was würdest du anziehen?«

»Mein blaues Kleid, das mit dem Matrosenkragen.«

»Und was …«

»Ach, HÖR AUF!« fuhr sie mich plötzlich an. »Das ist ja *albern*!« Sie sagte es so bösartig, mit einer Kraft, die ich ihr nicht mehr zugetraut hatte, und dennoch hatte ich geglaubt, sie habe Freude an dem harmlosen Spiel, an der tröstlichen Phantasie. Ich hätte stundenlang so mitspielen können. Ich hätte es *gerne* stundenlang gespielt. Sie warf sich auf dem Kissen herum. »Wie auch immer«, sagte sie. »Mir reicht es.«

»Was reicht dir?« fragte ich aufgestört, weil ich wußte, daß ich sie nicht durch ein weiteres ausweichendes Gespräch wütend machen durfte.

»Das hier. Es reicht mir. Ich will es hinter mir haben. Mit meinem Leben war nicht viel los.«

»Mum, *bitte* …«

»Nein, es war nicht viel. Nur Arbeit und Sorge. Ich habe nichts aus mir gemacht.«

Das war der alte Aufschrei, um so schmerzlicher, weil er jetzt aus ihr herausbrach, ohne jedes Verlangen, Mitgefühl zu wecken, ohne die leiseste Andeutung, daß sie auf Widerspruch hoffte und überredet werden wollte, es sei nicht so gewesen.

»Mum, bitte, hör mir zu. Du hast ein gutes Leben geführt, du hast … Du hast soviel Gutes bewirkt. Du warst eine wunderbare Tochter, Ehefrau und Mutter. Niemand hätte das besser machen können … Du hast drei Kinder bekommen und aufgezogen. Du hast deine Familie immer an die erste Stelle gesetzt … Heißt das nicht, daß du etwas aus deinem Leben gemacht hast? Heißt es das nicht?«

»Nein. Das meine ich nicht. Schau dich an …«

»Mum! Das kann ich nicht ertragen. Du tust, als hätte ich den Everest bestiegen oder das Penicillin entdeckt. Ich habe nicht mehr getan als du. Mein Leben ist nicht lobenswerter als deines. Bei dem, was wir geleistet haben, gibt es keinen wahren Unterschied. Ein paar unbedeutende Bücher sind nicht viel …«

»Es geht darum, wie ich mich fühle. Und außerdem reicht es mir sowieso.«

Die Schwester kam und maß ihr den Puls. »Kommt Ihr Vater?« fragte sie. Ich sagte ja. Er würde mich ablösen und wie üblich den Abend bei ihr verbringen. Die Schwester nickte, sagte, der Puls meiner Mutter sei sehr schwach, doch das habe nicht unbedingt etwas zu bedeuten. Es könne heißen, daß ein Zusammenbruch unmittelbar bevorstehe, aber andererseits müsse es nicht heute nacht, morgen oder übermorgen dazu kommen, das könne man nicht genau wissen. Also ging ich, und mein Vater kam. Er blieb eine Stunde und machte sich dann wieder auf seinen traurigen Heimweg. Meine Mutter hatte kein Wort gesprochen. Sie starb um vier Uhr am folgenden Morgen, am 12. August. Wir kamen eilig aus Caldbeck und begleiteten meinen Vater, um den Leichnam meiner Mutter anzuschauen – er bestand darauf, wir müßten die Leiche sehen. »Das ist nicht sie«, sagte er beim Anblick der Toten. »Das eine weiß ich genau, das ist nicht sie. Sie ist fort.« Er hatte recht. Der Leichnam bedeutete nichts, weckte keinerlei Gefühle, bis auf das der Erleichterung. »Nimm ihr den Ring ab«, wies mein Vater mich an, »wir wollen nicht, daß die ihn kriegen.« Mühsam wand ich den Ehering meiner Mutter von ihrem steifen, kalten Finger; sie anzufassen stieß mich ab. Ich würde den Ring meiner Schwester geben (die in Frankreich Urlaub machte und vor ihrer Abreise nicht einmal gewußt hatte, wie schwer krank meine Mutter war).

Auch bei dieser Beerdigung war wieder herrliches Wetter. Nan kam und war weit weniger verzweifelt als bei Jeans Beerdigung, dieses Mal war sie darauf vorbereitet. Sie empfand nicht dasselbe Entsetzen wie damals. »Ach, es ist schrecklich, alt zu sein«, seufzte sie, »schrecklich.« Sie sagte, Jack gehe es nicht gut genug; er habe nicht mitkommen können (»Natürlich«, murrte mein Vater hörbar, aber niemand war dazu aufgelegt, ihm zu widersprechen). Michael lähmte die multiple Sklerose jetzt so, daß er nicht mehr sprechen konnte, aber Nan sagte, Tränen seien ihm über die Wangen gelaufen, als sie ihm mitgeteilt habe, Tante Lily sei tot und sie lasse ihn zwei Tage allein, um zu ihrer Beerdigung zu fahren. Während ich dastand und zusah, wie der Sarg in die Verbrennungsanlage glitt, konnte ich nur an die letzten Worte meiner Mutter denken: »Es reicht mir ... Mit meinem Leben war nicht viel los.«

Für uns alle, wie wir da standen, hatte dieses Leben etwas bedeutet, es hatte für ihre Familie etwas bedeutet. Und doch war sie eine Frau, die sich betrogen fühlte, aber worum eigentlich? Hatten wir als Familie ihr gegenüber versagt? War sie an ihrer Vorstellung von einer Familie gescheitert? Ich wußte, daß ich, wenn ich im Sterben liegen würde, nicht dieses grauenhafte Gefühl der Vergeudung empfände, das sie empfunden hatte.

Nach der Beerdigung begann mein Versuch, die Vergangenheit meiner Großmutter zu erforschen, die am Anfang dieses Buches steht. Ich wollte nicht nur meine Neugier befriedigen, sondern glaubte auch, daß es stimmte, was ich behauptet hatte: Ich kann meine Vergangenheit nicht verstehen, wenn ich nicht die Vergangenheit meiner Großmutter, meiner Mutter und die der Frauen ihrer Generation verstehen kann, die der einfachen Frauen aus der Unterschicht, von denen ich abstamme. Diese Aufgabe habe ich nur zur Hälfte erfüllt.

Jedenfalls ist meine Neugier nicht zufriedengestellt. Ich habe nicht annähernd genug über meine Großmutter oder ihre erste, uneheliche Tochter Alice herausgefunden. Ich nehme nur ungern hin, daß ich niemals erfahren werde, was Margaret Ann im Alter zwischen zwei und dreiundzwanzig Jahren widerfahren ist. Ich werde nie wissen, unter welchen Umständen Alice gezeugt worden ist, noch wie sie als Kind aufwuchs. Meine Großmutter hat es so gewollt. Sie hat vor ihren ehelichen Töchtern jede Einzelheit ihrer Vergangenheit vor dem Jahr 1893 erfolgreich geheimgehalten – ein perfektes Verbrechen, abgesehen davon, daß es kaum so genannt werden kann. Sie war eine Frau, die beschlossen hatte, keine Vergangenheit zu haben, oder zumindest, sie erst mit ihrem dreiundzwanzigsten Lebensjahr zu beginnen.

Dreiundzwanzig Jahre … Falls ich die ersten dreiundzwanzig Jahre meines Lebens verdrängt hätte, könnte weder ich noch ein anderer Mensch dieses Leben richtig verstehen. Wenn ich von den ersten dreiundzwanzig Jahren im Leben meiner Mutter nichts gewußt hätte, wäre es ausgeschlossen gewesen, sie zu verstehen – diese Jahre erklären ihre Persönlichkeit und erhellen ihre Probleme in einem erschreckenden Ausmaß. Wir *sind* unsere Vergangenheit, vor allem die Vergangenheit unserer Familien – auch wenn das wie eine Binsenweisheit klingt. Aber meine Großmutter konnte nicht ertragen, dies zur Kenntnis zu nehmen. In ihr war eine unergründliche Quelle des Unglücks verschlossen, vielleicht sogar eines auf triste Weise konventionellen Grauens, und sie konnte nicht anders, sie mußte so tun, als sei nie etwas gewesen. Und so viele Frauen wie meine Großmutter mußten heucheln. Ihr Drang, angesehen und über jeden Vorwurf erhaben zu sein, war so stark, die Regeln eines guten Leumunds waren so streng, daß sie alle anderen Wünsche in den Schatten stellten. In unserer Zeit, meiner Zeit, werden wir überall dazu ermutigt, offen über unsere Herkunft zu sprechen und über alles, was uns widerfahren ist; deshalb sind Frauen wie Margaret Ann Jordan, mit ihrem leidenschaftlichen Wunsch, die Privatsphäre zu wahren und ihre Geheimnisse zu hüten, beinahe unverständlich geworden.

Was Frauen wie Alice anlangt ... Alice starb am 2. November 1955 in Garlands, der psychiatrischen Klinik von Carlisle, der alten 1862 eröffneten Irrenanstalt von Cumberland und Westmorland. Die dortigen Aufzeichnungen bleiben für hundert Jahre unter Verschluß, so daß es keine Möglichkeit gibt, zu ermitteln, wie lange Alice dort war, wie oft sie dort eingewiesen wurde oder an welcher Geisteskrankheit sie eigentlich litt. Führte die Zurückweisung meiner Großmutter dazu, daß Alice völlig zusammenbrach? Oder löste es einen Nervenzusammenbruch aus, daß ihre Halbschwestern abstritten, sie sei das, was sie behauptete?

Ich habe Alices Grab besucht, in der vagen Hoffnung, auf ihrem Grabstein mehr herauszufinden als die Daten, die ich schon kannte. William Muir, ihr Mann, kaufte eine Grabstelle für Alice (wo er zehn Jahre später auch beerdigt wurde), aber nicht auf dem Zentralfriedhof von Carlisle, wo ihre Mutter und Großmutter beigesetzt wurden. Der Friedhof liegt in Upperby, im Süden von Carlisle, in der Gegend, in der Alice und William von der Brook Street aus umgezogen waren. Ich hatte die Grabnummer und einen Plan, mit dem ich das Grab finden konnte. Dem Friedhof von Upperby fehlt sowohl die Würde als auch die Blumenpracht des Zentralfriedhofs. Er ist recht klein, so gut wie ohne Bäume, und die einzigen Blumen sind die auf den Gräbern. An seinem östlichen Ende verdeckt eine große Hecke die angrenzende Eisenbahnstrecke. Alice ist direkt an dieser Hecke begraben. Aber keinerlei Stein markiert die Stelle. Die anderen Gräber haben Grabsteine, Nummer 12–D3 jedoch nicht, die Grabstelle von Alice. Nichts deutet darauf hin, daß sie dort liegt. Eine Leerstelle. Es sieht merkwürdig aus, als sei hier ein Fehler unterlaufen ... Wie kann ich meiner Großmutter verzeihen, daß sie Alice so behandelt hat? Die Antwort darauf ist der Stoff für einen Roman – es ist so verlockend, eine Geschichte für Alice zu erfinden, mir eine plausible Erklärung dafür auszudenken, warum meine Großmutter sie offenbar so herzlos behandelt hat, und ihr dann gnädig verzeihen zu können, aber in diesem Fall wäre das keine befriedigende Lösung. Aber es ist nicht meine Großmutter, die Vergebung braucht. Es sind die Zeiten, in denen sie lebte, diese harten Zeiten für Frauen, Zeiten, die zu einer schlimmeren Verwüstung führten, als meine Mutter sie je erlebt hat. Es erfüllt mich mit Zufriedenheit, zu beweisen, wenigstens mir selbst, daß wahr ist, was ich gehofft hatte: Meine Chancen, mein Schicksal, meine Erwartungen waren für mich, hineingeboren in eine Unterschichtfamilie, in der Frauen immer gedient statt geführt hatten, hundertmal besser als die meiner Großmutter und meiner Mutter. Wir alle, Vertreterinnen dreier Generationen, haben immer die Familie an die erste Stelle gesetzt, aber in meinem Fall, im Fall meiner Generation, war der Preis dafür nicht mehr verheerend. Mich hat die Familie nie lahmgelegt. Ich muß dafür, daß ich eine Familie habe, keinen zu hohen Preis bezahlen. Ich war in der Lage, innerhalb der Grenzen meiner Familie ich selbst zu sein.

Margaret Ann Jordan, Lilian Hind, Jean Wallace, Nan Marshallsay, auch die arme Alice – alle Frauen, mit deren Leben und Vergangenheit ich in Berührung gekommen bin – hätten auf andere und viel befriedigendere Weise Erfüllung finden können, wenn sie von den radikalen Veränderungen im letzten halben Jahrhundert so hätten profitieren können, wie ich es tat. Niemand soll behaupten, nichts habe sich geändert, Frauen gehe es so schlecht wie eh und je.

Das stimmt nicht. Vielleicht ist meine persönliche Neugier unbefriedigt geblieben, aber meine allgemeinere Neugier, ob sich das Leben von Frauen wie meinen unmittelbaren Vorfahrinnen tatsächlich verbessert hat, ist gestillt. Und ich bin froh darüber, daß ich nicht 1869 oder 1901 als Mädchen in der Unterschicht geboren wurde. Für eine Frau ist jetzt alles besser, obwohl es immer noch nicht so gut ist, wie es sein könnte. Das zu vergessen oder abzustreiten ist eine Beleidigung der Frauen, die uns vorausgegangen sind, Frauen wie meine Großmutter und meine Mutter.

Nachbemerkung

In gewisser Hinsicht waren nicht viele Nachforschungen oder das, was ich als solche bezeichnen würde, für dieses Buch notwendig, weil es so stark auf persönlichen Erinnerungen beruht, aber der Versuch, diese Erinnerungen, von denen viele nicht die meinen sind, in einen historischen Zusammenhang einzuordnen, führte zu vielen Recherchen in den Archiven des Cumbria County Council, das in der Burg von Carlisle untergebracht ist. Ich bin dankbar für die Hilfe der dortigen, tüchtigen und begeisterungsfähigen Mitarbeiterinnen und Mitarbeiter, ebenso wie für die Hilfe von Denis Perriam, Haydn Charlesworth und Rosemary Southey, die für mich ermittelten, wenn ich nach London zurückmußte (wo ich die Hälfte des Jahres verbringe). Harry Arkle führte für mich weitere Recherchen in Newcastle durch. Jedesmal, wenn ich zur Burg ging, war es ein seltsames Gefühl, an dem Haus vorbeizukommen, in dem meine Großmutter als Dienstmädchen gearbeitet hatte. Ich hatte Tagträume, wenn ich die Paternoster Row entlangging, in die Castle Street einbog; und wenn ich im Archiv ankam, war ich überzeugt, das Haus übe eine Art Macht aus. Eine Erinnerung, woran auch immer, ist etwas Lebendiges, ihr Erhalt hat etwas Hypnotisches, vor allem dann, wenn sie mit der Geschichte eines Ortes verbunden ist, wie in diesem Fall. Die Vergangenheit – die meiner Großmutter, meiner Mutter, meiner Tanten – kam mir nicht wie ein fremdes Land vor, während ich täglich durch ihre Straßen in Carlisle ging. Immer wieder kam ich an den Orten vorbei, wo sie gewohnt, gearbeitet und eingekauft hatten, bis mein Einfühlungsvermögen in sie so stark und meine Kindheitserinnerungen so deutlich wurden, daß wir die Wege gemeinsam gingen. Aber vielleicht ist das der Sinn des Gedankens – daß wir mit den Toten gehen und sie dennoch mit eigenen Augen sehen, aus unserer Perspektive.

Fotos
aus dem Leben
einer Familie

Margaret Ann und Thomas Hind mit ihren Töchtern, der fünfjährigen Lilian (links) und der zweijährigen Jane.

Von links nach rechts: Die Schwestern Jane, genannt Jean, Lilian und Annie, genannt Nan, im Alter von acht, elf bzw. vier Jahren. Die Kleider, die sie tragen, wurden von ihrer Mutter Margaret Ann geschneidert.

Lilian Hind im Alter von 25 Jahren, als sie im Gesundheitsamt arbeitete.

Oben: Das Hochzeitsfoto von Lilian Hind (4. von links) und Arthur Forster (3. von links), 11. April 1931. Links die Eltern Agnes und George Forster, rechts die Mutter Margaret Ann Hind.
Unten: Ein Urlaubsfoto von Lilian und Arthur in Scarborough, 1931 (2. Reihe von hinten).

Lilian Forster mit ihren Töchtern, der siebenjährigen Margaret (rechts) und der vierjährigen Pauline.

Oben: Jack Marshallsay und Nan Hind am Strand, modisch wie immer.
Links: Jack und Nan, Anfang vierzig, noch immer jugendlich und elegant.

Familienfoto an der Küste von Silloth, 1951: Dave Wallace, Jeans Mann, und Arthur Forster (stehend), Michael, Nans Sohn, Jack Marshallsay, Margaret Forster, Nan Marshallsay und Lilian Forster (sitzend von links nach rechts) und Pauline Forster (vorn).

Margaret Forster im Alter von 28 Jahren bei den Dreharbeiten zu dem Film »Georgy Girl«.

Biographische Notiz

Margaret Forster, 1938 in Carlisle geboren, studierte Geschichte in Oxford. Sie hat zahlreiche Romane und mehrere Biographien veröffentlicht. Ihre fünf auf deutsch erschienenen Romane *Es sind die Töchter, die gefressen werden* (1982), *Ich glaube, ich fahre in die Highlands* (Arche 1990), *Christabel* (Arche 1991), *Die Dienerin* (Arche 1992) und *Nichts wird mehr sein, wie es war* (Arche 1996) sowie die Biographie über *Daphne du Maurier* (1994) wurden auch hierzulande große Erfolge. Margaret Forster ist verheiratet, hat drei Kinder und lebt als freie Schriftstellerin in London und im Lake District.

Margaret Forster

Nichts wird mehr sein,
wie es war
Roman
Aus dem Englischen von
Roseli und Saskia Bontjes van Beek
424 Seiten. Gebunden

»Man muß Margaret Forsters neuen Roman überhaupt nicht anpreisen, es genügt, sich in den Sog dieser Erzählung ziehen zu lassen, die so schlicht daherkommt und doch von großer Meisterlichkeit zeugt, von einer erstaunlichen Kunst der Rückblende oder besser gesagt des nachholenden Erzählens, ohne daß der Eindruck von Collage, Hektik oder künstlichem Puzzle entsteht. Ein ernstes, ein konzentriertes Buch, aber ein Leseerlebnis erster Güte.«
Manfred Flügge im *Tagesspiegel*

Margaret Forster

Daphne du Maurier
Ein Leben
Aus dem Englischen von
Einar Schlereth und Brigitte Beier
567 Seiten. 53 Fotos
Gebunden

Sie war die Tochter eines berühmten Schauspielers und das »Golden Girl« der Londoner High-Society. Sie heiratete einen hochdekorierten Leutnant und verliebte sich in die Frau ihres amerikanischen Verlegers. Sie hatte drei Kinder und einen verwunschenen Landsitz in Cornwall. Sie schrieb viele Romane, und durch einen wurde sie weltberühmt …
Margaret Forster hat Leben und Karriere von Daphne du Maurier, der Verfasserin von *Rebecca*, fair, sensibel und spannend nacherzählt.

MARKET